KB043787

풀프루프

FOOLPROOF

풀 프루프

FOOL PROOF

안전 시스템은 어떻게 똑똑한 바보를 만들었나

그레그 입 지음 • 이영래 옮김

21세기북스

차례

프롤로그 • 006

CHAPTER 1   엔지니어 vs. 생태주의자
자연재해를 막듯 경제를 관리하다 • 021

CHAPTER 2   '내 구역에서만은 일어나지 않기를'
금융위기의 씨앗이 움트다 • 049

CHAPTER 3   서브프라임, 파국의 시작
내 돈을 잃을지 모른다는 공포의 역습 • 085

CHAPTER 4   안전기술이 낳은 또 다른 위험
풋볼 헬멧과 ABS 브레이크의 딜레마 • 121

CHAPTER 5   저축은 언제나 옳은가?
금본위제에서 유로까지, 통화 시스템의 위기 • 149

CHAPTER 6   통제할수록 커지는 재난
자연을 길들인 무서운 대가 • 179

CHAPTER 7   좋은 리스크, 나쁜 리스크
안전과 재난의 적절한 균형 찾기 • 209

CHAPTER 8   선택의 기로에 빠진 구조자들

오늘의 혼돈이냐, 내일의 혼돈이냐? • 235

CHAPTER 9   보험의 대가

보험은 어떻게 위기의 편이 되는가? • 267

CHAPTER 10   위험하니까 안전하다

왜 비행기는 좀처럼 추락하지 않는가? • 305

CHAPTER 11   재난을 피할 수 없다면 무엇을 해야 하는가?

작은 위험을 감수할 때 더 안전해진다 • 341

감사의 말 • 372

역자의 말 • 376

후주 • 378

프롤로그

위기관리 시스템이
위기를 만든다

1989년 10월 13일 금요일.[1] 주식시장은 조용했다. 별 일이 없이 너무 조용한 까닭에 몇몇 중개인들은 일찍 집으로 돌아갔을 정도였다. 하지만 오후 3시경 한 항공사의 인수 계획이 불발로 끝났다는 뉴스가 전해졌다. 이 뉴스로 매물이 쏟아져 나오기 시작했다. 다우지수Dow Jones Industrial Average가 7퍼센트 급락한 채로 장이 마감되었다.

이 사태에는 곧 '소규모 주가 폭락mini-crash'이라는 이름이 붙었으나 이후 대부분 사람들의 기억에서 사라지고 말았다. 하지만 당시로서는 모두를 겁먹게 할 만한 사건이었다. 역사상 가장 끔찍한 폭락이 있었던 블랙 먼데이Black Monday 이후 거의 2년이 지났지만 불안은 아직 생생했다. 소규모 주가 폭락이 있던 주말, 연방준비제도이사회FRB의 관리들은 외국 중앙은행들과 협의를 거쳐 언제라도 금융 시스템에 자금 수혈을 할 준비가 되어 있다는 발표를 내놓았다. 월요일이 되고 시장이 문을 열자, 그런 조치는 필요 없었던 것으로 드러났다. 다우지수는 곧 금요일 하락분의 절반을 회복했다.

다음 날 매사추세츠 케임브리지 로열소네스타호텔에서 만난 미국의 저명한 경제학자들은 이 소규모 폭락에 대단히 신경을 쓰고 있었다. 컨퍼런스의 주제는 금융위기였다. 훗날 연방준비제도이사회 의장이 된 벤 버냉키Ben Bernanke와 영국은행Bank of England, BOE 총재가 된 머빈 킹Mervyn King, 20년 후 노벨상을 수상하는 폴 크루그먼Paul Krugman 등이 컨퍼런스에 참석했다.[2] 모두들 금융이 더 위험한 지경에 이르렀다는 확실한 인식을 가지고 있었다. 다만 경제가 계속해서 활발한 모습을 보이는 이유는 의문으로 남았다.

이후 빌 클린턴Bill Clinton 행정부에서 재무장관을 역임하고 버락 오바마Barack Obama의 고문으로도 활약하는 래리 서머스Larry Summers가 한 가지 이론을 내놓았다. 그는 자리에 모인 사람들에게 기술적·금융적 혁신으로 인해 금융 거품이 생기기가 더 쉬워졌다고 말했다. 서머스는 거기에서 더 나아가 대공황 이래 연방정부가 일반인들이 일하고 투자하는 실물경제와 금융 시스템 사이에 방화벽을 세운 셈이라고 주장했다. 엄청난 연방 예산, 예금보험, 그리고 무엇보다 중요한 연방준비제도의 활약 덕분에 "이제는 위기 시에 의존할 수 있는 대출기관이 없는 상황을 상상조차 하기 힘들게 되었다."는 것이었다.

다음 토론자인 세인트루이스 워싱턴대학의 하이먼 민스키Hyman Minsky 교수는 수십 년 동안 기존의 통념과 다른 경기순환이론을 주장해왔다. 동료 학자들 대부분이 그의 이론을 무시했다. 민스키는 1960년 이후 정부 당국이 위기 때마다 정부 차용과 연방준비제도 대출을 조합해 대응함으로써 또 다른 공황을 간신히 모면해왔다고 말했다. 하지만 공황 발생을 차단하는 데 성공할 때마다 시스템은 위기에 점점 더 취약해졌다. 민스키는 '성공은 일시적인 현상일 뿐'이라고 경고했다. 그리고 '일시적 현상'이 상당히 긴 시간 지속될 수도 있다는 점을 마지못해 인정했다. 지난 대공황 이후 50년이 흐른 시점이었다.

마지막 연사는 2년 전 연방준비제도이사회 의장 자리에서 물러난 폴 볼커Paul Volcker였다. 볼커는 세계가 위기를 다루는 많은 도구들을 갖게 되었다는 서머스의 말에 동의했다. 하지만 그의 의견은 민스키의 해석에 더 가까웠다. 볼커는 그날 아침 「보스턴 글로브Boston Globe」에 실린 만평을 언급했다.[3] 경제에 돈을 공급하겠다는 연방준비제도의 약속을 소재로 삼은 만평에는 '기억상실 합중국United States of Amnesia'이라고 적힌 1달러 지폐가 그려져 있었다. 그가 내놓은 의견은 이랬다. "우리는 이러한 도구들을 너무나 쉽게 사용하는 것처럼 보입니다. 이런 모습은 애당초 이러한 도구의 반복적이고 공격적인 사용이 오히려 위험을 악화시키는 행동 패턴을 강화하고 있는 것은 아닌가 하는 불안한 의문이 들게 만듭니다."

이 컨퍼런스로부터 20년이 지난 지금 우리는 볼커의 의문에 대한 답을 알고 있다. 연방정부는 대단히 효과적으로 경제의 기복을 줄이고 주기적으로 발생하는 금융 혼란을 처리했다. 1982년부터 2007년까지 흔치 않은 평온 상태가 유지되었다. 하지만 경제 감독기관이 평온을 지키는 데 이용했던 기술은, 볼커가 우려했듯이 엄청나게 충격적인 위기가 발발할 수 있는 단계까지 위험 부담을 키우고 말았다.

최상의 안전은
두려움에 있다

재앙의 10년이 펼쳐졌다. 세계는 한 번도 아니고 두 번에 걸쳐서 금융붕괴의 무대가 되었다. 한 번은 미국이, 다른 한 번은 유럽이 그 중심이 되었다. 그 어느 때보다 큰 희생을 동반한 파괴적인 재난들이 찾아왔다. 가장 절망적인 부분은 미국 금융의 무모함과 느슨한 규제, 유럽 단일 통화의 기반을 약화시킨 정치적 균열, 후쿠시마 원전이나 뉴올리언스 제방 설계자들의 실수, 매년 그 대가가 늘어나고 있는 폭풍, 홍수, 산불에 영향을 미치는 기후변화 등 모든 면에서 이러한 사태를 야기한 원인이 우리 자신의 잘못에 있다는 점이었다.

하지만 내가 하려는 이야기는 인간의 실패에 대한 것이 아니라 인간의 성공에 대한 것이다. 그리고 그러한 성공이 어떻게 그렇게 커다란 재난들로 이어졌는가, 거기에서 우리는 무엇을 배워야 하는가를 이야기하려 한다.

미국의 위기는 25년간 이어진 경제적 안정의 결과였다. 유로화의 붕괴를 위협한 위기가 가능했던 것은 유로화가 영구적이라고 믿었기 때문이었다. 허리케인 카트리나Katrina, 슈퍼태풍 샌디Sandy, 후쿠시마를 덮친 쓰나미로 엄청난 사상자가 발생한 이유는 수몰 위험이 있는 해안에 도시를 건설하고 생활하기로 한 엔지니어들과 정착민들의 결정과 창의력 때문이었다. 사람들은 이미 1700년대 초부터 미시시피강을 따라 제방을 건설해서 둑과 범람원을 정착과 농경, 산업에 사용했다. 그 결과 제방이 무너지면 더 많은 사람들이 홍수의 피해를 보게 되었다. 일본은 쓰나미로부터 도시와 산업을 보호하기 위해 해안을 따라 방조제를 만들었다. 이로 인해 해안을 따라 인구가 늘어나고 핵발전소가 들어섰다. 최근 들어 미국 서부를 자주 휩쓸고 있는 엄청난 규모의 산불 역시 기후변화의 탓만은 아니다. 이전 수십 년간 삼림감시원들이 불을 빈틈없이 억제했기 때문이기도 하다.

이 모든 일에는 공통점이 있다. 사람들로 하여금 안전하다고 느끼게 만들었다는 점이다. 안전하다는 느낌 때문에 미처 눈치채지 못하는 사이에 위험이 다시 나타날 수 있었다.

안전에 대한 감각이 재난으로 이어질 수 있다는 개념은 대단히 직관적이다. 안주의 본질은 결국 그런 것이다. 경계를 늦추고, 너무 많은 것을 당연하게 받아들이면 끔찍한 사고가 발생하기 마련이다. 10대들은 자신을 불멸의 존재로 믿고 자기의 능력에 지나친 자신감을 가진다. 그렇기 때문에 수많은 차 사고를 내고, 운동 중에 많은 부상을 입고, 연애에서도 많은 상처를 받는다. "최상의 안전은 두려움에 있다." 레어티스가 햄릿의 사악한 접근으로부터 동생 오필리아를 보호하기 위해 해준 말이다. 인텔Intel의 신화를 만든 앤드루 그로브Andrew Grove는 기업주들에게 "편집광만이 살아남는다."는 조언을 남겼다.

이 점을 증명해 보이는 많은 연구가 있다. 도로에 눈이나 얼음이 덮여 있을 때에는 가벼운 사고와 작은 부상이 많이 일어나지만 오히려 심각한 부상이나 사망자가 나오는 경우는 드물다.[4] 운전자들이 더 주의를 기울여서 천천히 운전하기 때문이다. 반대로 안티록 브레이크 Anti-rock

Braking System, ABS와 스터드stud, 징 스노타이어가 장착된 차를 운전할 때는 위험한 조건에서도 고속으로 달리는 대담함을 발휘한다. 이들 장치가 피해를 줄여주긴 하지만 그 정도는 고안자가 처음 예상했던 수준에 미치지 못한다. 안전하다는 느낌을 받은 사람들의 운전 행태가 달라질 가능성을 고려하지 않았기 때문이다. 프로스포츠에서 강화 헬멧은 두개골절과 심각한 부상을 다소 줄여주는 효과가 있지만 뇌진탕 같은 사고는 오히려 증가시킨다. 왜일까? 선수들이 헬멧을 쓴 머리로 다른 선수를 더 자주, 더 세게 들이받기 때문이다.

나 역시 눈 덮인 길에서 지나치게 빨리 커브를 돈 경험이 있다. 대여한 차량이 전륜구동이었던 터라 내가 원래 운전하던 후륜구동차에 비해서 정지마찰력이 뛰어나다고 생각했기 때문이다. 나는 결국 눈 더미에 차를 들이박았고 다행히도 내 자존심 외에는 달리 상처를 입지 않았다. 그와 반대로 내가 아이들을 차에 태우고 가다가 그중 한 명이 안전벨트를 매지 않았다는 걸 알아차리게 되면, 나는 속도를 늦췄다. 첫 번째 경우에 나는 안전하다는 인식 때문에 요행을 바라고 위험한 짓을 저질렀다고 자책을 했다. 두 번째 경우에는 조심성이 더 커진 데에서 뿌듯함을 느꼈다. 하지만 이 두 가지 본능은 서로 닮았다.

우리가 안전에 대해 거짓된 감각을 가지고 있다는 말이 아니다. 그것은 거짓이 아니기 때문이다. 다른 것에 변화가 없는 한, 안전에 대한 우리의 감각은 실제로 우리를 더 안전하게 만든다. 그렇지만 조건에는 늘 변화가 있기 마련이다. 환경이 복잡해지면 우리의 상호작용도 복잡해지고 의도치 않은 결과와 참사가 발생할 가능성도 커진다.

기술의 역사를 보면 안전에 대한 과도한 자신감을 경계하는 이야기가 수없이 많다. 타이태닉Titanic호의 승무원들은 배가 가라앉지 않을 것이라 믿고 사방에 빙산이 펼쳐져 있는 바다를 전속력으로 항해했다.[5] 승무원들이 그런 자만심을 갖게 된 것은 배에 장착된 침몰방지장치 때문만은 아니었다. 타이태닉호의 선장은 몇 해 전 이런 현대적인 선박을 침몰시킬 수 있는 조건은 상상할 수 없다고 말했었다. 이는 자신의 상상만을 토대로 한 이야기가 아니었다. 실제로 이전에는 그러한 충돌로 비슷한 선박이 침몰한 사례가 없었다.

현대에도 타이태닉호와 같은 일이 벌어졌다. 딥워터 호라이즌 Deepwater Horizon호는 BP영국석유회사의 석유시추선들 중에서도 가장 좋은 안전 기록을 보유하고 있었다. 2010년 4월, 회사의 중역 몇몇이 그토록 좋은 기록을 내는 까닭을 알아보고자 이 시추선에서 하룻밤 머물렀다. 이 굴착장치의 안전 기록은 BP의 문화보다는 행운 덕분인 것으로 드러났다. 그리고 그날 밤 그 운이 다했다. 시추 파이프가 폭발해 11명의 사망자를 냈고 역사상 최악의 원유 유출 사고를 유발했다.

2009년, 228명의 승객과 승무원을 태운 에어프랑스 Air France 447편은 리우데자네이루에서 파리로 향하는 길에 심한 뇌우가 있는 지역을 지나다가 갑자기 사라졌다. 조사관들이 2년 만에 블랙박스를 복원한 후에야 사건의 내막이 밝혀졌다. 부기장이 급격히 고도를 올리려다가 에어버스Airbus A330의 시동이 꺼지면서 빠르게 추락한 것이다. 정확한 이유는 밝혀지지 않았지만 일부 조사관들은 제트기에 장착된 안전장치가 비행을 너무 안전하게 만들었기 때문이라는 견해를 내놓았다. 에어버스와 같은 '플라이바이와이어(fly-by-wire: 조종 계통을 컴퓨터를 통해 전기신호장치로 바꾼 전기신호식 비행조종 제어-옮긴이)' 방식의 비행기에는 실속(stalling, 失速: 속도가 충분치 못해 양력을 잃고 고도가 떨어지는 현상 – 옮긴이)의 경우처럼, 조종사의 명령이 항공기를 위험에 빠뜨릴 때 이를 무시하게 되어 있는 컴퓨터가 설치되어 있다. 하지만 447편의 경우 항공기 기체에 생성된 얼음 때문에 자동조종장치가 멈춰버려 조종사의 행동을 제한하지 못했다. 항공기에서 실속 경보가 울렸을 때에도 아마 조종사들은 그런 상황이 불가능하다는 생각에 그 경보를 무시했을 것이다.

우리 자신의 위험을 줄이는 행동이 다른 사람을 위험에 처하게 하기도 한다. ABS가 장착된 차에 대한 한 연구는, 이들 차의 경우 전면 추돌사고에 연루되는 경우는 줄지만 후면 추돌사고에 연루되는 경우는 늘어났다는 사실을 발견했다. 누가 보아도 운전자가 브레이크를 세게 밟았기 때문이다. 자신의 행동이 다른 사람에게 어떤 영향을 줄지 염두에 두기란 힘든 일이다. 꼭 그래야 할 의무도 없다. 산불이 텍사스나 캘리포니아의 교외 주택들을 위협할 때, 산림관리인들의 의무는 위태로운 생명을 보호하는 것이다. 그러나 그들이 산불을 억제함으로써 사람들은 관목림 지역 근처에서 살게 되었고 숲은 더욱 울창해진 나머지 더 큰 산불의 연료가 되고 말았다.

완벽한 안전은 환상에 불과하다

기억과 경험이 우리의 행동을 만든다. 위험에 대한 감각이 생생할수록 우리는 신경을 쓰고 주의를 기울인다. 그런데 월가Wall street에서는 위험을 무릅쓰는 사람들이 엄청난 보상을 받는다. 기억을 오래 가지고 가는 사람은 뒤처진다. 실적과 수익이 낮아지고 고객은 다른 곳을 찾아 떠나는 것이다. 그래서 트레이딩은 젊은 사람들에게 어울리는 직업이다.

이 때문에 월가에는 악당 주식 중개인(rogue trader: 회사의 허가 없이 투기하다가 입은 막대한 손실을 감추는 중개인 – 옮긴이), 파산, 폰지사기(Ponzi scheme: 신규 투자자의 돈으로 기존 투자자에게 이자나 배당금을 지급하는 방식의 다단계 금융사기 – 옮긴이)가 빈번하게 나타난다. 수년간 홍수나 허리케인을 보면서도 홍수보험에 들지 않고 물가에 값비싼 집을 짓는 이유도 여기에 있다. 미시시피주 걸프만에 있는 리조트 타운 패스크리스천Pass Christian에 가면 2005년 허리케인 카트리나로 파괴된 쇼핑센터에서 몇 블록 떨어지지 않은 곳에 건설된 공동주택단지를 볼 수 있다. 그 쇼핑센터 역시 1969년 허리케인 카미유Camille에 쓰러진 아파트 부지 위에 세워졌다.

위험의 중대성이 시간과 함께 희미해지는 것은 인간의 본성이다. 그러한 경향과 싸우기 위해 리스크관리사, 엔지니어, 규제기관이 역사에서 배운 교훈을 설계와 규칙에 짜 넣는다. 성마른 카우보이들이 제방을 모조리 무너뜨리거나 경제 전체를 붕괴시키지 않도록 말이다.

문명의 역사는 위험하고 불안정한 세상에서 절대 실패하지 않는fool proof 안전과 안정을 만들어내려는 노력의 역사다. 고대 로마제국에서 현대 중국에 이르기까지, 정부는 경제적·정치적 안정을 위해 자신이 맡은 역할을 내세우면서, 종종 자신들이 가하는 억압까지 정당화했다.

거시경제적 정책이라는 개념이 생긴 이래 경제 영역의 목표는 늘 안정성이었다. 요즘에는 중앙은행이 금융 시스템의 안정성을 경제의 안정성만큼이나 중요하게 여긴다. 그들은 정기적으로 '금융안정성 보고서'를 내놓고 금융안정위원회Financial Stability Board, FSB에 모여 서로 의견을 교환한다.

하지만 사회와 경제는 세균 집단과 마찬가지로 태생적으로 불안정하다. 그들은 끊임없이 변화하고, 진화하고, 보통은 그 과정에서 더 나아진다. 안정성은 더없는 행복이지만 환상이기도 하다. 안정성은 보이지 않는 위험이 축적되는 것을 숨기고 안정의 종말을 가져오는 행동을 키운다.

삶을 더 안전하게 만들려는 우리의 노력은 일을 더 크고 더 복잡하게 만들려는 억누를 수 없는 욕구와 충돌한다. 도시와 교통 체계와 금융시장이 서로 연결되고 복잡해지면서 재난의 가능성도 커진다. 경제가 그랬듯 기술과 자연도 마찬가지다. 프랑스의 퇴역 공군 장성으로 리스크 전문가인 르네 아말베티René Amalberti 박사는 이렇게 말한다. "사고가 없는 시스템은 약화된다."[6] 항공의 경우, 사고가 아주 드물어졌기 때문에 항공사를 도산으로 몰고 갈 정도의 심각한 사건을 예상하기가 점점 어려워지고 있다. 이는 2014년 말레이시아항공Malaysia Airline 370편이 인도양에서 사라진 것과 같은 사건이 그토록 이상하게 여겨지는 이유를 설명해준다. 이렇게 인간의 일상적인 실수가 시스템적 위기와 합쳐지면 경제 전체를 뒤집을 수 있다.

안정성에 대한 그릇된 신뢰가
금융위기를 불러오다

우리 환경은 진화한다. 성공적으로 한 가지 유형의 위험을 막으면 그 위험은 다른 곳으로 이동해서 돌연변이 박테리아처럼 더 치명적인 형태로 다시 나타난다. 박테리아는 이러한 가설을 확실하게 증명한다. 항생제의 남용으로 박테리아가 내성을 지닌 돌연변이를 만들어낸 결과 매년 수백만 명의 사람들이 병으로 고통받거나 죽어간다.

우리가 지난 역사에서 얻은 교훈을 통해 개발한 시스템이 의도치 않게 이러한 경향을 확대할 수도 있다. 예를 들어 금융기관들은 '밸류앳리스크VaR, 최대예상손실액'라는 공식을 이용해서 위험을 모니터한다. 간단하게 말하면 VaR은 금리나 증권에, 최근 있었던 가장 불안했던 순간만큼의 변동이 다시 나타날 경우 얼마만큼의 손실을 보게 될지를 예측한다. 평온한 상태가 오랫동안 지속되면 자연스레 은행은 투자에 대한 노출을 늘린다. 노출이 늘어나면 변동으로 인한 손실 가능성은 예상보다 커진다. 이렇게 손실이 일어나면 결국 사람들은 증권을 매도하려고 몰려들 것이고 이로써 변동성은 더 커진다.

역사적으로 봤을 때, 안정성에 대한 이런 그릇된 신뢰를 살펴보면 금융위기의 원인까지 설명된다. 은행과 규제기관 들은 주택 가격이 하락한 적이 없다는 사실과 몇십 년을 지속한 모델을 근거로 들며 담보대출이 안전하다고 평가한다.[7] 이 경우, 당연히 담보대출에 대한 욕구가 높아지고 이는 주택 가격의 거품을 부채질한다. 그러나 충분한 시간이 주어지면, 결국 가격이 절대 떨어질리 없다는 추정은 무너지고 실질적인 가격 하락이 나타난다.

나는 금융위기를 예측하지 못했다. 마땅히 그랬어야 했는데도 말이다. 1989년 금융 저널리스트로 사회생활을 시작한 이래 나는 늘 혼란과 위기의 문제를 다루어왔다. 내가 대학을 졸업하고 몇 달 되지 않아 소규모 주가 폭락이 일어났다. 월요일에 시장이 다시 열리면 어떤 일이 일어날까 궁금해하던 게 아직도 기억난다. 나는 그러한 혼란에서 투자자들을 보호할 수 있는 지혜는 없다고 생각했다. 한 연방준비제도이사회 이사에게 그 폭락을 두고, 연방준비제도이사회가 시장에 문제가 있을 때마다 계속 개입해야 하는지 질문을 던진 적이 있다. 그는 금융 시스템이 위협을 받을 때 조치를 취하는 것이 중앙은행의 임무라는 대답을 했다.

이후 수십 년 동안 나는 재정위기로 내 고향 캐나다에서 금리와 달러에 대변동이 일어나고, 1992년에 유럽에서 외환 파동이 터지고, 1998년에는 아시아 금융위기, 롱텀캐피털매니지먼트Long—Term Capital Management의 몰락이 찾아오고, 이후 IT 거품의 붕괴가 이어지는 모습을 지켜보았다. 2007년 주택 가격, 차입매수Leveraged BuyOut, LBO, 무역수지 적자 등 여러 곳에서 도래할 위기를 예상할 수 있었다. 그렇지만 파국이 찾아올 거라고는 생각지 않았다. 나는 그때까지만 해도 대혼란에 대응하는 기관의 능력에 대해 깊은 경의를 품고 있었기 때문에 경제가 약간의 충격을 받기는 했지만 괜찮아질 것이라고 생각했다.

세계의 중앙은행들도 비슷한 사고 과정을 거치고 있었다. 버냉키는 2006년 연방준비제도이사회 의장 자리에 앉기 전부터 그곳의 이사들과 만나 금융불안이 다시 나타났을 때를 대비해서 그들이 어떤 준비를 해두었는지 추궁했다. 그의 동료로 대공황을 연구했던 은행업 부문의 대가, 프레데릭 미쉬킨Frederic Mishkin은 주택 가격이 20퍼센트 떨어질 경우에 어떤 일이 일어날 것인지를 고찰했다. 그는 다른 중앙은행가들을 대상으로 한 긴 프레젠테이션을 통해서 연방준비제도이사회가 바로 금리를 인하하면, 경제는 0.5퍼센트만이 축소될 것이며 실업률은 거의 오르지 않을 것이라고 주장했다.

유럽에서도 비슷한 상황이 펼쳐졌다. 유럽의 통합 추구는 주로 제2차 세계대전과 함께 시작된 주기적으로 찾아온 정치적·경제적 위기에 대한 반응이었다. 유럽연합EU의 시조 중 한 사람인 프랑스의 경제학자 장 모네Jean Monnet는 이렇게 말했다. "유럽은 여러 위기 속에서 단련될 것이고 그러한 위기들에 대응해 채택된 해법들의 집합이 될 것이다."[8] 유럽 국가들은 환율을 고정시키려 자주 시도했지만 특히 극적이었던 1992년을 비롯해 투기적 공격의 폭풍을 맞으면서 고정환율제도는 주기적으로 와해되었다. 지도자들은 단일 통화가 그러한 투기적 공격을 과거의 일로 만들 것이라고 결론 내렸다.

유로화는 그 설계자들의 가장 터무니없는 상상마저도 뛰어넘는 성공을 거두었다. 1999년 등장한 후 몇 년 만에 대출기관들은 평가절하에 대한 두려움을 잊었고 이어 북쪽의 돈이 남쪽 경제국으로 흘러들기 시작했다. 이탈리아, 스페인, 그리스의 금리는 독일 수준으로 떨어졌다. 그러나 바로 이러한 성공 때문에 이들 국가들은 눈이 돌아갈 지경의 빚을 지게 되었다. 위기의 씨앗을 뿌린 것이다. 이것이 문제가 될 줄은 몰랐다. 불과 몇 년 전인 2010년 유럽중앙은행European Central Bank의 총재, 장클로드 트리셰Jean-Claude Trichet는 유로존의 어떤 국가가 다른 국가로부터 차용을 원하는 경우 그것은 "일종의 자동적인 것이다. (중략) 유로 지역에 속한다는 바로 그 사실 때문에 국가는 도움을 받게 될 것이다."[9]

라고 선언했다. 사실 자금 조달은 절대 자동적으로 이루어지지 않았다. 북부의 채권자들은 남부의 채무자들이 돈을 갚지 않을 것을 걱정하기 시작하면서 남부 은행들에서 자신의 돈을 빼내고, 남부의 채권을 팔고, 남부 회사에 돈을 빌려주는 것을 중단했다.

이 사건들을 사후 분석해보면 힐책할 부분이 넘쳐난다. 타이태닉호의 선장은 북대서양의 빙산에 적절하게 대응했어야 했다. 대형 은행들과 신용평가기관들은 주택담보대출 저당증권의 위험에 대해서 소름 끼칠 만큼 근시안적이었고 미국프로풋볼리그는 반복적인 뇌진탕이 선수들의 건강에 미치는 영향을 지나치게 오랫동안 과소평가했다.

나쁜 행동만이 문제될 때라면 답은 간단하다. 더 많은 규칙을 통과시키고 그것을 철저히 시행하면 그만이다. 하지만 이러한 사건들을 단순히 도덕극(morality play: 15~16세기에 유행하던, 도덕적 교훈을 가르치는 것을 목적으로 한 연극 – 옮긴이)으로 바라본다면 우리는 대단히 중요한 부분을 놓치게 된다. 그렇다면 문제의 해결은 요원하다. 문제의 원인이 우리를 해하는 비도덕적인 일이 아닐 때가 많기 때문이다. 처음의 의도는 좋다.

경제, 환경, 기술의 해악으로부터 인류를 보호하려는 좋은 의도로 시작한 일들은 상당한 이익을 가져다준다. 이러한 혜택과 의도치 않은 결과가 상충된다는 사실만으로 그 상충 관계가 긍정적이라거나 부정적이라고 결론 내릴 수는 없다. 안전과 위험의 경계가 어디에 있는지 판단하고, 안전과 위험 사이에서 적절한 균형을 찾을 수 있는지 여부를 결정하기 위해서는 열린 마음으로 역사와 증거를 고찰해야 한다. 그것이 이 책이 시작하려는 일이다.

CHAPTER 1

엔지니어 vs. 생태주의자

자연재해를 막듯 경제를 관리하다

Progressives, Engineers and Ecologists

Foolproof

20세기 초, 두 가지 재난이 미국을 강타했다. 하나는 인간에 의한 것이었고 하나는 자연적인 것이었다. 1907년 뉴욕 금융시장이 극심한 공황 상태에 빠지면서 나라 전체가 급격한 단기 불황에 휩쓸렸다. 3년 후 서쪽으로 수천 마일 떨어진 곳에서는 대규모 산불이 일어나 몬태나, 아이다호, 워싱턴을 가로질렀다. 5,000제곱마일에 가까운 숲이 전소되고, 여러 도시가 잿더미로 변하고, 적어도 85명이 사망했다.

　그때까지 서부 정착민들은 산불화재를,[1] 기업들은 금융공황을 물리적 한계와 산업상의 한계에 압박을 가하는 문명의 피할 수 없는 부산물로 받아들였다. 산불화재는 정착지, 철도, 경지가 삼림지로 점점 더 깊숙이 들어간 결과였다. 마찬가지로 금융공황은 산업과 농업이 지나치게 급속히 확장되었기 때문에 발생했다. 두 가지 재앙은 미국인들이 혼란에 대처하는 방법에 있어서 전환점이 되었다.

두려움에서
벗어나기 위한 노력

미국은 건국 이후 1907년까지 12번 이상의 눈에 띄는 금융공황을 겪었다. 꼭 겪어야 할 일은 아니었다. 적용 가능한 해법이 있었기 때문이다. 현금을 요구하는 예금주들에게 둘러싸인 은행에 중앙은행이 자금 대출을 해주면 될 일이었다. 미국인들은 18세기와 19세기에 두 차례 중앙은행의 운영을 시험했다. 하지만 중앙집권화된 힘에 대한 불신이 깊었고, 미국인들은 두 번 모두 은행들의 파산을 두고 보기로 결정했다. 그들은 통제(질서와 안전을 가져다준다 해도)보다는 자유(그것이 무질서와 불확실성을 의미한다고 해도)를 선호했다.

이러한 여론을 결정적으로 돌려놓은 것이 1907년의 공황이었다. 다음 해 로버트 오언Robert Owen 상원의원은 '미합중국을 흔들고 엄청난 피해를 낳는 주기적인 공황을 막을 수 있는 수단을 마련하는 것이 미국의 의무'라고 주장했다.[2]

오언은 그러한 피해를 직접 경험했다. 그는 버지니아에서 대형 철도회사 간부의 아들로 태어났다. 그는 1873년의 공황과 그 여파로 집안의 재산이 모두 사라지는 것을 목격했다. 아버지가 죽은 후 체로키 인디언의 피가 흐르던 그의 어머니는 가족들을 이끌고 자신이 태어난 인디언 특별보호구로 향했다. 오언은 교사와 인디언 에이전트로 일하다가 1890년 오클라호마에 은행을 설립했다. 여러 대기업의 몰락이 1893년의 공황을 촉발시켰고 그로 인해 오언의 은행은 예금의 절반을 잃었다. 이후 그는 당시의 공황으로 '국가의 산업계와 상업계가 복구하는 데 수년이 걸릴 피해'를 보았다고 회상했다.

이 경험 덕분에 오언은 중앙은행의 열렬한 옹호자로 변신했다. 1898년 그는 독일, 프랑스, 영국, 캐나다를 방문했다. 그리고 그곳의 중앙은행들을 모방하면 그때까지 미국이 할 수 없었던 일, 즉 '금융불안이 국가를 위협'할 때 빠르게 대처하는 일을 할 수 있다는 확신을 가지고 돌아왔다. 그는 1907년 상원에 진입했고 이어 1913년 연방준비제도의 수립을 도왔다. 다음 해 이 국가 최고의 은행규제기관은 이렇게 선언했다. "금융과 상업의 위기나 공황 (중략) 그리고 그에 수반된 불행과 피폐는 수학적으로 발생 불가능하다고 여겨진다."[3]

이와 비슷하게 1910년의 화재는 이 나라가 자연재해를 대하는 태도를 바꾸어놓았다. 그때까지 정착민들은 그들 이전에 땅을 차지하고 있었던 인디언들이 해왔듯이 불을 사용해 땅을 정리한 후 목초지로 사용했다. 하지만 20세기 초 자연 자원에 대한 태도에 변화가 있었다. 벌목산업은 여러 가지 물건을 만들기 위해 나무들을 필요로 했다. 시어도어 루스벨트Theodore Roosevelt는 나무가 울창한 국립공원을 만들고 싶어 했다. 1910년의 화재는 이 나라가 겪었던 어떤 화재보다 크고 치명적이었다. 루스벨트는 벌목산업과 다른 면에서는 전혀 뜻이 맞지 않았지만, 화재로 인한 손실이 귀중한 자원의 형편없는 낭비라는 점에서만은 견해의 일치를 보았다.

루스벨트의 절친한 친구이며 미국 산림청의 초대 책임자였던 기퍼드 핀초트Gifford Pinchot는 이 화재가 있고 몇 개월 후 다음과 같은 글을 썼다. "오늘날 우리는 산불이 완전히 사람들의 통제하에 들어왔다고 생각하고 있다. (중략) 우리 인류의 첫 번째 의무는 우리가 살아가는 지구를 통제하는 것이다."[4] 그는 산불과 싸우는 것이 경제 진보에 필수적이라고 주장했다. "보전은 낭비를 막는 것을 의미한다. 낭비는 좋은 것이 아니며 낭비에 대한 대처가 산업계에 꼭 필요하다는 인식이 이 나라에 점차 퍼지고 있다." 그와 그의 후계자들은 초창기의 소방대를, 나무를 보전해서 산업계와 일반인들이 이용할 수 있도록 하는 일을 전문으로 하는 조직으로 변모시켰다. 불과 싸우는 일이 소방대의 주요한 사명이 되었다.

100년이 흐른 지금도 공황과 산불은 여전히 우리 곁에 있다. 2008년 파괴적인 세계 금융위기가 발생해 전 세계를 1930년 이래 최악의 불황으로 몰아넣었다. 다른 한편에서는 엄청난 규모의 산불이 다시 일상화되었다. 2002년 로데오 체디스키 산불은 애리조나의 숲 50만 에이커를 황폐화시켰다. 이 피해 규모는 이후 10년 동안 일어난 피해의 다섯 배가 넘는 수준이었다.[5]

이것이 중앙은행가들과 산림관리인들이 실패했다는 의미일까? 그들이 활동하는 동안 숲과 경제에서 화재가 일어나는 것을 막는 데 큰 성공을 거두었다. 그러나 미래의 재앙에 씨를 뿌린 것 역시 바로 이 성공이었다. 이 성공은 안전과 안정을 추구하는 인류의 활동이 품은 근본적인 모순을 보여주었다. 환경을 보다 안전하게 만들려는 우리의 노력은 종종 이러한 노력을 상쇄하는 행동을 촉발한다.

경제나 환경, 심지어 인간의 몸조차 환경에 적응한다. 환경이 보다 안전해 보이면, 시스템은 더 많은 위험을 감수한다. 100년 동안 인간은 이들 시스템을 우리의 뜻에 복종시키고 오랫동안 안정을 누렸다. 이러한 시간은 언젠가는 끝나기 마련이다. 예외 없이, 그것도 전혀 예상치 못한 방식으로.

숲의 경우, 작은 화재를 억제함으로써 큰 화재의 파급력이 더 커진다. 화재가 억제되는 동안 임상林床에는 더 많은 나뭇잎, 솔, 고사목이 쌓여서 숲은 더 울창해진다. 그 결과 화재가 한번 일어나면 방대한 연료 덕분에 불이 훨씬 더 격하게 타오르게 되는 것이다.

호수 바닥에 쌓인 침전물 속의 석탄과 고대 나무의 연령에 대해 연구한 과학자들에 따르면 지난 2,000년 동안 대체로 기후가 덥고 건조할 때 산불이 더 많이 발생했고 날씨가 서늘하고 습할 때는 더 적었다.[6] 이러한 패턴은 21세기에 와서 돌변했다. 기후는 점점 덥고 건조해졌는데도 산림관리인들이 화재를 통해 스스로 밀도를 조절하는 자연의 성향에 개입하는 바람에 화재의 발생은 감소했다.

경제계에서는 무엇이 2008년의 위기를 유발했는지를 두고 수많은 이론이 등장했다. 범인으로 가장 많이 지목되는 것은 개인의 탐욕이다. 금융업자들은 불쌍한 주택 구입자들에게 융자를 떠안겼다. 그들에게 갚을 능력이 없어 납세자들이 결국 그 값을 치르게 될 것이라는 것을 알고도 말이다. 모두에게 내 집 마련의 비전을 밀고나간 정부와 가난한 가정들이 감당하지도 못할 주택을 구매하도록 부추긴 정치가와 운동가에게도 책임이 있다. 어쩌면 위기는 17세기 네덜란드의 튤립 구근에서 20세기 미국의 인터넷 주식에 이르기까지 주기적으로 사람들을 휩쓸고 가는 집단적 집착의 결과인지도 모른다.

이 모든 요인들이 한몫 했지만 이것만으로는 그림을 완성시킬 수 없다. 앞으로 책에서 소개되겠지만, 가장 주요한 요인은 수년에 걸쳐 위기나 불황에 맞서 성공적으로 싸운 결과 사람들이 안전하다는 느낌을 갖게 된 데 있다.

세계 금융위기가 발발하기 전 25년 동안 경제는 평소와 달리 평화로웠다. 불황이 드물었으며 있어도 가벼웠고 물가는 낮고 안정적이었다. 1987년의 주식시장 붕괴나 1997년의 아시아 금융위기 같은 주기적인 금융위기는 세계 소방대—연방준비제도이사회, 재무부, 국제통화기금Internaional Monetary Fund, IMF—가 억제시켰다. 경제학자들은 이 시기를 '대완화Great Moderation'라고 부르며, 그 공을 기업이 운영되는 방식의 변화—예를 들어 보다 적은 재고를 이용하는—와 인플레이션과 불황을 모두 억제하는 능력을 갖춘 보다 잘 통솔되고 보다 민첩한 연방준비제도에 돌렸다.

일상을 보다 안전하고 확실하게 만드는 것은 정부의 목표 중 하나이며 이 목표는 지난 세기 동안 대단히 성공적으로 달성되었다. 우리가 다니는 길과 하늘의 안전성은 꾸준히 높아졌으며, 전염병으로 인한 사망률은 급락했고, 극빈이 줄어들었으며, 적어도 2008년까지는 심각한 불황도 과거사로 여겨졌다.

두려움은 도움이 되는 존재다. 두려움은 문제에 휘말리지 않게 한다. 반면에 그리 재미있지는 않다. 두려움 속에서 사는 삶은 모험과 탐험, 성장을 빼앗긴 삶이다. 이러한 긴장은 현대적 삶 곳곳에 스며들어 있다. 부모는 아이들을 범죄자들로부터 보호하기 위해 매일 학교에 바래다주면서 한편으로는 이렇게 보호 속에서만 자라난 아이들이 삶에 맞설 수 없게 될까 걱정한다.

혁신주의 시대, 엔지니어의 부상

경제의 키를 잡고 우리의 환경을 관리하는 직업을 가진 사람들도 이러한 걱정에 시달린다. 철학적인 측면에서 이들을 두 파로 나눌 수 있다. 내가 '엔지니어'라고 부르는 분파는 우리가 가진 지식과 능력의 최대치를 이용해서 문제를 해결하고 세상을 더 안전하고 더 안정적인 곳으로 만들려 애쓴다. 내가 '생태주의자'라고 부르는 다른 분파는 그러한 노력을 의혹 섞인 시선으로 본다. 사람들이나 환경의 복잡성과 적응성으로 인해서, 그러한 노력이 우리가 해결하려는 문제보다 어쩌면 더 심각한 예기치 못한 결과를 불러오기 때문이다.

'엔지니어링'은 아주 오래된 직업이다. 공병대가 내륙 수로를 개발하는 데 힘을 보태면서 엔지니어들은 미국의 초기 경제 진보에 큰 몫을 했다. 한편 정부에 대한 철학적 관점에서 보면, 엔지니어의 부상은 19세기 말과 20세기 초의 혁신주의 시대Progressive Era와 함께 시작되었다. 당시 두 가지 중요한 사회적 힘 덕분에 계몽된 관리자들이 시장과 환경의 변덕에 맞서 사회를 확실하게 안정시킬 수 있다는 믿음이 강화되었다.

첫 번째 힘은 사회과학과 자연과학의 놀라운 진전이었다. 산업화와 기계화 전파에 자극을 받아 비즈니스와 경제학이 보다 체계적으로 자리 잡았다. 경제학이라는 학문 분야는 100년이 넘는 역사를 가지고 있다. 영국의 경제학자 앨프리드 마셜Alfred Marshall이 1890년 선구적인 저서, 『경제학 원리Principles of Economics』를 출판했다. 마셜도 언급했듯이 이때의 경제학은 과학으로서 '유아기'에 불과했지만 말이다. 그는 "현대 산업의 복잡성과 전문성은 다른 일들의 상대적 가치를 좌우하는 대의를 한층 더 새롭고 정교하게 만들었다."[7]고 적고 있다.

공급과 수요의 곡선이 오늘날의 경제학도들이라면 누구나 한눈에 알아볼 수 있을 정도로 유명해진 것은 마셜의 업적이다. 이 우아한 곡선들은 무작위적인 것처럼 보이는 소비자와 생산자의 행동에 시각적 질서를 부여한다. 의학 역시 인간의 몸을 이해하는 데 있어서 이와 비슷한 비약적 발전을 이루었다. 독일의 화학자, 파울 에를리히Paul Ehrlich는 최초로 단일 병원체를 공격하는 화합물을 만들었고 1906년에는 인류가 결국 모든 병원체에 대항할 '마법의 탄환magische Kugel'을 개발할 것이라고 예견했다. 이 예측은 그 후 몇십 년에 걸친 항생제와 백신 개발의 큰 발전으로 성취되는 듯 보였다.

이러한 도구들로 인해서 전문가들은 충분한 연구와 의지만 있으면 자연과 경제의 복잡성을 이해하고 관리할 수 있게 될 것이라고 생각하게 되었다. 전문지식은 제도화되었다. 1885년 전미경제학회American Economic Association가, 1900년에는 미국 삼림감독관협회Society of American Foresters가, 1905년에는 미국 사회학협회American Sociological Association, 1909년에는 미국 도시계획협회American Planning Association가 설립되었다.[8]

이와 동시에 두 번째 정치적 힘도 등장했다. 미국의 경제가 산업화되면서 백만장자인 자본가들과 거대 기업의 손에 더 많은 부와 힘이 쥐어졌다. 19세기 말 이에 대한 반발이 거세게 나타났다. 도금시대(Gilded Age: 남북 전쟁 이후의 대호황 시대 – 옮긴이)의 자본가 과다와 지식의 제도화에 맞서 등장한 이러한 봉기의 산물이 진보주의, 즉 정부가 자본과 효율 양자에 영향력을 행사할 수 있다는 철학이었다.

혁신주의 시대를 이끈 것은 두 명의 대통령 시어도어 루스벨트와

우드로 윌슨Woodrow Wilson이었다. 루스벨트의 지도하에 자유방임주의 Laissez-faire가 후퇴했고 보다 행동주의적이고 강력한 국가에 의한 '경제 경영'이라는 지도 원리가 그것을 대체했다. 루스벨트는 1890년 통과된 이래 거의 힘을 발휘하지 못하던 셔먼 독점금지법Sherman Antitrust Act을 이용해 반경쟁적인 독점 회사들에게 공격을 퍼붓고, 주와 주 사이의 상거래를 단속하고 식품·의약품을 규제하는 법률을 통과시키고, 국립공원 시스템을 확대했다. 그가 벌인 조치들은 과학적인 경영이라는 진보적 사상을 바탕으로 했다. 산림청을 책임진 루스벨트의 친구 핀초트는 유럽에서 배워온 산림경영원리, 즉 산림을 농경지로 취급하는, 즉 불타게 놓아두는 자원이 아닌 경작하고 수확하는 자원으로 여기는 원리에 젖어 있었다.

당시 중요한 경제 문제인 통화개혁에 있어서 루스벨트는 모순된 모습을 보였다. 그는 1907년의 공황 동안 거의 방관자의 입장에 있었고 공황이 은행가들에게 가져다준 두려움을 환영하는 입장이었다. 당대의 사람들이 그를 금융에 관한 한 문맹이라고 생각할 만도 했다.[9] 그렇지만 이 공황으로 로버트 오언과 같은 중앙은행 옹호자들은 활개를 쳤고 이는 통화개혁을 위한 위원회의 창설로 이어졌다. 10년 전의 오언처럼 위원들은 유럽을 여행하고 돌아와서 영국, 프랑스, 독일의 중앙은행을 모델로 한 중앙은행의 설립을 권고했다.

우드로 윌슨은 루스벨트와 마찬가지로 대기업을 불신했다. 하지만 전 프린스턴대학 총장이며 백악관을 차지한 유일한 박사로서, 그가 정부의 역할에 대해 가진 견해는 사회과학에서 비롯되었다. 그는 미국 경제를 현대적으로 경영하는 데 그가 들은 최고의 아이디어, 종종 외국인에게서 들은 아이디어를 적용하고자 했다.[10] 우드로 윌슨에게 영향을 준 인물 중에는 영국의 비평가이며 「이코노미스트The Economist」의 편집자로 정부에서 전문적인 행정가들의 역할이 중요하다고 강조했던 월터 배젓Walter Bagehot이 있다. 그의 1873년 작, 『롬바르드가Lombard Street』는 중앙은행이 '최후에 의지할 수 있는 대출자'로서 어떻게 행동해야 하는지 보여주는 성명서와 다름없었다. 배젓은 경제 전반에 공황이 나타날 경우, 중앙은행이 막힘없이 담보대출을 해주어야 하며 다만 징벌적 금리를 적용해야 한다고 충고했다. 윌슨은 『롬바르드가』를 대단히 흥미롭다고 생각했다.[11] 그는 이 책에 '식견과 발견의 번뜩임'이 가득하다고 말했다.

때문에 1913년 대통령이 되었을 때 윌슨은 이미 중앙은행의 필요성을 인식하고 있는 상태였다. 유일하게 남은 문제는 누가 중앙은행을 경영하느냐였다. 당시 상원은행위원회 의장이었던 오언은 그 자리를 정부에서 지명해주기를 원했다. 하원에서 그에 대응하는 역할을 하고 있는 버지니아의 카터 글래스Carter Glass는 은행들이 패권을 쥐는 편을 선호했다. 윌슨과 의회는 결국 양쪽을 아우르는 해법을 정했다. 윌슨은 1913년 크리스마스 직전 연방준비제도법Federal Reserve Act에 서명하고 그것을 '평화의 헌법constitution of peace'이라고 불렀다. "우리는 우리의 평화를 체계화하는 것이며, 우리의 번영이 안정적으로 이루어지게 만들 뿐 아니라 우리의 번영이 방해받지 않는 추진력을 마음껏 얻을 수 있게 하려는 것이다."[12] 멕시코만에서 보내기로 한 긴 휴가를 앞두고 그는 오언에게 '대단히 어렵고 힘든 일'을 이끌어준 데 대해 "이 나라 전체가 당신에게 은혜를 입었다."¹³고 감사의 편지를 보냈다.

경제를 관리하는
도구의 사용

새로운 통제력, 중앙은행, 거기에 소득세까지, 이제 엔지니어들에게는 경제를 경영할 기본적인 도구들이 주어졌다. 하지만 이러한 도구들을 얼마나 활발하게 사용해야 하는지, 그들이 궁극적으로 성취하려는 것은 무엇인지에 대한 합의는 이루어지지 않은 상태였다. 초기에 연방준비제도를 이끈 지도자들은 그들의 소관이 얼마나 포괄적인지를 두고 논쟁을 벌였다. 대부분이 유동성이 부족한 기간 동안 은행들이 그 상황을 헤쳐 나가게 돕는 데까지를 한계로 삼아야 한다고 생각했다. 하지만 뉴욕 연방준비은행 총재이자 이 시스템의 실직적인 리더인 벤저민 스트롱 Benjamin Strong은 보다 포괄적인 그림을 그렸다. 연방준비제도이사회는 연방정부의 제1차 세계대전 자금 조달에 도움을 주고자 했다. 전쟁이 끝나자, 그는 고금리를 이용해서 경제에서 인플레이션을 밀어내 단기적인 심각한 불황을 야기했다. 하지만 그 이후로는 그러한 경기 후퇴를 막는 데 훨씬 더 힘을 기울였다. 그는 신용의 변동을 누그러뜨려 경제의 변동을 줄이고자 공개시장조작 ― 국채를 사고파는 ― 을 이용하기 시작했다.

1920년대에는 이런 방법이 잘 먹혀들었고 주요 경제학자들은 불황의 문제는 사라졌다는 결론을 내렸다. 은행은 연방준비은행을 강력한 댐에 비유하는 포스터를 보여주며 고객을 안심시켰다. 1929년 가

1920년대에 새롭게 만들어진 연방준비은행은 스스로를 경제 재앙을 막는 방어자로 자리매김했다. (출처: 샌프란시스코 연방준비은행 기록 보관소 제공)

을, 미국에서 가장 존경받는 경제학자였던 어빙 피셔Irving Fisher가 주가가 "영원히 하락하지 않는 고원의 경지에 도달했다."고 선언하기에 이르렀다.

이는 경제학 역사상 가장 악명 높은 실언이 되었다. 1929년 경제는 기록적으로 길고, 깊은 불황에 빠졌다. 대공황을 유발한 정확한 원인을 두고 오늘날까지도 맹렬한 논쟁이 벌어지고 있다. 1930년대 초에는 엔지니어들이 지나치게 욕심을 부리다가 제 꾀에 넘어갔다는 이론이 등장했다. 프리드리히 하이에크Friedrich Hayek가 이끄는 몇몇의 오스트리아 태생 경제학자들은 경제 활황이 수상쩍거나 수익을 내지 못하는 프로젝트에 과도한 투자를 했다고 주장하면서, 경제는 이러한 불필요한 자산의 과잉을 제거하기 위해 슬럼프를 필요로 한다는 추측을 내놓았다. 또 다른 오스트리아 경제학자, 조지프 슘페터Joseph Schumpeter는 "불황은 억제시켜야 하는 유해하기만 한 존재가 아니다. 반드시 이루어져야 하는 변화에 대한 적응의 형태다."[14]라고 말했다. 불황을 바로잡으려는 시도는 꼭 필요한 적응 과정에 방해가 될 수 있다.

허버트 후버Herbert Hoover 행정부에서 재무장관을 역임한 앤드루 멜런Andrew Mellon 역시 이런 생태주의적 견해에 동조했다. 그는 대공황의 세척효과를 환영했다. 후버는 멜런으로부터 "노동자를 청산하고, 주식을 청산하고, 농민을 청산하고, 부동산을 (중략) 청산하면, 시스템으로부터 부패가 축출될 것이다. 생활비가 떨어지고 사치스러운 생활이 줄어들 것이다. 사람들은 더 열심히 일하고 보다 도덕적인 삶을 살 것이다. 가치가 조정되고 기업가정신企業心이 왕성한 사람들은 경쟁력이 다소 떨어지는 사람들 가운데에서 잔해를 건져 올릴 것이다."[15]라는 말을 들었다고 회상했다.

하이에크나 멜런과 같은 생태주의자들은 엔지니어들이 지나쳤다고 비난한 반면, 엔지니어들은 생태주의자들이 한 일이 너무 모자랐다고 생각했다. 그렇다. 연방준비제도이사회는 초기 시장 붕괴 이후 바로 은행에 현금을 쏟아부었고, 이후 건전성이 덜한 은행의 실패로 인해 건전한 은행이 예금 인출 사태에 직면하게 되자 이들 은행에 돈을 빌려주었다. 하지만 이것만으로는 경제 축소의 힘(많은 부분이 해외에서 유발되는)을 막아내기가 힘들었고 때문에 수천 개의 은행이 도산했다. 예를 들어 피셔는 대공황의 책임을 디플레이션(deflation, 물가하락)이 심해지도록 놓아둔 연방준비제도이사회에 돌렸다. 물가와 임금이 떨어지면서, 가치가 고정되어 있는 빚을 감당할 수 없게 되었다. 그는 연방준비제도이사회가 팽창적 통화정책을 통해 물가를 회복시키고 디플레이션을 끝내야 했다고 말했다.[16] 이 말을 듣는 사람은 많지 않았다. 불황은 피셔에게서 재산뿐 아니라 그의 말을 듣는 청중까지 앗아갔다.

1928년 대통령에 당선된 허버트 후버는 이 두 분파 사이에서 갈피를 잡지 못하고 있었다. 그는 시장의 힘이 움직이는 대로 놓아두는 것이 옳다고 생각하는 공화당원이었지만 직업이나 기질 면에서는 엔지니어였다. 그는 나중에 엔지니어의 의무는 '과학이라는 뼈대에 생명과, 안락함과 희망의 옷을 입히는 것'이라는 말을 남겼다.[17] 후버는 1921년 워런 하딩 Warren Harding의 상무장관으로서 경제 공학의 실현을 위해 경제통계를 정기적으로 편찬하고 출판하게 했다.[18] 대통령인 후버는 멜런이 좋은 의도를 가지고 있다고 생각했다. 하지만 후버는 멜런의 처방을 묵살하고 부흥금융공사 Reconstruction Finance Corporation를 설립해 예금 유출로 고통을 겪고 있는 은행들에 대출을 하는 등의 방법으로 공황과 싸우는 데 최선을 다했다.

그러나 이런 조치로는 충분치 않았다. 물가와 생산의 하향 곡선은 프랭클린 루스벨트 Franklin Roosevelt가 1933년 취임해 은행 휴업을 시행하고, 금에 대한 달러의 가치를 절하하고, 연방준비제도이사회의 정비를 진행하고, 정부의 역할을 엄청나게 확장시킬 때까지 이어졌다.

경제를 관리할 수 있다는 개념은 그때까지만 해도 비교적 새로운 이론으로 많은 논란이 뒤따랐다. 당시의 경제학자들에게는 아직 광범위한 경제가 어떻게 움직이는지에 대한 중요한 이론, 지금 우리가 거시경제학 macroeconomics이라고 부르는 개념이 없었다. 앨프리드 마셜은 어떻게 개별 시장이 움직이는지, 즉 우리가 지금 미시경제 microeconomics라고 부르는 개념만을 보여주었다. 어떤 상품에 대한 수요가 줄어들면, 그 상품의 가격은 수요가 회복될 때까지, 즉 '평형'이라는 조건에 이를 때까지 떨어진다. 전반적인 경제도 동일한 방식으로 움직이는 것으로 추정되었다. 노동에 대한 수요가 갑자기 줄어들면 임금은 완전고용으로 회복될 때까지 하락한다. 원치 않는 실업이 장기간 계속되는 것은 불가능했다. 경제는 대체로 자기 조절 방식이기 때문에 연방정부가 개입해서 항로를 바로잡을 필요가 별로 없었다.[19] 작은 정부의 입장에서는 다행스러운 일이었다.

하지만 1930년대의 대공황은 경제가 스스로 평형 상태를 찾지 못한다는 것을 보여주었다. 정부는 상황을 훨씬 더 낫게 만들 수도, 훨씬 더 악화시킬 수도 있다. 이것이 영국의 경제학자 존 메이너드 케인스John Maynard Keynes가 내놓은 획기적인 식견이었다. 1936년 출간된 『고용·이자 및 화폐에 관한 일반이론The General Theory of Employment, Interest and Money』에서 케인스는 기업 투자가 '낙관적 정서와 비관적 정서의 물결'에 의해 움직인다고 묘사했다. 기업이 비관적인 시각을 가지고 있을 때에는, 금리가 제로일지라도 그들의 투자를 유도할 수 없다. 개인이 자신의 경제적 안정을 지키기 위해 더 많은 돈을 저축하는 것은 이성적인 일이다. 하지만 모두가 저축을 더 많이 하고 지출을 줄인다면 모든 사람의 수입이 줄어들고 형편이 좋아지는 사람은 아무도 없을 것이며 경제는 침체 상태에 빠질 것이다. 케인스는 이것을 '절약의 역설paradox of thrift'이라고 불렀다. 이는 경제가 결국 좋은 균형 상태가 아닌 나쁜 균형 상태에 처하게 된다는 것을 의미한다.

이 때문에 정부에게 할 일이 생기는 것이다. 민간기업과 개인이 돈을 빌리거나 쓰지 않으려 한다면 정부가 그렇게 해서 경제가 '완전고용', 즉 일자리를 원하는 사람은 모두 일자리를 구할 수 있는 상태로 되돌아가게 만들어야 하는 것이다.

자연도 관리할 수 있다는
믿음과 반격

피셔와 케인스는 경제를 활황과 불황으로부터 멀어지게 만들 수 있는 지적 프레임워크를 정부에 제공했다. 정치적으로도 시기가 무르익었다. 대공황의 경제적 손상으로 인해 대중들은 행동주의적인 정부를 보다 흔쾌히 받아들이게 되었다. 프랭클린 루스벨트는 경제에 대해서만 정부의 책임을 확장한 것이 아니었다. 그는 자연에 대한 감독도 확장했다. 1910년 이래, 산림청의 리더들은 화재를 통제하지 못하는 유일한 이유가 사람과 자원의 부족이라는 확신을 가지고 있었다. 1910년의 여러 화재와 직접 싸운 경력이 있는 거스 실콕스Gus Silcox가 1933년 이 기관의 책임자가 된 지 몇 년 후, 화재가 발견되면 다음 날 오전 10시까지 진압해야만 한다는 '오전 10시 정책10a.m. policy'을 발표했다.

순전히 오만의 소산이었다. 하지만 그 정신은 당시의 시대상이나 루스벨트의 성향과 잘 맞아떨어졌다. 화재를 연구한 사학자 스티븐 파인 Stephen Pyne은 루스벨트가 자신을 산림감독관으로 여겼다고 말했다.[20]

다리를 못 쓰게 되기 전에 루스벨트가 마지막으로 한 신체활동은 펀디만에서 보트를 타다 발견한 메인 해안의 불을 끈 것이었다. 실콕스는 산림청이 농촌 빈곤과 실업을 경감시키는 경제 발전의 도구라는 것을 보여주었고 루스벨트는 기꺼이 그를 도왔다. 뉴딜New Deal 정책의 마지막 고용 창출 프로그램인 민간자원보존단The Civilian Conservation Corps 은 수천에 달하는 미혼 실업자들이 나무를 심고 산불과 싸우는 일을 하도록 시켰다. 1940년대에는 산불 방지가 시민의 의무로 격상되었고, 스모키 베어(Smokey Bear: 미국 산림청에서 산불 방지 홍보 표지판에 쓰는 짙은 회색 곰 - 옮긴이)의 도움으로 이러한 생각이 대중들에게 주입되었다. 1946년에 나온 한 포스터에서 스모키는 작업용 앞치마를 두른 채 한 발로 목수의 직각자를, 다른 한 발로 공구함을 들고 "불탄 목재로는 집을 지을 수 없습니다. 산불을 막읍시다."라고 말하고 있다. 1953년에 나온 또 다른 포스터에서는 삽을 들고 불타고 있는 황무지를 가리키며 "이 수치스러운 낭비가 미국을 약화시킵니다!"라고 외치고 있다.

포스터에서 스모키 베어는 부주의가 산불로 이어질 때 초래되는 경제적 피해를 경고하고 있다.
(스모키 베어라는 이름과 캐릭터는 16 U.S.C. § 580p–1과 18 U.S.C. § 711이 미국의 재산으로 규정하고 있으며 그 사용에 대해서는 미국 농무부 산림청의 승인을 얻어야 한다)

환경을 안전하게 지키려는 엔지니어들의 노력은 숲에서 물로 확장되었다. 1800년대 말부터 연방정부와 공병대는 미시시피 하류를 통제하는 책임을 맡았다. 1912년과 1913년에 파괴적인 홍수를 겪은 후 1917년에는 최초의 연방치수법이 제정되기에 이르렀다. 대공황은 경제적 이익을 위해서 강을 활용해야 한다는 신념을 강화시켰다. 1934년 국가자원국 National Resources Board은 "국민의 복지를 위해 1~2에이커의 땅에 생산력을 부여하는 사막의 작은 물줄기부터 홍수로 인한 미시시피의 세찬 물살에 이르기까지 모든 유수流水에는 국가관리가 반드시 필요하다."[21]고 선언했다.

따라서 제2차 세계대전 말의 엔지니어들은 환경과 경제에 많은 책임을 맡게 되었다. 1946년 고용법Employment Act이 통과되어 연방정부에 '일을 할 수 있고, 일을 하고 싶어 하며, 일거리를 찾는 사람들에게 유용한 고용기회를 제공하고 최대한의 고용, 생산, 구매력을 촉진시키는 조건'을 만들 의무가 지워졌다.

하지만 20년 내에 이 새로운 합의에 균열이 나타났다. 경제계도 자연계도 엔지니어들이 상상했던 것만큼 인간의 관리를 순순히 받아들이지 않았던 것이다. 정부기관에 몸담고 있던 무명의 지리학자 길버트 화이트Gilbert White는 시카고대학 대학원에서 파트타임으로 연구를 하고 있었다. 그는 광란에 가까운 1930년대의 제방과 댐 건설이 홍수 문제를 해결하지 못했음을 발견했다. 아니, 오히려 새로운 문제를 일으켰다. 범람원에 더 많은 주택, 공장, 농장이 우후죽순으로 들어서는 바람에 홍수가 제방을 넘어 들어올 경우 더 많은 피해가 발생하게 된 것이다. 그는 1942년 완성되었지만 수년 후까지 널리 알려지지 못했던 자신의 논문에 "홍수는 '천재天災'이지만 홍수로 인한 손실은 대부분 인재人災다."[22]라고 적었다.

임학계의 생태주의자들은 무슨 수를 써서라도 화재를 억제한다는 산림청의 군대식 문화를 조금씩 쪼아대기 시작했다. 1962년 케네디 행정부는 스타커 레오폴드Starker Leopold에게 국립공원 내의 생태계를 가장 잘 관리할 방안을 찾는 자문위원회를 이끌도록 했다. 그는 동물학자였고 그의 아버지는 환경보호 운동을 처음 시작한 사람 중 하나였다. 다음 해 발표된 레오폴드의 보고서는 서식지 관리 도구로 동아프리카의 초원에서 많이 이용되는 방법, 즉 불을 다시 도입할 것을 촉구했다. 그의 보고서는 세심하게 관리된 화재가 '가장 자연스럽고 적용하는 데 가장 비용이 적게 들며 쉬운' 관리 방법이라고 말한다.[23]

경제학에서도 비슷한 입장 변화가 일어나고 있었다. 학자들(대부분 시카고대학 출신인)은 사람들이 어떤 식으로 적응하는지를 고려하지 않는 정부의 경제관리가 역효과를 낳고 있다고 주장했다. 조지 스티글러 George Stigler는 연방법규가 계속해서 확장되고 있지만 규제기관들은 소비자가 아닌 피규제자에게 도움이 되는 일을 하는 경우가 많다고 주장했다. 스티글러의 제자인 샘 펠츠먼 Sam Peltzman은 더 대담한 주장을 내놓았다. 소비자를 안전하게 보호하려는 목표로 만든 규제가 그 반대의 효과를 낼 수도 있다는 것이었다. 1975년 그는 안전벨트가 운전자로 하여금 더 무모하게 운전을 하게 해서 더 많은 보행자 사망사고를 유발한다고 주장하는 도발적인 연구 결과를 발표했다.

학자들은 곧 해상운송이나 축구 같은 다양한 분야에서 비슷한 행동을 발견하고 이 현상에 '리스크 보상 risk compensation', '리스크 항상성 risk homeostasis', '인적요인 human factors' 같은 이름을 붙였다. 그리고 경제학자들은 이를 '도덕적 해이 moral hazard'라고 불렀다. 위험한 행동의 결과에서 사람들을 보호해주면, 그 사람들은 '더 많은 위험을 자초한다'는 개념이다. 결국 우리를 보다 안전하게 해주는 모든 좋은 의도를 가진 노력은 의도치 않게 정반대의 결과를 낳는다.

거시경제 공학도 비슷한 비판에 직면했다.[24] 케인스의 제자들은 통화정책(즉, 금리)과 재정 정책(즉, 예산)이라는 지렛대를 써서 수요와 고용을 촉진하고 경제의 완전고용 상태를 유지할 수 있다고 생각했다. 한동안은 효과가 있었다. 하지만 결국, 이 전략은 물가를 끌어올리기 시작했다. 1967년 밀턴 프리드먼Milton Friedman은 노동자들이 높은 인플레이션에 익숙해지면서 더 높은 임금을 요구하게 되고 이는 추가적으로 발생할 수 있는 노동 수요를 무효화할 것이라고 내다봤다. 1970년대에 실업이 늘어나고 물가가 올라가고 불황이 심화되면서 그의 주장이 옳았음이 입증되었다. 마거릿 대처Margaret Thatcher, 로널드 레이건Ronald Reagan을 비롯한 보수주의자들이 정부의 간섭에 대한 프리드리히 하이에크의 깊은 불신에 공감하면서 그의 명성은 높아졌다. 하이에크는 1974년 노벨상을 공동수상했고 수락 연설에서 동료들이 경제 공학에 대해 가지는 애착을 공격했다. "우리가 사회의 진보를 전적으로 우리의 취향대로 주무를 수 있게 해주는 힘과 지식을 갖고 있다는 믿음, 실제로는 존재하지 않는 이런 지식이 우리에게 있다는 믿음에 따라 행동한다면 우리는 더 많은 해로운 일을 하게 될 것이다."

1980년대 초, 재정 공학 — 이곳에서는 지출을 늘리고, 저쪽에서는 세금을 줄이는 식으로 경제를 미조정하려는 시도 — 은 사그라들었다. 재정 공학적 시도는 이론경제학자들에게 거부당했고, 정치 지도자들은 이를 피했으며, 재정적자가 불어나면서 대중은 여기에 매달릴 여유가 없어졌다.

하지만 통화 공학 — 인플레이션과 불경기가 찾아오지 못하도록 할 만큼 금리를 조정하는 것 — 은 살아남았으며 거기에 그치지 않고 이전보다 더 큰 인기를 얻었다. 폴 볼커와 앨런 그린스펀Alan Greenspan을 비롯한 중앙은행가들은 민중의 영웅 대접을 받았다. 25년 동안, 실업은 감소하고 물가는 떨어졌으며 불황의 빈도는 줄어들었다.

민스키,
"안정성은 불안전하다"

대단한 일이었다. 불황 없이 한 해가 지나가고, 실업률이 하락할 때마다 소득과 부는 몇천억 달러씩 늘어났다. 거기에 부정적인 면은 없었을까? 대부분의 경제학자들은 그런 면을 찾지 못했다. 하지만 부정적인 면을 찾은 유일한 학자가 있었다. 그는 하이에크의 제자가 아닌 케인스의 제자였다. 하이먼 민스키는 1919년 시카고에서 태어났다.[25] 그의 부모는 카를 마르크스Karl Marx 탄생 100주년 파티에서 처음 만났을 정도로 열렬한 사회주의자였다. 민스키 역시 처음에는 사회주의자였다. 그는 미국 사회주의당American Socialist Party 청년 진영에서 활동했고 1940년대 군복무 동안 서독의 사회민주당Social Democrat이 공산당Communist Party으로부터 독립을 지키는 데 힘을 보탰다. 그는 하버드 대학원에서 오스트리아 학파의 거두인 슘페터와 케인스의 가장 영향력 있는 제자인 앨빈 한센Alvin Hansen을 면밀히 연구했다.

민스키는 경제 불황을 피하기 위한 크고 적극적인 정부가 필요하다는 케인스의 견해에 동의했다. 하지만 그와 동시에 케인스 모형이 금융 시스템에 관심을 두지 않았다고 생각했다. 케인스 모형은 중앙은행이 통화 공급, 신용, 금리에 대한 전면적인 통제권을 가지고 있다고 상정했다. 민스키는 돈과 신용의 양은 중앙은행만이 아니라 금융혁신에 의해서도 영향을 받는다고 주장했다. 인플레이션을 통제하기 위해서 연방준비제도이사회가 은행의 대출을 제한한다면, 월가의 혁신자들은 은행을 거치지 않고 돈을 빌리고자 하는 사람에게 여신을 하는 메커니즘을 만들어낼 것이다. 그는 혁신이 세 단계를 거칠 것이라고 예견했다. 첫째, 리스크를 관리해야 하는 기업의 합법적 필요에 이용되는 '헤지hedge' 단계. 둘째, 주로 자산 가격 상승의 재원을 대는 데 기여하는 '투기' 단계. 마지막으로 투자자들이 과거에 빌린 돈에 대한 이자를 대기 위해 더 많은 돈을 빌려야 하는 '폰지' 단계다. 연방준비제도가 번영의 기간을 길게 연장시킬수록 금융은 각 단계로 더 진전해가고 금융 시스템은 더욱 불안정해진다. "안정성은 불안정하다."는 것이 민스키의 논지다.

민스키는 경제를 통제하려는 엔지니어의 활동이 궁극적으로는 자멸의 길을 걷는 것이나 마찬가지일 것이라 생각했다. 엔지니어들은 경제에 대한 다음 번 위협이 지난 위협과 같은 모습일 것이라고 가정하기 때문이다. 그러나 혁신이 이루어지기 때문에 이런 일은 불가능하다. 그들은 은행 여신의 증가를 제한하는 정책을 만드느라 신용이 은행 밖으로 어떻게 이동하고 있는지 살피지 못한다. 민스키는 중앙은행가들을 1940년 마지노선 뒤에서 나치를 기다리고 있던 프랑스 장성들에 비유했다. 지나간 전쟁에 맞설 준비를 하던 사람들 말이다. 금융 시스템은 항상 진보하기 때문에 "다음 번에 일어날 금융위기는 지난 위기와 절대 같을 수 없다."[26]

1957년이었다. 민스키는 사망할 때까지 이후 40년 동안 이 이론을 확장하면서 귀를 기울이는 사람 누구에게나 자신의 이론을 들려주었다. 그의 말에 주의를 기울이는 사람은 많지 않았다. 대부분이 월가의 사람들이었고 경제학자들은 그의 말을 듣지 않았다. 학계를 대표하는 경제학자들은 자료의 세밀한 통계적 분석이나 우아한 모형을 기반으로 한 깔끔한 이론으로 인정을 받았다. 민스키는 어느 쪽에도 큰 관심을 두지 않았다. 그의 논문에는 같은 말이 계속 반복되었고 따분한 에세이에 가까울 때가 많았다. 민스키는 세인트루이스 워싱턴대학에서 교편을 잡았지만 가르치는 일이나 연구에는 별로 관심을 보이지 않았다. 그의 조교였고 이후 펀드매니저가 된 에릭 팔켄스타인Eric Falkenstein 은 고급반 수업은 모두 '민스키주의'로 점철되었다고 기억하고 있다.[27] 그는 거시경제모형을 가르치는 것보다 자신이 알고 있는 위대한 경제학자들의 이야기를 하거나 자기 이론을 입증하는 신문 기사를 다루기를 좋아했다.

당시 학과장이던 로런스 마이어Laurence Meyer는 실적이 없다는 이유로 민스키의 봉급 인상을 거절한 적이 있었다. 몹시 화가 난 민스키는 이후 수년 동안 그와 말을 섞지 않았다. 이후 마이어는 내게 말했다. "우리는 '하이먼은 하나의 논문을 반복해서 쓴다.'고 말하곤 했습니다."

하지만 까다로운 성정 외에도 민스키에게는 또 다른 문제가 있었다. 그의 이론은 유용하지가 못했던 것이다. 경제학자들은 예측할 수 있는 결과를 내는 모형을 만들어서 자연과학을 모방하는 데 최선을 다한다. 어떤 물건의 가격이 얼마만큼 오르면 판매량은 그만큼 떨어질 것이라거나, 금리가 x만큼 오르면 고용은 y만큼 감소한다는 식이다. 민스키주의는 이러한 우아한 모형 제작과는 상반되는 것이었다. 그는 기존의 추세를 추론하는 것이야말로 추세의 붕괴를 유발하는 것이라고 생각했다. 자신감과 신뢰는 서로 영향을 주고받으며 계속 커지다가 결국 어떤 사건에 의해 파멸에 이른다. 수년 동안 그들 옆에서 조용히 자라온 허약함이 드러나는 것이다. 그게 언제인가? 민스키도 그 시점에 대해서는 알지 못했다. 위기는 그 성질상 예측이 불가능하다. "그는 언제나 시장 붕괴가 머지않았다고 생각했습니다." 팔켄스타인의 회상이다.

적어도 한 번은 그가 옳았던 적이 있었다. 1987년 10월 16일 금요일, 팔켄스타인은 주식시장의 하락을 기대하고 거액의 옵션 거래를 시도했다. 시장은 다음 날 아침 폭락했다. 팔켄스타인은 그의 오랜 멘토에게 편지를 보냈다. "선생님 이론 덕분에 부자가 되겠는데요!" 민스키는 굉장히 기뻐했다. 그는 시장 붕괴가 공황은 아닐지라도 불황으로 이어질 것이라고 예측했다.[28]

여기에서 그를 비롯한 많은 경제학자들이 실수를 저질렀다. 경제는 건재했다. 미국 최고의 경제연구기관인 국민경제연구소National Bureau of Economic Research가 1989년 10월, 시장이 폭락한 지 2주년이 된 날 40명의 학자들을 케임브리지에 소집한 이유는 수수께끼다. 향후의 위기 발생 가능성을 묵살할 수 있는 사람은 아무도 없었다. 그런데 여러 차례 위기가 지나갔지만 놀랍게도 경제에는 거의 흔적을 남기지 않았다. 폴 크루그먼이 지적했듯이 시장은 1930년 이래 그리 소란스럽지 않았다. 그런데도 경제는 7년 동안 서서히 진전해왔다.[29] '고삐 풀린 호황에 들어서거나 불황에 갇히는 일 없이' 말이다.

민스키의 메시지는 호시절이 오래 가지는 않는다는 것이었다. 그는 '금융불안정 가설은 비관적'이라고 경고했다. "자본주의는 금융위기와 경제위기의 가능성이 내재된 체제라는 점에서 결함을 가지고 있다."

민스키는 여전히 학계의 유명인사 사이에서 아웃사이더로 남아 있었고 거의 주목을 받지 못했다. 볼커의 경우는 달랐다. 자리에서 물러난 뒤에도 엄청난 존경을 받았다. 그는 태생적으로 걱정이 많은 사람이었고 거기에는 그럴 만한 이유가 있었다. 그는 말했다. "저는 앞으로 경제에 더 많은 위기가 발생할 것과 더 과도한 확장이 이루어질 것을 확신합니다." 하지만 그것을 다룰 도구들도 훨씬 더 많아졌다. 문제는 사람들이 그러한 도구들을 이용한 구제에 익숙해졌다는 점이었다. 그는 1970년대 뉴욕 연방준비은행의 총재로서 '우리를 일깨우고 우리에게 약간의 징벌을 가하기 위해서는 상당한 규모의 시장 실패가 이 나라에 필요하지만 내 구역에서만은 일어나지 않기를'이라는 생각을 가졌다고 한다. 볼커는 사람들이 조금 더 겁을 먹는다면 시장이 보다 건전해질 것이라고 생각했다. "안정적이고 회복력이 큰 구조를 위해서는 리스크에 대한 훨씬 민감한 감각이 필요합니다. 이것은 말하기는 대단히 쉽지만 실천하기는 대단히 어려운 일이죠."

볼커의 우려는 선견지명이 있으면서도 대단히 아이러니하다. 1980년대에 그만큼 집중적으로 그리고 성공적으로 위기관리 도구를 사용한 사람은 없었다. 그 결과 한 세대에 걸쳐 낮은 인플레이션과 안정적 성장이 이어졌고 그에 따라 두려움의 약화됐다. 이것이 세계적인 금융위기를 이끈 조합이었다. 당시에는 그렇게 명백하게 드러나지 않았지만 말이다.

CHAPTER 2

'내 구역에서만은 일어나지 않기를'

금융위기의 씨앗이 움트다

"Please, God, not in my district"

Foolproof

02

폴 볼커가 처음부터 세계를 안전한 곳으로 만들겠다는 원대한 계획을 가지고 있었던 건 아니다. 일이 그런 식으로 돌아갔을 뿐이다. 재무부 관리로 그의 이름이 알려지기 시작한 1970년대 초부터, 세상은 그에게 계속해서 문제를 안겨주었다. 1971년에는 달러와 금의 유대에 대한 신뢰가 무너졌다. 그는 그 유대를 버리는 데 일조했다. 1975년에는 뉴욕시가 파산을 목전에 두고 있었다. 볼커가 막 12개 연방준비은행 중 가장 중요한 뉴욕 연방준비은행 총재가 된 때였다. 뉴욕주의 도시개발 부문을 책임지고 있던 리처드 라비치Richard Ravitch는 저녁식사 자리에서 볼커에게 연방준비제도이사회가 긴급구제에 어떻게 접근할지 물었다. 볼커는 라비치에게 이렇게 말했다. "뉴욕에 대한 긴급구제에 나선다면 다른 모든 곳을 위해서도 긴급구제를 펴야 할 것이오." 뉴욕은 다른 방법을 찾아야 했다.[1]

하지만 이들은 1979년 막 연방준비제도이사회 의장 자리에 앉은 볼커를 기다리고 있던 세 가지 문제에 비하면 하찮은 것이었다. 세 가지 문제는 서로 맞물려 있었다. 첫 번째는 인플레이션이었다. 물가는 1960년대부터 오르고 있었고 그해 이란의 혁명으로 원유 가격이 급등하면서 물가상승률이 두 자리 수에 이르렀다. 볼커는 금리를 역대 최고치인 20퍼센트로 올림으로써 물가상승을 막기 시작했다. 두 번째 문제는 높아진 금리 때문에 달러를 지나치게 많이 빌린 여러 라틴아메리카 국가들의 상환 능력이 약화되고 있다는 점이었다. 세 번째 문제는 그들 국가가 도산할 경우, 그 나라들에 돈을 빌려준 대형 미국 은행들이 무너질 수 있다는 것이었다. 볼커는 자리에 앉아 있는 동안 대부분의 시간을 이 세 가지 문제를 해결하고 이후에 따라올 번영의 기초를 닦는 데 보냈다.

볼커, 대형 은행의 수호자

1970년대 동안, 미국 은행들은 해외 진출에 열을 올렸다. 그들은 아랍의 원유 수출국이 번 달러를 가져다가 라틴아메리카 정부에 빌려주고 그들의 무역 적자를 메꾸게 했다. 1982년 금리가 치솟으면서 일이 터지는 것은 시간문제가 되었다. 멕시코에서는 은행 대출이자를 갚을 외환이 떨어져가고 있었다. 볼커는 멕시코가 디폴트를 선언할 경우 미국 은행 시스템의 큰 부분이 바로 파산하리라는 것을 알고 있었다. 때문에 그는 연방준비제도이사회로 하여금 멕시코에 돈을 빌려줘서 외환 준비금의 부족 상태를 숨기게끔 해 시간을 벌었다. 그는 그해 가을 멕시코에 새 대통령이 들어서면 신뢰를 회복하는 데 필요한 경제개혁을 시행할 수 있을 것이라고 기대했다. 하지만 8월이 되자 이 계획이 제대로 먹혀들지 않으리라는 게 명확해졌다. 새 대통령을 맞이하기 훨씬 전에 돈이 다 떨어질 상황이었다. 8월 13일 금요일, 볼커는 다른 나라의 고위 관리들에게 멕시코가 고비를 넘길 수 있도록 브리지론(bridge loan: 장기 융자가 결정되기 전의 단기 융자 – 옮긴이)을 요청했다.

다음 단계는 멕시코에 대한 대출 만기를 몇 개월 더 연장하는 차환을 발행하도록 은행을 설득하는 일이었다. 몇 개월 동안 볼커는 멕시코의 헤수스 실바 헤르조그 Jesús Silva Herzog와 만남을 가졌다. 볼커는 헤르조그와 그의 채무 전문가, 앙헬 구리아 Ángel Gurría가 뉴욕의 은행가들과 만나 해법을 찾을 수 있도록 자리를 주선했다. 믿기 어려울 정도로 많은 사안이 걸려 있는 일이었다. 멕시코가 채무불이행default 상태가 될 경우, 상당수의 은행들이 파산할 수도 있었다. 볼커는 자신이 멕시코와 채권자들 사이의 회의에 참석하는 것은 적절치 못하다고 생각했다. 때문에 일의 성사 여부는 헤르조그에게 달려 있었다. 뉴욕 연방준비은행에서 첫 회의가 열렸다. 연방준비제도이사회와 재무부의 관리들과 몇몇 은행들이 참여한 회의의 분위기는 긴박하기 그지없었다. 이 회의는 다음 날 더 많은 은행가들이 참여하는 더 큰 회의로 이어졌다.

헤르조그는 카리스마 있는 세련된 남자로 연극에 재능이 있었다. 뉴욕 경제의 중심지인 로어 맨해튼에 도착한 헤르조그는 대형 미국 은행의 본사들을 올려다보며 구리아에게 털어놓았다. "우리가 뉴욕의 보도에 발을 내딛을 때마다 이 큰 건물들이 흔들리는 느낌을 받는다네." 그는 심각하다가도 바로 다음 순간에는 다른 이들을 웃길 수 있는 사람이었고, 그의 재능은 일련의 긴박한 협상 속에서 결정적인 자산이 되었다. 그는 멕시코의 대출금 상환에 보다 융통성을 부여함으로써 은행들이 이익을 꾀할 수 있을 것이라는 주장으로 규모가 한층 커진 두 번째 회의를 시작했다. "우리는 돈에 쪼들리고 있습니다. 우리는 상환을 강요하지 않는 것이 여러분에게도 이익이 된다고 생각합니다." 그는 청중들에게 말했다. "사실, 우리는 여러분들이 우리에게 신규 자금을 더 빌려주어야 할 필요가 있다고 생각합니다." 이후 구리아는 당시 모든 은행가들이 멕시코가 디폴트를 선언할 경우, 그들의 은행 대출을 장부에서 감가상각해야 한다는 것을 알고 있었다고 회상했다. 그런 상황은 많은 은행을 파산으로 몰아넣을 것이었다. 그들은 브라질과 아르헨티나도 같은 전철을 밟게 되리라는 것 역시 알고 있었다. 한 은행이 대출금 회수에 나서면 다른 은행도 같은 일을 할 것이다. 뒤처졌다가는 아무것도 얻지 못할 테니 말이다. 이런 상황이 오면 오히려 누구도 채권을 전부 회수하기가 어려워진다.

은행가들은 화가 났고 혼란스러웠으며, 무엇보다도 정보에 굶주렸다. 멕시코의 부채는 단기 융자에서 석유 굴착장치에 대한 임대차 계약까지 갈피를 잡지 못할 만큼 유형과 규모가 다양했다. 헤르조그는 질문에 답하기 위해서 최선을 다했고, 보다 기술적인 문제는 구리아에게 넘겼다. 하지만 사실 그들에게는 답안이 많지 않았다. 회의가 계속되면서 점점 더 대답하기 어려운 질문이 계속되자 헤르조그는 유머를 동원해서 채권자들을 안심시키기로 했다. "자, 들어보십시오. 제 이름은 예수(헤수스)이고 그의 이름은 천사(앙헬)입니다. 여러분이 마음을 놓아도 될 만하지 않습니까?"

볼커는 이 위기를 해결할 로드맵을 가지고 있지 않았다. 그가 가장 우선하는 일은 은행이 멕시코를 디폴트로 몰아가지 않게 하는 것, 즉 극심한 경기침체의 와중에 세계적인 금융공황을 촉발할 수 있는 사건을 만들지 않는 것이었다. 따라서 이들 초기 회의는 수많은 다른 회의와 협상으로 이어졌다. 결국 은행들은 멕시코의 부채 상환을 연장하고 그들이 이자를 충당할 만큼의 돈을 빌려주는 데 합의함으로써 멕시코에 상환능력이 있다는 허구를 이어갔다. 연방준비제도이사회와 다른 규제기관들은 은행에게 현실을 직시하고 멕시코를 비롯해 돈에 쪼들리는 국가들에 대한 대출을 실제 가치대로 감가상각하라는 강요를 하지 않기로 결정했다. 만약 그렇게 했다면 매뉴팩처러스하노버Manufacturers Hanover Corporation, 뱅크오브아메리카Bank of America는 물론, 어쩌면 시티코프(Citicorp, 시티그룹의 전신)까지 파산했을 것이다.[2] 규제기관의 관용으로 은행은 손실을 메꿀 만큼의 수익을 얻을 수 있는 10년의 시간을 벌었다.

볼커는 한 번의 금융공황을 모면했지만 또 다른 문제가 곧 닥칠 듯했다. 당시 미국에서 7번째로 큰 은행이었던 콘티넨털일리노이 Continental Illinois는 급속하게 성장했으나 1984년 초 큰 문제에 부딪혔다. 볼커는 또 한 번 행동에 나섰다. 예금이 콘티넨털로부터 빠져나가자 연방준비제도이사회는 대출로 그 부분을 메꿔주었다.

이론적으로, 이것은 연방준비제도이사회의 일이었다. 겁에 질린 예금자들이 돈을 인출해서 건전한 은행이 자금 유출로 인한 붕괴의 위험에 처하면, 연방준비제도는 돈을 찍어내고 그것을 은행에게 빌려줌으로써 붕괴를 막아야 한다. 하지만 문제가 있었다. 콘티넨털은 건전하지가 못했던 것이다. 지나치게 빠른 성장을 했고 자본이 지나치게 적었다. 대부분의 은행은 주로 일반 개인의 예금으로 자금을 조달했다. 연방에서 10만 달러까지의 예금을 보증하기 때문에 개인의 예금으로 이루어진 자금은 움직임이 크지 않다. 하지만 콘티넨털은 기관, 기업, 부유한 개인에 의한 보증이 되지 않는 큰 액수의 예금에 주로 의존했다. 이런 자금은 수상한 낌새가 보이면 바로 빠져나간다.

연방준비제도는 건전치 못한 은행에는 돈을 빌려주지 않게 되어 있다. 정상적이라면, 콘티넨털의 주주와 예금보호를 받지 못하는 예금자들은 그들이 감수한 위험의 결과를 받아들여야만 했다. 문제는 콘티넨털만이 아니라는 데 있었다. 전국의 은행들이 라틴아메리카의 부채위기뿐 아니라 원유와 농지 가치의 급락에서도 타격을 입은 상태였다. 1980년대에 텍사스의 대형 은행 중 9개가 문을 닫았다. 볼커의 생각대로, 콘티넨털이 무너지면, 더 큰 은행들 몇몇이 그 뒤를 따르게 될 터였다. 때문에 볼커는 콘티넨털에 돈을 빌려주는 것 이상의 일을 했다. 그는 연방예금보험공사Federal Deposit Insurance Corporation, FDIC를 설득해서 10만 달러 상한을 넘어서는 예금도 보호하도록 했다. 다른 은행들을 설득해서 천천히 침몰 중인 이 은행을 인수하도록 하는 데 실패하자 FDIC가 나섰다. 콘티넨털의 최대주주 자리를 떠맡은 것이다. 주된 임무가 은행을 경영하는 일이 아닌, 규제하고 필요한 경우 문을 닫게 하는 기관이 맡기에는 낯선 역할이었다. 콘티넨털을 구함으로써 의원들은 은행에 새로운 부류가 존재한다는 걸 알게 되었다. '대마불사大馬不死, too big to fail'의 부류였다.

위기는 볼커에서 끝나지 않았다. 1987년 앨런 그린스펀이 볼커의 자리를 이은 지 몇 개월 만에 주식시장이 폭락했다. 그린스펀이 금리를 내리는 동안 동료들은 만신창이가 된 월가의 딜러들에게 계속 대출을 해주도록 은행들을 설득했다. 시장의 총체적 붕괴는 간신히 피할 수 있었다. 경제는 평정을 잃지 않았다. 1989년의 소규모 주가 폭락은 떠들썩한 예측만으로 끝을 맺었다. 아마도 연방준비제도이사회의 원조 약속 덕분이었을 것이다.

1982년과 1984년에 볼커가, 그리고 1987년과 1989년에 그린스펀이 취한 조치는 정책 입안자들이 25년 동안 위기에 어떤 반응을 보였는지 알려주는 본보기였다. 물가는 낮고 안정적으로 유지되었다. 그 조건하에, 연방준비제도이사회는 불황과 금융붕괴를 막기 위해 할 수 있는 일들을 했다. 하지만 이러한 패턴이 의도치 않은 결과를 불렀다. 그 결과란 무엇일까? 1989년 케임브리지 컨퍼런스에서 연설을 하는 볼커를 성가시게 하고 있던 문제도 바로 이것이었다.

나는 2013년 말 어느 오후, 뉴욕 록펠러센터Rockefeller Center에 있는 볼커의 사무실에서 그를 만났다. 크리스마스트리 불빛이 거리 가득 반짝이고 있었다. 그의 뒤에는 금융위기에 관한 책들이 쌓여 있었고 곳곳에 공직에 오래 몸담았던 사실을 드러내는 기념품들이 흩어져 있었다. 그는 26년 전 연방준비제도이사회를 떠난 이후에도 계속해서 공무에 종사했다. 우리가 방문했을 당시 그는 은행들이 자신들의 돈으로 거래를 하는 것을 금지하거나 늘어난 미국 규제기관들의 수를 축소하는 등 금융 시스템을 바로잡는 그만의 처방에 골몰하고 있었다. 여든여섯의 나이였지만 1970년대와 1980년대의 주요 사건에 대한 그의 기억은 수정같이 맑았다. 이야기하는 동안 그는 수많은 이름과 사건을 떠올렸다.

나는 도덕적 해이를 철저히 반대하는 그가 최근의 위기 동안 연방준비제도이사회가 지나치게 많은 기업에게 구제금융을 제공한 사실을 못마땅하게 여긴다는 것을 알고 있었다. 때문에 나는 그렇다면 1984년의 콘티넨털일리노이에 대한 긴급구제가 괜찮은 이유는 무엇이냐고 물었다. 그는 이렇게 말했다. "사람들은 언제나 다른 곳이 받는 영향을 걱정합니다. 당시 콘티넨털일리노이는 문제가 있는 유일한 은행이 아니었습니다." 그는 체이스맨해튼Chase Manhattan과 뱅크오브아메리카도 그중 일부였다고 말했다.

이후 나는 1989년 케임브리지에서 그가 한 이야기를 화제로 삼았다. "뉴욕 연방준비은행의 총재를 지내며 나는 종종 이런 생각을 했습니다. '우리를 일깨우고 우리에게 약간의 징벌을 가하기 위해서는 상당한 규모의 시장 실패가 이 나라에 필요하지만 내 구역에서만은 일어나지 않기를……'" 그는 미소를 지었다. 그는 그 생각이 자신의 '개인적 나약함에 대한 고백'이라고 말했다.

나는 또 다른 질문을 던졌다. 그와 그의 후임자들이 경제 보호 목적으로 금융 시스템에 지속적으로 개입한 결과, 사람들이 어떤 위기에서도 경제는 파멸을 면할 것이라는 강한 확신을 갖게 되었고 그 때문에 리스크에 대한 욕구가 늘어나지 않았냐는 질문이었다. 그는 머리를 갸우뚱하고 눈을 가늘게 뜨면서 나를 노려보았다. "내게 모든 책임이 있는 것은 아니지 않소." 그가 말했다. 내가 책임의 일부는 인정하느냐고 다시 묻자 그는 웃으면서 "아니오."라고 답했다.

사실 볼커와 그린스펀의 개입과 최종적인 위기 사이의 연결은 오해를 받기 쉬운 부분이다. 비평가들은 금융업체와 투자자를 자신의 어리석음이 낳은 결과로부터 구제한 덕분에 이들 개인과 기관이 대가를 치를 때까지 같은 행동을 반복하게 되었다고 말하곤 한다. 하지만 이것은 정확한 지적이 아니다. 실제는 이보다 훨씬 더 미묘하다. 볼커와 그의 후임자들은 여러 번 경제를 재앙으로부터 구했지만 그 영예에 안주하는 법이 없었다. 그들은 허우적거리는 은행을 긴급구제하거나 금융 시스템을 붕괴로부터 구하는 일이 끝나면 이러한 일이 다시 생기는 것을 방지하기 위해 위기의 원인을 찾아내는 데 힘을 쏟았다. 하지만 개인, 기업, 심지어는 멕시코같이 나라 전체가 지나친 리스크 감수에 대한 대가를 치르는 상황에서도, 전체로서의 시스템은 반대의 교훈을 얻는다. 경제는 가장 심한 불안정 요소로부터는 격리되어 있다는 생각을 하게 되는 것이다. 이러한 안정성은 모두로 하여금 더 많은 리스크를 부담해도 괜찮겠다는 생각을 하게 한다. 1979년, 볼커가 연방준비제도 이사회에 취임했을 때 기업과 가계의 부채는 국내총생산GDP, 즉 연간 경제 산출량의 95퍼센트였다. 하지만 2008년 초 이 수치는 171퍼센트로 늘어났다.

은행 안정화와 그림자 금융

사람들은 종종 금융위기가 글래스-스티걸법Glass-Steagall Act, 즉 상업은행을 증권업자들로부터 분리하는 대공황 시대의 법을 폐지하는 등의 규제 철폐에서 초래되었다고 말한다. 하지만 이것은 지나친 단순화다. 금융위기가 일어나기 전 몇십 년 동안 글래스-스티걸법의 폐지와 같은 규제 완화는 물론 자본 필요액의 상향과 같은 규제도 수없이 있었다. 일부 규제 완화 조치는 분명히 은행들의 경쟁력을 높이기 위한 의도를 가지고 있었다. 하지만 이 과정에서 규제기관들은 은행을 보다 취약하게 만들었던 이전의 규칙들이 가진 결함을 손보고 있는 것이라고 생각했다. 그들은 글래스-스티걸법이 최상급의 차용자로 하여금 은행 대출을 받는 대신 채권을 발행하도록 했고 그 때문에 은행에는 위험한 차용자들만 남았다고 생각했다. 은행들이 채권 및 기타 증권을 인수하면 그러한 결함을 바로잡을 수 있다는 것이 그들의 계산이었다.

전면적인 규제 철폐보다 중요한 것은 은행을 대신하는 대안적인 대출 형태에 대해 선의로서 방관—규제를 하지 않기로 한—하기로 한 결정이었다. 그들의 노력은 실제로 은행을 더 안전하게 만들었다. 하지만 경제 전체로서 볼 때, 안전은 허상이었다. 대부분의 리스크가 은행 밖으로 밀려나 컨트리와이드파이낸셜Countrywide Financial과 같은 주택자금 대출회사와 부외거래(off-balance-sheet investment, 簿外去來: 장부에 기록되지 않는 거래-옮긴이) 투자펀드 같은 곳으로 옮겨갔기 때문이다. 소위 그림자 금융shadow banking system[3]이 작은 규모에 머물렀다면 문제가 되지 않았을 것이다. 하지만 그렇지 못했다. 2008년 위기 때에는 많은 그림자 금융기관들의 덩치가 은행보다 더 커져 있었다.

볼커는 은행을 지원할 각오가 되어 있었다. 은행은 언제나 금융 시스템의 핵심에 있고, 엄중한 규제를 받으며, 연방준비제도의 대출과 예금 보험을 통해 정부의 노골적인 지원을 받기 때문이다. 그는 그림자 금융이 같은 대우를 받아야 한다고는 생각지 않았다.

하지만 은행을 바로잡으려고 볼커가 노력한 결과, 리스크가 그림자 금융 쪽으로 이동하기 시작했다. 취임 초기에 그는 은행들이 지나친 리스크를 안고 있으며 적절한 규제를 받고 있지 않은 점을 우려했다. 뉴욕 연방준비은행 총재로 재임하는 초기에 시티코프(현 시티그룹)의 전설적인 회장 월터 리스톤Walter Wriston이 그를 찾아왔다. 리스톤은 '시티뱅크에 자본이 전혀 필요치 않은 이유를 설명하기 위해' 최고재무책임자를 대동했다. 리스톤은 이렇게 주장했다. "문제에 부딪히면, 우리는 그해의 수익에서 손실을 공제할 것입니다. 때문에 우리에게는 자본이 전혀 필요치 않습니다. 한 해의 수익을 넘어서는 손실을 볼 가능성은 전혀 없으니까요. 자본을 보전하는 유일한 이유는 이사회의 몇몇 고루한 인물들이 그렇게 하자고 고집하기 때문입니다." 볼커는 그들이 보유한 자본이 얼마나 적은지를 알고 기겁을 했다고 회상한다. "시티뱅크뿐 아니라 대부분의 은행들이 그 기간 동안 자본 약화의 문제를 방관했습니다. 저는 연방준비제도이사회 의장이 되고 나서 은행의 자본을 늘리는 일종의 캠페인을 벌였습니다."

자본은 충격흡수장치의 역할을 한다. 자본은 부실채권으로 인한 손실을 흡수함으로써 예금자의 돈(그리고 예금보험기금)을 보호한다. 자본은 여러 가지 형태를 띤다. 대개 보통주이지만 우선주나 일정한 유형의 채권인 경우도 있다. 은행이 100달러의 채권을 가지고 있고 그 채권은 95달러의 예금과 5달러의 자본을 기반으로 한다고 생각해보자. 대출의 6퍼센트만 악성 부채가 되도 은행 채권의 가치는 94달러로 떨어진다. 예금자들에게 빚지고 있는 액수보다 적어지는 것이다. 이렇게 해서 은행의 자산가치는 떨어지고 은행은 지불불능 상태가 된다. 볼커는 과다한 리스크 부담에 대한 해법이 은행에 더 많은 자본을 보유하도록 강요해서 대출 판단에 오류가 있어도 은행이 침몰하지 않게 하는 데 있다고 보았다.

세상이 자기 발아래 있다고 생각하던 월터 리스톤에게 이것은 더없이 끔찍한 아이디어였다. 은행가들은 자본금 기준(반드시 유보해야 하는 자본금 요구 조건, 자산 대비 자본금 비율로 표시된다)을 몹시 싫어한다. 거기에는 그럴만한 이유가 있다. 자본금 기준 때문에 은행업의 수익이 줄어들기 때문이다. 자본금 기준이 5퍼센트일 경우, 은행이 새로운 주식을 1달러에 팔 때 그 1달러로 20달러의 새로운 대출을 할 수 있지만, 자본금 기준이 10퍼센트일 경우에는 10달러만을 대출할 수 있는 것이다.

1980년대 초 오로지 규제기관의 관용에 힘입어 많은 은행들이 채무 초과 상태로부터 구제되면서 리스톤의 생각이 틀렸다는 것이 명백해졌고 볼커는 취약한 자본이 은행을 다시 무너뜨리는 것을 좌시하지 않기로 단단히 마음먹었다. 그는 1985년 자본금 기준의 상향 작업을 시작했다. 자연히 은행들은 보다 느슨한 기준을 가진 외국 은행들과의 경쟁에서 자신들이 불리해질 것이라며 이 조치에 저항했다. 공평한 경쟁의 장을 만들기 위해 1986년 볼커는 영국의 중앙은행가들과 힘을 합해 통일된 변화를 적용했다. 이 변화는 1988년 그린스펀의 주도 아래서 세계로 퍼졌다. 미국은 다른 주요 국가들이 바젤자본협약(Basel Capital Accord, 은행규제자들이 만났던 스위스 도시의 이름을 따서)에 가담하도록 했다. 이후 은행들은 100달러의 자산에 대해서 4~6달러의 자본을 보유하면 되던 종전과 달리 8달러의 자본을 보유해야 하는 의무를 지게 되었다. 예외가 있었다. 리스크가 없는 것으로 여겨지는

1980년대부터 은행들이 보다 안전해지기 시작했다.
(자산에 대한 자기자본 비율)

그와 동시에 중요성이 감소했다.
(가계와 기업에 대한 전체 대출에서 은행이 차지하는 몫)

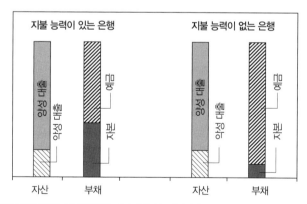

／ 1980년대와 1990년대 은행들은 자기자본이 늘어나면서 보다 안전해졌다. 하지만 다른 유형의 대출기관들이 그들의 자리를 차지하면서 신용의 원천으로서 그들이 가진 중요성은 줄어들었다. 위의 도표는 부채가 악화될 경우 적은 자본이 은행을 더 취약하게 만든다는 것을 보여준다.
(출처: 연방예금보험공사, 연방준비제도의 자료를 근거로 한 지은이의 계산)

국채에는 자본 요구가 없으며 기업이나 소비자 대출보다 안전하다고 여겨지는 담보대출의 경우 100달러에 대한 자본 요구액은 4달러다.

이렇게 상향된 자본금 기준은 은행과 의회 동조자의 빗발치는 반대에도 살아남아 1988년부터 1992년까지 단계적으로 도입되었다. 이는 1990년에서 1991년의 불황을 악화시키고 회복을 지연시켰다는 폭넓은 지탄을 받고 있다. 각기 미국 증권거래위원회Securities and Exchange Commission와 FDIC의 전 책임자였던 리처드 브리든Richard Breeden과 윌리엄 아이작William Isaac은 1992년 '신용경색은 바젤 덕분'이라는 논평을 내놓기도 했다.

일부에서는 좋지 못한 평판을 얻었지만, 이 전략은 은행을 강하게 해준 듯하다. 다만 예기치 못한 결과를 불러왔다. 높아진 자본 요건과 강화된 규제는 전통적인 의미의 예금을 모으고 대출을 하는 데 비용이 더 많이 드는 것을 의미했다. 금융 시스템은 저축을 모으고 그것을 빌려주는 대안적 방법을 만들어내는 데 능숙해졌다. 그리고 이후 이러한 관행에 '그림자 금융'이라는 이름이 붙었다. 가장 중요한 것은 자본시장이었다. 대기업들은 연금 기금이나 무추얼펀드Mutual fund와 같은 대형 투자자들을 대상으로 채권과 기업어음을 발행함으로써 은행을 우회하게 된 지 오래였다.

1990년대에는 여러 혁신이 개발도상국과 가계 역시 은행을 우회할 수 있게 만들었다. 국가들에게 가장 좋은 우회로는 니컬러스 브래디Nicholas Brady의 이름을 딴 브래디채권Brady bond이었다. 개발도상국에 내준 수십억 달러에 이르는 부실채권으로 신음하고 있던 은행들은 이들 대출을 대차대조표에서 털어낼 방법이 필요했다. 브래디는 은행들이 대출을 채권으로 전환시킨 뒤 투자자들에게 팔 수 있는 방법을 만들었다. 브래디채권 프로그램은 미국의 대형 은행들이 건전성을 되찾는 데 꼭 필요한 단계였다. 이는 개발도상국 시장에 채권업계를 탄생시킨 계기이기도 했다. 그 결과 개발도상국들은 그때부터 은행으로부터 돈을 빌려서 은행의 지급 능력에 부담을 안기는 대신 자본시장으로부터 돈을 빌렸다. 이것으로도 아시아 금융위기와 같은 국가 부채위기는 제거하지 못했지만 미국의 금융 시스템에 대한 위협의 가능성은 줄일 수 있었다. 1994년 멕시코, 1997년 동아시아에 대한 미국 은행의 노출은 1982년에 비해 훨씬 적었다.

리스크를 떠안은 자본시장의 성장

비슷한 효과가 증권화를 통해서도 이루어졌다. 은행들은 언제나 개별 부채를 팔 수 있었고 그 대상은 보통 다른 은행이었다. 하지만 1970년 대 살로몬브라더스Saloman Brothers의 루이스 라니에리Lewis Ranieri가 여러 개의 부동산 담보대출, 이후에는 신용카드 매출채권이나 자동차 담보대출을 한데 묶어서 하나의 '주택저당증권Mortgage Backed Securities, MBS'이나 '자산유동화증권Asset Backed Security, ABS'으로 만든 뒤에 회사채처럼 투자자들에게 파는 아이디어를 생각해냈다. 원래의 목적은 은행과 저축은행—대출에 더 많은 제한이 있는 일종의 은행—이 대출을 한 뒤 채권을 팔아 그 수익으로 새로운 대출을 할 수 있게 하려는 것이었다. 규제기관들은 증권화의 또 다른 용도를 발견했다. 피해를 입은 은행과 건전한 은행 모두로부터 위험 가능성이 있는 부채를 제거할 수 있었던 것이다. 파산한 저축은행에서 물려받은 부채를 없애기 위해 1989년 설립된 정리신탁공사Resolution Trust Corporation가 부채를 증권화해서 그 부문의 힘찬 출발을 도왔다. 패니메이Federal National Mortgage Association, Fannie Mae와 프레디맥Freddie Mac도 마찬가지였다. 일단 부채가 특정한 보증 기준에 맞다고 판단되면 그들은 주택저당증권의 채무불이행에 대해 보증을 했다.

2000년대에 은행들은 일반대출을 투자자들에게 팔아치울 수도, 그들의 대차대조표에 보유할 수도 있는 증권으로 전환시키고 있었다. 은행들의 연합체 하나가 기업에 대해 대출을 해준 후에 그 대출 채권을 무추얼펀드에 파는 등의 방법이 이용되었다.

자본시장과 증권화의 성장은 미국 경제의 은행에 대한 의존이 점차 줄어들고 있다는 것을 의미했다. 1979년 은행들은 미국 가계와 기업 여신의 46퍼센트를 담당했다. 2007년 그 비중은 20퍼센트로 감소했다. 금융회사와 투자은행 같은 그림자 금융이 많은 새로운 대출을 만들거나(이후 그 대출은 증권화되었다) 기업 채권을 인수하면서 그 격차를 메꾸었다. 규제기관들은 이를 좋은 일로 여겼다. 이전의 위기가 언제나 은행에 연루되었기 때문에, 규제가 보다 잘 이루어지고, 위험한 활동의 대부분을 자본시장에 맡긴 은행 부문이 보다 안전해진다는 것은 위기와 멀어진다는 뜻이었다. 2000년대 초의 사건들은 이 점을 확인해주는 것 같았다. 2003년 그린스펀은 흐뭇한 마음으로 이렇게 언급했다. "역사상 가장 큰 기업의 도산(월드컴Worldcom과 엔론Enron)과 역사상 가장 큰 규모의 국가 부도(아르헨티나)도 주요 금융중개기관의 자본에 큰 손상을 입히지 않았습니다."

이후 그린스펀은 위기의 책임이 패니메이와 프레디맥 그리고 묵시적인 정부의 지원에 있다고 말했다. 하지만 당시의 그는 그들이 은행 시스템을 보다 안전하게 만드는 데 도움을 주었다고 생각했다. 그린스펀이 본 대로, 그들은 증권화를 촉진함으로써 "신용 리스크가 차입금이 많은 신용의 원 창시자—특히 은행과 저축은행—로부터 차입금이 적은 보험회사나 연금 기금, 무추얼펀드로 이전하는 데 기여했다."[4]

전통적으로 은행이 관심의 대상이었던 것을 고려하면 2007년까지 규제기관들이 낙관적인 태도를 견지했던 것은 놀라운 일이 아니다. 은행 자본은 탄탄했다. 가장 위험한 주택담보대출은 은행이 아닌 뉴센추리파이낸셜New Century Financial과 아메리퀘스트Ameriquest 같은 금융회사에서 시작되어서 투자은행에 의해 증권화된 후 전 세계의 투자자들에게 팔리고 있었다. 패니메이와 프레디맥 외에는 모기지 사태가 금융 시스템을 붕괴시킬 것을 염려할 이유가 크지 않았다. 1980년대의 여러 위기에 대한 대응이 금융 시스템을 정말로 안전하게 만든 듯싶었다. 이후의 위기들이 일어날 때마다 그들은 재발을 막아야겠다는 단단한 결심을 세웠다. 예를 들어 1987년의 주식시장 붕괴를 생각해보자. 주식거래는 전문가와 시장 조성자market maker—자신의 계정으로 주식을 사고파는 중개인들—에 의해 촉진되었다. 시장이 바닥일 때, 많은 사람들이 매수 이후 주식가치가 떨어져 주체할 수 없는 손실을 입었다. 이후의 개혁으로 시장의 갑작스러운 하락을 중단시키는 서킷 브레이커circuit breaker가 만들어졌고 주식거래를 취급하는 중개인들은 자기자본을 늘려야 했다. 주식시장은 수십 년 동안 여러 차례 하락 장세에 직면했다.

하지만 1987년 이후부터는 다시 완전한 붕괴에 가까워진 적이 없었다.

1998년 러시아가 채무불이행 상태에 처하고 거대 헤지펀드, 롱텀캐피털매니지먼트가 도산 위기에 처하면서 시장에 혼란이 찾아오자, 연방준비제도이사회는 세 차례에 걸쳐 이자율을 낮추고 주 채권자인 은행들의 롱텀캐피털매니지먼트 긴급구제를 중개했다. 연방준비제도이사회는 자신이나 자신이 감독하는 은행들이 롱텀캐피털에 대해 아는 것이 거의 없다는데 불안을 느끼고 은행에 헤지펀드 고객이 늘릴 수 있는 레버리지를 훨씬 더 엄중히 감시하라는 지시를 내렸다. 두 개의 사내 헤지펀드가 베어스턴스앤드컴퍼니Bear Stearns & Company를 파멸로 몰고 가는 데 일조하기는 했지만, 이후의 위기에는 헤지펀드가 큰 역할을 하지 않았다.

해외의 위기들은 세계경제를 보다 안정적으로 만들기 위한 변화도 촉발시켰다. 1990년대 초 멕시코는 1970년대나 1980년대에 그랬듯이 외국인들로부터 많은 돈을 빌린 상태였다. 이번에는 은행 대출을 통해서가 아닌 달러에 연계된 단기 재정증권의 형태였다. 1994년 페소화가 급락하자, 부채 상환 비용이 급등했고 미국과 국제통화기금은 멕시코에 긴급구제금융을 제공했다. 멕시코는 교훈을 얻었고 그 이후 유동 환율을 고수하면서 자기 통화로 대출하기를 고수했다. 부유한 세계가 2008년 위기에 빠져들자, 멕시코의 중앙은행가는 이 상황을 보고 안도하면서 이렇게 말했다. "이번엔 우리가 아니지."[5]

기업들도 교훈을 얻었다. 지금은 거의 잊혔지만 1990년 정크본드 시장의 대부로 불렸던 마이클 밀컨Michael Milken의 드렉셀버넘램버트Drexel Brunham Lambert가 무너졌다. 미국에서 가장 큰 투자은행의 파산이었다.

드렉셀은 기업어음을 발행함으로써 은행이 아닌 투자자로부터 단기부채를 차입했다. 주택 채권이나 재무부 증권과 같이 담보부가 아니라 단순한 상환 약속을 통해서였다. 이 때문에 담보가 없는 신용카드보다는 집을 담보로 보증한 주택담보 융자의 이율이 낮은 것이다. 연방준비제도이사회의 여러 경제학자들에 의한 2010년의 한 연구는 증권회사, 애널리스트, 감독관들이 드렉셀의 실패로부터 이 같은 교훈을 얻었다고 언급했다.[6] 기업들은 무담보 기업어음의 사용을 제한하기 시작했고 그 대신 재무부 증권과 같이 담보물의 보증을 받는 담보대출의 장점을 내세웠다. 일례로 베어스턴스는 2006년 연차 재무 보고서에서 "담보부 자금을 광범위하게 이용하고 있다."고 내세웠다.

베어스턴스의 담보부 융자는 소위 환매조건부채권repo loan으로 이루어졌다. '레포repo'라는 용어를 들으면 사람들은 대개 대금이 미납된 차를 압류하는 사람들을 떠올린다. 환매조건부채권도 이와 크게 다르지 않다. 베어스턴스와 같은 투자은행은 며칠 혹은 일주일 동안 자금시장 무추얼펀드로부터 돈을 빌리고 재무성 채권과 같은 증권을 부채의 담보로 삼는다.

담보부 융자는 금융 시스템을 더 위험하게 만들지 않으면서 더 많은 대출을 지원하는 확실한 방법으로 여겨졌다. 하지만 환매조건부채권이 엄청나게 늘어나자 담보로 제공할 재무성 채권이 충분치 않았다. 때문에 증권회사들은 국채만큼이나 안전하게 설계되었고 마찬가지로 최고의 AAA 등급인 주택저당증권을 이용하기 시작했다. 2008년 채권자들이 AA 등급의 주택저당증권에 대해 가지는 불안이 커지면서 이를 이용하는 환매조건부채권의 차환을 거절하기에 이르렀다. 베어스턴스가

2008년 무너진 주된 원인은 만기가 도래한 환매조건부채권을 차환하지 못한 데 있었다. 드렉셀 건에서 얻은 교훈을 고려하면 일어나서는 안 되는 일이었다.

드렉셀의 경험은 금융개혁이 시행 당시에는 리스크를 감소시키는 것처럼 보이지만, 널리 퍼졌을 때 정반대의 효과를 내고 시스템 전체에 걸쳐 리스크를 높인다는 것을 상세히 입증했다. 또 다른 예는 주택저당증권의 이용이었다. 미국 은행들은 국지적인 경향이 있었기 때문에 국지적인 주택시장 몰락에 극히 취약했다. 매사추세츠와 텍사스의 심각한 침체는 많은 지방 은행들을 벼랑 끝으로 내몰았다. 주택저당증권은 전국으로부터 대출을 공유할 수 있게 해, 일정 지역의 주택 가격 하락이 전체 포트폴리오에 미치는 영향을 약화시켰다. 역사적으로 봤을 때 전국적으로 주택 가격이 떨어진 적은 없기 때문에, 투자자들은 마음 놓고 다양한 주택담보대출 포트폴리오를 보유하고 있었다. 주택저당증권의 다양한 혜택으로 모든 사람의 대출 비용이 감소했고 주택담보대출 시장으로 신용 유입이 확대되었다. 전국적인 주택 가격 하락은 없을 거라 믿는 투자자들은 마치 확실한 보증이 있는 것처럼 행동했다.

주택 가격이 하락할 가능성이 있으며, 안전하다고 팔리는 주택저당증권도 마찬가지일 수 있다고 생각하는 투자자와 은행가도 분명 존재했다. 하지만 그들은 소수였다. 그들의 의견은 무시를 당했다. 아예 입을 다물기로 한 사람들도 있었다. 대다수는 주택담보대출 시장이 대체로 문제없이 유지될 것이라고 굳게 믿었다. 역사적으로도 증명된 일이고, 일선 은행가에서 기업 대표에 이르기까지 사업에 가장 가까이 있는 그토록 많은 사람들이 자신의 재산과 회사의 운명을 거기에 묶어둔 것으로도 증명되는 일이라고 생각한 것이다.[7]

대완화의 시기,
불안을 억제하다

정책 입안자들은 은행이 실패할 염려가 없게 만듦으로써 경제 안정에 위협이 되는 두 가지 큰 요소 중 하나를 없앴다고 판단했다. 다른 하나는 인플레이션이었다. 인플레이션은 여러 가지 방면에서 해로웠다. 첫째, 물가를 내리려면 불황과 높은 실업률이 따라왔다. 둘째, 생활비 상승에 발을 맞추는 일은 대단히 어려웠다. 1970년대 말 대중들은 인플레이션을 실업보다 더 큰 문제로 꼽았고 이에 대한 불만 때문에 지미 카터Jimmy Carter는 재선에 실패했다. 셋째, 인플레이션은 1980년대 초까지 은행들의 상태가 썩 좋지 않았던 이유 중 하나였다. 1960년대와 70년대에 물가가 오르면서 금리도 올랐다. 은행과 저축은행은 금리가 낮을 때 이루어진 대출 때문에 쩔쩔매고 있었다. 예금을 끌어들이고 유지하기 위해서 훨씬 높은 금리를 지급해야 하는 은행들은 큰 손실을 감당해야 했다.

정책 입안자들이 번영과 안정을 되찾는 최선의 방법은 인플레이션을 물리치는 일이라고 생각한 것도 무리는 아니었다. 우선, 볼커는 물가상승률을 13퍼센트에서 4퍼센트로 떨어뜨렸다. 하지만 그 대가로 1980년에서 1982년 사이 심각한 불경기가 찾아왔다. 이 일을 끝내는 것은 앨런 그린스펀에게 달려 있었다.

그린스펀은 1987년 연방준비제도이사회 의장에 취임했다.[8] 오랜 시간이 흐른 후 그는 나에게 당시 볼커가 물가를 잡는 데에서 이룬 진전을 퇴보시키지 않기 위해 가장 골몰했었다고 말했다. "큰 불명예가 될 테니까요." 그린스펀은 자리에 앉자마자 계획에 몰두했다. 연방준비은행의 할인율을 0.5퍼센트 인하하는 데 동의하게끔 동료들을 설득하는 데 나선 것이다. 인플레이션에 대한 대단히 상징적이면서도 무척 가시적인 선제공격이었다. 그 직후 그린스펀은 볼커로부터 친전을 받았다. "이제 중앙은행가가 다 되었군요." 볼커가 시작한 일을 마무리 짓겠다는 그린스펀의 결정은 1990년에서 1991년까지 또 다른 불경기를 부르기 시작했다. 이 불황 이후 물가상승률은 3퍼센트 아래로 더 하락했다.[9]

낮은 물가상승률은 악순환을 낳았다. 낮은 물가가 장시간 계속되자 기업과 가계는 이 상황이 유지된다는 전제하에 임금과 가격을 정했다. 때문에 낮은 물가는 지속되었다. 여기에는 미시경제적인 작은 혜택들이 많았다. 왜곡이 적었고(예를 들어 세법에서), 기업이 가격을 얼마나 변화시켜야 하는지 결정하는 데 들이는 시간과 노력이 줄었다. 거시경제적 혜택은 더 컸다. 물가가 높고 변동이 클 때는, 실업률이 높아도 가격 압박의 급속한 재가속을 염려해서 금리 인하를 망설일 수밖에 없었다. 하지만 물가가 낮은 수준으로 유지되면, 연방준비제도이사회는 성장에 대한 위협이 구체화될 때도 훨씬 편안한 마음으로 금리를 내릴 수 있다. 이는 연방준비제도이사회가 1998년 가을 롱텀캐피털매니지먼트의 혼란을 처리하기 위해 금리를 내렸던 때 분명해졌다. 물가는 거의 움직이지 않았다. 연방준비제도이사회는 2001년과 2002년, 닷컴 거품 붕괴와 9·11 테러 공격 이후에는 금리를 더 빠르게 더 많이 내렸다. 2001년의 불경기는 제2차 세계대전 이래 가장 가벼운 수준이었다.

꾸준한 성장과 안정적인 물가로, 1990년대는 너무 뜨겁지도 너무 차갑지도 않은 '골디락스(Goldilocks: 금발 머리 소녀인 골디락스가 숲 속에서 곰 세 마리가 사는 집에 들어갔다가 뜨겁지도 차갑지도 않은 수프를 마시고, 딱딱하지도 출렁거리지도 않은 침대에서 잤다는 영국 전래동화 「골디락스와 세 마리 곰」에서 유래되어 과하지 않고 적당하다는 의미 - 옮긴이)' 경제의 시대로 불렸다. 2002년 경제학자 마크 왓슨Mark Watson과 제임스 스톡James Stock은 더 위엄 있는 이름을 붙였다. 그들은 엄청난 양의 데이터를 컴퓨터 모델에 입력해 1984년부터 성장, 인플레이션, 금리의 변동성이 눈에 띄게 감소했음을 확인하고 이 기간에 '대완화Great Moderaiton'[10]라는 이름을 붙였다. 경기 순환이 이렇게 단조로워진 이유에 대해서는 많은 이론이 있다. 어떤 이들은 유가油價 충격이 적었던 것을 비롯한 행운의 덕분이었다고 하고 어떤 이들은 재고의 철저한 관리를 비롯한 발전된 사업 관행 때문이라고 했다. 통화정책의 역사와 이론에 밝은 경제학자로 2002년 연방준비제도이사회 이사가 된 벤 버냉키는 다른 무엇보다도 중요한 요인이 있다고 생각했다. 연방준비제도이사회가 인플레이션을 미연에 방지하는 데 보다 익숙해진 것이다. 인플레이션을 잘 통제할수록 연방준비제도이사회는 실업문제에 더 많은 주의를 기울일 수 있었다. 기업들은 물가가 낮게 유지되기 때문에 재고를 더 정확히 관리할 수 있었다. 원유 가격의 급등은 여전히 나타났지만 임금과 물가의 악순환적 상승을 유발할 가능성은 낮았다. 사람들이 연방준비제도이사회가 그런 상황이 일어나게 두고 보지 않을 것이란 확신을 가지고 있었기 때문이다.

하지만 낮은 인플레이션에는 어두운 단면도 있었다. 전체 경제의 안정성은 위기의 원인이 되는 불균형에도 영양분을 공급한다. 이것은 얼마간 셈의 문제다. 주식과 채권 가치 평가의 교과서적 모델은 수익의 전망을 예측하기 쉬울수록 투자자들이 수익의 미래 가치에 많은 대가를 치른다는 것을 보여준다(같은 공식이 채권과 부동산에도 적용된다).[11] 예를 들어 코카콜라의 수익이 안정적이기 때문에 그 주식은 전통적으로 다른 회사의 주식보다 주가수익비율Price Earning Ratio, PER이 높다. 그러한 논리가 전체로서의 경제에 적용되면 훨씬 가치가 높은 주식시장의 존재도 설명할 수 있다.

1990년 말 골드만삭스Goldman Sachs의 투자 전략가 애비 조지프 코언Abby Joseph Cohen은 주식시장에서 낙관적이고 정확한 판단으로 월가에서 많은 추종자를 거느린 유명한 전략가가 되었다. 그녀의 이론에 따르면, 물가가 낮고 안정적인 때는 활황과 붕괴가 명확하지 않으며 기대한 수익이 실현될 것이라는 투자자들의 자신감이 커진다. 때문에 투자자들은 수익에 대해서 더 많은 값을 지불한다. 역사적으로 회사수익에 대한 주가의 평균 비율(P/E 비율)은 14였지만 코언은 물가가 낮았던 1960년대에는 이 비율이 22였다는 데 주목했다.[12]

하지만 실제로는 가치가 높으면 변화가 심할 수 있다. 높은 가치는 안정성이 지속되는 동안만 유지된다. 일단 전망이 불확실해지고, 인지 위험이 높아지면 가치가 하락하는 것이다. 이 점은 이후 약세 시장에서 코언의 예측이 빗나갔을 때 명확해졌다.[13]

낮은 인플레이션은 높은 주택 가격의 추진체이기도 하다. 물가상승률이 높을 때는 금리도 높다. 이 때문에 차용자가 지불해야 하는 돈이 많아지는 효과가 나타나며 자연히 차용자가 얻을 수 있는 담보대출의 규모는 줄어들다. 인플레이션과 함께 차용자의 수입이 늘어나면 그러한 부담은 점차 줄어든다. 낮은 인플레이션으로 지불해야 할 돈이 줄어들면 주택 구매자는 더 큰 규모의 담보대출을 받을 수 있게 되고 이에 따라 주택 가격이 상승한다.

높은 인플레이션이 금융안정을 해치는 것은 맞지만, 낮은 인플레이션도 다르지 않다. 1920년대의 미국과 1980년대의 일본은 물가상승률이 낮았지만 경제성장이 꾸준히 계속되었다. 두 경우 모두, 그 결과는 주식시장의 거품으로 나타났다. 그린스펀은 2002년 닷컴 거품의 여파에서 이를 확인했다.[14] 인플레이션이 길이 들면서 불경기의 빈도는 줄어들었고 투자자들과 주택 구매자들은 자산에 기꺼이 큰 대가를 지불했다. 이로써 그들은 일이 잘못될 경우 큰 손실에 노출될 위험에 놓였다. 그린스펀은 아이러니하게도 "안정을 유도하는 데 성공한 통화정책은 의도치 않게 자산 거품과 관련된 불안의 씨앗을 뿌릴 수 있다."고 말했다. 물론 연방준비제도이사회는 인플레이션의 고삐를 풀었다가 다시 조여서 더 많은 불황을 유발하는—그리고 주택과 주식 가격을 억제하는—식으로 이 문제를 해결할 수 있다. 1970년대와 1980년대 초의 상황이 이러했다. 그린스펀은 이러한 행동방침이 "쉽게 잊히는 모양이다."라고 말했다.

쌓여가는 빚,
다가오는 위기

위기의 원인이 인플레이션과 금융불안의 성공적인 억제에만 있는 것은
아니었다. 리스크에 대한 태도 변화가 함께 있어야 한다. 실제로 그런 일
이 일어났다. 대완화는 경제가 보다 안전하게 보이도록 만듦으로써 부
채에 대한 태도까지 변화시켰다.

대공황에서 유발된 부채에 대한 경계심은 오래 지속되었다. 전후 번
영을 맞은 새로운 중산층은 집, 차, 가정용품을 사들이고, 할부 신용을
재발견한 이들이 아무런 걱정 없이 소비자 부채를 빠르게 늘리자 「포
천Fortune」지는 1956년 당시 젊은 컨설턴트였던 앨런 그린스펀이 제공
한 데이터를 기반으로 작성한 기사를 통해 "소비자 부채의 노골적인 확
대에서 빚더미의 냄새가 난다."고 경고했다.[15]

그러나 대완화 시기에 태도가 바뀌기 시작했다. 부채는 결국 대차대
조표의 한쪽 면, 차변에 불과했다. 반대쪽에는 집, 차, 대학 학위와 같은
귀중한 자산이 있었다. 1980년대와 1990년에 규제기관들은 대출을 지
나치게 어렵게 만들어놓지 않았나 하는 의문을 가지기 시작했다. 예를
들어, 은행이 물릴 수 있는 이자의 규모를 제한하는 고리금지법高利禁止
法이 있는 주州가 많았다. 위험도가 높은 고객에게는 지불불능의 가능성
을 상쇄하는 데 충분한 정도의 이자를 물려야 한다. 하지만 고리금지법
으로 이것이 금지되는 상황이었기 때문에 은행들은 그들에게 돈을 빌
려주지 않았다. 1980년대부터 여러 주의 고리금지법이 폐지되었고 대
출기관들은 오랫동안 대출을 거부했던 사람들, 특히 소수자와 저소득
가정에게 신용을 확대하기 시작했다. 대출 거절률이 크게 하락하면서

서브프라임sub-prime 대출시장이 탄생할 전조를 보였다. 1990년대 중반, 빌 클린턴Bill Clinton은 주택 구입을 위한 금융장벽 완화를 강력히 추진했다. 클린턴의 주택소유전략National Home Ownership Strategy은 주택 구입을 격려하기 위한 노력의 일환으로 '민간 부문과 공공 부문이 가진 창의성과 자원에 힘입어' 대출기관과 규제기관에 압력을 가함으로써 납입 요건을 약화시키고 거래 비용을 낮추었다.

주택 소유를 보다 쉽게 만들면 정치적으로도 인기를 끌 수 있다는 점은 놀랍지도 새롭지도 않다. 1990년대와 2000년대를 돌아볼 때 눈에 띄는 점은 과도한 부채의 위험을 잘 아는 경제학자들이 낙관적이었다는 사실이다. 어떻게 이런 일이 있을 수 있었을까? 그들이 부채를 수용했던 데에는 두 가지 주요한 원인이 있었던 것으로 드러났다.

한 가지 원인은 몇몇 연방준비제도이사회 경제학자들이 어떤 현저한 현상을 증명한 2005년의 한 연구에 기술되어 있다.[16] 전체 경제의 변동성은 줄어드는데도 개별 가계는 더 많은 변동을 경험하고 있었다. 해고, 생활 변화, 뜻밖의 근무시간 감소는 소득의 갑작스러운 하락이나 손실로 고생할 가능성이 크다는 것을 의미했다. 하지만 이 경제학자들은 전체 경제에서 이러한 사건의 영향을 감소시켜온 존재가 있다고 지적했다. 금융혁신은 소득이 급감할 때도 소비자들이 지출 규모를 유지할 수 있게 했다. 금리 규제완화는 연방준비제도이사회가 긴축에 나설 때에도 자금원이 사라지지 않는다는 것을 의미했다. 자산 기반 대출, 자동 심사, 새로운 대출상품으로 가계는 이전이라면 허리띠를 졸라야 했을 시기에도 충분한 소비를 할 수 있게 되었다. 1960년대에는 소비자 지출이 소득과 밀접하게 연관되어 있었지만 2000년대 초에는 둘

사이에 연관성이 없거나 있더라도 적었다. 결과적으로 소비자에게 대출 도구를 더 많이 선사함으로써 전체 경제의 변동성은 줄어들었고 대완화는 지속되었다.

한순간이라도 저소득 가구의 경제적 고통이 사라졌다고 생각한 사람은 없었다. 그와는 거리가 멀었다. 앞서 언급된 연방준비제도이사회의 경제학자 세 사람이 낸 별개의 논문들을 보면 1970년대에서 2000년대 사이, 통상적인 가구들의 소득이 절반 수준으로 줄어들 가능성이 훨씬 높아졌다는 걸 알 수 있다. 그러나 금융혁신, 특히 주택융자 시장에서 일어난 금융혁신이 변동성의 부작용을 흡수하는 데 도움을 주고 있는 듯 보였다.

경제학자들이 부채에 대해 낙관적이었던 두 번째 이유는 금융공황에 대응하는 연방준비제도이사회의 능력이었다. 경제학자들은 사람들이 돈을 많이 빌리면 파산의 가능성이 높아진다는 것을 알고 있었다. 대출자는 보상이 주어지는 한 그러한 리스크를 감수한다. 문제는 대출이 ― 대출자의 파산으로 끝나는 경우에 ― 전체 경제를 붕괴시킬 수 있는가였다. 경제학자들은 그렇지 않다는 확신을 가지고 있었다. 연방준비제도이사회의 이사인 프레더릭 미슈킨Frederic Mishkin은 금융위기 전날, 기민하게 반응하는 연방준비제도이사회가 주택 가격이 20퍼센트까지 하락해도 경제에 큰 피해를 입히지 않게 막을 수 있다고 주장했다.[17]

캘리포니아대학교 버클리 캠퍼스의 경제학 교수로 1993년부터 1995년까지 클린턴 행정부에서 재무장관을 역임했던 브래드 드롱Brad DeLong은 수년 후에 그와 동료 민주당원들이 규제완화를 밀어붙였던 이유를 이렇게 설명했다. "당시는 금융붕괴가 생산과 고용 전반에 적지 않은 영향을 끼친 시기로부터 60년 이상이 지난 때였습니다. (중략) 가난한 미국 인구의 2/3가 적절한 금리로 대출을 받을 기회를 얻지 못하고 있는 것으로 나타났습니다. (중략) 금융재정적 고통과 총수요 사이에 방화벽을 만드는 데 있어서 입증된 연방준비제도이사회의 능력을 고려할 때 대공황 시대와 같은 리스크 규제는 그리 시급한 것 같지 않았습니다. 대출을 하고 리스크를 확산시키는 새로운 방법들은 부정적인 면이 별로 없어 보였습니다. (중략) 시도해볼 만한 것 같았죠. 사실은 그렇지 않았지만요."[18]

대완화 기간에 가계부채가 증가한 것은 우연의 일치가 아니었다. 보다 안정적인 경제는 더 많은 부채를 안아도 전보다 훨씬 덜 위험하다는 것을 의미했다. 개인의 불운 때문에 직업을 잃거나 빌린 돈을 갚을 수 없는 위험은 여전했지만 고통스러운 불황 때문에 그런 일을 겪을 가능성은 없었다.

설득력 있는 이야기였다. 그러나 걱정을 달고 사는 폴 볼커는 그 의견을 선뜻 받아들일 수 없었다. 2005년 2월 어느 저녁, 그는 저녁식사를 한 후 스탠포드대학 강단에 섰다. 연방준비제도이사회를 떠난 지 18년이 지났지만 그는 여전히 공직에 몸담고 있었다. UN의 석유식량 프로그램에서 부패 혐의를 잡아내느라 바빴던 그는 청중으로 앉아 있는 정치인, 기업 대표, 학자에게 단호한 충고를 하는 것으로 강연을 시작했다. "배후의 어떤 측면이든 미심쩍은 부분이 있다면 (중략) 이메일을 이용하지 마십시오. 이메일은 지울 수가 없습니다."

웃음이 가라앉은 후, 볼커는 그가 끊임없이 집착하는 또 다른 주제, 위기의 위협에 대한 이야기로 넘어갔다. 그도 낙관적인 분위기가 우세

하다는 것은 인정했지만 그 의견에 공감하지는 않았다. 그는 이렇게 말했다. "차분하고 잔잔한 표면 밑에 정말로 충격적인 추세들이 있습니다. 엄청난 불균형, 불안정, 리스크 말입니다. 그런 추세를 뭐라 부르든 그것은 문제가 되지 않습니다. 저는 많은 상황을 겪어왔지만 이 상황은 제가 아는 그 어떤 경우보다 가장 위험하고 다루기 힘들어 보입니다." 그는 계속해서 자신이 우려하는 것들을 나열했다. 미국은 주로 외국 중앙은행을 통해서 입이 딱 벌어지는 무역수지 적자를 메꾸고 있고, 은퇴하는 베이비붐 세대가 국가 재정에 위협요인으로 등장하고 있으며, 치솟는 주택 가격이 베이비부머들의 저축 의욕을 떨어뜨리고 있는 등 여러 가지 문제가 있지만, 다른 무엇보다도 중요한 것은 사람들이 이 모든 상황에 안주하고 있다는 점이라고 말했다. 그는 이렇게 결론지었다. "대대적인 조정이 반드시 필요해질 것입니다. (중략) 현 상태에서는 정책적 선구안을 통해 변화가 이루어지기 보다는 금융위기가 변화를 강요하게 될 위험이 있습니다."[19]

볼커는 위기가 어떤 모습일지 묘사하는 것보다는 위기를 예측하는 데 더 나은 재능을 보여주었다. 그날 저녁 그의 주의가 가장 집중되어 있었던 것은 예산, 무역 적자, 인플레이션이었다. 위기가 닥쳤을 때는 전혀 문제가 되지 않았던 부분이다. 볼커는 달러 가치의 75퍼센트 하락을 예상했으나 실상 달러 가치는 위기 동안 하락하지 않고 상승했다.

세부적인 부분에 있어서는 볼커의 생각이 맞아떨어지지 않았다. 하지만 큰 그림에 있어서는 그가 옳았다. 그만이 아니라 그의 후임자들도 마찬가지였다. 매년 여름 캔자스시티 연방준비은행은 와이오밍 잭슨홀의 리조트에서 컨퍼런스를 개최한다. 세계경제계의 엘리트 백여

명―중앙은행가, 재무부 관리, 은행가, 학자―이 모여서, 티톤 산맥의 그늘에 앉아 와인을 홀짝이고, 하이킹을 하고, 세계의 중요 사안에 대해 숙고하는 시간을 갖는다. 2005년 여름, 이 컨퍼런스는 연방준비제도이사회 의장으로서 18년 임기의 끝을 향해가고 있는 앨런 그린스펀의 유산에 충실했다.

그린스펀은 몇 주에 걸쳐 자신이 배운 중앙은행 업무에 대해 회상하는 연설을 준비했다. 그는 자신이 신경을 쓰고 있는 것도 지적하고자 했다. 투자자들이 거의 얻는 것이 없는데도 대단히 위험한 대출자에게 돈을 기꺼이 빌려주는 것처럼 보인다는 점을 말이다. 하지만 얼마나 요란하게 위급함을 알려야 하는 것일까? "지적은 하고 싶었지만 언덕 꼭대기에 올라가서 '그만!'이라고 소리치고 싶지는 않았습니다. 물러나는 임기 말의 의장이 폭탄을 투척하는 것은 꼴사납게 보일 테니까요." 한참 후에 그는 덧붙였다. "그렇게 하고 싶지는 않았습니다."[20]

경고는 그린스펀 특유의 완곡한 용어를 이용한 몇 줄의 글로 연설에 담겼다. "역사는 위험도가 낮았던 프리미엄 기간이 오랫동안 이어진 데 따르는 여파를 쉽게 넘어가는 일이 없습니다."[21] 대출자가 위험에 대해 지나치게 낮은 보상을 수용할 경우, 보통 좋지 않은 상황이 뒤따른다는 뜻이었다.

몇 개월 후, 벤 버냉키가 그린스펀의 후임자로 임명되었다. 버냉키는 거의 평생을 학계에 몸담았고 이후 3년 동안 연방준비제도이사회의 이사직을 맡아보았으며 몇 달간 조지 부시George W. Bush의 수석 경제학자로 일한 경력을 가지고 있었다. 많은 외부인들은 그가 위기를 다루는 데 필요한 금융시장 경험이 부족하다고 조바심을 냈다. 이는 다소 편협한 시각이었다. 대공황 시기의 뛰어한 학자인 버냉키는 고장 난 금융 시스템이 경제에 어떤 해악을 가져올 수 있는지 어떤 사람보다 잘 알고 있었다. 그는 금융 시스템의 상세한 부분이 자신이 잘 아는 주제가 아니라는 것을 인정하면서도 그것을 바로잡는 일에 즉각 착수했다.

"위기 이전에도 저는 금융위기에 대해서 걱정하고 있었습니다."[22] 이후 그는 회상했다. 그는 이전 수십 년 동안 있었던 크고 작은 위기들을 연구했다. 그리고 그 어느 때보다 위험성이 큰 거래의 광풍을 초조하게 바라보고 있던 월가의 경영자들에게 귀를 기울였다. 그는 이것이 대혼란의 시작으로 이어지지 않을까 하는 의혹을 가지고 있었다. "우리는 경제의 파멸까지는 아니더라도 불황을 낳을 수 있는 심각한 시장 폭락을 예상했습니다."

공식적으로 연방준비제도이사회의 의장직을 물려받기 직전, 버냉키는 연방준비제도이사회 직원에게 위기관리와 관련해 그들이 가지고 있는 자료를 달라고 요청했다. 그들은 1987년의 주식시장 붕괴 등 이전의 위기에 연방준비제도이사회가 한 일에 대한 메모와 주요 규제 담당자의 전화번호로 이루어진 매뉴얼을 만들었다. 버냉키는 곧 그 파일이 거의 소용이 없다는 결론을 내리고 서류 더미에 던져놓은 뒤 다시는 돌아보지 않았다. 대신 연방준비제도이사회의 고위 임원들을 소집해 위기에 어떻게 대비해야 할지 연구하는 회의를 가졌다. 거기에서부터 분기마다 금융 시스템에 대한 위협들을 이사회에 보고하는 즉석 위원회가 시작되었다.

연방준비제도이사회만이 이러한 대비 조치를 취한 것은 아니었다. 다른 나라의 중앙은행들과 국제통화기금이 정기적으로 '금융안정성 보고서'를 내놓았다. 모두가 같은 문제로 고통을 받고 있었다. 금융 시스템의 그늘에서 위험을 무시하는 관행이 퍼지고 있었던 것이다. 연방준비제도이사회는 서브프라임모기지는 물론 자산담보부증권collateralized debt obligations, 신용파산스와프credit default swap같은 신종 투자수단들이 존재한다는 것을 알고 있었다. 하지만 한 연구가 이후 발견했듯이 이들 중 어떤 것도 통화정책 입안자들의 정기 회의에서 언급될 만큼 중요해 보이지 않았다.[23]

2007년에는 주택의 가치가 과대평가되었을지 모른다는 인식이 널리 퍼졌지만 이것이 시스템적 위기를 초래할 것이라는 걱정은 거의 없었다. 25년의 경험과 개혁은 은행 시스템에서 대부분의 위험을 제거했고, 환매조건부채권과 같이 위험을 떠안는 새로운 도구들을 내놓았으며, 누구나 아는 금융안정성의 가장 큰 위협, 인플레이션을 억제시켰다.

그러나 바로 이것이 2005년 그린스펀이 걱정했던 것이다. 하지만 그조차 본의와 달리 감정에 휩쓸렸다. 잭슨홀에서 그날 아침 기립 박수를 받으며 자리로 돌아오던 그는 연단에서 여러 가지 문제를 언급했으나 그 자신 역시 공포를 자각하지 못하고 있음을 알아차렸다. 그는 많은 경험을 가진 자신도 함께 있는 다른 사람들처럼 현 상태에 만족감을 느끼는 데 의문을 가졌다.

CHAPTER 3

서브프라임, 파국의 시작

내 돈을 잃을지 모른다는 공포의 역습

Now Is the Time to Panic

Foolproof

03

안전에 대한
믿음이 부른 공포

2006년 여름, 공황이 금융시장을 휩쓸기 전, 금융계에서 나타나는 것과
비슷한 종류의 공황이 슈퍼마켓을 엄습했다. 그해 8월, 네브래스카의 한
중년 여성이 식중독으로 병원에 입원했다 곧 사망했다. 이 사망사고가
있고 몇 주 만에 같은 질환 사례가 십여 건 확인되었다. 연방 조사관들은
곧 희생자들이 생시금치를 먹고 대장균에 감염되었다는 결론을 내렸다.
9월 14일 미국식품의약국Food and Drug Administration, FDA은 국민들에게 포
장된 시금치를 먹지 말라고 경고했고, 결국 모든 생시금치와 이것이 포
함된 상품으로 그 대상을 확대했다. 지금까지 식품의약국에서 나온 가장
광범위한 경고였다. 식품의약국에서 식품 안전을 책임지는 관리는 이렇
게 경고했다. "사전 포장된 것인지 아닌지 알 수 없을 때는 피하십시오."[1]

반응은 극적이었다. 슈퍼마켓은 진열대에서 시금치를 모조리 치웠고 식당은 시금치 요리를 메뉴에서 없앴다. 소비자들은 시금치 대신 상추를 먹었다. 한 여성이 자녀들에게 크림소스 시금치 요리를 먹이자 사람들은 '계획적인 살인' 혐의로 그녀를 고발했다.[2] 공황이 찾아왔을 때 캘리포니아의 수천 에이커 땅에는 시금치가 막 수확을 앞두고 있었다. 농부들은 농작물을 갈아엎었고 소매업자들은 시금치 봉지를 쓰레기통에 던져 넣었다. 봉지에 든 시금치의 판매는 74퍼센트 감소했다. 판매량은 2008년까지도 완전히 회복되지 않았다.

FDA와 주 당국이 발병의 원인을 찾아내기까지 6개월이 걸렸다. 캘리포니아 센트럴 코스트 지역에서 수확되어 다음 날 한 유기농 식품 가공업체가 처리한 1,002파운드의 시금치가 원인이었다. 조사관들은 대장균의 원출처를 정확히 찾지는 못했지만 시금치가 수확된 곳에서 가까운 목초지에 있는 멧돼지와 소의 배설물에서 동일한 샘플을 발견했다. 하지만 환자가 발생하는 동안 원인을 찾지 못했던 FDA로서는 그물을 넓게 칠 수밖에 다른 도리가 없었다.

이 시금치 회수 사건과 시금치 식품의 관계는 서브프라임모기지 위기와 금융의 관계와 같다. 분수령이 된 사건이 대규모 규제 변화를 촉발한 것이다. 식품 공급망 전체에 걸쳐 재배자와 가공업자가 오염 방지 조치를 취하고 오염원을 추적하는 데 도움이 되도록 공급업체를 감시하도록 하는 법안이 상정되었지만 그 비준은 몇 년째 지연되고 있었다. 시금치 사태가(여러 다른 식품 매개 질병의 발생과 함께) 이 법안에 대한 업계의 반대를 누그러뜨렸고 2011년 식품안전현대화법Food Safety Modernization Act이 통과되었다.

식품 공급망과 금융 시스템 사이에는 공통점이 많다. 두 가지 모두 경제 도처에 존재하는 복잡한 부분이다. 또한 둘 모두 대부분 사고가 있고 없고에 따라서 안전하거나 불안전한 부문으로 간주된다. 어떤 식품이 치명적인 박테리아로 오염되었다는 사실을 아는 것은 은행이나 자금시장의 무추얼펀드가 치명적인 모기지 자산을 보유하고 있다는 정보를 듣는 것과 같다. 시스템이 안전하다는 전제를 약화시키며 그에 대한 반응은 대부분 극심한 공포다.

안전하다는 전제는 대개의 경우 진실이다. 식품매개질병이 발생하고 있는 동안에도 대부분의 식품에는 문제가 없다. 하지만 안전이 보장된 상황에 익숙한 대중은 약간의 오염 가능성도 용납할 수 없게 된다. 오염에 대한 반응으로 문제가 있는 적은 양뿐 아니라 어마어마한 양의 멀쩡한 것들까지 전부 폐기된다. 이 때문에 피해가 커지는 것이다. '사실' 자체보다는 안전하다고 생각해왔던 것이 그렇지 않다는 '인식'이 더 많은 영향을 준다.

환경단체인 자연자원보호협회Natural Resources Defense Council는 1986년부터 사과의 외형을 좋게 만들고 사과가 나무에 달려 있는 시간을 늘리기 위해 뿌리는 식물생장조절 화학제, 알라Alar의 암 유발 가능성을 연구하기 시작했다. 1989년 1월 미국환경보호청Environmental Protection Agency, EPA은 알라가 건강에 미치는 위험이 즉각적이지는 않으며 18개월 동안은 사용의 단계적 중지를 시도하지 않겠다고 발표했다. 〈식스티 미니츠(60 Minutes: 1968년부터 미국 CBS 방송에서 방영되고 있는 시사고발 프로그램 – 옮긴이)〉는 2월에 이 문제를 선정적으로 다루었다. 이 프로그램의 사회자인 에드 브래들리Ed Bradley는 알라를 '우리에게 공급되는 식품에 든 가장 강력한 암 유발 물질'이라고 말했다. 이 방송이 나가자 즉각적인 반응이 이어졌다. 학교들은 급식 메뉴에서 사과와 사과주스를 제외했다. 부모들은 사과소스를 버렸다. 한국 사람들은 알라가 자몽에 뿌려졌다고 잘못 생각하고 플로리다 자몽의 구매를 거부했다. 미국의 한 슈퍼마켓 체인은 사과주스에서 알라가 발견된 직후, 그 양이 정부 기준을 초과하지 않았는데도 매장에서 모든 사과를 없앴다.[3] 한 대변인은 "우리가 지금 다루고 있는 것은 현실이 아닌 인식입니다."라고 말했다. 500~700만 박스의 사과 — 약 5,000만 달러어치 — 가 팔리지 못했고 그해 가을 연방정부는 재배자들이 받는 충격을 줄이기 위해 1,500만 달러어치의 사과 구매를 제안했다.

언뜻 보기에 이러한 반응은 비이성적인 것 같다. 당시 알라는 합법적인 제품이었다. 제조업체는 〈식스티 미니츠〉 방송 이후 제품을 시장에서 철수시켰다. 미국환경보호청은 제조업체의 요청으로 농작물에 대한 알라의 사용을 금지했다. 미국환경보호청은 먹지 않는 식물을 대상으로 한 살포는 계속 허용하고 있다. 알라가 암과 연관이 있다는 과학적 증거가 있기는 하나 그 위험은 얼마나 누적되는가에 달려 있다. 실험 쥐에 암을 유발할 정도로 투여되는 양에 준하자면, 어린이는 평생 동안 매일 4,000갤런(약 1만 5141.65리터)의 사과주스를 마셔야 한다.[4] 때문에 알라가 위협이 된다 해도, 그 위험은 대장균의 위협처럼 즉각적이지 않다. 알라가 뿌려진 사과 하나를 먹는다고 해서 병에 걸리는 것은 아니라는 말이다. 정부기관은 사과 중에 극히 일부만이 알라에 노출되었다며 사과를 거부하지 않도록 소비자들을 설득했다.

하지만 다른 관점에서 보면, 이 '공황상태'는 합리적이다. 사과를 반드시 먹어야 하고 사과 주스를 반드시 마셔야 하는 사람은 없다. 2006년 시금치의 경우처럼, 쉽게 이용할 수 있는 대체품들이 많다. 개인으로서는 모든 사과 제품을 거부하는 작은 불편으로 알라가 가지고 있을지 모르는 위험을 피할 수 있었다. 마찬가지로 소매업자들은 작은 대가를 치름으로써 소비자들이 안전하지 못하다고 생각하는 것을 제공해서 평판에 입게 될 손해를 피했다. 우리가 앞으로 보게 될 것처럼, 금융위기 동안에도 비슷한 논리가 우세했다. 전문가들은 종종 진지한 어조로 "공황상태에 빠질 만한 경우가 아니다."라고 말한다. 하지만 손실을 용인하지 않는 투자자들은 자산이 오염되었는지 의심스러운 상황에 극심한 공포감을 느끼는 것이 당연하다.

식품 시스템이 2008년 금융위기 같이 세계경제를 거의 뒤집어놓는 시스템적 사건을 겪을 가능성이 거의 없다. 그런 면에서, 시스템이 안전하다는 전제는 금융보다는 식품에서 참일 경우가 더 많다. 그러나 식품을 안전하다고 느끼는 것도 현실과는 상당한 거리가 있다. 일부 병원체는 대단히 흔하고 죽이기가 어렵다. 때문에 식품공급은 결코 병균으로부터 자유로울 수 없다. 대장균, 리스테리아균, 살모넬라균을 비롯한 병원체는 우리가 먹는 많은 음식에 들어 있다. 대부분의 사람들이 병에 걸리지 않는 것은 먹은 양이 적거나, 몸이 건강하거나, 완전히 이해할 수 없는 여러 이유 때문이다. 캔탈루프(cantaloupe: 껍질은 녹색에 과육은 오렌지색인 멜론-옮긴이)와 같은 일부 식품은 질병 발생에 매우 자주 연루되는 반면, 파인애플과 수박은 그렇지 않은 이유도 아직 밝혀지지 않았다. "캔탈루프와 파인애플의 차이는 무엇일까요? 파인애플이 병을 유발한 적은 여태 없었습니다." 과일과 채소 재배자들의 무역

그룹인 신선청과연합회United Fresh Produce Association의 과학자, 데이비드 곰배스David Gombas의 말이다. "수박은 캔탈루프와 같은 밭에서 나오는 경우가 있습니다. 그런데 수박 때문에 병에 걸리는 사람이 없는 이유는 무엇일까요?"[5]

식품생산 사슬이 복잡한 것도 오염의 가능성을 높인다. 전 세계의 농장에서 가공되지 않은 재료가 생산되어 수천 마일 떨어진 식당, 상점, 가공업체로 이동된다. 여러 재료들이 여기에서 합쳐져 다시 소비자와 다른 가공업체로 옮겨진다. 병원체는 농장에서 이용하는 땅이나 물에 있을 수도 있고, 식품을 수확하거나 포장하는 손에 있을 수도 있고, 식품을 세척, 포장, 운송하는 장비나 시설에 있을 수도 있으며, 음식을 준비하거나 최종소비자에게 판매하는 매장이나 식당에 있을 수도 있다.

이렇게 복잡하기 때문에 전문가조차 위협이 어디에서 비롯되는지 판단하기가 어렵다. 2008년 4월, 소비자들이 살모넬라 식중독에 걸리기 시작했고 질병관리본부Centers for Disease Control, CDC는 그 원인이 토마토 섭취에 있을 수도 있다고 발표했다. 다음 몇 개월 동안 발병 사례가 1,400건을 넘어섰고 200명 이상이 병원에 입원했다. FDA의 조사관들이 전국에 파견되었고, 토마토에 대한 경고는 40개 주 이상에 퍼졌다. 멕시코에서 수확한 토마토는 국경에서 수송이 차단되었다. 버거킹은 햄버거에 토마토를 넣지 않았고, 치포슬Chipotle 메뉴에서 토마토 살사가 사라졌다. 월마트Walmart, 크로거Kroger, 홀푸드Whole Foods Market는 토마토를 매장에서 치우고 주문을 취소했다. 이 발표 이전 토마토 한 박스의 가격은 18~19달러였으나 이후에는 4달러로 떨어졌고 일부

주에서는 1달러까지 하락했다. 토마토 재배자 협회의 한 간부는 이렇게 푸념했다. "우리는 밭에 있는 토마토를 모두 버리고 있습니다. 토마토 시장은 완전 붕괴 상태입니다."[6]

하지만 토마토는 문제의 원인이 아니었던 것으로 밝혀졌다. 첫 경고가 있고 한 달 후, FDA는 생 할라피뇨와 세라노 페퍼에 문제가 있었던 것을 알아냈다. FDA는 토마토를 먹지 말라는 권고를 철회했다. 하지만 토마토 업계는 이미 큰 피해를 입은 상태였다.[7] 조지아에서 봄에 생산된 토마토의 1/3은 들판에 버려진 채 썩어가고 있었다. 재배자들이 FDA를 상대로 낸 소송에 따르면, 플로리다의 재배자들은 6억 달러, 조지아의 재배자들은 1억 달러의 손해를 입었다.

업계와 규제기관 들은 자기들 업계의 완벽한 안전성에 대한 믿음을 키우기 위해 열심히 노력해왔다. 그러나 아이러니하게도 그 과정은 잘못된 방식으로 기대 수준을 높여왔다. 소비자들은 냉동된 쿠키 반죽을 생으로 먹지 말라는 권고를 받았다. 하지만 사람들은 생반죽을 먹어서 대장균에 감염되곤 했다. 이에 업계는 아예 반죽이 포장과 수송 이전에 균을 죽이는 '킬 스텝Kill Step'이란 전前처리 과정을 거치도록 했다. 이러한 사례들은 업계가 자신들의 관행이 초래한 위험에 대응할 뿐 아니라 고객들이 스스로에게 가하는 위험까지도 처리한다는 것을 보여준다.

당신은
어떤 것을 선택하겠는가?

우리는 안전에 대해서 왜 이런 확실성을 가지려고 하는 것일까? 그 대답은 행동경제학behavioral economics에서 찾을 수 있다. 전통적인 경제학과 심리학의 결합물인 행동경제학은 최근 몇십 년 동안 거품과 공황에 대해서 귀중한 식견을 제공해왔다. 이 연구가 찾아낸 주요한 결과는 사람들이 이상적인 '경제인economic man'과는 매우 다르게 위험을 평가한다는 점이다.

다음 실험에 대해 생각해보자(걱정할 필요는 없다. 수학시험보다는 잉크 얼룩을 이용한 심리 테스트에 더 가깝다. 정답은 존재하지 않는다).

조건 1: 500달러가 든 봉투를 받는다. 다른 조건은 없다.
조건 2: 동전을 던진다. 앞면이면 1,000달러를 받는다. 뒷면이면 아무 보상도 받지 못한다.

경제적인 측면에서, 두 선택의 가치는 같다. 내가 동전을 100회 던져서 앞면이 나올 때마다 매번 1,000달러를 받는다면 동전을 한 번 던져서 얻는 평균적인 보상은 500달러다. 이를 기댓값이라고 부른다.[8] 이 사례에서, 두 조건이 동일한 기댓값을 갖기 때문에(우리는 이것을 공정한 내기라고 부른다), 위험회피적인 사람들은 어떤 선택을 하든 똑같은 만족을 얻는다. 하지만 일반적인 사람은 500달러를 선택한다. 앞면이 나올 때의 보상을 1,200달러로 올리더라도 선택은 변하지 않을 것이다.

이는 실제 사람들이 '위험회피적'이지 않다는 것을 보여준다. 사람들은 확실성에 훨씬 더 큰 가치를 두기 때문에 확실성을 얻기 위해 경제적인 가치를 포기한다. 이를 처음 발견한 것은 스위스의 수학자 다니엘 베르누이Daniel Bernoulli, 1700~1782였다. 1738년 처음 나온 이 이론은 이후 실생활과 실험 환경에서 반복적으로 확인되었다. 이스라엘 출신의 심리학자, 아모스 트베르스키Amos Tversky, 1937~1996와 대니얼 카너먼Daniel Kahneman은 일련의 실험 끝에 도박이 확실한 보상과 동일한 매력을 가지려면 확실한 보상의 기댓값보다 도박의 기댓값이 두 배 커야만 한다는 결론을 내렸다.[9] 달리 말해, 사람은 대개 동전 뒤집기에서 이길 때 받는 돈이 2,000달러가 될 때까지 봉투에 든 500달러를 고른다.[10]

이렇게 사람들은 100퍼센트라는 가능성에 엄청난 가치를 둔다. 그러나 확률이 100에서 멀어지면, 사람들의 행동은 달라진다. 트베르스키와 카너먼은 앞서의 게임을 개조해서 이를 입증해 보였다. 그들은 연구 대상자들에게 두 가지 조건을 제시했다. 첫 번째 조건은 4,000달러를 얻을 확률이 80퍼센트(기대수익은 3,200달러)였다. 두 번째 조건은 확실히 3,000달러를 받아가는 것이었다. 실험 대상자의 80퍼센트가 확실한 조건을 선택했다. 기대수익이 낮은데도 말이다.

다음에는 대상자들에게 다른 조건 둘을 제시했다. 첫 번째 조건은 30퍼센트의 확률로 4,000달러를 받는 것(기대수익이 800달러)이었고, 두 번째 조건은 25퍼센트의 확률로 3,000달러를 받는 것(기대수익이 750달러)이었다. 이번에는 실험 대상자의 65퍼센트가 첫 번째 조건을 선택했다.

이 결과가 모순적인 것처럼 보이는가? 첫 실험에서 사람들은 위험회피적이었다. 그들은 가치는 낮아도 이길 가능성이 보다 높은 옵션을 선택했다. 두 번째에 사람들은 이길 가능성은 낮은데도 가치가 높은 옵션을 선택했다. 사실 이 결과에는 전혀 모순이 없다. 이 실험은 100퍼센트라는 가능성이 특별한 매력을 가지고 있다는 것을 보여준다. 확실한 것과 거의 확실한 것 사이의 선택은 개연성이 낮은 일과 개연성이 좀더 있는 일 사이의 선택과 결코 같지 않다. 이는 기업이나 개인이 소송을 시도하면 이길 가능성이 있는데도 법원 밖에서 거액을 건네고 합의를 하는 이유를 설명해준다. 그들은 엄청난 배상금이나 유죄판결이라는 위험을 제거하고 확실성을 얻기 위해 돈을 쓰는 것이다.

우리는 왜 불확실성을 이토록 싫어하는 것일까? 경제학자들이 이 질문에 내놓은 대답이 효용체감이론theory of diminishing utility이다. 1달러씩 소득을 얻을 때 느끼는 즐거움은 이전 1달러를 벌 때보다 매번 더 줄어든다는 이야기를 근사하게 표현한 것이 효용체감이론이다. 중산층에서 부유층으로 가는 것은 좋지만 중산층에서 극빈층으로 가는 것은 끔찍하다. 우리 대부분이 두 번째의 위험을 감수하느니 첫 번째의 가능성을 포기한다. 가족의 행복이 달려 있지 않은 경우에도 마찬가지다. 미지의 것에 따르는 감정感情비용, 즉 불확실성에 대한 두려움이 우리의 행동에 영향을 준다. 경제학자 리처드 탈러Richard Thaler는 다음과 같은 일련의 실험을 실행했다.[11] 커피 머그잔을 반에 있는 학생 절반에게 무작위로 나누어 준다. 이후 모든 학생이 거래에 참여한다. 머그잔의 가치를 가장 높게 정한 사람들이 가장 낮게 정한 사람들로부터 머그를 살 수 있다. 학생들은 이미 가지고 있는 것을 팔 때는 가지고 있지 않은 것을 요구할 때보다 평균 두 배 높은 값을 부른다. 탈러는 여기에 '소유 효과the endowment effect'라는 이름을 붙였다. 사람들은 물건을 소유하고 있을 때 그렇지 않을 때보다 그 물건에 큰 가치를 둔다. 그들은 소유하려다가 실패한 것보다는 이미 가지고 있는 것을 상실하는 데 더 불편을 느낀다. 그 이유는 다양하다. 포기하고 싶지 않은 것과 정신적 유대를 가지고 있을 수도 있고, 원래 가지고 있던 것을 포기하는 데 대한 후회나 징벌을 걱정할 수도 있다. 불확실성 — 더 많은 돈을 가지게 될지, 보다 적은 돈을 가지게 될지 모르는 — 은 정신적인 부담을 유발한다.

게다가 손실에 대한 저항력은 변화한다. 가능성이 즉각적이고 눈에 뚜렷하게 보일수록 상실에 대한 고통은 커진다. 따라서 확실성에 우리가 부여하는 가치도 커진다. 카네기멜런대학의 경제학 교수인 조지 로웬스타인George Loewenstein[12]은 우리가 스트레스가 많은 사건에 어떻게 반응할지 미리 예상하는 일에 끔찍하게 서투르다고 말한다. 그와 동료들은 대학생들에게 다음 주 다른 학생들 앞에서 재미있는 이야기를 하는 사람에게 2달러를 주겠다고 제안했다. 마음을 바꾸는 것도 자유였다. 재미있는 이야기를 하기로 했던 사람들 중 2/3가 날짜가 다가오자 꽁무니를 뺐다. 처음에 이야기를 하지 않겠다고 했던 사람 중에는 마음을 바꾼 사람이 없었다. 공포영화 〈샤이닝The Shining〉의 끔찍한 엘리베이터 장면을 보여준 다른 그룹의 학생 중에는 애초에 이야기를 하는 데 동의한 사람이 훨씬 적었다. 그들은 두려움이 위험을 기피하는 정도를 눈에 띄게 높인다고 결론지었다. 수없이 많은 다른 실험들이 같은 결과를 보여줬다.

이러한 결과들은 우리가 안전에 엄청난 가치를 부여하는 이유, 안전에 대한 감각이 위협을 받을 때 공황상태가 발생하는 이유를 설명해준다. 멀쩡한 시금치나 사과를 버리는 것은 작은 그리고 인지된 손실이다.

이를 대가로 사람들은 만에 하나 이들이 오염된 경우에도 병에 걸리지 않는다는 확실성을 얻는다.

이는 금융계의 여러 특징—예를 들어 왜 주식이 채권보다 보상이 큰가—도 설명해준다. 주식과 채권의 보상이 같다면 대부분의 사람들은 수익이 보다 확실한 채권을 고수할 것이다. 실제로 사람들로 하여금 채권을 주식으로 전환하게 하려면 채권이 대단히 부당한 조건에 있어야 한다. 이 결과들은 우리가 보험을 사는 이유까지 설명한다. 보험회사가 돈을 벌려면 손실로 나가는 돈보다 보험료로 거둬들이는 돈이 더 많아야 한다. 따라서 고객들의 보험 구매는 부당한 내기에 응하는 것과 다르지 않다. 그런데도 사람들이 보험을 계약하는 이유는 손실의 가능성을 제거하는 데에서 오는 확실성에 가치를 두기 때문이다. 이로써 금융 시스템에 주기적으로 공황이 엄습하는 이유나 2008년에 그랬던 것처럼 그러한 공황상태가 그토록 파괴적인 이유도 설명된다.

금융위기를
가장 잘 알았던 학자

이 주제에 대해서 예일대학의 경제학자, 게리 고튼Gary Gorton 만큼 잘 아는 사람은 없다. 그는 은행공황에 관한 미국 최고의 권위자로, 무엇이 금융위기를 유발하고 그것이 왜 그토록 파괴적인지에 대해 최선의 설명을 내놓은 사람일 것이다. 금융위기가 다가오고 있음을 예측했어야 마땅한 사람이 있다면, 그가 고튼이다. 하지만 아이러니하게도 그는 이를 예측하지 못했다. 위기로 인해 그의 삶 전체가 엉망이 되기 전까지 그는 자신이 커리어 내내 연구해왔던 것―공황―의 한가운데 있다는 점을 깨닫지 못했다.

고튼은 경제학이 아닌 다른 길을 걸었었다.[13] 그는 중국문학 박사학위를 딸 생각으로 미시건대학에 진학했다가, 학위 취득의 의미를 찾지 못하고 중퇴했다. 그는 노조의 조직책으로 일했으며, 미시건대학을 중퇴한 후 법학 대학원에 진학했다가 중퇴했고, 몇 개월 동안 자동차 조립공장에서 기계제작 기술자의 견습생으로 일했으며, 야간 택시를 몰기도 했다. 어느 날 서점에서 그는 미시경제 교과서를 집어 들었고, 수학에 열중하게 되면서, 경제학 대학원에 지원하기로 결정했다.

고튼은 논문 주제로 은행공황을 선택했다. 당시, 경제학자들은 은행공황이 통화 공급의 수축과 불경기로 이어질 수 있다고 생각했으나 어떻게 공황이 일어나는가에 대한 실증적인 연구는 많지 않았다. 그의 논문 지도교수는 그를 포기시키려 했다. "지도교수는 '그건 너무 어렵네. 논문을 절대 끝낼 수 없을 거야.'라고 말했습니다." 실제로, 그는 대학원을 졸업하고 필라델피아 연방준비은행에 경제학자로 취직한 후까지 관련 연구를 이어갔다.

고튼은 연구를 통해 몇 가지 중요한 식견을 얻었다. 첫째, 금융 시스템의 중심 목표는 사람들에게 안전한 자산을 공급하는 것이다. 주식이나 채권 같은 일반적인 자산의 가치는 수익률이나 금리 같은 새로운 정보로 인해 등락을 거듭한다. 안전한 자산은 너무 안전하기 때문에 보유자들이 그에 대해 알 필요가 없다. 이를 두고 고튼은 '정보에 둔감하다information insentive'고 말한다. 전형적인 예가 현금이나 은행예금이다. 20달러 지폐를 주는 사람을 신뢰하기 위해서 우리가 뭔가 알아야 할까? 그렇지 않다. 둘째, 금융혁신은 새로운 종류의 안전한 자산의 창출로 이어진다. 셋째, 공황은 사람들이 안전한 자산이 더 이상 안전하지 않다고 생각할 때 일어난다. 19세기와 20세기 초에 은행공황이 일어났을 때 사람들은 안전한 자산이라고 믿었던 것에 배신을 당했다고 생각했다. 2008년에도 마찬가지였다. 사람들은 고튼 자신이 창안을 도왔던 안전한 자산이 더 이상 안전하지 않다고 여기게 되었다.

고튼의 초기 연구는 1800년대 초의 은행에 초점을 맞추고 있었다. 은행은 다른 기업과 마찬가지로 대차대조표를 가지고 있다. 한쪽은 자산이고 다른 한쪽은 부채, 즉 대출과 같이 빚지고 있는 돈이다. 대부분의 기업은 자산을 그들이 하는 일의 중심으로 생각하고 부채는 단순한 골칫거리로 치부한다. 포드Ford, 존슨앤드존슨Johnson & Johnson, 월마트 모두 채권을 발행하기는 하지만 이들 기업을 가치 있게 만드는 것은 부채가 아니라 자산, 즉 공장, 지적 재산, 매장이다.

은행은 다르다. 그들의 자산은 그들이 내어준 대출이다. 이 대출은 대단히 유용하다. 하지만 그들의 부채 역시 유용하다. 은행의 부채는 예금, 일반인들이 어떤 것에 대한 값을 지불하고 절약한 돈을 보관하는 데 대단히 편리한 방법인 예금으로 이루어져 있기 때문이다. 대출을 하나도 내어주지 않더라도 은행은 가치가 큰 서비스를 제공한다. 고객의 입장에서는 예금이 안전한 자산이기 때문이다. 언제든 접근할 수 있고 상당한 주의도 필요치 않다.

1800년대 초, 은행의 주된 부채는 은행권이었다. 사실, 연방준비은행의 창설로 통화의 발행을 연방정부가 독점하기 전까지 대부분의 통화는 민간은행에서 발행되었다. 예금주는 금을 비롯한 자산을 은행에 맡기고 자신이 은행에 대해 가진 청구권의 증거로 은행권을 받는다. 예금주는 이후 이 은행권을 사용해서 다른 사람들로부터 물건을 산다. 결국 원래의 예금주와는 여러 단계를 거쳐 멀리 떨어져 있는 사람이 해당 은행권을 가지게 되고, 그 사람이 그것을 발행한 은행으로 가져가면 은행은 액면가에 해당하는 금을 내어준다.

고튼은 특히 여러 은행의 은행권에 어떻게 가치가 부여되는지, 은행권을 금으로 상환할 수 없다면 어떤 일이 생기는지에 관심을 가졌다. 한 은행에서 발행된 1달러는 다른 은행에서 발행된 1달러와 동일한 가치를 갖게 되어 있었다. 하지만 실제로는, 은행이 다른 주에 있으면 그 은행의 은행권은 가치가 떨어졌다. 금이나 은으로 상환하기 위해 은행에 돌려주는 번거로움을 반영한 것이다. 더 중요한 것은 예금주가 은행이 은행권을 상환할 수 있는지 여부를 의심하는 경우에도 은행권의 가치가 떨어진다는 점이다. 은행권을 보유한 사람들은 은행의 상환 능력이 염려될 경우 은행권을 상환하기 위해 무리 지어 은행에 몰려간다. 발행한 은행권을 모두 상환할 정도의 금과 은을 수중에 가지고 있는 은행은 별로 없다. 집단 상환 요구에 은행은 태환兌換을 '유예'한다. 은행권 상환을 중지하는 것이다. 예금주들이 다른 은행도 마찬가지로 곤란한 상황이라고 생각하면 은행 인출 사태가 일반화되고 이는 전면적인 공황으로 이어진다.

고튼은 19세기 은행권 액면가에 대한 거래 할인율을 적어놓은 회보들을 추적했다. 그는 일반적인 생각과 달리 태환을 유예했던 은행 중 실제로 도산한 것은 소수였다는 사실을 알게 되었다. 다시 영업을 재개한 은행들은 모든 예금을 상환할 수 있었다. 1873년 발생한 공황 기간에 예금주가 본 최대 손실은 1달러당 2센트에 불과했다. 여기에서 고튼은 공황이 정보 부족 문제였다는 결론을 내렸다. 사람들은 어떤 안전자산이 현재 안전하지 못한지 확신하지 못했고 따라서 집단으로 그 자산을 상환했다. 하지만 이내 대개의 안전자산은 안전하다는 것이 입증되었다.

고튼은 안전한 자산이 시간이 지나면서 바뀐다는 것도 알게 되었다. 안전한 자산에 대한 대중의 수요가 공급을 앞지르면, 영리한 금융 혁신가들은 다른 안전한 자산을 만들 방법을 찾아낸다. 사실 금융의 모든 역사는 위험한 자산을 안전하게 만드는 방법을 찾기 위한 노력이라고도 할 수 있다.

초기 은행권이 정말로 안전한 자산은 아니었다. 발행한 은행에게 은행권을 금으로 바꾸어 줄 능력이 없을 수도 있기 때문이다. 따라서 사람들은 은행권을 받기 전에 한 번 더 생각을 해야 했고 은행권의 가치는 변동이 많았다. 1863년에서 1864년 사이 전국은행법National Bank Acts으로 상황이 바뀌었다. 이 법으로 국가가 공인한(주가 공인한 것이 아닌) 새로운 은행이 만들어졌고 이 은행들은 금이나 은, 주州 채권이 아닌 연방정부 채권이 기초자산인 경우에 한해 국가은행권을 발행할 수 있었다. 담보가 동일했기 때문에 모든 국립은행의 은행권은 액면가격 그대로 거래되었다. 은행권이 정말로 정보에 둔감해진 것이다.

결국, 돈에 대한 대중의 수요가 정부 채권을 담보로 하는 은행권의 공급 능력을 넘어섰다. 이는 또 다른 혁신을 낳았다. 그것이 바로 당좌예금이었다. 은행은 소비자들에게 은행권을 발행하는 대신 저축자에게 돈을 예치하고 그에 대한 수표를 쓰게 한다. 예금은 은행에 도산의 위험이 있거나 그렇다는 인상을 주지 않는 한 대단히 안전해 보인다. 은행이 위험하거나 위험하다는 인상을 주면 저축자들은 은행권을 금으로 상환하려 하는 대신, 당좌예금을 은행권으로 전환하려 했다. 1913년 연방준비은행이 창설되고 1933년 예금보험이 등장해 은행들에게 공통의 연방 보조장치를 제공하면서 예금 인출 사태의 문제는 해결되었다. 저축자들은 더 이상 은행예금들을 구별할 필요가 없어졌다. 모두 똑같이 안전하기 때문이었다. 안전한 자산의 문제는 해결된 것처럼 보였다.

하지만 세기말을 앞두고, 안전한 자산이 부족해졌다. 언뜻 좋은 일인 같아 보이는 상황이 문제를 유발했다. 모두가, 특히 중앙은행들과 같은 외국 투자자들이 미국 정부에 돈을 빌려주기를 원했던 것이다.

외국인의 미국 국채와 지폐 보유는 1994년의 20퍼센트에서 2007년의 50퍼센트로 크게 증가했다. 그들의 패니메이와 프레디맥—기술적으로는 민간기업이지만 준 정부기구로 취급되는— 이 발행하거나 보증한 부채의 보유량은 같은 기간 6퍼센트에서 21퍼센트로 증가했다. 1800년대와 마찬가지로, 안전한 자산에 대한 채워지지 않는 욕구 때문에 월가의 영리한 사람들은 대체물을 만들게 되었다.

고튼과 공동 저자들은 안전한 자산의 역사를 추적하면서, 1952년부터 2010년까지 놀랍도록 변함없이 유지된 자산이 전체 자산의 33퍼센트라는 것을 발견했다.[14] 이런 안전한 자산의 일부는 채권과 같은 공적인 성질을 가진 자산이었고 일부는 은행예금과 같은 사적 자산이었다. 정말로 충격적인 것은 민간 범주 내에서의 변화였다. 은행예금은 1950~1960년대의 80퍼센트에서 위기 직전에 27퍼센트로 떨어졌다.

이들의 자리를 차지한 것은 무엇일까? 금융시장 무추얼펀드, 자산담보부증권, 기업어음이었다. 이들 사이에는 큰 차이가 있다. 은행예금은 연방 예금보험의 한도까지는 대단히 안전하다. 이러한 새로운 자산들은 은행예금만큼 안전하게 보이도록 설계되었지만 실은 그렇지 않다. 그 차이는 위기 기간에 극명하게 드러났다.

AIG와 함께
침몰한 안전의 설계자

1984년 고튼은 은행들의 부채, '증권화' 관행에 대해 연구를 시작했던 와튼 스쿨에서 학생들을 가르치기 시작했다. 증권화에는 여러 개의 부채를 한데 묶어 하나의 증권으로 만드는 일이 수반된다. 은행은 이 증권을 다시 투자자들에게 팔아 더 많은 대출을 할 수 있게 된다. 위험한 자산을 안전한 자산으로 변환하는 방법이다. 루이스 라니에리는 주택저당증권의 장점이 구매자가 "자산의 기초가 되는 담보에 대해서 전혀 몰라서는 안 되겠지만 많은 것을 알아야 할 필요도 없다."는 데 있다고 말했다.[15] "주택융자와 같은 위험한 대상도 그럴듯하게 꾸며놓으면 되는 것이다."

1990년대 고튼은 자신의 전문 지식을 이용할 수 있는 방법을 발견했다. 1919년 상하이에서 출발한 보험사, AIG American International Group는 세계에서 가장 크고 가장 높은 평판을 갖춘 복합금융그룹으로 성장했다. AIG에서 가장 인지도가 낮은 최첨단 부문은 AIG파이낸셜프로덕트AIG Financial Products, AIGFP일 것이다. 코네티컷에 기반을 둔 AIG파이낸셜프로덕트는 금융파생상품 사업을 하고 있었다. 그곳에는 학자들을 초청해서 회사에서 연구하게 하는 관례가 있었다. 그들은 와튼의 동료 교수를 통해서 고튼에게 여기에 참여해줄 것을 요청했다. 고튼은 AIG 를 위해서 새로운 금융혁신에 대한 연구를 시작했다.

그가 AIG에 합류하기 직전, JP모건J. P. Morgan은 '신용부도스와프 credit default swap'를 처음 판매했다. 이것은 근본적으로 보험계약이다. 채권 발행인이 파산하는 경우 은행이 대출자에게 전액 지급할 것을 약속하고 수수료를 받는 것이다. 고튼은 이것이 그가 도움을 줄 수 있는 상품이라는 생각을 했다. 그는 부채나 주택저당증권이 디폴트에 이를 가능성에 대한 모델을 개발해서 AIG가 그 디폴트에 대한 보험료를 얼마나 물릴지 결정할 수 있게 도왔다.

고튼의 연구로 혜택을 본 첫 고객은 유럽의 은행들이었다.[16] 대부분의 은행이 그렇듯이, 그들은 대출 손실을 대비해 자본을 보유해야 했다. 하지만 AIG와 같은 기업으로부터 차용자의 디폴트에 대비한 보험을 사면 필요 자본을 낮출 수 있었다. 후에 AIG는 주택담보부증권에 대한 보험을 판매하기 시작했다. MBS는 '트랜치(tranch: 채권을 순위로 나눈 것 – 옮긴이)'로 분할하는 경우가 많았다. 대출 상환이 이루어지면, 돈은 우선 최상위 트랜치의 소유자에게로 간다. 융자에 디폴트가 발생하면 그 손실은 최하위 트랜치가 떠안는다. 이는 최상위 트랜치가 손해를 입으려면 대재앙 수준의 디폴트가 있어야 한다는 의미다. 이들 트랜치는 대단히 안전하다고 여겨져서 AA나 AAA 같은 최상위 신용등급을 받을 정도다. 이들 트랜치를 모아 부채담보부증권collateralized debt obligation, CDO이라 불리는 새로운 증권으로 만들기도 한다. 부채담보부증권 역시 트랜치로 분할된다. AIG는 상위평가된 주택저당증권과 부채담보부증권의 트렌치에 대해서만 보험을 설정한다.

2006년 AIG파이낸셜프로덕트는 보험 인수의 질에 대해 염려하기 시작했고 서브프라임모기지를 담보로 하는 주택저당증권과 부채담보부증권에 대한 보험 판매를 중단했다.[17] 서브프라임모기지에 연결된 지표들이 하락하기 시작하면서 시스템에 균열이 나타났다. 2007년, 이들 균열이 확산되고 시장에도 드러나기 시작했다. 고튼은 금융시스템이 은행공황을 거치고 있다는 것을 인식했다. 공황의 정도는 그가 연구했던 것과 아주 흡사했지만 다른 면에서 차이가 있었다. 일반 저축자들이 은행권과 은행예금을 상환하기 위해 은행에 달려가는 대신, 기관투자가들이 서브프라임모기지를 담보로 한 환매조건부채권과 기업어음을 상환하기 위해 몰려들었다. 고튼은 2008년 8월 잭슨홀에서 열린 연방준비제도이사회의 연례행사에서 발표한 긴 논문에 이러한 생각들을 기록했다.[18] 거기에서 그는 위기를 '근본적으로 은행공황'이라고 묘사했다. "19세기와 20세기 초 미국에서 발생한 전형적인 공황과 같이 이 위기는 정보의 부족 때문에 발생했다." 대출자들은 어떤 증권이 디폴트 상태인지 누가 그런 증권을 보유하고 있는지 확실히 알지 못했기 때문에 그런 증권을 보유하고 있는 은행과 그림자 금융 전체를 피했다.

고튼은 중앙은행가들과 학자들로 이루어진 청중을 살피면서 했던 생각을 회고했다. "이 사람들은 통화정책을 20년 동안 연구했으면서도 내가 무슨 말을 하는지 전혀 모르는군."

나는 2013년 10월의 어느 따뜻하고 맑은 날 아침 고튼을 만났다. 당시에 그의 사무실은 파르테논 모형처럼 생긴 고전 양식 건물의 1층에 있었다. 복도에는 디폴트된 채권 증서들이 액자에 담겨 줄지어 걸려 있었다. 그중에는 파나마 운하의 자금을 대기 위해 발행된 채권 증서도 있었다. 그는 사무실에 1986년 스코틀랜드왕립은행 Royal Bank of Scotland 이 발행한 마지막 파운드 지폐(미국 은행들이 그랬던 것처럼 당시에는 스코틀랜드왕립은행도 직접 통화를 발행할 수 있었다)도 액자에 넣어 보관하고 있었다. 책상 뒤에는 난해한 수학 공식으로 뒤덮인 화이트보드가 있었다. 그는 당시 진행 중이던 증권화에 대한 논문 작업의 일부라고 설명해주었다. 넥타이를 매지 않은 셔츠와 코르덴 바지 차림에 근사한 뿔테 안경을 낀 그는 전형적인 아이비리그 학자의 모습이었다.

점심 식사를 하면서 나는 고튼에게 AIG가 주택저당증권 신용부도스와프를 파는 것이 은행들이 과거에 했던 일과 같아 보였다는 말을 꺼냈다. 안전한 자산을 만드는 일 말이다. AIG 스와프의 경우, 투자자들은 각 증권의 특질을 걱정할 필요가 없었다. 그들은 AIG에서 산 보험 덕분에 연방 예금보험으로 보호되는 은행예금처럼 모든 돈을 돌려받을 수 있다는 확신을 얻었다.

고튼은 처음에는 의견을 달리했지만 이후 이 말이 맞다는 데 동의했다. 그는 은행 포트폴리오를 보호하는 보험을 팔아서 '포트폴리오를 구제기관과 투자자의 눈에 안전하게 보이도록 만들기 때문에 안전한 자산을 만드는 과정에 기여하고 있는 것'이라고 말했다.

고튼이 당시에 이를 깨달았다면, 자신이 지난 30년간 연구했던 인출 사태에 대해서 AIG가 얼마나 취약한지도 알았을 것이다. 그는 AIG가 보증했던 MBS의 디폴트 확률을 극히 낮다고 계산했으나, 그럼에도 불구하고 그들의 가치는 곤두박질쳤다.

무엇이 잘못된 것일까? 식품 공황 사태에서 벌어진 일이 금융계에서
도 똑같이 일어난다. 어떤 식품에 실제로 독성이 있는 경우 관련된 다
른 식품들도 독성이 있을 수 있다는 두려움의 대상이 되어서 같이 버려
지는 것이다. 두 가지 요인 모두가 AIG의 종말에 영향을 미쳤다. 고튼
은 여전히 그의 모델을 옹호하지만, AIG가 보장했던 부채담보부증권
은 그 모델들이 예측했던 것보다 훨씬 안전성이 낮은 것으로 밝혀졌다.
기초자산인 저급 부채담보부증권 트랜치의 디폴트와 밀접하게 연관되
어 있기 때문이었다. 하나가 잘못되면 다른 것들도 그렇게 될 경향이
있었다. 그렇지만 AIG의 보험 대상인 AAA등급 부채담보부증권은 고
튼이 예측했듯이 대단히 안전했다. 고튼의 박사 과정 학생이었던[19] 박
선영은 이후 투자설명서와 신탁관재인 보고서를 샅샅이 뒤져 2004년
에서 2007년 사이 1조 9,000억 달러 가치의 서브프라임 채권이 발행된
것을 확인했다. 2014년 말, AAA등급 트랜치에서 실현된 원금 손실은 1
달러당 0.2센트에 불과했다. 하지만 공황 기간에는 안전하다고 인식되
지 않았고 가격(그리고 부채담보부증권의 가격)은 폭락했다.

신용파생상품 계약에 따라, AIG는 보장하고 있는 것의 가격이 내려
가면서 담보를 걸어야 했다. 즉, 빚을 갚을 능력이 있다는 것을 입증하기
위해 현금을 유보해두어야 했던 것이다. 얼마 전인 2005년만 해도 AAA
였던 AIG의 신용등급이 계속 떨어지면서 더 많은 담보를 걸어야 하는
상황이 연출되었다. 고튼이 AIG를 마지막으로 방문한 것은 잭슨홀에서
강연을 한 직후였다. 그는 트레이딩 데스크 위에 앉아서 AIG의 트레이
더들이 전화로 상대방에게 증권들이 실제로 얼마만큼의 가치를 가지고

있는지, 따라서 AIG가 얼마만큼의 담보를 걸어야 하는지 소리 높여 이야기하고 있는 모습을 보았다. "돈을 내놓는 것을 좋아하는 사람이 어디 있겠습니까? 가격에 대한 논쟁은 합법입니다. 가격이 얼마였는지는 아무도 몰랐어요."[20]

주택저당증권 염가 판매가 계속되면서, AIG는 담보확대요구를 충족시키기 위해 현금을 내놓고 있었다. 다음 날 연방준비제도이사회와 재무부가 회사 채무를 이행하기 위해 1,820억 달러를 지불하고 회사의 주도권을 잡지 않았다면 AIG는 리먼브라더스Lehman Brothers의 뒤를 따라 파산했을 것이다. 2009년 대중은 AIG 고객―골드만삭스와 같은 대형 은행―이 연방정부가 지원한 돈에 AIG의 담보를 합쳐 AIG가 보험으로 보장했던 서브프라임 채권의 시장가치가 290억 달러인 시점에서 액면가대로 620억 달러를 온전히 받았다는 것을 알고 격분했다.[21] 납세자들의 돈이 AIG 직원들의 보너스를 지급하는 데 사용되었다는 말이 나오자 분위기는 더 험악해졌다. 한 상원의원은 AIG 직원들에게 자살하라고 재촉할 정도였다. 버냉키는 AIG의 긴급구제 동안 "몇 번이나 전화를 내던졌다."고 말하면서 분노를 표현했다.

고튼에게 그 시기는 지옥이었다. AIG 모델을 고안하는 데 그가 어떤 역할을 했는지 「월스트리트저널Wall Street Journal」이 보도한 이후[22] 그는 메일로 살인 협박을 받았다. 그는 가족을 뉴헤이븐으로 이주시켜야 하나 고민했다. 한 이웃이 카풀을 하면서 자기 아이들에게 AIG에 대해서 물었다는 것을 안 그는 이웃에게 화를 냈다. "내가 AIG에 대해서 얘기해주겠소. 내 아이들에게 그런 것을 묻지 마시오."

그는 2008년 AIG를 떠났고 이후 학생들을 가르치면서 위기에 대한 연구를 하는 데 매진하고 있다.

두려움의 끝,
리먼브라더스의 파산

AIG가 공황의 희생자가 된 것은 분명했지만, 그 공황을 반드시 비합리적이라고 말할 수는 없다. 사람들은 주식형 무추얼펀드 같은 위험한 자산에 의한 손해에는 익숙하다. 하지만 은행예금, 머니마켓펀드money market fund, 환매조건부채권과 같은 안전한 자산은 경우가 다르다. 그들은 확실성의 전형이다. 그러한 확실성이 위협을 받을 때는 즉각적이고 강력한 반응이 나온다. 그 결과 중 하나가 '염가 판매fire sale' 현상이다. 투자자들이 본래의 가치보다 훨씬 낮게 증권을 팔려고 나서는 것이다. 일반적으로 볼 때, 100센트의 가치가 있다고 생각하는 증권을 그보다 싼 값에 파는 것은 이치에 맞지 않는 일이다. 하지만 현재의 시장 가격이 90센트라면 어떨까? 대출자들은 여러분의 지불 능력에 대해서 걱정하며 부채를 갚으라고 요구할 것이다. 이사회나 규제기관은 악성 증권을 가지고 있지 않느냐고 여러분을 추궁할 것이다. 대출자에게 돈을 갚거나 일자리를 지키기 위해서, 여러분은 그 증권을 팔아야 한다. 이 때문에 가격은 한층 더 떨어지고 다른 보유자들도 비슷한 입장에 서게 된다.

금융위기가 오기 몇 년 전, 많은 투자자들이 AA나 AAA등급의 매우 안전한 MBS를 매수했다. 2007년까지 이들 증권은 보통 기준가인 1달러에 가깝게 거래되었다. 하지만 서브프라임모기지 디폴트가 쌓이면서 가격은 추락하기 시작했다. 공황상태가 절정에 달했을 때, 한 유명 지표는 AAA등급 주택저당증권의 가격이 기준가의 20~60퍼센트로 하락했음을 나타냈다.

이것은 은행의 건전성에 치명적인 영향을 미쳤다. 2008년 한 해 동안 미국 은행 장부상의 증권 가치는 700억 달러 감소했다.[23] 그러한 손실이 일부 은행을 지불불능 상태에 빠지게 할 수 있다는 두려움이 공황을 더 악화시켰다.

이 사태에서 합리적이라고 말할 만한 부분이 있을까? 2009년, AAA등급 주택저당증권의 가격은 약 80센트까지 회복되었고 박선영의 연구가 발견한 대로, 결국 지급된 금액은 100센트에 가까웠다. 2010년 초 은행들의 보유 증권 가치는 2008년 말 보고된 손실을 모두 회복하고도 남았다.

이를 두고 위기가 한창일 때 증권의 가격 설정이 비합리적이지 않았나 하는 생각을 갖게 될 수도 있다. 하지만 당시에는, 그러니까 재무부와 연방준비제도이사회가 금융 시스템의 구제를 위해 갖은 노력을 기울이기 전에는, 증권의 가치가 0이 되고 수많은 은행이 도산하는 것을 쉽게 상상할 수 있었다. 그러한 자산에 '시가평가時價評價'를 적용하게 되면서, 즉 은행이 그러한 자산을 해당일 시장에서 팔릴 수 있는 가치로(그들이 회복될 것으로 예상하는 가치가 아니라) 장부에 기록해야 하는 규칙이 2007년 발효되면서 이러한 인식은 강화되었다. 시가평가 회계는 건전한 규제 목적에 부응했다. 은행들이 부실채권이나 투자에 대한 진실을 숨기거나 미룰 수 없었던 것이다. 하지만 공황에 영향을 많이 받은 가격이 실제가치인 것처럼 생각되게 함으로써 염가 판매의 영향을 증폭시키는 부정적인 효과도 있다. 은행의 입장에서는 염가 처분 가격이 잘못되었다는 확신을 가지고 있지만 지급불능 상태라는 오해를 받는 위험을 감수하는 것보다는 그 가격에라도 파는 것이 합리적이다.

세계에서 가장 오래된 머니마켓펀드의 운명처럼 안전에 대한 감각이 침범당했을 때 어떤 일이 일어나는지 잘 보여주는 사례는 없다. 브루스 벤트Bruce Bent라는 이름을 들어본 이는 드물겠지만 그의 발명품은 거의 모든 사람이 이용한다. 1970년대 벤트는 월가에서 일을 하다가 자금시장에서 은행예금자들이 부당한 대우를 받는다는 사실을 알게 되었다.[24] 일반인들에게는 기업과 다른 차용자에게 거액을 빌려주는 대형 투자자보다 낮은 금리가 적용되었다. 그와 그의 동료는 모든 저축자들이 동일한 우대금리를 제공받을 수 있는 펀드를 만드는 일에 착수했다. 이렇게 해서 리저브프라이머리펀드Reserve Primary Fund라고 알려진 세계 최초의 머니마켓무추얼펀드가 탄생했다. 2008년에는 5,200만의 미국인들이 그러한 펀드에 3조 8,000억 달러를 투자하고 있었다.

2008년 9월 14일 일요일 오후, 브루스 벤트와 그의 아내는 뉴욕에서 이탈리아로 향하는 비행기에 올랐다. 만난 지 50년이 된 날을 기념하는 여행이었다. 다음 날 아침 일찍 로마에 도착했을 때 신문에는 리먼브라더스가 파산했다는 소식이 대서특필되어 있었다. 그 후 벤트는 평생에 걸쳐 키운 회사를 잃었고 그와 그의 아들은 법정에 서게 되었다. 신문의 헤드라인과 그에 따른 결과는 금융위기가 그토록 파괴적이었던 이유가 무엇인지 정확하게 보여준다. 안전하다고 생각했던 것들이—은행예금이든 벤트가 만든 펀드의 지분이든—그렇지 않다는 사실을 갑작스럽게 발견하거나 인식하는 일 말이다.

그날 아침을 기준으로, 리저브프라이머리펀드는 리먼브라더스가 발행한 단기부채 7억 8,500만 달러를 보유하고 있었고 이는 펀드의 624억 달러 자산 중 1.2퍼센트에 해당했다. 주가(혹은 주당 순자산가치)가 매일 변동하는 다른 펀드와 달리 머니마켓펀드의 주가는 언제나 1달러이고 하루 예고로 상환할 수 있게 되어 있었다.[25]

하루 예고로 1달러에 주식을 상환하는 펀드의 능력은 두 가지에 달려 있었다. 펀드가 어떤 증권에서도 큰 손실을 입지 않아야 하고, 증권이 대규모 상환 요청도 충족시킬 수 있을 정도로 팔릴 만큼 유동성이 있어야 한다. 리먼의 파산에서, 주식의 가치는 지금도 의문점이 남아 있다. 그날 아침, 리먼의 주식은 가치를 평가할 수가 없는 상태였고, 리저브에도 돈을 돌려받으려고 아우성을 치는 고객들의 상환 요청이 쇄도하고 있었다. 리저브의 최고재무책임자인 패트릭 패럴Patrick Farrell은 그날 뉴욕행 비행편이 지연되면서 시카고 오헤어 공항에 발이 묶여 있었다. 그는 리저브의 동료에게 전화를 걸었고 동료는 그에게 그 시점에 상환 요청액이 180억 달러에 달해 있으며 리저브에는 상환 요청에 응할 자금이 38억 달러 뿐이라고 말했다.

패럴이 말했다. "이럴 수가. 자네도 알겠지만 고객들은 오늘 돈을 받을 수가 없어."

그의 동료는 대답했다. "팻, 그건 자살행위야."

벤트는 이탈리아의 호텔에서 그의 아들, 브루스 2세에게 전화를 걸어 다음에 무슨 일을 해야 할지 결정했다. 머니마켓펀드가 발명된 이래, 펀드가 주식을 주당 1달러에 상환하는 데 실패하는 '브레이크 더 벅break the buck' 상태를 맞은 것은 단 한 번뿐이었고 해당 펀드는 리저브보다 훨씬 작고 잘 알려지지 않은 것이었다.[26] 그런 상태에 가까이 갔던

펀드는 많았으나 모두 펀드의 후원자들이 자신의 돈을 펀드에 집어넣어 결손을 메우고 자산가치를 1달러로 유지시켰다. 벤트와 그의 아들은 자신들도 같은 일을 할 수 있는지 분석했다. 이 회사는 이러한 조치를 취하겠다는 의도를 담은 발표 자료까지 준비했다. 하지만 화요일, 리먼의 부채가 원금의 0퍼센트로 평가되는 상태에서는 그들이 결손을 메우고 순자산가치를 유지할 수 없다는 결론이 내려졌다. 그들은 리저브의 주가가 주당 1달러가 아닌 97센트라고 발표했다.

연방준비제도이사회와 재무부 관리들은 리먼의 파산이 불러올 모든 부수적인 효과를 상상하고 그에 대비하며 주말을 보냈다. 그들이 고려하지 않은 한 가지는 머니마켓펀드가 브레이크 더 벽 상태에 이를 수 있다는 점이었다. 그 발표는 리먼의 파산만큼이나 큰 공황상태를 불렀다.

일주일 만에 투자자들은 리먼에 노출되었는지 여부를 가리지 않고 재무부 단기 증권 이외의 것에 투자된 거의 모든 머니마켓펀드로부터 총 3,490억 달러를 빼냈다.[27] 100대 미국 머니마켓펀드 중 36개는 결국 지원을 받았다. 그동안 펀드들은 기업어음, 즉 제너럴 일렉트릭General Electric에서 무명의 투자펀드까지, 장비 재고관리에서 서브프라임모기지 담보증권에 이르는 모든 것에 자금을 대기 위해, 모두가 의지해왔던 단기 차용증 인수를 스스로 중지했다.

공황상태는 3일 후 재무부가 수수료를 받고 머니마켓펀드들을 보증하는 보험 프로그램을 만들고, 펀드들이 더 이상 팔 수 없는 기업어음을 연방준비제도가 사들이겠다고 발표함으로써 끝이 났다. 이로써 공황은 끝이 났지만 상처는 그대로 남았다. 한 달 만에 기업어음의 총액이 15퍼센트 줄어든 1조 4,300억 달러가 되었다. 미국 은행들이 최고의 고객들에게 내어준 대출의 1/6을 회수하는 것을 상상해보라. 투자자들이 기업어음을 상환하는 것도 이와 마찬가지다.

안전하다는 환상에서 깨어났을 때

리저브프라이머리펀드는 어떤 잘못을 했던 것일까? 브루스 벤트는 오랫동안 기업어음이 위험하다고 여겼다. 리저브는 존속하는 대부분의 기간 동안 주로 은행의 예금증서나 공채에 투자하며 보수적으로 운영되었다. 하지만 2006년 리저브는 기업어음에 투자하기 시작했고 곧 리저브 자산의 절반을 기업어음이 차지하게 되었다. 이로써 이율이 높아졌고 이는 다시 투자자를 이끄는 자석 같은 역할을 하게 되었다. 2008년 초, 리저브는 리먼뿐 아니라 베어스턴스와 메릴린치Merrill Lynch에도 돈을 빌려주었다. 원래의 비전에서 벗어났던 것이다.

공판에서 벤트는 리먼의 파산을 '믿을 수 없는 일'이라고 묘사했다. 리먼의 어음은 파산하는 날까지도 무디스Moody's와 스탠더드앤드푸어스Standard & Poor's의 최고 등급을 유지했다. 증권거래위원회는 파견 직원까지 두면서 특별 관리프로그램을 통해 리먼을 감독해왔었다. SEC(Securities and Exchange Commission, 미국 증권거래위원회)의 의장은 리먼의 자본이 충분하다고 발표했었다. 하지만 많은 다른 투자자들은 그러한 주장에 회의적이었고 리먼의 어음을 피했다. 벤트도 마찬가지였을 것이다.

수십 년의 경험을 볼 때, 적어도 두 가지 가정이 리먼의 실패와 리저브의 브레이크 더 벅이 왜 그렇게 충격적이었는지를 설명해준다. 첫 번째는 리먼의 파산이 허용되지 않을 것이란 가정이었다. 실제로 리먼의 파산 이전 40년 동안, 리먼에 비견되는 규모나 중요성을 가진 금융회사를 무너지게 놓아둔 경우는 없었다. 2장에서 보았듯이 대형 은행의 붕괴가 경제를 위협하는 경우 볼커는 멕시코에 돈을 대주고 콘티넨털일리노이의 긴급구제에 앞장서면서 붕괴를 막기 위해 노력했다. 그 후, 규제기관들은 14대, 33대, 36대 은행의 예금자 보호에 개입했다.[28]

은행들은 금융 시스템의 핵심에 있기 때문에 이미 예금보험과 연방준비제도이사회의 최종 대출자 권한을 통해서 정부의 지원을 받고 있다. 따라서 볼커는 은행이 나머지 금융 시스템과는 다른 대우를 받아 마땅하다고 생각했다. 하지만 2008년 3월, 규제기관들은 그 선마저도 넘었다. 5대 독립형 투자은행(리먼은 4대)인 베어스턴스는 대출자들이 단기 환매조건부채권의 상환 연장을 거절하면서 붕괴를 목전에 두고 있었다. 리저브도 대출자 중 하나였다. 리저브는 베어스턴스에 '레포'를 빌려주었다. 하지만 베어스턴스의 CEO가 3월 12일 텔레비전에서 투자자들을 안심시키고 노력했으나 실패하는 것을 본 후 철수를 결정했다. 며칠 후 연방준비제도이사회는 JP모건체이스J. P. Morgan Chase & Co.에 온전하게 팔릴 때까지 베어스턴스가 파산을 면할 수 있을 만한 돈을 빌려주는 전례 없는 조치를 취했다. 베어스턴스의 채권자들은 1센트의 손해도 보지 않았다.

연방준비제도이사회는 이후 또 다른 전례 없는 조치를 취했다. 남은 네 개의 투자은행—골드만삭스, 모건스탠리Morgan Stanley, 메릴린치, 리먼―에게 '할인 창구(discount window: 연방준비은행이 어음할인 등을 통해 은행에 자금을 공여하는 지원 형태 – 옮긴이)'에 대한 접근권을 준 것이다. 이 전까지는 일반은행에만 부여되었던 특전이 투자은행에 허용되었다. 이러한 최근의 사례들을 고려하면 월가에 있는 대부분의 사람들(리먼의 경영진과 리저브의 관리자들을 포함)이 리먼의 파산 구제를 예상한 것이 당연하다. 리저브의 포트폴리오 매니저인 마이클 루치아노Michael Luciano는 이후 의회의 조사에서 베어스턴스의 파산을 그냥 두지 않았던 정부라면 규모가 더 크고 더 중요한 다른 은행의 파산도 두고 보지는 않을 거라고 생각했다고 말했다.[29]

리먼을 파산하게 둔 연방준비제도이사회와 재무부의 결정은 엄청난 비난을 샀다. 그 여파 속에서 연방준비제도이사회는 그러한 대출을 보증할 충분한 담보가 없는 리먼에 돈을 내어줄 법적 권한이 없기 때문에 선택의 여지가 없었다고 주장했다. 그 이후 적어도 일부 연방준비제도이사회 관계자들은 리먼이 실제로 지불 능력이 있을지도 모른다고 생각했다는 증거가 드러났다.[30] 하지만 당시에는 리먼의 파산을 두고 보는 게 쓸모 있다고 생각하는 관리들도 분명히 있었다. 베어스턴스의 구제가 키우고, 여러 차례의 자비 때문에 걱정을 샀던 도덕적 해이를 금융 시스템으로부터 몰아낼 수 있다고 계산한 것이다. 여름 동안, 재무부는 리먼이 기다리는 구제 조치 비슷한 것도 없다는 것을 확실히 하기 위해 노력했다. 연방준비제도이사회 내에서는 갈등이 더욱 심했다. 뉴욕 연방준비은행 총재인 티모시 가이트너Timothy Geithner는 연방준비제도이사회가 긴급구제 옵션의 문호를 개방해야 한다는 강경한 입장에 있었으나 일부에서는 파산이 긴급구제보다 낫다는 데 동의했다.[31] 한 관계자는 '도덕적 해이와 평판에 미치는 영향이 지나치게 크기 때문에' 연방준비제도이사회가 베어스턴스 때와 같이 리먼의 인수를 돕는 데 돈을 써서는 안 된다고 말했다.[32] 리먼이 파산으로 향하게 놓아두는 것은 "모든 측면에서 문제가 될 것입니다. 하지만 도덕적 해이의 문제를 고치게 될 것입니다." 긴급구제를 승인해야 하는 버냉키와 재무부 장관 행크 폴슨Hank Paulson도 비슷한 생각이었다.[33]

분명히, '대마불사'라는 인식이 뿌리내리게 둘 수는 없는 일이었다. 대마불사란 대기업과 그 경영진에게 납세자가 주는 묵시적인 장려금과 다를 바 없었고 소규모의 기업들을 불리한 입장으로 모는 일이었다. 그러나 일단 그러한 지위가 주어지면, 그 지위를 갑자기 빼앗을 때 공황이 발생한다.

리먼의 파산은 모든 주요 금융기관에 대한 믿음을 산산조각 냈다. 리먼이 대마에 해당하지 않는다면 거기에 포함되는 기업은 존재하지 않는다. 골드만삭스, 모건스탠리, 시티그룹, 그 어떤 기관도 대마가 아닌 것이다.

이전까지 깊이 박혀 있던 두 번째 전제는 머니마켓펀드가 기본적으로 은행예금과 같다는 것이었다. 머니마켓펀드의 주주들은 머니마켓펀드를 거의 그런 식으로 취급했다. 수익률보다는 안전성과 펀드에 대한 즉각적인 접근권이 훨씬 중요했다. "언제든 필요한 때 현금을 찾을 수 있습니다." 리저브의 한 투자자는 이렇게 설명했다. "게다가 안전하죠. 머니마켓펀드는 1달러를 넣으면 1달러를 꺼낼 수 있으니까요."

물론 이러한 투자는 은행예금이 아니다. 펀드는 주당 1달러라는 기준가를 유지할 법적 의무가 없다. 하지만 실제로는 브레이크 더 벅이 평판에 입히는 손해가 대단히 크기 때문에 스폰서들—펀드를 운영하는 관리 회사들—이 그런 일이 벌어지기 전에 자신의 자본을 투입한다. 1972년부터 금융위기 전까지 펀드 스폰서들이 머니마켓펀드의 기준 가를 유지하기 위해 146차례에 걸쳐 개입했다는 것이 이후에 드러났다.[34] 앞서 언급했듯이, 펀드가 실제로 브레이크 더 벅에 이르러서 청산될 수밖에 없었던 경우는 단 한 번뿐이다. 이들 경우에 스폰서들은 자신들이나 투자자를 위해서는 옳은 일을 하고 있었지만 대국적으로 보자면 이러한 막후 개입이 궁극적으로 위기를 악화시킨 셈이다. 머니마켓펀드에서는 절대 손해를 보지 않는다는 투자자들의 환상을 강화했기 때문이다.

다음 5년 간, 다른 기관들도 머니마켓펀드와 같은 운명을 맞았다. 5장에서 보게 될 것처럼, 유럽 경제위기 동안 유럽 정부의 부채 때문에 안전에 대한 환상이 무참히 깨어졌다. 같은 일이 2011년 미국 재무성 채권에도 거의 일어날 뻔했다. 의회가 일시적으로 재무부가 차입할 수 있는 액수의 법정 한도를 상향 조정하는 데 반대했기 때문이었다. 각성의 과정은 금융 시스템에서 대단히 중요한 것이 무엇이며 금융 시스템이 어떻게 위기에 봉착하게 되었는지를 보여준다. 금융 시스템이 하는 일의 대부분은 안전하다는 사실—때로는 환상—을 창조하기 위한 시도다. 대개의 시도는 성공을 거둔다. 보험으로 보장되는 은행예금에서 손해를 보는 사람은 없다. 때문에 은행이 파산하는 아주 드문 경우가 생기면 그 결과는 공황이다.

브루스 벤트는 생의 대부분을 저축자에게 안전하다는 감각과 안전한 현실을 만들어주는 상품을 활성화시키는 일에 바쳤다. 2008년 9월 14

일은 그가 거의 평생을 일군 사업의 종말이 시작된 날이었다. 다음 몇 개월 동안 펀드들은 청산되었다. 증권 규제기관들은 벤트 부자를 고발했다. 그들이 투자자들에게 펀드의 기준가를 유지할 수 있다고 말했던 것이 고발의 이유였다. 규제기관들은 사실 벤트가 자신이 한 말을 지킬 의도가 없었다고 주장했다. 그럴 만한 능력이 없었기 때문이다. 벤트 부자는 펀드의 주가를 뒷받침하겠다는 발표를 한 후 세계경제가 벼랑에서 떨어졌기 때문에 의도한 조치를 취할 수 없었다고 말했다. 2012년 벤트와 그의 아들은 사기 혐의에 대해서 무죄를 선고받았다. 그러나 벤트의 아들은 부주의라는 죄목에 대해서는 유죄판결을 받았다. 그렇다면 투자자들은 어떻게 되었을까? 모든 상황이 정리되고 리먼은 리저브가 유일하게 손실을 본 포지션으로 남았다. 투자자들은 결국 99센트를 되찾았다. 총 손실은 기준가에서 1센트가 빠질 뿐이었다.

CHAPTER 4

안전기술이 낳은 또 다른 위험

풋볼 헬멧과 ABS 브레이크의 딜레마

More Risk, Please

Foolproof

04

풋볼 헬멧,
무기가 되다

2010년 10월 17일은 풋볼 경기장에 심한 폭력이 난무한 날이었다. 난폭한 것으로 유명한 미국프로풋볼리그National Football League, NFL의 기준에서 보아도 그랬다. 일요일이던 그날 세 곳의 다른 경기장에서 다섯 선수가 격한 헬멧 충돌로 뇌진탕 등의 부상을 입고 경기장에서 실려 나왔다. 클리블랜드 브라운스 팀의 좌측 와이드리시버 조슈아 크립스는 2쿼터에서 공을 잡아 오른쪽으로 돈 후 운동장 중앙으로 향하다가 피츠버그 스틸러스 팀의 수비수들을 만났다. 피츠버그 선수들은 그를 내리누르기 시작했다. 그의 왼쪽에서 피츠버그의 라인배커 제임스 해리슨이 달려들어 자신의 헬멧으로 크립스의 헬멧을 들이받았다. 크립스는 머리를 떨면서 경기장에 쓰러졌고 해리슨은 일어서서 승리의 의미로 주먹을 치켜들었다. 몇 분 뒤, 해리슨은 브라운스의 모하메드 마사콰에게 똑같은 짓을 했다. 마사콰가 공을 잡자, 해리슨은 측면에서 그를 강타했다. 힘이 어찌나 셌는지 관중들의 함성 가운데에서도 헬멧이 부딪히면서 나는 소리를 들을 수 있을 정도였다. 마사콰는 무릎을 꿇었고 이내 뒤로 쓰러졌다. 300마일(약 482.8킬로미터) 떨어진 필라델피아에서는 이글스 팀의 스타 와이드리시버 디션 잭슨이 막 패스를 받고 있었다. 애틀랜타 펠컨스 팀의 둔타 로빈슨이 머리로 그를 들이받았다. 두 사람은 함께 쓰러져 운동장에서 실려 나가야 했다. 두 사람은 뇌진탕을 일으켰고 몇 주 동안 게임에 나설 수 없었다. 같은 날 보스턴 인근에서 패트리어츠 팀의 브랜든 메리웨더는 볼티모어 레이븐스 팀의 토드 히프가 공을 잡자마자 헬멧으로 그를 가격했다.

이렇게 많은 스타 선수들이 결장하는 상황에 그러한 공격적인 태클을 리그에서 그대로 두고 봐야 하느냐를 두고 격렬한 논쟁이 벌어졌다. NFL은 이미 뇌진탕으로 인한 논란에 휩싸인 상태였다. 주로 은퇴한 선수와 그의 가족들로 이루어진 4,500명 이상의 사람들이 반복적인 뇌진탕이 치매를 유발한다는 증거를 무시한 NFL을 상대로 집단소송을 냈고 NFL은 7억 6,500만 달러를 들여 고소인들과 합의를 해야 했다.

그 주에 NFL은 자신들의 입장을 명확히 하기로 결정했다. 공격한 세 명의 선수들에게 헬멧을 이용한 가격을 이유로 5만 달러에서 7만 5,000 달러에 이르는 벌금을 물리고 이후에 비슷한 벌칙을 저지른 선수는 출장을 정지시키겠다고 으름장을 놓은 것이다.

이 조치는 선수들의 성난 반응을 불러일으켰다. 공격을 한 선수들은 그들이 받은 기대에 따라 경기를 했을 뿐이다. 힘껏, 세게. 리그는 그러한 폭력을 암묵적으로 용인했을 뿐 아니라 더 나아가서 그것을 즐겼다. 수십 년 동안 〈먼데이 나이트 풋볼Monday Night Football〉 프로그램은 두 개의 헬멧이 충돌해서 폭발하는 이미지와 함께 시작되었다.

"헬멧을 주면 사용해야 하는 거 아니겠습니까?"[1] 마이애미 돌핀스 팀의 라인배커 채닝 크라우더의 말이다. 해리슨은 지역 라디오방송에서 "누구도 부상당하는 것을 원하지 않습니다. 하지만 혼을 내주는 것에는 찬성합니다." 벌금에 대한 대응으로 그는 게임을 그만두겠다고 위협했다. 크립스는 사건 전체에 대해서 놀라울 정도로 유화적이었다. 헬멧 충돌사고의 단골 표적인 다른 많은 선수들도 마찬가지였다.

며칠 뒤, 시카고 베어스 팀의 전 코치인 마이크 딧카가 나름의 처방을 내놓았다. 헬멧을 없애는 것이었다. "헬멧을 쓰지 않는다면 머리로 그렇게 심하게 들이받지는 않을 거라고 생각합니다." 그는 ESPN 라디오에서 이렇게 말했다. "숄더패드shoulder pad라고 불리는 물건으로 가격하는 법을 배우게 되겠죠."

딧카의 생각이 옳은 것일까? 부상으로부터 선수들을 보호하기 위해 고안된 헬멧을 쓰는 것이 정말 정반대의 효과를 내는 걸까? 상식에서 벗어나는 이야기지만 사실 이것은 안전 전문가들이 수십 년 동안 생각해온 문제다. 스포츠에서만이 아니라 자동차와 금융에도 같은 문제가 존재한다. 우리가 하는 거의 모든 활동—비가 오는 도로를 운전하고, 얼음이 뒤덮인 슬로프를 스키를 타고 내려오고, 새로운 벤처에 투자를 하는 일—에는 물리적, 환경적, 금전적 피해의 위험이 도사리고 있다. 이러한 위험을 줄일 때 우리가 그런 활동을 통해 느끼는 매력도 커진다. 그리고 그 과정에서 혁신의 혜택은 반대의 효과를 낸다.

이는 확실하고 실패가 없는 것을 지향하는 사람들에게 근본적인 문제를 제시한다. 헬멧, ABS 브레이크, 파생상품이 제대로 작동하려면 그것들이 우리의 행동을 어떻게 변화시키는지를 반드시 고려해야 한다. 우리의 기본적인 위험성향을 바꾸지 않는 한 그러한 것들이 우리를 더 안전하게 만들기는 어려울 것이다.

풋볼 고유의 폭력성은 언제나 그 스포츠가 가진 매력의 일부이면서 동시에 논란의 원천이었다. 1869년 풋볼이 처음 선보였을 때, 선수들은 유니폼을 입지 않았다.[2] 헬멧은 말할 것도 없다. 그리고 격렬했다. 1905년, 시즌 동안 심각한 부상들이 발생하자 시어도어 루스벨트 대통령은 대학 풋볼 프로그램의 책임자를 불러 경기를 좀 안전하게 바꾸라고 요청했다. 첫 안전모는 귀덮개가 달리고 충전재가 든 가죽 모자로 주로 머리카락과 귀를 잡아당기지 못하게 하기 위해 고안되었다. 이 모자는 불편했고 냄새가 많이 났다.[3] 가죽이 공기 중의 습기와 땀을 흡수하곤 했기 때문이다. 1939년 시카고의 존 T. 리들 컴퍼니 John T. Riddell Company가 처음으로 플라스틱 외피의 헬멧을 선보였다. 이 헬멧은 가죽 헬멧보다 단단하고 내구성이 좋았다. 다음 해 회사는 최초로 안면 보호마스크를 추가했다.

헬멧은 치아가 부러지거나 코뼈가 내려앉거나 턱이 골절되는 등의 부상을 줄였다. 하지만 코치들은 헬멧을 보호장비로만 보지 않았다. 헬멧은 무기의 역할을 할 수도 있었다. 그들은 선수들에게 머리를 숙이고 헬멧을 상대 선수를 '찍는spear' 데 사용하라고 가르쳤다.[4] 헬멧의 보호 기능 덕분에 가능해진 기술이었다. "선수들에게 찍고 들이받으라고 가르칩니다." 〈스포츠 일러스트레이티드 Sports Illustrated〉에 따르면 오하이오주립대의 전설적인 코치인 우디 헤이스는 1962년 기자들이 모여 있는 자리에서 이렇게 말했다고 한다. "선수들이 헬멧을 상대의 턱 바로 밑에 찍어 넣는 것이 우리가 바라는 그림이죠."

헬멧은 극단적인 부상을 감소시키는 반면에 다른 종류의 부상을 더 많이 일으킨다. 선수가 얼굴을 공격당하면 목이 뒤로 굽으면서 충격의 일부를 흡수한다. 하지만 고개를 숙여서 상대에게 머리를 찔러 넣으면 목과 척추가 단일 축을 이루고 가격의 힘이 온전히 척추에 실린다. 1959~1963년의 4년과 1971~1975년의 4년 동안 각각 일어난 풋볼 부상을 비교한 연구는 풋볼을 하는 젊은이의 수가 거의 60퍼센트 증가해 127만 5,000명에 이른다고 언급했다.[5] 같은 기간 사망자는 10퍼센트 감소한 77명이었지만 영구 사지마비 환자의 숫자는 3배 이상 늘어 99명이 되었고 목 골절 탈구(즉 목이 부러지는 것)를 유발하는 병변은 4배 증가한 259건이었다. 연구자들은 이러한 상황이 빚어진 이유가 '머리를 효과적으로 보호하는 보호헬멧 – 안면 보호마스크 시스템이 개발되고 이 시스템이 태클과 블로킹 기법에서 파성퇴(battering ram: 과거 성문이나 성벽을 두들겨 부수는 데 쓰던 나무 기둥같이 생긴 무기 – 옮긴이)로 이용되면서 경추 손상의 위험을 키운' 데 있다고 지적했다.

1976년 2월, 전미대학경기협회National Collegiate Athletic Association, NCAA 는 '상대를 강타하려는 시도로서 고의적인 헬멧 사용'이라고 정의된 찍기spearing를 금지했다. 규칙을 바꾼 후 척추 부상은 극적으로 감소했다.

하지만 NFL에서 뇌진탕 논란이 계속되는 모습은 여전히 풋볼 선수들이 건강 면에서 큰 대가를 치러야 한다는 것을 보여준다. 헬멧은 두개골절頭蓋骨折과 경막하출혈硬膜下出血 ― 대뇌와 두개 사이의 출혈로 종종 사망으로 이어진다 ―을 막는다. 뇌진탕의 경우는 얘기가 다르다. 선수의 머리가 충돌이나 낙하로 인해 정지되면, 두개는 정지되지만 대뇌는 그렇지 않다. 대뇌는 두개 안에 떠서 계속 움직이고, 두개 안쪽에 부딪히며 뇌진탕을 유발한다. 헬멧 안의 충전재는 머리를 맞았을 때 압축되면서 머리가 갑자기 멈추지 않고 속도를 줄일 수 있게 한다. 이것이 뇌진탕의 위험을 줄이는 것은 확실하다. 하지만 헬멧을 쓴 선수가 상대를 세게 혹은 더 자주 가격하는 경우에는 그렇지 못하다.

"헬멧은 그 어느 때보다 효과적으로 힘을 약화시킵니다." 보스턴대학교의 신경외과의사로 치명적인 뇌손상 분야의 전문가인 로버트 칸투Robert Cantu는 내게 이렇게 말했다. "때문에 선수들이 지금처럼 머리를 사용하는 공격 방식들이 통증을 유발하지 않는 것입니다. 20년 전이었다면 그런 방식은 큰 통증을 유발했겠죠." 이는 팔로 덩치가 큰 선수를 감싸기 보다는 머리를 사용해서 공격할 가능성이 더 높은 작은 선수들에게 특히 유용하다.

NFL은 이를 알고 있기 때문에 찍기를 금지했다. 하지만 실제로는 어떨까? 칸투는 덧붙였다. "심판들은 그 규칙을 강제하지 않습니다. 여전히 머리를 이용한 블로킹과 태클이 흔히 벌어집니다. 뇌진탕은 대부분은 그러한 행동에서 일어납니다. 그런데도 오프사이드off-side 반칙이 선언되는 것을 천 번을 보아야 찍기 반칙 판정 한 번을 볼 수 있을 정도입니다. 심판들은 찍기에 반칙을 선언하지 않고 있습니다. 책임을 묻지 않는 한 그러한 태도는 계속될 것입니다."

다른 스포츠도 비슷한 궤적을 따랐다. 하키 선수들은 일상적으로 다른 선수와 안전팬스, 그리고 퍽(puck: 아이스하키에서 공처럼 치는 고무 원반 – 옮긴이)과 스틱에 부딪힌다. 머리 부상이 흔하고 눈을 스틱, 퍽, 주먹으로 맞아 실명되면서 선수 생명이 끝나는 경우도 있다. 1960년대, 시카고 블랙호스 팀의 스타 센터였던 스탠 미키타는 스틱 블레이드(하키 채 하단의 휘어진 부분 - 옮긴이)를 뜨거운 물에 넣어 휘어지게 한 후 사용하기 시작했다. 퍽은 현재 시속 100마일(약 160.93킬로미터)로 날아갈 수 있다. 골키퍼들도 안면 보호마스크를 착용하기 시작했다. 1968년 미네소타 노스 스타즈 팀의 센터 빌 매스터턴은 오클랜드 실즈 팀의 두 선수에 의해 뒤로 때려눕혀져서 보호되지 않은 머리를 얼음에 부딪혔다. 그는 의식을 잃고 얼음 위에서 처치를 받은 후 병원으로 옮겨졌다. 30시간 후 그는 사망했다.

1979년 새로운 북미아이스하키리그National Hockey League, NHL 선수들부터 헬멧 착용이 필수가 되었다. 이후 두개골절의 수는 감소했지만 척추 부상의 수는 증가했다.[7] 몇몇 전문가들은 헬멧과 안면 보호마스크를 착용한 데에서 고무된 보다 공격적인 스타일의 경기 때문에 선수들이 상대 선수에게 더 세게, 그러니까 척추 부상의 가능성을 더 높이는 방식으로 부딪히는 것이라고 결론을 내렸다. "선수들이 갑옷을 입고 얼음 경기장에서 전투를 하는 무적의 전사가 된 것은 아닌지, 폭력과 공격이 게임의 일부가 된 것은 아닌지 크게 우려되는 상황이다."[8] 관련 연구자들이 1993년에 한 이야기다.

안전 혁신을 의심한
생태주의자

프로스포츠를 괴롭히는 헬멧 착용을 둘러싼 복잡한 문제는 보다 큰 논쟁으로 이어진다. 오랫동안 엔지니어들과 생태주의자들이 열중해온 논쟁이자 엔지니어와 생태주의자를 구분 지은 논쟁 말이다. 연방정부는 혁신주의 시대 동안 경제와 환경에 대한 관리를 주장하기 시작했다. 그리고 1960년대에는 그 관리의 범위가 눈에 띄게 확장되었다. 가장 두드러진 것은 고속도로에 대한 관리였다. 촉매가 된 사건은 1965년 랠프 네이더가 쓴 『어떤 속도에서도 안전하지 않다Unsafe at Any Speed』의 출간이었다. 노동부에서 대니얼 패트릭 모이니핸Daniel Patrick Moynihan을 위해 일했던 네이더는 『어떤 속도에서도 안전하지 않다』를 통해 자동차 제조업계가 알면서도 자신들의 차량에 위험한 기능—운전자의 눈에 햇빛을 반사하는 대시보드의 크롬과 공연히 보행자에게 위험을 초래하는 후드 장식 등—을 추가하고 있다고 밝혔다.

네이더의 비판은 쉐보레 코베어Corvair에 집중했다. 그는 코베어의 디자인이 본질적으로 안전과 거리가 멀고 오버스티어링(oversteering: 코너를 돌 때 핸들을 꺾은 양보다 더 안쪽으로 돌게 되어 회전 반경이 작아지는 현상-옮긴이) 경향이 있다고 말했다.

제너럴 모터스General Motors가 사설탐정을 고용해서 네이더의 뒤를 캐면서 그의 신뢰성에 흠집을 내려는 시도를 하지 않았더라면 그는 그저 무명의 운동가, 평범한 책을 쓴 작가로 남았을지도 모른다. GM의 배후 공작 덕분에 네이더와 그의 책은 훨씬 유명해졌다. GM의 사장은 이후 네이더에게 사과를 했다.

『어떤 속도에서도 안전하지 않다』로 여러 건의 의회 청문회가 열렸다. 1966년 처음으로 정부 당국에 자동차와 고속도로 안전에 대한 기준을 세울 권한을 부여한 자동차교통안전법National Traffic and Motor Vehicle

Safety Act이 통과되는 데에도 이 책이 중요한 역할을 했다. 통과된 기준 중에는 전 좌석 안전벨트 착용 의무화, 에너지 흡수 스티어링 칼럼 Steering column, 충전재가 들어간 계기판, 듀얼 브레이킹 시스템이 있다.

경제와 환경에 대한 정부의 관리가 비난을 받아왔듯이 안전법규에 대한 정부의 관리도 빈축을 사고 있었다. 반발을 이끈 사람은 우리가 1장에서 만났던 시카고대학의 경제학자 샘 펠츠먼이었다.

어느 오후 나는 시카고 사우스 사이드 소재의 시카고대학 경영 대학원에 있는 사무실에서 펠츠먼을 만났다. 일흔셋의 그는 얼마 전부터 학생들을 가르치는 일에서 물러났지만 여전히 글을 쓰고 강연을 이어가고 있었다. 펠츠먼은 히피처럼 옷을 입는다. 커다란 체크무늬 바지와 하와이언 셔츠, 눈부신 자홍색이나 밝은 라임색의 스포츠 재킷을 좋아한다. 사무실에는 커피 컵과 커피 봉지, 브루클린에서 자란 어린 시절의 기념품들이 어지럽게 놓여 있었다. 한쪽 벽에는 메츠Mets 가 월드 시리즈에서 우승한 1969년의 「뉴욕 데일리 뉴스New York Daily News」의 앞면과 다저스Dodgers의 옛 스타디움의 유물인 여자화장실을 가리키는 표지판이 걸려 있었다.

펠츠먼은 브루클린의 벤슨허스트에서 '뉴딜New Deal과 루스벨트'를 숭배하는 노조원들에 둘러싸여 성장했다.[9] 1948년, 그들은 해리 트루 먼Harry Truman이 아니면 소비에트 연방이 지지하는 제3당 후보 헨리 월 리스Henry Wallace를 지지했다. 당시 8살이었던 펠츠먼은 듀이Thomas E. Dewey의 편이었다. 그는 뉴욕시립대학교에 들어갔다가 이후 시카고대학에 진학했다. "우리 가족 중에 대학에 간 사람은 제가 처음이었습니다." 그가 내게 말했다. "첫 수업을 들을 때까지도 경제가 뭔지 몰랐죠.

청개구리 기질이 제게 도움이 된 셈입니다.”

대학원을 졸업한 펠츠먼은 UCLA에서 교편을 잡았다. 처음으로 규제기관을 아연실색하게 만든 것도 그곳에서였다. 1962년 식품의약국은 신약이 미국 내 판매 승인을 받는 데 훨씬 더 많은 테스트를 요구하기 시작했다. 선천성 기형을 유발하는 것으로 밝혀진 입덧 약, 탈리도마이드Thalidomide와 같은 약물이 시장에 못 나오게 하는 것이 목적이었다. 펠츠먼은 1973년의 논문을 통해[10] 이러한 규칙이 소비자를 돕기보다는 훨씬 더 많은 피해를 준다고 말했다. 예방 가능한 질환을 앓는 많은 사람들이 신약이 나올 때까지 기다려야 하기 때문이었다. 이 논문은 밀턴 프리드먼의 시선을 끌었다. 프리드먼은 자신의 「뉴스위크Newsweek」 칼럼에서 이 논문을 높이 평가했다. 펠츠먼은 BBC와의 인터뷰에서 ‘탈리도마이드의 비극thalidomid tragedies’은 그리 많지 않았다고 말했다. 그 말이 어떤 의미였는지 설명해달라는 의회의 요청에 그는 신약의 빠른 도입은 고통을 크게 완화하겠지만 거기에는 가끔 탈리도마이드의 비극과 같은 대가가 따른다는 의미였을 뿐이라고 답했다. 탈리도마이드를 피하는 것은 많은 사람들이 예방 가능한 질병으로 조용히 죽어가는 것을 뜻했다.

펠츠먼은 규제기관에 또 한 번 폭탄을 투하했다. 1975년 발표한 논문 「자동차 안전규정의 효과The Effects of Automobile Safety Regulation」를 통해서였다. 펠츠먼은 1966년 이래 도입된 자동차 안전을 위한 많은 혁신이 의도한 효과를 내고 있는지 확인하고 싶었다. 그는 당시 도입된 다양한 안전장치를 통해 사망자가 감소했다는 주장을 분석하고 그것을 실제 일어난 일과 비교했다. 그러한 주장들은 자동차 주행 1마일당 탑승자 사망률이 10~25퍼센트 감소했다고 말하고 있었다. 이후 그는 자동차 사망의 추세를 조사하고 운전자 사망은 실제로 감소했지만 이를 상쇄할 만큼 보행자 부상과 재산 피해가 늘었다고 결론지었다.

펠츠먼은 자신의 연구 결과가[11] 경제학의 기본 원칙을 직접적으로 보여준다고 생각했다. 위험한 운전에는 대가가 따른다. 사고로 다칠 가능성이 높아지는 것이다. 안전벨트를 비롯한 안전장치는 이러한 대가를 줄여준다. 위험한 운전을 '값싸게' 만들어주면 사람들은 위험한 운전을 더 많이 하게 된다. "이러한 장치로 인해 사고 발생이 줄어들고 사고에 따른 사망과 부상 가능성은 감소하겠지만, 운전 강도의 증가로 사고의 총수는 증가할 것이다."

펠츠먼의 연구는 많은 곳에서 인용되었다. 이 때문에 그는 안전벨트 샘Seatbelt Sam이라는 별명을 얻었다. '펠츠먼 효과'는 네스카(NASCAR, 미국개조자동차경기연맹) 레이스의 사고부터 아이스하키의 총 반칙시간penalty minutes까지 다양한 상황을 설명하는 이론이 되었다. 펠츠먼은 자동차 문제에만 머무르지 않았다.[12] 1986년 그는 위험하다고 여겨지는 일부 약물을 처방을 통해서만 판매할 수 있게 한 1938년 법의 영향을 조사하기로 결정했다. 그는 이후 수십 년 동안 약물에 의한 불의의 중독이 많아졌다는 것을 알게 되었다. 그는 규제 때문에 사람들의 음독자살이 더 많아졌다고는 말하지 않았다. 하지만 규제가 음독자살의 발생 정도를 감소시키지 못하는 것은 분명했다. 그는 처방 때문에 사람들이 보다 강한 약을 먹게 되었고 이 때문에 불의의 중독이 많아지는 것으로 추측했다.

온타리오 킹스턴 퀸즈대학의 심리학자인 제럴드 와일드Gerald Wilde는 펠츠먼보다 한발 더 나아가 각 개인마다 위험이 자신이 선호하는 수준에 이를 때까지 행동을 조정하는 자신만의 '리스크 측정장치risk thermostat'를 갖고 있다고 주장했다. 차를 보다 안전하게 만들면 이 장치로 인해 운전자는 사망 위험이 이전 차를 몰 때와 같은 수준에 이를 때까지 더 빨리 운전을 하게 된다는 것이다. 와일드는 1967년 좌측 운전에서 우측 운전으로 바꾼 스웨덴의 사례를 통해 그가 주장하는 바를 실증해보였다.[13] 다음 해 사망과 부상률이 급감했다. 와일드는 운전자들이 도로가 훨씬 더 위험하다고 인식하고 보다 주의를 기울여 운전을 했기 때문에 사고가 감소했다고 설명했다. 하지만 시간이 흘러 이러한 변화에 적응하면서 위험에 대한 인식이 줄어들자, 운전습관과 사망률은 2년 만에 변화 이전의 수준으로 되돌아갔다.

자동차 안전규제에 대한 학계의 반발은 다시 반대편의 반발을 낳았다. 그 반격을 이끈 것은 자동차 사고 사망과 부상(그리고 보험금 청구)을 줄이는 일을 하는 업계의 싱크탱크, 고속도로안전보험협회Insurance Institute for Highway Safety의 역학자인 레온 로버트슨Leon Robertson이었다. 이 기관은 안전 연구의 보다 과학적인 접근을 위해 1970년 하버드 의과대학에서 로버트슨을 영입했다.[14]

그의 초기 연구 프로젝트의 성과는 안전벨트 등 주와 연방의 새로운 자동차 안전기준에 부합하는 1968 연식 이상의 차량을 운전한 메릴랜드의 운전자들의 경우 부상을 입는 확률이 대단히 낮으며, 이들 운전자는 그 이전 차량의 운전자에 비해서 보행자를 치는 확률도 높지 않았다는 것이었다. 때문에 그는 펠츠먼의 연구 결과에 대단히 회의적이었고, 펠츠먼의 논문에 다수의 방법론적 오류가 있다고 주장했다.[15] 알코올 섭취에 따른 변화를 완벽하게 해명하는 데 실패했고, 오토바이를 타는 사람을 보행자로 취급했으며, 1968년의 기준이 적용된 차량과 그렇지 않은 트럭을 구분하지 않았다는 것이다. 그는 이러한 부분을 수정할 경우 규정 변화로 인해 사망률이 15~20퍼센트 감소하는 결과를 얻을 수 있다고 말했다. 그는 안전벨트 착용을 처음 법으로 의무화한 지역인 메릴랜드와 오스트레일리아 빅토리아에 승객 사망이 감소하고 보행자 사망에 변화가 없었던 연구결과를 무시했다는 이유로 펠츠먼을 비난했다.

로버트슨은 와일드에 대한 비판에서는 더욱 기세를 높였다. 그는 사람들이 충돌사고를 그만큼 자주 일으키지 않으며 주변의 실제적 위험에 대해서 충분히 알고 와일드가 말한 리스크 측정장치 만큼이나 정교하게 행동을 조정한다고 주장했다.

펠츠먼과 로버트슨은 서로 만난 적이 없다. 그들의 싸움은 학술잡지나 논문을 통해서 이루어졌다. 하지만 대단히 험악했다. 펠츠먼은 오스트레일리아의 안전벨트법 자료에 대한 로버트슨의 수정과 해석에 이의를 제기했다.[16] 그러나 그가 무엇보다 불만스럽게 여겼던 점은 로버트슨이 인간행동에 대한 이론에 기반을 두지 않았다는 것이었다. 펠츠먼과 같이 운전자 행동에 대한 어떤 대체 이론에도 기초하지 않고 통계적인 관련성만을 본 것이다. 그는 로버트슨이 자신의 편견과 맞아떨어지는 결과만을 찾는다고 비난했다. "특정한 결과에 대한 불만에서 시작된 선택적인 자료 편집을 성공할 때까지 밀고 나갔다."

로버트슨이 보기에는 바로 그러한 이론에 대한 집착이 문제였다. 펠츠먼을 두고 그는 이렇게 경멸 가득한 말을 뱉었다. "가설에 어긋나는 데이터를 무시할 정도의 이론 구상화는 과학자들 사이에서 종종 있는 일이다. 그렇지만 그렇게 하는 과학자는 그의 기본 이론과 함께 신뢰가지 잃는 경우가 많다."[17] 그는 와일드를 비판하면서 "위험 보상은 자전거 헬멧의 의무적인 착용과 같은 많은 안전조치들에 반대하는 사람들의 견해를 강화하는 데 거의 빠지지 않고 등장한다. 불행히도 경제 연구는 진짜 과학이라는 인상을 주기 위해 난해한 수학공식 속에 숨긴 반규제 이념인 경우가 무척 많다."[18]고 주장했다.

로버트슨은 제대로 알고 있었다. 안전규제를 두고 벌어진 이 싸움은 통계의 문제, 그 이상이었다. 이것은 철학들 간의 싸움이기도 했다. 기술과 계몽된 정책이 삶을 덜 위험하게 만들 수 있다는 데 더 강한 믿음을 가진 과학자, 역학자, 엔지니어 들과 그들의 연구는 규제의 혜택을 지지하고 펠츠먼과 동료들이 틀렸다고 주장한다. 경제학자, 심리학자, 생태주의자 들은 인간의 행동에 보다 중요한 것은 인센티브이고, 규제는 의도치 않은 결과를 부르며, 위험에 대한 선호도는 타고나고, 위험을 없애려는 시도는 실패할 것이라 믿는다.

안전에 대한 비판에는 자유주의의 저류가 흐르고 있다. 안전벨트 법규에 반대하는 사람들은 그러한 법규의 효과보다는 그것이 자신의 생명을 걸고 모험을 할 시민의 권리("자유롭게 살지 못할 바에야 죽는다."라는 신조를 내건 뉴햄프셔가 운전자의 안전벨트 착용을 강제하지 않는 유일한 주인 것은 놀라운 일이 아니다)를 침해한다는 데 더 관심을 둔다.

펠츠먼이 옳았는지 여부를 판단하는 일이 더 곤란했던 것은 방법론적 문제 때문이었다. 안전장치의 존재가 어떤 사람의 행동을 변화시켰는지 알려면 장치가 있는 것과 없는 것 이외에는 여타의 조건이 동일한 환경에서 두 개의 동일한 대상을 관찰해야 한다. 실제 상황에서는 대단히 많은 변수가 끼어든다. 경제적인 조건(보수를 많이 받는 자리에 있는 사람들은 빠르게 운전하는 데 훨씬 큰 경제적 인센티브를 가진다), 법 집행(안전벨트가 있어도 착용하지 않으면 사망사고를 줄일 수 없다), 주행거리, 도로의 유형(2차선 고속도로보다는 주州간 고속도로가 더 안전하다), 교통량(교통량이 많을 때 사고가 더 많이 일어난다, 하지만 차량들이 더 천천히 움직이기 때문에 사망률은 낮다), 운전 인구의 인구통계학적 차이(나이가 대단히 적거나 많은 사람들이 더 자주 사고를 일으킨다), 그리고 위험에 대한 기본적인 태도는 자동차와 아무런 연관이 없다.

또 하나의 문제는 특정 유형의 사람들이 안전장치를 구매하고 이용할 가능성이 높다는 점이었다. 브루킹스 연구소Brookings Institution의 경제학자, 클리포드 윈스턴Clifford Winston은 안전의식이 높은 운전자들이 ABS 브레이크와 에어백이 장착된 차를 구매할 가능성이 더 높다는 이론을 제시했다.[19] 이에 따르면 피해의 감소는 운전자의 성격에 따른 것이지, 기술 때문이 아니다. 그와 공동 연구자들은 워싱턴주에서 연구에 착수했고 이 연구를 통해 ABS 브레이크와 에어백이 사고의 수나 정도를 감소시키지 않는다는 것을 발견했다. 이는 이러한 장치에 의존하는 사람들이 안전의 혜택을 상쇄할 정도로 더 위험하게 운전을 한다는 것을 암시했다.

더 많은 자료와 더 정교한 방법론을 이용할 수 있게 되면서, 순수한 펠츠먼 효과를 입증하기가 어려워졌다. 리란 에이나브Liran Einav와 알마 코엔Alma Cohen은 2001년의 연구에서 안전벨트 의무 착용 법규가 통과되기 전과 후 여러 주의 교통사고 사망자를 검토해 운전자에게 안전벨트 착용을 강제하는 일이 어느 정도 효과가 있는지 조사했다.[20] 그들은 안전벨트 의무 착용법이 안전벨트의 사용을 늘렸고 승객 중 사망자수를 감소시켰으며 보행자의 사망은 증가하지 않았다는 결론을 내렸다.

이 연구 결과는 펠츠먼 효과가 존재하지 않는다는 뜻일까? 로버트슨이 말한 것처럼 과학을 가장한 이념이었던 것일까? 결론적으로 말하자면, 펠츠먼 효과는 실제로 존재하는 것으로 밝혀졌다. 하지만 펠츠먼이 처음 이론을 제시했던 방식은 아니었다. 펠츠먼 효과가 확실히 드러난 것은 안전벨트 이래 가장 큰 안전의 혁신이라는 환호를 받았던 어떤 제품의 출현 때문이었다.

ABS 브레이크와
펠츠먼 효과

본래 항공기를 대상으로 고안된 ABS 브레이크는 위험한 상황에서의 자동차 통제를 새로운 수준으로 끌어올렸다. 종래의 브레이크는 미끄러운 표면에 닿거나 지나친 힘이 가해지는 경우 타이어와 도로 표면 사이의 정지마찰력을 유지하지 못하고 바퀴가 '록lock' 되어 타이어가 미끄러지면서 마찰력을 감소시킬 위험이 있었다. ABS 브레이크는 바퀴가 잠기려 할 때를 감지하고 운전자가 계속해서 압력을 높이는 것을 막는다. 압력을 초당 18번이란 빠른 속도로 간헐적으로 파열시켜 바퀴가 잠기지 않도록 하면서 속도를 늦추는 것이다.

1970년 포드가 안티록 브레이크가 장착된 최초의 양산量産차, 링컨 콘티넨털 마크 Ⅲ Lincoln Continental Mark Ⅲ를 내놓았을 때, 이 회사는 '자동차를 정지시키는 보다 안전하고 확실한 방법'이라며 고급스러움 뿐 아니라 안전의 측면에서도 새로운 기준이 될 것이라고 장담했다.[21]

1978년 독일의 제조업체 보쉬Bosch는 전자 ABS 브레이크를 선보였고 7년 만에 ABS는 고급 승용차의 기준이 되었다. 그 이후 이 시스템은 큰 인기를 끌며 더욱 정교하고 비싸졌다. 보쉬는 전문 운전자들을 이용해 표면이 유리처럼 얼어 있는 북부 스웨덴의 호수에서 이 브레이크 시스템을 시험했다.

ABS는 실험로에서 정지거리와 충돌을 극적으로 감소시켰다. 또한 이 시스템은 운전자가 브레이크를 밟는 중에도 장애물을 피할 수 있게 해주었다. 이 실험에 대한 소식은 빠르게 퍼져나갔고 반응은 열광적이었다. 독일에서는 ABS의 보편화로 심각한 사고가 10~15퍼센트 감소할 것이라는 예측이 나왔다.

하지만 실제 경험에 대한 초기 연구들이 분위기를 차갑게 식혔다.[22] 실제로는 사고 감소가 없는 것으로 나타난 것이다. 왜일까? 뮌헨의 한 택시 회사는 일부 차량에 ABS를 장착해 3년 후 장치를 달지 않은 차량과 운행 결과를 비교했다. 놀라운 결과가 나왔다. ABS를 장착한 차량과 그렇지 않은 차들의 사고 횟수가 비슷했던 것이다. ABS가 있는 차를 운전하는 사람들이 더 빠르게 차를 몰고, 브레이크를 더 세게 밟는 것으로 보였다. 다른 연구는 ABS가 장착된 차들의 경우 전면 충돌은 적으나 후면 충돌은 더 많다는 것을 발견했다. 빠른 정지로 인해 ABS 브레이크가 있는 운전자들은 보다 안전해졌지만 주변 운전자들은 더 위험해진 것이다.

다른 연구자들은 후면 충돌의 증가는 없지만 도로 탈선사고와 전복 사고가 증가했다는 결과를 내놓았다. 그들은 운전자들이 브레이크를 지나치게 신뢰한 나머지 커브를 너무 공격적으로 돌고 있는 듯하다는 설명을 내놓았다. 그런 이유가 아닐 수도 있다. ABS가 없는 차는 길에서 벗어나면 나무에 부딪혀 멈추는 경우가 많지만 ABS가 있는 운전자들은 나무를 피할 수 있기 때문에 이후 전복되는 것일 수도 있다.

어쩌면 운전자들이 ABS의 사용법을 이해하지 못했기 때문은 아닐까? 사람들은 ABS가 모든 표면에서 정지거리를 감소시킨다고 생각했다. 사실 일부 표면에서는 정지거리가 늘어나는데도 말이다. 1990년대 초 볼티모어 경찰청은 ABS 브레이크가 있는 포드 토러스Taurus를 구매했으나 경관들의 사고율은 이전 차량 때와 달라지지 않았다. 한 경찰관은 「볼티모어 선The Baltimore Sun」에 이렇게 말했다. "항상 그런 얘기를 듣습니다. '브레이크를 밟자 페달이 발밑에서 떨리는 거야. 그래서 다시 밟고 또 밟다가 나무를 들이받았지'라고들 하죠."[23] 포드 대변인은 페달이 떨리는 현상이 정상이라고 말했다. "발로 페달을 펌핑하기 시작하면 멈추는 데 시간이 오래 걸립니다. 누군가 경관들에게 그 이야기를 해줘야 합니다."

1998년 GM 연구원인 레너드 에번스Leonard Evans는 1992년 ABS가 장착된 차량에서 GM이 얻은 경험과 비오는 날의 사고, 맑은 날의 사고, 사망사고, 사망자가 없는 사고, 단일 차량 사고, 복수 차량 사고, 전복사고, 보행자를 친 사고 등 다양한 사고를 망라하는 몇 개의 다른 연구(그중 세 개는 그가 저자이거나 공동 저자였다)에 대한 철저한 분석을 내놓았다.[24] 젖은 도로에서는 위험이 낮아지는 경우가 위험이 높아지는 경우보다 거의 두 배 많았고, 마른 도로에서는 위험이 높아지는 경우가 위험이 낮아지는 경우보다 거의 세 배 많았다.

에번스는 자료에만 머무르지 않았다. 그는 강연을 하면서 청중들에게 ABS가 그들의 행동에 어떤 영향을 준다고 생각하느냐는 질문을 던졌다. 수백 건의 대답을 기반으로 그는 ABS로 인해서 운전을 천천히 하는 사람은 없었고 그를 포함한 많은 사람들이 차를 더 빨리 몰았다는 결론을 내렸다. "저 자신도 ABS가 장착된 차를 운전하기 때문에 더 빨리 달린 경우가 많았습니다. 왼쪽으로는 단 몇 피트 옆에 차가 다가오고 있고 오른쪽에는 단 몇 피트 옆에 깊은 배수로가 있는 데다 눈으로 진창이 된 좁은 2차선 도로 위를 달릴 때를 예로 들 수 있겠죠." 의혹을 확인하기 위해 그는 오레곤 주로부터 경찰 기록을 입수해서 ABS가 있는 GM의 새로운 모델을 모는 운전자들이 속도와 관련된 위법행위를, 속도와 관련 없는 위법행위보다 60퍼센트 많이 저질렀다는 것을 발견했다. 같은 차량의 이전 모델을 모는 운전자들의 차이는 36퍼센트였다.

그렇다면 펠츠먼 효과가 안전벨트에서는 확실하지 않고 ABS 브레이크에서는 그렇게 확연하게 드러나는 이유가 무엇일까? 고속도로안전보험협회에서 레온 로버트슨의 뒤를 이은 애드리언 룬드Adrian Lund는 기술이 운전이라는 작업에 영향을 미치는 방식 때문이라고 말한다.[25] 사람들은 자신이 안전벨트를 매고 있다는 사실을 종종 잊는다. "장모님을 설득해서 안전벨트를 매시도록 했습니다. 그런데 차에서 내릴 때는 벨트를 푸는 것을 잊어버리시더군요. 안전벨트의 경우는 그런 일이 일어납니다. 운전이라는 일에 영향을 주지 않는 것이죠. 하지만 경험상 알다시피 스터드 스노타이어를 장착한 경우에는 눈 위에서도 빠르게 달리게됩니다. 손해를 볼 정도로 빠르게 달리지는 않지만 확실히 더 빠르게 달리죠. 운전이라는 일에 계속해서 피드백을 주기 때문입니다."

이것으로 ABS 브레이크의 상황도 설명할 수 있을 것 같다. 차에 ABS

브레이크가 달려 있다는 것을 아는 운전자는 위험한 상황에서 차에 대한 통제력이 보다 커졌다고 느끼고 더 빠르게 차를 몬다. 대부분의 경우에는 그의 생각이 옳다. 젖은 도로에서라면 이 브레이크가 운전자가 곤경에 빠지는 것을 막아준다. 하지만 가끔은 그의 생각이 틀릴 때가 있다. 브레이크로 인해 가진 잘못된 자신감 때문에, 다르게 운전하거나 운전을 하지 않았다면 피할 수 있었을 사고를 일으키는 것이다. 룬드는 처음으로 ABS가 장착된 차를 몰았던 경험을 회상했다. 스웨덴의 사브 Saab를 방문했을 때였다. 눈길을 달리고 있는데 차를 멈출 수가 없었다. "아무것도 들이받지는 않았습니다. 어쩌다 보니 연석으로 밀려갔고 때문에 속도가 줄어들었죠. 저는 사브의 관계자에게 대단히 당황스럽다고 이야기했습니다. 그들은 '여기에 익숙해져야 합니다'라고 말했고 저는 '사람들에게 말하는 것과 다르네요. 당신들은 그걸 기적의 브레이크라고 말하지 않았습니까?'라고 답했죠."

이것은 중요한 통찰이다. 안전 향상이 상쇄 행동을 낳는지 여부는 향상으로 인해 가능해진 것이 무엇인지에 따라 달라진다. 벨트를 매고 있을 때라도, 자동차 사고는 대단히 불쾌한 경험이다. 생존 가능성이 높다는 생각 때문에 고의로 더 큰 위험을 무릅쓰는 운전자는 거의 없다. 하지만 사고의 가능성을 낮춰주는 기능이 내 차에 있다고 생각을 하면 차를 빨리 몰게 될 수는 있다.

같은 역학으로 금융 트레이더의 행동도 설명할 수 있다. 게리 고튼의 도움으로 AIG가 유럽 은행들에 판매한 신용부도스와프를 기억하는가? 은행들은 신용부도스와프를 샀다. 신용부도스와프를 사지 않을 때보다 위험도가 높은 대차대조표를 가지려는 노골적인 목표가 있었기 때문이다.

그 후 30년도 더 지난 지금, 펠츠먼은 본래 연구의 최종 결론이 틀렸다는 것을 인정하고 있다. 운전자들은 새로운 안전기술의 혜택을 모두 상쇄시킬 정도로 행동을 변화시키지는 않는다. 하지만 그 일부를 상쇄시킨다는 생각에는 변함이 없다. 미국 도로교통안전국National Highway Traffic Safety Administration은 안전벨트를 착용하는 사람이 전체의 68퍼센트(1996년의 수치)에서 90퍼센트로 상승하면서 매년 5,536명이 사망의 위험을 피하는 것으로 추정하고 있다. 그러나 에이나브와 코헨은 안전벨트가 그 1/3의 목숨만을 구한다고 주장했다. 사실상, 실생활에서는 새로운 안전장치가 약속한 만큼의 혜택을 안겨 주는 경우를 발견하기 어렵다.

위험을 피하거나, 감수하거나

그럼에도 불구하고, 도로의 사망사고는 꾸준히 감소했다. 이는 펠츠먼도 기꺼이 인정하는 사실이다. 그렇다면 이유는 무엇일까? 이러한 감소의 부분적인 원인은 강제 안전규정에 있다하더라도, 상황의 전부 혹은 대부분은 설명할 수 없다. 펠츠먼은 1965년 네이더의 책이 출간되기 전 수십 년 동안 사망사고가 매년 약 3.5퍼센트 정도 감소했고 이후에도 대략 같은 정도로 계속 감소했다고 언급한다.[26]

안전과 위험 사이의 거래에서 기반이 되는 원개념이 이를 설명한다. 위험한 활동이 보다 안전해지면, 사람들은 그 활동을 더 많이 한다(단, 위험에 대한 기본적인 성향이 동일하다고 가정하고). 하지만 위험 선호도는 변

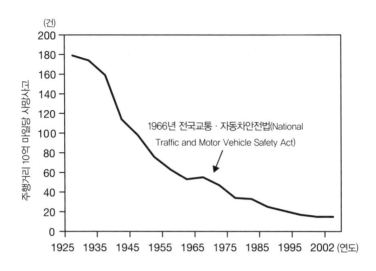

(건)

주행거리 10억 마일당 사망사고

／ 자동차 사망사고는 1925년부터 꾸준히 감소했다. 연방안전규정의 도입이 미친 영향은 미미했다.
(출처: 시카고대학교 샘 펠츠먼 제공)

할 수 있다. 시간이 지나면서, 사람들은 특정 활동이 더 안전하다고 주장하고 거기에 참여할 수도 있다.

런던대학교의 지리학 교수로 일하다 은퇴한 존 애덤스John Adams가 교통 문제의 상황에 대해서 바로 그렇게 생각했다. 애덤스는 런던 주위에 새로운 고속도로 건설에 반대하는 환경운동가로서 커리어를 시작했고 안전벨트 의무 착용법의 강경한 반대자이자 인간행동과 위험을 다루는 전문가로서 커리어를 마쳤다.

애덤스는 미국의 경우와 같이 영국에서도 1킬로미터 주행당 사망자 수가 1950년 이래 꾸준히 떨어져왔고 영국이 제한속도를 낮췄을 때나, 음주운전에 대한 강력한 법을 도입했을 때나, 안전벨트 착용을 의무화했을 때에도 특별한 차이는 없었다고 말한다.[27]

애덤스는 교통사고 사망이 감소한 보다 큰 이유는 강제적인 안전규정이 아니라 위험에 대한 사회의 저항력 변화 때문이라고 말한다. 1971년, 영국의 여러 다른 지역에 위치한 다섯 개 학교를 대상으로 이루어진 조사에 따르면 7~11세 어린이의 80퍼센트가 보호자 없이 학교까지 걸어갔다. 애덤스는 1990년 같은 연구를 실시했다.[28] 혼자 학교에 걸어가는 7~8세 어린이의 비율은 9퍼센트로 1971년의 결과보다 훨씬 낮았다. 이것은 어린이 유괴에 대한 두려움 때문이 아니라 주로 교통사고에 대한 두려움 때문이었다.

사회가 풍족해지면서 늘어난 소득을 안전의 강화에 사용하는 사람이 많아졌다. 부유한 나라보다 가난한 나라에서 고속도로 사망사고율이 높은 데에는 이러한 이유도 한몫을 한다. 애덤스는 나이지리아의 라고스–이바단 고속도로의 사진을 보여주는 것을 좋아한다. 나이지리아의 고속도로는 조금 더 허름한 것을 빼면 영국의 여느 고속도로와 다를 것이 없어 보인다. 하지만 이 고속도로는 끔찍한 사고가 발생해 꽉 막힐 때가 많다. 2010년 8월 사고는 열다섯 명의 목숨을 앗아갔다. 애덤스가 지적하듯이, "그들은 현대적 기술을 수입했음에도 불구하고, 즉 100년에 걸친 안전기술이 집약된 상황에서도 대단히 높은 사망률을 기록하고 있습니다. 나이지리아에는 안전벨트 의무 착용, 속도제한, 음주운전 금지, 휴대전화 사용 금지규정이 있습니다."[29] 도로에서 위험을 감수하는 성향이 영국만큼 낮지 않다는 것이 유일한 차이점이다.

위험성향은 연령과도 상관관계가 있다. 아직까지 아무도 젊은이들에게 그들이 불멸의 존재가 아니라는 사실을 효과적으로 설득할 수 있는 방법을 찾아내지 못했다. 1930년대에는 자동차 사고가 전적으로 '운전대를 잡은 미치광이nut behind the wheel'의 잘못이며 따라서 사고를 막는 최고의 수단은 운전자 교육이라는 생각이 보편적이었다. 운전자 교육 코스가 널리 퍼졌고 1960년대에는 고등학교 필수 과목에 들어 있는 경우도 많았다. 보험회사들은 운전자 교육 프로그램을 이수한 사람들에게 보험료를 할인해주었다. 이러한 추정은 교육 프로그램 이수자의 사고율이 낮다는 것을 발견한 초기 연구들에 의해서 그 정당성이 입증되는 듯했다.

하지만 보다 상세한 연구가 그러한 결과가 잘못되었다는 것을 밝혔다. 보다 안전하게 운전을 하는 성향의 학생들은 운전자 교육 프로그램도 이수할 가능성이 높다. 규제 대상이 되고 난 뒤에는 더 나은 운전 기록이 나오지 않는다.[30] 실제로 어떤 학자들은 운전자 교육이 더 많은 사고를 부른다고 주장했다. 젊은 운전자들이 면허를 더 빨리 딸 수 있게 해주기 때문이다. 젊은 운전자가 운전자 교육을 통해서 향상시킨 능력이 무엇이든, 그 능력에 대한 과도한 자신감에 의해 상쇄된다. 노르웨이의 한 연구는 미끄러운 구간에서의 자동차 조작에 대해 배운 사람들이 미끄럼과 관련된 사고를 더 많이 낸다는 것을 발견했다.[31]

마찬가지로, 금융 이해력을 높이는 프로그램은 때때로 사람들이 보다 현명한 선택을 하고 사기를 피할 수 있게 하는 데 성공한다. 하지만 그러한 프로그램들이 반드시 사람들을 안전하게 지키는 것은 아니다. 2006년 서브프라임모기지의 거품이 절정에 달했을 때 시행된 시카고 사우스 사이드의 시범 프로젝트는 이 점을 명확하게 보여준다. 이 프로그램은 3년 내에 변동되는 금리, 마이너스 상각(시간이 지나면 원금이 줄어드는 것이 아니라 늘어나는 것을 의미한다), 5퍼센트가 넘는 조기 상환 위약금이나 수수료, 소명되지 않은 소득을 기초로 보증한 대출 등 여러 리스크 요인이 있는 담보대출을 신청하거나 신용평점이 낮은 사람들을 대상으로 했다.[32]

조건을 충족한 지원자들은 카운슬러를 통해 이루어지는 한두 시간의 수업에 참석해야 한다. 카운슬러는 신청서에서 차용자의 정보를 확인하고 대출 용어와 그 대출의 결과는 물론 눈에 띄지 않는 함정들에 대해서도 설명한다. 이 시범 프로그램이 있었던 오래지 않은 기간 동안 총 1,200명의 차용자가 카운슬링을 거쳤다. 하지만 이차크 벤 데이비드 Itzhak Ben David 오하이오주립대 교수를 비롯한 네 명의 공동연구자가 실행한 연구에 따르면, 카운슬링은 위험한 모기지를 기꺼이 받아들이려는 차용자의 의지에 전혀 영향을 미치지 못하는 것으로 나타났다. 예를 들어, 고정금리 대출은 변동금리 대출보다 안전하다. 금리가 올라갈 수 없기 때문이다. 하지만 변동금리에서 고정금리로 전환하는 차용자만큼이나 고정금리에서 변동금리로 전환하는 차용자도 많다. 이 프로그램이 낸 명확한 효과가 있다. 융자 알선의 9퍼센트에서 사기의 증거를 발견한 것이다. 노출 가능성이 생기면 약탈적인 대부업자들은 그 지역에서 사업을 중지한다는 것도 드러났다. 하지만 이 프로그램은 카운슬링에 시간과 노력을 투자하는 것을 싫어하는 차용자도 몰아냈다. 이렇게 대출의 수요와 공급 양쪽에 미치는 영향이 너무 컸기 때문에 이 프로그램은 지역사회 단체들과 모기지 브로커들의 압력 속에 1년도 지속되지 못하고 계획보다 3년 먼저 중단되었다. 이를 통해 사람들이 정말로 돈을 빌리고 싶을 때는 그렇게 하지 못하도록 설득하는 것이 대단히 어렵다는 것을 알 수 있다. 그들의 재정적 건전성에 위협이 된다는 이야기를 듣는 경우에조차 말이다.

위험성향은 풋볼에서 뇌진탕을 사라지게 하는 것이 그토록 어려운 이유도 설명한다. 직접적인 비교는 곤란하지만, 뇌진탕이 럭비에서는 그렇게 흔하지 않다.

오스트레일리아 출신의 스포츠상해 전문가, 앤드루 매킨토시Andrew McIntosh는 미국 풋볼과 단단한 헬멧을 쓰지 않는 럭비, 오스트레일리아 버전의 풋볼(축구, 럭비, 아메리칸 풋볼의 합친 종목)에서 정면충돌 시에 발생하는 힘을 비교했다. 그는 아메리칸 풋볼에서는 오스트레일리아 풋볼이나 럭비보다 선수들이 다른 선수를 가격할 때의 에너지가 두 배 크다는 결론을 얻었다.[33] 여기에는 두 가지 이유가 있어 보인다. 하나는 아메리칸 풋볼 선수들이 헬멧을 썼다는 이유로 서로 더 세게 부딪히기 때문이다. 다른 하나의 이유는 위험성향의 차이다. 아메리칸 풋볼의 팬들은 오스트레일리아 풋볼이나 럭비 팬들보다 거칠고 격렬한 구경거리를 기대하고 경기도 그에 부응한다. 럭비에서는 수비수들이 팔을 이용해서 공을 잡은 선수를 바닥으로 끌면서 그때부터 공을 차지하려는 싸움이 시작된다. 그들은 선수를 때려눕히려 하지 않으며 직접적으로 머리 쪽을 가격하는 것은 불법이다. 럭비의 국제규칙은 선수들이 입을 수 있는 보호장구의 유형과 양에 철저한 제한을 둔다. 귀를 보호하기 위한 부드럽고 얇은 헤드기어는 허용되지만 딱딱한 헬멧은 허락되지 않는다.

하지만 럭비에서도 뇌진탕이 늘어나고 있다. 이는 럭비가 프로스포츠화 되어 선수들의 몸집이 커지고 속도도 빨라지면서 선수들이 충돌했을 때의 충격 역시 커져 부상이 늘어난 상황을 반영한다. 이는 사람들이 차에 바라는 바가 목적지에 빨리 도달하는 것이듯, 스포츠에서 가장 먼저 기대하는 것이 흥분과 전율이라는 점을 떠올리게 한다. 스포츠 게임이나 운전을 안전하게 만드는 것은 어쩔 수 없이 본래의 목적을 달성하는 수단이 되고 만다. 그리고 그 과정에서 어느 정도 안전이 희생된다.

CHAPTER 5

저축은 언제나 옳은가?

금본위제에서 유로까지,
통화 시스템의 위기

The Trouble with Saving

Foolproof

언어를 보면 한 나라에 대해 많은 것을 알 수 있다. 독일에서는 빚을 뜻하는 '슐트schuld'라는 단어가 죄책감이라는 뜻도 가진다. 이는 저축(좋은 것)과 빚(나쁜 것)에 대한 독일인의 태도를 선명하게 압축해 보여준다. 소비를 주저하는 심리는 대부분의 독일 가게들이 일요일에 문을 열지 않는 이유를 설명한다. 독일 최대의 소매업체인 알디Aldi는 한때 무지 판지 상자로 만든 봉지에 이름도 없는 포테이토칩을 넣어 팔던, 검소함에 있어서는 기념비적인 존재다. 독일의 세무관리들은 예금통장의 이자만은 절대 건드리지 않는다. 독일어의 미래 시제가 약한 데에는 미래를 화자에게 더 가깝게 보이게 만들어서 앞날을 대비한 저축을 보다 중요하게 여기도록 하려는 의도가 숨어 있지 않은가 추측하는 경제학자가 있을 정도다.[1]

독일인의 태도는 유럽 재정위기 동안에 두드러졌다. 그리스, 포르투갈, 아일랜드가 붕괴를 눈앞에 두고 있을 때 긴급구제에 가장 반대한 나라는 언제나 독일이었다. 2010년 독일의 타블로이드 신문, 「빌트Bild」는 이렇게 호통을 쳤다. "파산한 그리스여, 섬들을 팔아라. 당신들의 아크로폴리스도!"[2]

독일은 많은 외부인들과 마찬가지로 유럽 위기의 책임이 이들 국가의 습관에 있다고 보았다. 이탈리아, 스페인, 그리스, 포르투갈, 아일랜드 사람들이 돈을 되는 대로 빌려다 쓰고는 갚기를 주저하면서 유럽 대륙 전체를 나락의 언저리로 데려갔다고 생각한 것이다.

저축을 높게 평가하는 것은 독일만의 특질이 아니다. 이솝우화의 개미와 베짱이, 요셉이 파라오에게 7년간의 풍년 동안 곡식을 모아 7년간의 흉년에 대비하도록 가르침을 주었다는 성경의 이야기, '한 푼을 아낀 것은 한 푼을 번 것과 마찬가지다'라는 경구(이 말은 벤 프랭클린Ben Franklin 이전부터 있었다) 등에서 볼 수 있듯이 저축을 미덕으로 보는 것은 불변하는 보편적인 문화다. 저축은 검약, 자제력, 선견지명 등 우리가 숭배하는 많은 덕목들을 구체화한다. 또한 저축은 신중함과 안전의 전형이다. 돈을 챙겨놓은 가장은 미래의 우여곡절로부터 자신과 가족을 보호할 수 있다.

금본위제가 이룬
세계화의 황금기

경제학자들은 이러한 잘 정돈된 도덕관념을 무너뜨린다. 기초적이지만 자주 잊히는 경제학 법칙 하나가 있다. 이 법칙은 어떤 사람이 돈을 빌리려면 다른 누군가는 반드시 저축을 해야 한다고 말한다. 한 나라의 부채는 다른 나라의 자산이다. 유럽의 위기는 그리스, 이탈리아, 스페인 사람들이 돈을 빌린 결과이기도 하지만 독일인들이 저축을 한 결과이기도 하다. 실제로, 역사의 도처에서 안전에 대한 저축자의 열망이 국제적인 위기를 촉발해왔다.

물론 저축자들은 그들의 책임을 좀처럼 알지 못한다. 돈의 최종 사용자와의 관계가 불투명한 경우가 많기 때문이다. 은행에 예금을 하거나 무추얼펀드에 투자한 사람은 은행이 내어준 대출이나 무추얼펀드가 매수한 증권에 대해서 어렴풋하게만 알고 있을 뿐이다. 이것은 의도된 일이다. 저축자와 차용자는 대응되지 않는다. 저축자는 즉시 돈을 모두 돌려받을 수 있다고 생각하고 마음 놓을 수 있기를 바란다. 차용자는 가능한 한 조건이 적게 붙으면서 자신들이 준비가 될 때까지 돌려주지 않을 수 있기를 바란다. 이렇게 서로 다른 요구를 조화시키는 것이 은행을 비롯한 금융기관의 일이다. 저축자와 차용자가 다른 나라에 살 경우, 이 과제는 더 복잡해진다. 이 일에서 가장 큰 문제는 어떤 통화로 돈을 되돌려 받게 되는가다. 영국의 대출자가 미화 100달러를 빌려주었다면, 파운드로 돌려받을 때에도 100달러는 그만큼의 가치를 갖게 될까? 페소로 빌려주었다면? 드라크마(drachma: 그리스의 화폐 단위로 2002년에 유로로 바뀌었다 – 옮긴이)라면?

은행가는 다른 통화로 대출을 하기 전에 이 모든 요인을 고려해야 한다. 인플레이션이나 재정적자로 통화의 가치가 떨어질 위험이 있다면 높은 금리를 요구하거나 통화의 가치가 변하지 않는다는 것을 보장하는 약속을 기대한다. 1930년대 프랑스의 재무장관 조르주 보네George Bonnet는 이런 질문을 던졌다. "평가절하된 통화로 돌려받을지 모른다는 두려움을 안고 돈을 빌려주는 사람이 어디에 있겠습니까?"**3**

　1800년대 초, 영국은 저축자들이 전 세계의 차용자들과 거래하는 것을 훨씬 쉽게 만들어준 통화 시스템의 핵심이 되었다. 1821년, 나폴레옹 전쟁 이후, 영국은 파운드를 금으로 태환兌換할 수 있게 만들었다. 1800년대에 다른 나라에 돈을 빌려주고 싶은 영국인과 영국 은행들의 욕구는 영국의 금본위제 고수와 딱 맞아떨어졌다. 달러, 페소를 정해진 양의 금과 교환할 수 있다면, 그 가치는 파운드화에 효과적으로 고정된다. 영국 투자자들은 한 나라가 지폐를 발행할 경우(즉, 금으로 교환할 수 없을 때) 하이퍼인플레이션이 뒤따르고 신용이 붕괴할 것이라고 생각했다.**4**

　당시, 영국과 미국은 경제적으로 서로를 완벽하게 보완했다. 영국은 산업화가 진행 중인 부유한 나라로 충분한 저축을 가지고 있어서 투자할 곳이 필요했다. 미국은 경제적 잠재력이 어마어마한 신생 국가로 개발에 투자할 저축이 부족했다. 하지만 영국의 저축자와 은행가(주로 지주, 성직자, 교수, 퇴역 장교)는 보수적인 집단이었다.**5** 그들은 두 자릿수 수익까지는 바라지 않았다. 그들은 100파운드 대출이 5퍼센트 수익과 함께 무가치한 외국 지폐가 아닌 파운드화로 되돌아온다는 보장이면 만족했다. 1800년대 초 미국의 차용자들은 금으로 보증되는 파운드나 달러로 되갚는다는 약속 아래 빗발치는 영국 자본을 받아들여 운하, 철도, 기타 경제 프로젝트의 자금을 마련했다.

　남북전쟁 동안, 자금에 목이 말랐던 미국은 금으로 상환할 수 없는 지폐를 발행하기로 결정했다. 덕분에 영국에서 가장 오랜 역사를 지녔으며 가장 명망이 높은 머천트뱅크(merchant bank: 환어음 인수나 사채 발행을 주 업무로 하는 금융기관 – 옮긴이), 베어링은행 Barings Bank이 영국 투자자들에게 미국 채권을 판매하는 일이 거의 불가능해졌다. 펜실베이니아주가 채권을 금이 아닌 지폐로 갚기 시작하자 로스차일드 가문의 대표는 펜실베이니아가 영국과 유럽의 과부와 고아를 구호대상자로 만들고 있다고 비난했다.[6]

1869년 율리시스 그랜트Ulysses S. Grant가 대통령이 되고 금본위제로 복귀를 약속하면서 영국의 저축자들도 돌아왔다.[7] 하지만 그들은 부채의 은 상환을 허용하는 법안이 1877년 의회에 상정되자 다시 달아났다. 영국 투자자들은 미국 채권을 팔아치웠고 이자와 원금이 파운드 상환이 보증된 식민지 채권을 선호했다. 결국 통과된 법안은 제한된 은화 상환만을 허용했고 미국은 1879년 금본위제로 돌아갔다.

더 많은 국가들이 금본위제에 합류하면서 1800년대 말은 문자 그대로 세계화의 황금기가 되었다. 금본위제를 채택한 국가는 저축자에게 안전한 나라가 되었고 그에 따라 그 나라는 돈을 쉽게 빌릴 수 있었다. 통화사通貨史를 연구하는 마이클 보르도Michael Bordo와 공동 저자 휴 로크오프Hugh Rockoff는 이를 '우수제품인증마크good housekeeping seal of approval'라 칭했다.[8] 금본위제는 도덕적인 의미까지 담고 있었다. 지지자들은 금본위제가 지폐보다 도덕적으로 우월하다고 여기고 금본위제를 지키지 못하는 것을 어리석은 방탕의 징후로 보았다. 이러한 정서는 오늘날까지도 금을 신봉하는 사람들 사이에 남아 있다. 금으로 지급을 약속한 국가들에는 현저히 낮은 금리가 적용되었다. 예를 들어 칠레는 금화 지불 채권에는 5퍼센트의 이자를, 지폐 지불 채권에는 7퍼센트의 이자를 지급했다.

금본위제가 차용을 쉽게 만든 덕분에 채무가 주체할 수 없이 쌓이는 경우가 속속 발생했다. 저축자는 금으로 상환하길 고집함으로써 하나의 리스크(가치 하락)는 피했지만 다른 리스크(채무불이행)의 위험을 안게 되었다. 아르헨티나의 경우가 가장 극적이었다. 아르헨티나는 1867년 금본위제에 합류했다. 1870년에서 1889년 사이 GDP(국내총생산)의 19퍼센트에 상응하는 자본이 아르헨티나로 들어와 광대하고 비옥한 평원을 개발하는 데 사용되었다. 하지만 아르헨티나가 그동안 쌓은 부채를 갚기 어렵다는 것이 드러났다.[9] 부에노스아이레스 상하수도회사Buenos Aires Water Supply and Drainage Corporation의 채권을 팔 수가 없었던 1890년 베어링은행은 거의 파산에 이를 정도의 엄청난 손실을 입었다. 아르헨티나가 금본위제를 포기하자, 외국의 저축이 빠져나갔고 경제는 붕괴했다. 뒤이은 정치적 불안 속에서 대통령은 물러날 수밖에 없었다. 하지만 아르헨티나는 부채 구조조정을 실행하고 영국 정부가 베어링은행을 긴급구제하자 자금 흐름은 곧 재개되었다.

영국의 저축자들이 이 시스템에 보냈던 신뢰는 믿기 힘들 만큼 컸다. 1차 세계대전 이전, 해외 투자는 매년 GDP의 10퍼센트에 가까웠고 영국이 해외채권 보유를 통해 얻는 수입은 GDP의 10퍼센트에 달했다.[10] 영국의 투자자들은 영국 제조업체의 주식을 사는 것보다 외국인에게 돈을 빌려주는 편을 더 수월하게 돈을 버는 방법으로 여겼다.

금본위제의 한계와 새로운 대안

하지만 금본위제가 세계 금융 시스템에 부여한 안전성은 손상되기 쉬운 것이었다. 고통스러운 경제적 조정이 필요했기 때문이다. 일부 국가들은 이를 더 견딜 수 없다고 생각했다. 통화가치는 본국에서 해당 통화의 구매력이 어떻게 유지되는지에 크게 좌우된다. 그리고 통화의 구매력은 생산성(업계가 효율적일수록 비용 상승이 적다), 인플레이션(물가가 빠르게 상승하면 통화의 구매력이 잠식된다), 재정적자(정부가 돈을 찍어서 재정적자를 메우고 싶은 유혹을 느낄 수 있다), 민간저축(국가의 저축이 적을수록 수입輸入이 늘어난다)과 관련이 있다. 환율은 다른 물가와 같은 방식으로 움직인다. 오르내리면서 균형을 찾는 것이다. 한 나라의 물가상승률이 지나치게 높거나, 소비가 지나치게 많고 생산은 지나치게 적으면, 그 나라의 통화가치는 하락해서 비용을 낮추거나 수입을 감소시키고 저축을 더 많이 하도록 만든다. 변동환율(서로에 대한 교환 비율이 변화하는 통화)은 혼란스럽기도 하지만 중요한 경제적 목적에 도움이 되기도 한다. 독립된 경제 문화가 공존할 수 있게 하는 것이다.

밀턴 프리드먼은 변동환율을 일광절약시간(daylight saving time, DST: 여름철에 표준시를 한 시간 앞당기는 제도 – 옮긴이)에 비유했다.

여름이 오면 시간을 바꾸는 것이 이상하지 않은가? 각 개인이 습관을 바꾸다 보면 어차피 달성할 수 있는 성과는 전과 마찬가지인데 말이다. 모두가 한 시간 일찍 사무실에 나와서 한 시간 일찍 점심을 먹어야 한다. 시계를 바꾸는 것은 간단한 일이다. 문제는 시계가 모든 사람의 행동을 이끈다는 데 있다. 각 개인이 개별적으로 자신의 행동 패턴을 시계에 맞추어 변화시키는 것은 쉽지 않은 일이다. 모두가 그렇게 하는 것을 원하는 경우라도 마찬가지다. 이것은 외환시장의 상황과 정확하게 일치한다. 한 가지 가격의 변동을 허용하는 것은 간단한 일이지만, 가격이 내부 가격 구조를 이루는 다수 가격의 변화에 의존해 변동되어야 한다면 그것은 쉽지 않은 일이 된다.[11]

금본위제는 그러한 조정을 허용하지 않는다. 인플레이션을 경험한 국가는 생산비용이 상승한다. 이는 수출 감소와 수입 증가로 이어진다. 수입 대금을 치를 만큼 수출을 하지 못하면, 즉 무역수지 적자가 생기면, 이 나라는 그 차액만큼을 빌리게 된다. 차입이 불가능하면 외국인들에게 금을 넘겨서 그 차액을 지불해야 한다. 금 공급이 줄어들면, 이 나라는 금리를 올려서 대출자와 그들의 금을 끌어들이고 차입을 줄이기 위해 정부 지출을 삭감해야 한다. 이로써 물가와 임금이 하락하고─디플레이션이라 불리는 과정─수입이 감소하며 수출이 활성화된다.

디플레이션은 종종 불황을 부르는 극히 고통스러운 과정이다. 하지만 그 대가로 일류 국가 대열에 합류할 수도 있다. 19세기 말 러시아가 금본위제에 합류할 준비를 할 때, 러시아 재무장관은 이렇게 한탄했다. "우리는 죽어도 수출을 해야 합니다."[12]

여기에 필요한 희생을 견딜 수 없었던 국가들이 있었다. 금본위제 편입에는 너무나 많은 어려움이 따랐고 때문에 보르도와 해럴드 제임스Harold James를 비롯한 역사가들은 금본위제를 러시아 혁명의 원인으로 본다. 많은 러시아인들은 차르tsar가 그들의 이권을 외국인들에게 팔아치웠다고 생각했다. 레닌Vladimir Lenin은 외국의 채권자들이 러시아의 외교 정책을 좌우한다고 주장했다.

1차 세계대전 동안, 영국은 전쟁 자금을 마련하기 위해 금본위제를 중단했다. 이는 급속한 물가상승으로 이어졌다. 전쟁 후 금본위제로 돌아왔을 때는 전시의 인플레이션이 영국의 경쟁력을 심하게 떨어뜨린 상태였고 과거 금본위제의 수준으로 돌아가기 위해 10년에 걸친 고금리와 디플레이션을 거쳐야 했다. 경제를 불황에 머물게 한 해법이었다.

금이 초래하는 결과 중에는 서서히 진행되다가 나중에야 드러나는 것이 있었다. 금을 잃기 싫은 나라는 높은 수입 관세와 같은 방법을 이용해 무역수지 흑자를 추구한다. 하지만 이러한 전략은 다른 나라의 수출을 어렵게 만들고 사실상 다른 나라들을 적자로 만든다. 모든 국가가 흑자를 추구하면, 어떤 나라도 다른 나라로부터 수입을 하지 않을 것이고 세계의 거래 시스템은 무너진다.

이것은 모든 통화 시스템에 공통된 문제이며 실제 사례로 얼마든지 입증할 수 있다. 육아 협동조합의 경우를 살펴보자. 1970년대, 워싱턴 캐피톨힐의 가정들은 서로의 아이들을 돌봐주기로 했다.[13] 다른 집의 아이를 돌봐주는 가정은 가증권(비공식적인 통화)으로 보수를 받는다. 이 가정은 다른 가정에 자신의 아이를 부탁할 때 가증권을 사용한다. 하지만 정부 경제 전문가인 리처드 제임스 스위니Richard James Sweeny와 그의 아내 존 스위니Joan Sweeney가 전한 바에 의하면 이 조합 시스템에는 이내 문제가 발생했다. 가증권이 워낙 적어서 조합원들이 외출하면서 자신들이 가진 가증권을 사용하는 것을 꺼리고 모두 아이를 돌보기만 하려 했다는 것이다. "외출을 하고 싶은데 가증권이 없는 사람들은 아이 돌보는 일을 구하려고 필사적이었다." 스위니 부부는 이후 학술지에 이렇게 적었다. "가증권 가격은 조정하지 못하게 되어 있었기 때문에 부족 현상은 계속 악화되었다. 협동조합이 모두가 최소 6주에 한 번은 외출을 해야 한다는 규칙을 통과시켰을 정도였다. 일부 조합원이 외출을 충분히 하지 않고 회피하고 협동조합을 망치는 반사회적인 방법과 부도덕성을 보이고 있다는 생각에서 비롯된 조치였다."

경제학자들은 차용자가 아닌 저축자에게 부도덕하다는 딱지를 붙인다. 경제학자에게 이 육아 협동조합은 모두가 저축을 원하고 돈을 빌리고자 하는 사람은 없는 경제와 마찬가지다. 금본위제의 상황과 딱 들어맞지 않는가. 1920년대에 미국과 프랑스는 무역을 흑자로 경영하면서 금을 모았다. 그러는 동안 영국과 독일은 금을 잃었고 이로써 신용이 경색되고 성장은 부진해졌다. 경제사학자인 베리 아이켄그린Barry Eichengreen은 당시 프랑스의 태도가 현재 독일의 태도와 비슷하다는 것을 발견했다. 프랑스인들은 무역 흑자가 난 이유가 자신들이 영국인들보다 강한 노동관과 절약정신을 가졌기 때문이라고 주장했다.[14]

육아 협동조합은 모두에게 좀 더 많은 가증권을 지급함으로써 문제를 해결했다. 이로써 조합원들이 자신이 보유하고 있는 것을 지키기 위해 외출을 하지 말아야겠다는 생각이 완화되었다. 세계 금융 시스템의 경우는 이런 조치—모두에게 금을 더 지급하는 일—가 절대 불가능하다. 금의 공급은 광부들이 매년 땅에서 캐내는 금의 양에 좌우된다. 대안은 통화의 가치를 금에 묶어두겠다는 약속을 버리고 통화가 그 가치를 변동시키면서 각국의 근본적인 경쟁력을 보다 잘 반영하게 만드는 것이다. 결국 영국은 이런 조치를 취했다. 1931년 영국은 금본위제를 폐지했고 곧 파운드화의 달러 대비 가치는 25퍼센트 하락했다. 파운드화의 평가절하로 영국은 경쟁력을 되찾고 금리를 낮출 수 있었고 이는 수요를 진작시켰다. 이에 따라 많은 무역 상대국들도 화폐가치를 평가절하하게 되었다. 화폐가치를 낮추지 않는 국가들은 외환을 규제하거나 관세를 올렸다.

지금의 경제학자들은 금본위제의 고수가 대공황의 주요한 원인이었다는 것을 알고 있다. 금본위제를 고수한 나라들은 통화 단위의 동등성을 유지하기 위해 금리를 높게 유지하고 예산의 균형을 지킬 수밖에 없었다. 이는 국내 경제를 압박할 뿐이었다. 금본위제를 버린 국가들은 그러한 압박에서 벗어나 훨씬 빠른 회복세를 보였다.

하지만 당시 세계는 반대되는 교훈을 얻었다. 대공황을 '인근 궁핍화(beggar-thy-neighbor: 자국 통화가치의 하락이 외국의 경기후퇴를 가져오는 것 - 옮긴이)'의 평가절하와 금본위제를 안정성, 질서, 번영과 연결시킨 것이다. 세계의 국가들이 1944년 브레튼우즈회의 Bretton Woods conference를 통해 고정환율제로 회귀하는 데 동의한 것도 그 때문이다. 미국은 달러를 금에 고정시켰다. 모든 다른 나라들도 통화를 금에 고정시켰다. 이 새로운 모델은 금본위제만큼 엄정하지는 않았지만 ―국가들은 필요하면 국제통화기금의 승인하에 달러 대비 통화가치를 평가절하할 수 있었다―거의 비슷했다.

새로운 시스템은 일부 국가들이 엄청난 달러를 모으기 시작하고 미국의 인플레이션 증가가 금 대비 달러의 가치를 하락시키면서 삐걱대기 시작했다. 당연히 외국인들은 미국이 자신이 가진 달러를 상환할 만한 충분한 금을 가지고 있는지 의심하면서 달러를 금으로 바꾸기 시작했다. 1971년 금이 고갈되고 있던 미국은 금 창구 gold window를 '폐쇄'했다. 고정 가격에 달러를 금으로 자유롭게 교환해주는 일을 중단한 것이다. 곧 달러, 엔, 프랑, 파운드, 독일 마르크의 서로에 대한 가치가 크게 변동하는 환율 혼란이 뒤따랐다.

유럽 단일 통화, 유로화의 기획

고정환율제가 사라지자마자 유럽은 그것을 되찾는 일에 나섰다. 프랑스는 1920년대 프랑의 약화로 기억하고 싶지 않은 일을 겪은 적이 있었다. 1970년대 말 프랑스 대통령 발레리 지스카르 데스탱 Valéry Giscard d'Estaing은 앞서 100년 간 금본위제 아래서 통화안정성이 유지된 덕분에 꾸준한 성장과 산업화가 가능했다고 생각했다. "농촌 경제에 뿌리를 두고 있으며 저축과 검약에 근본적인 가치를 두는 문화를 가진 프랑스인들은 (중략) 안정화폐 속에서 번영하고 있다."[15] 유럽은 이미 유럽경제공동체European Economic Community, EEC를 통한 경제적 통합의 길에 접어들고 있었다. 경제를 보다 강력하게 결합시킴으로써 과거 100년에 걸친 갈등을 영원히 감추기 위한 시도였다. 당연히 화폐통합도 뒤따랐다. 1970년대를 시작으로 유럽경제공동체의 많은 국가들이 자국 통화의 가치를 상대국의 통화에 고정하려 했다.

하지만 투기꾼들은 낮은 인플레이션, 경쟁력 있는 정책, 균형 잡힌 예산을 유지해 통화의 안정을 유지시키겠다는 정부의 약속을 자주 시험에 들게 했다. 독일만큼 인플레이션을 낮게 유지하거나 저축을 높게 유지할 수 없는 나라들이 너무나 많았기 때문에 그들의 통화는 독일 마르크에 비해 평가절하될 수밖에 없었다. 이에 대한 해법은 무엇이었을까? 유럽연합집행위원회European Commission의 한 연구는 1990년 다음과 같은 결론을 내렸다. "단일 통화의 채택은 이러한 신뢰성의 문제를 극복할 수 있는 유일하고 확실한 방법이다." 1992년 2월, 네덜란드 마스트리흐트에서 유럽 국가들은 1999년까지 단일 통화 달성을 위해 노력하

자는 조약을 맺었다.**[16]**

　유로를 기획한 사람들은 경제의 펀더멘털(fundamental, 기초경제요건)에 조정이 필요하다는 것을 알고 있었다. 때문에 그들은 유로존 편입의 조건인 인플레이션과 재정적자에 엄격한 기준을 두었다.

　그들의 생각을 분명히 보여주려는 듯이 1992년 가을 유럽 역사상 가장 파괴적인 투기꾼들의 공격이 시작되었다. 영국, 스페인, 프랑스, 이탈리아가 인위적으로 통화의 고평가 상태를 유지하고 있다고 확신한 조지 소로스George Soros 같은 투기꾼들은 수십억 달러에 달하는 그들의 통화를 팔았고 해당 국가들은 저항했다. 처음에는 그들이 가진 귀중한 독일 마르크의 일부를 사용해서 오명을 쓴 자신들의 통화를 사들였고 다음으로는 투자자들의 관심을 끌기 위해 금리를 대폭 인상했다. 약체들부터 하나씩 무릎을 꿇었다. '검은 수요일Black Wednesday', 영란은행은 마침내 파운드화 방어를 중지했고 곧 파운드 가치는 7퍼센트 급락했다. 하루 만에 이탈리아와 스페인의 통화도 평가절하되었다.

　재난에 대한 예측은 근거가 없는 것으로 드러났다. 파운드의 약세와 낮은 금리로 영국의 경제는 회복되었다. 높은 금리로 프랑을 성공적으로 방어했던 프랑스는 불경기에 빠져들었다.

　이쯤 되자 영국은 고정환율에 진력이 났다. 하지만 나머지 유럽 국가들은 아주 다른 교훈을 얻었다. 단일 통화만이 그러한 위기를 영원히 끝낼 수 있다고 말이다. 소로스도 거기에 동의했다. 한 잡지 기사에서 그는 단일 통화가 없다면 유럽은 분해될 것이라고 경고했다. "경제공동체는 단일 통화가 아니면 오래 존속할 수 없습니다. 통화시장이 불안정하고 통화 투기가 많기로 악명이 높아 (중략) 관련된 경제국의 안정을 위협하는 효과를 가져올 수 있기 때문입니다.”[17]

프랑스의 은행가들은 1992년의 위기가 다시금 반복되면서 금리가 영구적으로 높게 유지될까 겁을 냈고 단일 통화를 간절히 바랐다. 스페인, 이탈리아를 비롯해 전통적으로 뒤처진 입장에 있는 경제국들은 동떨어진 처지가 될까 두려워서 유로존에 편입하기 위한 노력을 강화했다. 로마노 프로디Romano Prodi가 유로존에 편입하는 데 필요한 모든 일을 하겠다고 약속하는 선거운동 끝에 1996년 이탈리아의 국무총리로 선출되었다. 이탈리아의 유권자들은 재정적자를 줄이기 위해 수년간 내핍 생활을 하고 물가를 낮추기 위해 고금리를 참아야 하는 대가를 예상하면서도 그를 지지했다.

가장 중요한 심경의 변화를 일으킨 것은 독일이었다. 독일은 언제나 유로화에 대해서 양면적인 태도를 가지고 있었다. 독일은 두 번에 걸친 세계대전 사이에 하이퍼인플레이션에서 디플레이션과 불황에 이르는 만성적인 통화와 경제의 불안을 견뎠고 이것은 히틀러 등장의 발판을 마련했다. 연합국은 독일을 재건하면서, 중앙은행이 다시는 정치적 예속이나 군사화를 위한 메커니즘이 되지 않도록 하기 위해 지독하게 독립적인 중앙은행을 고집했다. 인플레이션을 저지하기 위해 금리를 인상하는 분데스방크Bundesbank의 고집은 유럽의 환율을 계속해서 불안정하게 만들었다. 독일의 지도자들조차 이것이 지속될 수 있는 방식이 아니라는 것을 알고 있었다. 이 점은 검은 수요일 이후 영국의 신문들이 은근히 분데스방크를 나치와 연관시키면서 확실해졌다.

오트마르 이싱Otmar Issing은 독일이 통화에 대해 가지고 있는 신념을 잘 보여주었다. 유명한 경제학자이며 분데스방크 이사였던 그는 허약

164

한 국가들은 필요한 조건을 결코 충족시킬 수 없다는 근거로 오랫동안 통화동맹을 반대했다. 하지만 검은 수요일 이후의 사건들이 그의 마음을 바꾸어놓았다. 독일의 무역 상대국들이 평가절하를 단행할 때마다, 자동적으로 그들 제품의 가격은 독일 제품에 비해 낮아졌다. 1992년의 위기 이후 이싱은 이탈리아를 상대로 경쟁력을 잃은 남부 독일의 기업들이 파산할까 봐 조바심을 냈다. "이는 관세, 양적 통제 등에 대한 필요를 만들어냈습니다." 이싱이 내게 말했다. 그는 재난이 반복되었다면 (사실상 그가 확실하다고 여기는 상황), '단일 시장은 무너졌을 것'이라고 강하게 경고했다.

이싱은 통화동맹에 회의적이었으나 옹호자로 돌아섰고 1998년 유럽중앙은행European Central Bank의 이사로 임명되었다. 유럽중앙은행은 1999년 새로운 통화의 수호기관이 되었다. 이싱은 통화안정과 정치안정을 동일시했다. 로마 군단이 서부 유럽을 정복했을 때, 그들은 언어인 라틴어와 주화인 데나리온(Denarius: 로마의 은전 – 옮긴이)을 가져왔다. 유럽의회European Parliament가 이싱의 인사청문회를 열었을 때, 이싱은 소년 시절에 로마에서 지금의 쾰른, 심지어는 런던까지 여행하면서 같은 돈을 쓸 수 있는 상인을 상상했었다는 이야기를 전했다. 그는 유럽의회 의원들을 이렇게 훈계했다. "팍스로마나(Pax Romana: 로마의 지배에 의한 평화 – 옮긴이)는 정치적 화합을 보장했고, 금의 부족은 통화의 안정성을 보장했습니다." 이후 그는 로마제국과 제국 통화의 붕괴, 암흑시대를 상기시키면서 이렇게 덧붙였다. "이후의 몇백 년 동안 유럽에 어떤 일이 일어났습니까?"

많은 사람들이 유로화에 회의적이었다. 그들은 유럽의 경제국들이 통화동맹을 통해 번영하기에는 서로 너무 다르다고 생각했다. 유럽 내 주변국들은 늘어난 정부 예산과 유연성이 떨어지는 노동시장 때문에 주기적인 평가절하 없이는 북부 국가들과의 경쟁에서 살아남을 수가 없었다. 그들은 투자자들 때문에 자신들이 극도로 높은 금리를 지불하면서 영원히 높은 실업률에 시달리게 될 것이며 결국은 유권자의 반란이 일어날 것이라고 예상했다. 소로스는 실업자에 대한 추가적인 대책이 없다면 대중의 불만이 유로화를 박살낼 것이라고 염려했다.

그렇지만 유로화의 채택은 정반대의 효과를 냈다. 유럽 주변국들의 금리가 급락했고 성장률이 높아졌다. 1990년대, GIIPS(그리스, 아일랜드, 이탈리아, 포르투갈, 스페인) 정부의 차입 이자율은 독일보다 5퍼센트 높았다. 2000년대 초 이 격차는 완전히 사라졌다.[18] 유로화는 1800년대 말의 금본위제보다 더욱 효과적으로 저축자들의 신뢰를 강화했다. 북유럽의 은행들은 남부 유럽의 고객들에게 대출을 하는 데 열을 올렸다. 도이체방크Deutsche Bank와 ING 등 독일과 네덜란드의 초대형 은행들은 GIIPS 국가에 대한 대출을 크게 늘렸다. 1997년 독일은행의 GIIPS 대출은 전체의 12퍼센트에 불과했으나, 2008년에는 25퍼센트에 달했다. 네덜란드은행의 경우, 이 비율은 10퍼센트에서 18퍼센트로 상승했다. 국경을 넘는 합병이 급증했다. "유로존 내의 인수나 합병은 더 이상 장기적인 환율 움직임을 정확하게 분석해야 하는 사안이 아니다."[19] 분데스방크의 에른스트 벨테케Ernst Welteke 총재는 2001년 영국의 청중들에게 이렇게 말했다.

이러한 대출의 급증 뒤에는 국가에 대한 대출이 가지고 있던 종래의 리스크가 사라졌다는 확신이 자리하고 있었다. 단일 통화로 얽혀

(퍼센트) 그리스, 아일랜드, 이탈리아, 포르투갈, 스페인에 대한 은행 대출의 비율

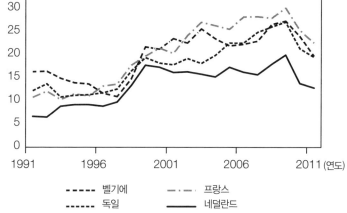

----- 벨기에   ---·--- 프랑스
----- 독일   ——— 네덜란드

(퍼센트) 해당 국가의 국채 수익률 - (마이너스) 독일 국채 수익률

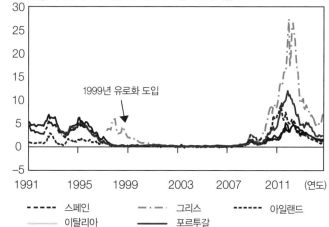

1999년 유로화 도입

----- 스페인   ---·--- 그리스   ----- 아일랜드
——— 이탈리아   ——— 포르투갈

✓ 유로화 도입으로 북부 은행의 남부 국가에 대한 대출이 급증했고 남부 국가들이 지급하는 금리
와 독일이 지급하는 금리 사이의 격차는 줄어들었다.
(출처: 샌프란시스코 연방준비은행 기록보관소 제공. 은행 대출표, OECD 주요 경제지표의 금리 자료)

있기 때문에 대출자들은 더 이상 평가절하된 통화로 상환받을 일을 걱정할 필요가 없었다. 유로존 회원국들은 예산 균형과 노동관에 있어 게르만 특유의 집착까지는 아니더라도, 독일인들에 가까운 태도를 가지고 있는 것으로 간주되었다. 국가의 디폴트는 상상할 수 없는 일이었다. 비회원국들은, 유로존에 편입하는 일을 100년도 전인 금본위제에 합류하는 것과 같은 확정적인 승인으로 생각했다. 오랫동안 특히 러시아인들을 비롯한 동유럽인들에게 스스로를 역외금융(offshore financing: 해외시장에서 마련한 자금을 해외거래처에 대출하는 금융 - 옮긴이)의 중심지라고 떠들어온 작은 섬나라 키프로스를 예로 들어보자. 키프로스는 동지중해 국가들로 사업을 확장하는 데 자금을 대고 있는 대출자들이 평가절하에 대해서 걱정하지 않도록 하기 위해 유로존 편입이 꼭 필요했다.

흔들리는 유로화, 비난받는 독일

하지만 유로화가 위기를 과거의 이야기로 만들었다는 신뢰, 그 자체가 실패의 원인이라는 것이 드러났다. 유로화의 기획자들은 유로존에 합류한 국가들이 독일의 기준에 맞추어 경제와 재정개혁을 가속할 것이라고 생각했다. 실제로 그들은 그렇게 했다. 하지만 그것은 가입을 위한 조치였을 뿐이었다. 곤란하게도, 유로존에 편입한 후에는 반대의 일이 일어났다. 평가절하에 대한 저축자들의 공포는 취약한 국가에 높은 금리를 물리는 것을 의미했으므로 국내 개혁에 자극제가 되었다. 한 연구가 입증했다시피, 유로화로 인해 그러한 두려움이 사라졌고 따라서 자극제도 사라졌다.[20] 스페인은 2002년 노동시장의 유연성을 키우려는 노력을 포기했다. 학교 중퇴율이 높아졌고 부패는 심화되었다. 돈의 유입으로, 정치권과 연결된 지역 정부 소유의 저축은행 카하스Cajas가 지역 개발업자, 때로는 혜택이 의심스러운 프로젝트에 엄청난 돈을 쉽게 내줄 수 있게 되었다. 과도하게 후한 그리스의 연금제도는 재정의 가장 큰 장애물이었다. 그리스 정부는 유로존 가입을 조건으로 한 유럽연합의 압력으로 1990년부터 연금제도 개혁에 나섰다. 하지만 유로존에 가입하자 정치적, 경제적 압력은 사라졌다. 1994년 그리스의 국채 수익률은 22퍼센트였으나 2003년에는 3.6퍼센트로 독일과 비슷한 수준이 되었다. 2001년 그리스 정부는 은퇴 연령을 높이고, 연금 혜택을 줄이고, 연금 수급 자격을 얻기 위한 재직기간을 늘리기로 했다. 하지만 엄청난 반대에 부딪혀 물러서야 했다.

연이어 그리스 정부들은 끔찍한 국가 재정에 대한 조치를 미루거나 감추었다. 스페인과 아일랜드의 경우, 유입된 자금이 국내 은행으로 흘러들어갔고 은행들은 주택 소유자와 부동산개발업자에게 이 돈을 대출해주었다. 그 결과 주택 건설이 급증했고 주택 가격이 미국을 크게 추월할 정도로 상승했다. 남부 경제국들이 이러한 부동산 호황을 누리는 동안 경쟁력을 강화하라는 압력은 존재하지 않았다. 물가와 임금은 계속해서 독일보다 빠르게 상승했다. 이로 인해 경쟁력은 꾸준히 약화되고 무역 적자는 심화되고 있었다.

이 모든 것이 독일 저축이 유입되었기 때문에 가능했다. 앞서 언급했듯이, 독일의 저축자들은 그 연관성을 알지 못할 것이다. 그들은 은행에 돈을 맡겨두었을 뿐이고 남쪽의 나라들에게 그 돈을 빌려준 것은 은행이었으니 말이다. 유로화를 통해서 자신감을 얻은 독일 은행들은 남부 유럽 국가들에 이전에 제공한 적이 없었던 금리로 유로화 이전에는 가능하지 않았던 큰 규모의 대출을 허용하게 되었다. 투자자나 유럽 지도자의 눈에는 리스크가 보이지 않았다. 국가 재정의 투명성에 집착하고 있었기 때문에 그들은 아일랜드와 스페인의 예산이 균형을 이루고 있고 GDP 대비 부채비율이 감소하고 있다는 사실에 안도했다.

2010년이 되어서도 유럽의 지도자들은 유로화로 인해서 이제는 한 국가가 다른 국가로부터 돈을 빌렸는지 여부는 문제가 되지 않는다고 주장했다. 플로리다가 뉴욕으로부터 얼마나 돈을 빌렸는지 문제가 되지 않는 것처럼 말이다. 사실 그것은 중요한 문제였다. 2009년 가을, 새롭게 들어선 그리스 정부는 이전 정부가 재정적자에 대해 거짓말을 했다는 것을 밝혔다. 하룻밤 사이 그리스의 부채는 감당할 수 있는 문제에서 지속불가능한 문제가 되었다. 2010년 유로존 국가들과 IMF가 공동으로 그리스의 침몰을 막기 위해 엄청난 규모의 긴급구제에 나섰고 다른 나라들이 곤란에 빠질 것을 대비해 광범위한 해법을 만드는 일을 시작했다.

하지만 여기에는 대가가 따랐다. 앙겔라 메르켈Angela Merkel 독일 총리는 방탕한 국가들에 대한 긴급구제가 도덕적 해이를 낳지 않을까 걱정했다. 긴급구제를 한다면 저축자들이 돈을 되갚을 수 있는지 여부를 확인하지 않고 그들에게 계속 돈을 빌려주지 않겠는가. 메르켈 총리는 10월 프랑스 도빌에서 프랑스 대통령 니콜라 사르코지Nicolas Sarkozy와 해변을 산책하면서 국내의 개인투자자들이 손실을 분담하는, 즉 1유로당 100센트 미만을 돌려받는 헤어컷(haircut: 채무의 평가 절하 – 옮긴이)을 구제 조건으로 삼자고 설득했다.[21] 사실 국가부채는 신성불가침과는 거리가 멀다. 철도나 슈퍼마켓의 부채보다도 더 말이다.

도빌 선언Deauville Declaration은 유럽의 '리먼 모먼트Lehman moment'가 되었다. 금융 시스템의 안전에 대한 뿌리 깊은 믿음이 산산조각 나고 불안이 극심한 공포로 변하는 순간이었다. 그 영향은 그리스 부채를 훨씬 넘어섰다. 스페인, 이탈리아, 포르투갈, 아일랜드의 채권을 가지고 있는 북부의 투자자들은 유로화 이전에 주된 걱정거리였던 가치 하락 대신 이제는 더 심각한 일을 걱정해야 한다는 사실을 깨닫게 되었다. 제2차 세계대전 이후에는 유럽에 일어난 적이 없었던 일이었다. 상황은 더 심각해졌다. 유럽의 대형 은행들은 정부가 예외 없이 구제에 나선 덕분에 모두 대마大馬로 여겨졌다. 하지만 정부가 디폴트 된다면 그들의 은행도 디폴트 되는 수밖에 없다. 이제 남부의 은행에 돈을 맡겨둔 사람은 그 돈을 잃을 수도 있는 위험에 처했다(키프러스가 2013년 긴급구제를 받고 예금주들이 손해를 입으면서 많은 사람들이 이 위험을 자각하게 되었다).

북부의 은행들을 비롯한 투자자들은 남부 유럽 정부의 채권을 팔아치우기 시작했고 이로써 국채 수익률은 급증하고 유로화가 가능케 했던 모든 수렴은 무위로 돌아갔다. 북부의 저축자들은 남부의 은행들로부터 예금까지 빼내기 시작했다. 유로화의 도입 이후 급속하게 진행되었던 금융통합은 반전되었다.

유로화 이전의 고정환율은 투기 공격으로 인해 주기적으로 와해되곤 했다. 하지만 고정 환율의 한 가지 장점은 그 결과 초래된 평가절하가 금본위제에서 금에 대한 평가절하와 흡사하게 위기로 이어졌던 불균형을 교정한다는 것이었다. 유로화에는 그러한 안전판이 존재하지 않는다. 북부의 저축이 빠져나가면서 남부 유럽의 국가들은 재정적자를 줄이기 위해 정부 지출을 대폭 줄여야 했다. 내수가 부진하고 고용주들이 독일에 대한 경쟁력을 되찾는 데 고전하는 동안 노동자들은 해고, 임금 동결, 임금 인하를 견뎌야 했다.

도빌 선언이 있고 2년 후, 유럽중앙은행은 마리오 드라기Mario Draghi 총재가 유로를 구하기 위해 '필요한 어떤 일이든' 하겠다고 약속하면서 피해를 복구하려는 시도를 시작했다. 이는 민간 저축자가 이탈리아나 스페인의 채권을 사려 하지 않으면, 유럽중앙은행이 그렇게 하겠다는 것을 의미했다. 연방준비제도이사회가 대형 은행을 대마로 취급하며 리먼 모먼트에 대응했던 것과 마찬가지로 유럽중앙은행이 주권 정부들을 대마로 취급한 것이다.[22] 이 조치는 대단히 성공적인 것으로 판명되었다. 이 글을 쓰고 있는 2015년 초까지, 유럽중앙은행은 이 비상 조치권을 적용해서 단 하나의 채권도 사지 않았고 유럽 남부 국가의 국채 이율은 북부 유럽 국가의 수준에는 미치지 못했으나 상당히 떨어졌다. 저축자가 극히 소중하게 여기는 안전에 대한 감각이─적어도 지금까지는─회복세에 있다.

하지만 피해는 분명히 있었다. 예산 감축과 재정적자 완화를 위해 남부 경제국들은 높은 실업률, 유럽 경제통합에 대한 대중적 지지의 위축, 이민자, 은행, 외국인에 대해 날을 세우는 극단주의, 포퓰리즘 좌우익 정당의 부상을 견뎌왔다. 이러한 정치적 긴장으로 일부 국가의 유로존 이탈을 지지하는 세력이 활기를 띠게 되었다.

환율 위기와 부채 위기로부터 자유로운 경제지대를 만드는 것은 불가능한 일이 아니다. 미합중국이 바로 그러한 경제지대다. 50개 주가 단일 통화를 공유하며, 1930년대부터 디폴트를 선언한 주가 전혀 없었다. 하지만 이러한 안전성에는 대가가 따른다. 미국의 주들은 경제에 대한 대부분의 통제력을 연방정부에 내어준다. 캘리포니아가 재정적자인지 유타가 흑자인지 여부는 지역 경제에 거의 의미가 없다. 연방정부가 세금을 거두고 지출하는 일의 대부분을 맡기 때문이다. 일리노이가 은행들의 긴급구제를 위해 무일푼이 되었는지에 관심을 두는 사람은 아무도 없다. 은행들은 연방 예금보험의 지원을 받기 때문이다.

유럽은 이러한 모습과는 거리가 한참 멀다. 국가 예산을 유럽연방정부에 맡기거나 은행예금을 공통의 예금 기금에 맡기는 일은 상상하기 어렵다. 유로화가 생존하는 내내, 유로화의 위기를 만들어내는 긴장이 계속되었다. 북부와 남부의 회원국들은 아주 다른 양상의 경제를 유지하고 있다. 평형을 되찾기 위해서는 남부 국가들이 임금과 정부 지출을 하향하기만 하는 것이 아니라 독일도 임금과 정부 지출을 상향하는 것이 이상적이다. 하지만 독일은 거기에 관심이 전혀 없고 여전히 유럽의 위기를 지나친 저축이 아닌 지나친 차입의 산물로 보고 있다. 독일은 세계 최대의 무역수지 흑자로 유럽 경제위기에서 벗어났다. 이 때문에 다른 나라들은 적자를 수정하기가 더 어려워졌다. 미국이 이 점을 지적하자, 독일은 곤혹스럽고 귀찮다는 반응을 보였다. "독일 경제는 기록적으로 높은 고용률로 높은 경쟁력을 보이고 있다. 때문에 우리가 왜 이런 성공에 대해서 비난을 받아야 하는지 이해할 수가 없다."[23] 메르켈의 최측근인 미카엘 마이스터Michael Meister의 말이다. 곤혹스럽다는 반응은 이해할 수 있다. 독일은 오랫동안 저축, 자제, 절제와 같은 자질을 비난이 아닌 존경의 대상으로 생각해왔다. 그들은 자신들이 피해에 책임이 있다고 생각지 않는다. 피해의 책임이 지나치게 가깝게 뒤따르던 운전자가 아니라 브레이크를 너무 세게 밟은 앞 운전자에게 있다는 것과 다를 바가 없지 않은가?

저축 과잉이
위기를 키우다

비슷한 문제가 세계경제 전체를 괴롭히고 있다. 미국에 닥쳤던 위기는 세계의 다른 부분에서 지나치게 저축을 많이 한 결과였다. 실상, 이것은 과거 동아시아 위기(그 자체가 변동하는 환율의 불확실성을 제거하려는 노력이 실패로 돌아간 결과였던)의 뿌리에서 비롯되었을 수도 있다.

태국은 1980년대에 들어서면서 두 자릿수 인플레이션, 과도한 민간 대출, 입이 떡 벌어지는 재정적자에 시달리고 있었다. 건전성을 회복하기 위해 여러 가지 강력한 정책이 시행되었다. 자국 통화인 바트의 환율을 고정하는 것도 그중 하나였다. 안정된 환율 덕분에 외국 투자자들은 태국 기업에 자국 통화로 돈을 빌려줄 때 걱정을 덜게 되었다. 태국의 차용자가 그 돈을 갚을 때 평가절하로 인해 가치 손실이 생길 위험이 없을 테니 말이다. 이것이 태국 기업들을 부추겨 달러로 돈을 빌리게 만들었다. 정상적으로라면 위험한 일이다. 바트의 가치가 하락하면 달러로 표시된 부채를 갚는 데 돈이 훨씬 많이 들기 때문이다. 하지만 환율의 안정성 덕분에 그들은 달러로 돈을 빌리는 일이 그렇게 위험하지 않다고 인식하게 되었다.

자금 유입으로 태국은 주요 차입국이 되었다. 태국의 위기는 예측할 수 있었던 드문 경우에 해당된다. IMF의 총재는 태국에 "이 위험한 달러 페그제(peg system: 특정 국가의 통화에 자국 통화의 환율을 고정시키는 제도-옮긴이)를 끝내라."고 계속 경고했다.[24] 조지 소로스는 5년 전 파운드화에 했던 것처럼 바트화의 하락에 엄청난 돈을 걸었다. 1997년 7월, 태국은 불가피하다는 것을 인정하고 바트화를 평가절하했다. 바트의 가치는 하루 만에 1/6이 급락했다. 계속해서 다음 한 해 동안에는 가치의 절반이 사라졌다. 아시아 금융위기가 시작되었다.

태국의 문제는 잘 알려져 있었다. 많은 이웃나라들이 비슷한 문제를 공유한다는 사실—환율 페그제와 과도한 외국 통화 대출—은 그만큼 잘 알려지지 않았다. 태국이 환율 페그제를 방어하지 못하는 것을 본 저축자들은 다른 나라도 그럴 수 있다는 결론을 내렸고 바로 빠져나가기 시작했다. 일주일 후 필리핀이 통화를 평가절하했고 말레이시아, 인도네시아, 한국이 곧 그 뒤를 따랐다.

여러 정부와 은행이 디폴트에 빠질까 걱정되었던 IMF와 미국은 그들에게 서둘러 긴급자금 대출을 해주었다. 다만 엄격한 조건을 내걸었다. 태국은 세금을 올리고, 예산 균형을 꾀하고, 자금이 바닥난 기업의 구조조정을 하고, 국영기업의 보조금 지급을 중단해야 했다. 한국은 외국인들이 한국 기업과 은행의 지분을 더 많이 확보할 수 있게 하고, 산업 재벌에 대한 정부의 대출 지시를 중단하고, 수입 관세를 낮추어야 했다. 인도네시아는 특별히 긴 조건 목록을 따라야 했다. 주로 부패한 수하르토Suharto 대통령 일가를 표적으로 한 것이었다. 대통령 일가가 주도하는 자동차와 비행기 개발 프로젝트와 같은 낭비가 심한 프로젝트를 중단하고, 인프라 프로젝트를 취소하고, 설탕, 정향 등 수하르토 가문이 관리하는 제품의 독점을 막아야 했다.

이들 조건의 대부분은 위기의 원인과 아무런 관계가 없었다. 금리 인상과 예산적자 감소에 대한 요구 등 원인을 해결하고자 하는 조건도 결국은 사태를 악화시킬 뿐이었다. 이후 IMF는 이 점을 인정했다.[25]

몇 년 안에, 위기의 피해자들의 상황은 나아졌다. 하지만 위기의 고통과 긴급구제의 굴욕은 영원히 깊은 인상을 남겼다. 이후 오랫동안, 한국인들은 이 위기를 'IMF 사태'라고 불렀다. 더 중요한 것은 모든 개발도상국이 외국인들에게 많은 빚을 지는 일이 얼마나 부당한 대가를 요구하는지 목격했다는 점이다. 많은 나라들이 다시는 그런 상태에 빠지지 않겠다고 결심하고 외채 축적을 막기 위한 정책을 시행했다. 해외로부터의 차입과 관련되는 기업 투자와 예산적자를 축소하기 위한 조치들이 취해졌다. 수출을 진작시키고 수입을 막기 위해 통화의 가치는 낮게 유지했다. 새로운 규정을 통해 민간 차용자가 외국환으로 빌릴 수 있는 금액을 제한했다.

가장 중요한 반응은 위기의 영향을 받지도 않는 나라로부터 나왔다. 중국이 환율을 고정한 것이다. 하지만 금융시장이 개방되어 있지 않았기 때문에 중국의 투자자들은 저축을 달러로 바꾸러 달려갈 수 없었고 투기꾼들은 환율 공격을 감행할 수 없었다. 중국이 그런 결정을 한 것은 그런 방식을 좋아했기 때문이다. 중국은 경제의 다른 부분은 개방하면서도 환율과 금융시장에는 다음 10년 동안 강력한 통제를 가해 통화 약세를 지키고 거대 수출국으로 도약했다. 그 결과, 1997년 동아시아는 다른 국가들로부터 돈을 빌리는 순차입자였지만, 2007년에는 중국이 주요한 순대출자의 위치에 올라서게 되었다.

우리가 이전에 보았듯이 한 나라가 대출자가 되려면 다른 나라는 반드시 차입자가 되어야 한다. 중국이 수입보다 수출을 많이 하면 달러를 보유하게 되고 이 달러는 어떻게든 쓰여야 한다. 중국은 같은 상황에 있는 다른 많은 나라들과 같이 미국 채권—국채나 대부분의 사람들이 국채와 동일하게 취급하는 패니메이와 프레디맥이 발행한 채권—을 매수하기로 했다. 2007년 중국은 이러한 채권을 8,000억 달러 이상 사들였다. 다른 아시아 국가들의 매수액은 1조 3,000억 달러였다.

이는 미국이 다른 나라들로부터 어마어마한 액수의 돈을 빌리면서도 장기 채권과 모기지 이자율은 이상하게 낮은 수준을 유지시켜서 주택 붐을 부추겼다는 것을 의미했다. 앨런 그린스펀은 이 상황을 수수께끼라고 불렀다. 그의 동료인 벤 버냉키의 설명은 달랐다. 그는 이것이 '세계적 저축 과잉global saving glut'이라고 말했다. 그는 외국으로부터의 저축 유입으로 주택대출이자가 낮아질 수 있었고 때문에 이것이 주택 건설과 주택 가격 상승을 자극했다고 언급했다. 하지만 그 결과가 경제위기인 것은 알아채지 못했다.[26]

세계적 저축 과잉은 2008년 금융위기의 유발 요인 중에서 가장 인정을 받지 못하는 요소이자 수정의 손길도 가장 적게 받은 요소일 것이다. 미국인들은 대출에 대한 욕구를 억눌렀고 중국 역시 투자 붐을 조성해 필요 이상의 저축 일부를 흡수했다.

하지만 수많은 다른 나라들의 경우, 세계시장의 혼란에 대비하는 보험 차원에서 엄청난 해외자산을 쌓았다. 긴급구제(정치적으로 큰 타격을 입히는)가 필요치 않게 만들겠다는 의지가 그 어느 때보다 확고했기 때문이었다. 2014년 이렇게 조성된 활동 자금의 총액은 12조 달러로 위기 이전의 두 배였다. 이러한 과도한 집착은 금리가 위기가 지난 지 수년이 지난 후에도 낮게 유지되고 있는 이유를 설명한다. 케인스가 말한 절약의 역설이 세계적인 규모로 실현되고 있는 것이다.

이 문제를 어떻게 해결할 수 있을까? 사회보장연금 덕분에 개인이 은퇴를 대비한 저축을 하지 않아도 되고, 연방준비제도이사회 덕분에 은행들이 모든 예금주가 돈을 돌려달라고 하는 경우를 대비해서 현금을 쌓아놓지 않아도 되는 것처럼, 세계에는 외환보유고를 늘려 비상시를 대비하지 않아도 된다고 국가들을 안심시킬 최후의 대출자가 필요하다. 그것이 IMF의 본래 목적이다. 하지만 IMF가 대출에 거는 까다로운 조건에 시달리고 싶은 나라는 없다. 때문에 더 많은 저축으로 자가 보험을 들겠다는 동기부여가 더 강해진다.

아이러니하게도 한국부터 중국에 이르는 여러 나라들이 자신의 경제를 지키기 위해 추진하고 있는 전략이 다른 나라의 성장을 저해하고 금리를 끌어내림으로써 결과적으로 금융투기를 부추겨 다음번 위기의 씨앗이 되고 있다. 앞으로 이런 일이 일어나서는 안 된다. 하지만 지난 100년의 역사가 보여주듯이 모든 국가가 개별적으로 스스로의 안전을 도모할 때 그 집합적 결과로 세계는 이전보다 덜 안전해진다.

CHAPTER 6

통제할수록 커지는 재난

자연을 길들인 무서운 대가

Unnatural Disaster

Foolproof

위험을 자초하는
인간의 선택

슈퍼태풍 샌디가 지나간 자리에는 침수된 지하철, 강물이 범람한 맨해튼 거리, 모래에 파묻힌 저지 쇼어(Jersey Shore: 뉴저지 해안가의 휴양촌 - 옮긴이), 전기, 난방, 휘발유를 공급받지 못하는 수백만의 사람들만 남았다. 샌디는 경제에도 깊은 흔적을 남겨, 700억 달러의 피해액 규모로 카트리나에 이어 역사상 두 번째로 희생이 컸던 허리케인의 자리에 등극했다. 치열한 대통령 선거가 몇 주 남지 않은 때에 세계에서 가장 미디어 포화도가 높은 도시를 강타했기에 정치적인 파급효과도 매우 컸다. 유권자들이 투표소로 가기 며칠 전, 뉴욕시장 마이클 블룸버그Michael Bloomberg는 버락 오바마Barack Obama를 지지한다는 입장을 분명히 했다. 그는 이렇게 말했다. "샌디는 화요일에 있을 대통령 선거에서 무엇을 중요하게 봐야 하는지 극명하게 드러내주었다. 우리의 기후는 변화하고 있다. 모든 선출된 지도자들은 이에 대해 즉각적인 조치를 취해야 한다."[1]

블룸버그는 샌디의 원인을 콕 집어 지구온난화라고 할 수 없다는 것은 인정했으나, 그 연관성에 상당한 확신을 가지고 있는 듯했다. 그 점에 있어서는 대중들도 마찬가지였다. 유권자의 2/3가 샌디를 기후변화와 연관시켜 생각하고 있었다.[2]

그들을 비난할 수는 없다. 기후변화가 허리케인을 강화하고, 가뭄과 산불을 심화시키고, 강우가 집중되는 기간을 늘린다는 것은 비교적 명확한 이론이다. 지구 전체의 기온 상승에 따라 미국의 카트리나나 샌디에서부터, 2009년 오스트레일리아의 엄청난 들불, 2011년 가을 태국과 세계 공급망을 마비시킨 홍수에 이르기까지 전례를 찾기 힘든 환경 재앙이 일어나면서 이에 따른 경제 피해 규모도 커졌다.

하지만 기후변화는 샌디로 인해 인간들이 치러야 했던 대가가 그렇게 엄청나게 컸던 이유를 설명하지 못한다.[3] 샌디는 아메리카 대륙에 상륙할 당시 포스트 트로피컬 사이클론post-tropical cyclone으로 강등되었기 때문에 허리케인이라고 할 수도 없는 상태였다. 샌디가 입힌 엄청난 피해의 주된 원인은 위험을 내포한 장소에서 살고 일하던 수백만의 부유한 사람들이었다.

이를 이해하기 위해서는 역사를 거슬러 올라갈 필요가 있다. 뉴욕시립대학교 퀸즈 칼리지의 지질학자, 니컬러스 코크Nicholas Coch는 역사 속에서 뉴잉글랜드와 뉴욕을 공격했던 허리케인의 증거를 캤다.[4] 그는 첫 번째로 1635년 인디언 마을과 사람이 살지 않는 숲을 덮쳤던 허리케인을 찾아냈다. 하지만 그 흔적이 많이 남아 있지 않았다. 이보다 인상적인 것은 1893년 8월 찾아왔던 2급 허리케인 미드나잇 스톰Midnight Storm이었다. 이 허리케인은 코크가 이후 기록했듯이, 섬 하나를 문자 그대로 지도에서 없애버렸다. 호그 아일랜드는 지금의 JFK 공항 인근에 있는 보초도堡礁島, Barrier island로 여름이면 행락객과 해수욕을 즐기는 사람들이 찾곤 했다. 그러나 허리케인으로 인해 바다 아래로 가라앉았고, 코크가 다시 발견할 때까지 뉴요커들의 기억에서 사라졌다.[5] 미드나잇 스톰의 위력도 1938년의 3급 허리케인 그레이트 뉴잉글랜드Great New England에는 비할바가 아니다. 당시로서는 미국 역사에서 가장 파괴적인 폭풍이었다. 롱아일랜드 익스프레스Long Island Express라는 별명이 붙은 이 허리케인은 파이어아일랜드와 이스트 햄프턴 사이에 10개의 새로운 물길을 만들고 뉴욕시를 휘갈긴 후 로드아일랜드와 코네티컷 도처의 도시들을 파괴하거나 침수시켰다. 하지만 이 폭풍의 피해액은 50억 달러(2014년 기준)에 불과했다.

코크는 이 지역의 지형과 바람, 해류의 속성 때문에 2급 허리케인도 4급 허리케인 정도의 위력을 가질 수 있다고 말했다. 2006년 그는 "북부 허리케인이 허리케인의 피해를 입기 쉬우면서도 미국에서 가장 발전되어 있고 인구가 많은 부분을 따라 상륙한다면 국가적인 재난을 야기할 가능성이 있다."는 으스스한 예언을 내놓았다.[6]

샌디는 사실 그 정도의 재난은 아니었다. 그만큼 강력하지는 못했던 것이다. 이전의 허리케인들과 비교하면 샌디의 풍속은 특별히 높은 경우가 아니었고 강우强雨도 많지 않았다. 하지만 일반적인 폭풍에 비하면 상당히 유별났다. 규모가 꽤 컸고 해상에서 진행 중에 다른 두 개의 폭풍 전선과 만나 그 에너지가 커지면서 해안으로 방향을 틀었다. 또

한 뉴욕항에서 만조와 만나 해일을 일으켰다. 샌디가 9시간 일찍 상륙했다면 로어 맨해튼은 해를 입지 않는 대신 퀸즈와 브롱크스 대부분이 물에 잠겼을 것이다.[7]

하지만 샌디가 이전의 허리케인에 비해 큰 피해를 낸 가장 큰 이유는 1938년보다 뉴욕 지역의 인구밀도가 눈에 띄게 높아졌기 때문이다. 본래 노동자 계급의 가족들이 여름이면 놀러오는 값싼 목조주택들이 있었던 수백만 달러를 호가하는 주택이 지어졌다. 세계의 투자은행들이 맨해튼 전역에 최첨단의 고층건물을 세워 본사로 삼았고, 라구아디아와 JFK 공항이 승객들을 맞이했고, 소호, 트라이베카, 로어 이스트사이드의 공장과 초라한 다세대 주택들은 유행을 좇는 사람들과 전문직 종사자들의 놀이터로 탈바꿈했다. 대부분은 자신들이 허리케인의 길목에 살고 있다는 것을 알지 못했거나 개의치 않았다. 허리케인은 그리 자주 오는 게 아니지 않은가. 이런 태평함 덕분에 허리케인의 다음 공격은 훨씬 더 큰 피해를 남길 것이 불 보듯 뻔했다.

자연재해에 대해서 연구하는 학자들과 위기 전문가들에게는 샌디도 그 피해 규모에서 특별히 놀라울 것이 없다. 4년 전, 정치학자 로저 피엘크 2세Roger Pielke, Jr.가 이끄는 연구팀은 롱아일랜드 익스프레스와 같은 폭풍이 올 경우 390억 달러 가치의 피해를 낼 것이라고 계산을 내놓았다.[8] 저명한 재난 모형화 전문가, 캐런 클라크Karen Clark는 피해액이 1,000억 달러에 달할 것이라고 예측했다.[9] 중요한 것은 폭풍이 카트리나(멕시코만에 있을 때 가장 강력한 5급)만큼 강력하지 않아도 이러한 피해액이 나온다는 점이다.

샌디는 허리케인, 홍수, 들불 등 넘쳐나는 자연재해 관련 보도 속에서 오히려 이러한 위험이 일상적으로 무시되는 현상을 보여주는 사례다. 이러한 자연재해들은 보통 지구온난화와 연결된다. 기후변화가 상당한 역할을 하는 것은 사실이다. 예를 들어 1900년 이래 뉴욕 주변의 해수면은 1피트(약 30.48센티미터) 이상 상승해 해일의 발생 가능성을 높이고 있다. 하지만 자연재해의 피해가 점점 커지는 주된 원인은 훨씬 많은 경제적 부가 그들의 길을 막고 있기 때문이다. 이 역시 엔지니어와 생태주의자의 대립된 입장이 드러나는 주제다. 사람들이 도시로 모이고 있다. 그 도시를 대자연에 취약하게 만드는 바로 그 점이 도시를 생산적이고 살기 안전하게 만드는 특질이기도 하다. 경제적 재난을 근절하려는 엔지니어들의 노력이 차후 다른, 종종 더 큰 규모의 금융위기를 낳듯이, 훨씬 더 정교한 방어로 우리를 자연으로부터 보호하는 데 성공한다는 것은 그러한 방어가 실패할 때 일어나는 파괴는 훨씬 더 큰 피해를 준다는 의미다. 그리고 결국 그런 일은 더 많이 벌어진다.

경제 발전이 자연과 어떤 상호작용을 갖는가에 대한 피엘크의 관심은 점심시간 동안 콜로라도 볼더의 국립대기과학연구소National Center for Atmospheric Research 뒤에서 농구를 하던 중에 크리스 랜드시Chris Landsea 를 만나면서 시작되었다. 픽업 게임을 하던 중에 그들은 서로 같은 문제 ― 북대서양의 허리케인 활동 ― 에 대해서 연구하고 있으며 서로 상반되는 것처럼 보이는 결론에 이르고 있다는 점을 알게 되었다. 랜드시는 북대서양에서 강력한 허리케인의 발생 빈도가 점차 줄어들고 있다는 내용(1991~1994년은 기록상 가장 조용한 기간이었다)의 논문을 막 발표한 참이었다.[10]

그사이 피엘크는 국립과학재단National Science Foundation 의 요청으로 허리케인 강도에 대한 박사 후 연구를 진행하고 있었다. 1992년 허리케인 앤드루Andrew는 미국 역사상 가장 큰 피해를 내면서 허리케인 관련 모든 기록을 갈아치웠다. 플로리다가 앤드루가 입힌 최종 피해의 절반에 불과한 두 개의 폭풍을 최악의 시나리오라고 떠든 지 몇 년 지나지 않은 때였다. "1991년에서 1994년은 분명히 허리케인으로 인한 피해가 가장 컸던 기간이었습니다."[11] 피엘크는 워싱턴에서 어느 날 저녁 맥주를 마시며 내게 이렇게 말했다. 하지만 랜드시의 연구를 본 후 피엘크는 "그 기간의 피해가 가장 컸던 이유는 허리케인의 발생 빈도와는 전혀 관련이 없었다."는 것을 알게 되었다.

피엘크와 랜드시는 첫눈에 보기에는 완전히 반대되는 두 연구를 통해 자연재해를 보는 새로운 방법을 만들었다. 과학과 지리학과 경제학을 결합시킨 방법이었다. 그들은 훨씬 이전의 몇몇 폭풍들에 대해서 연구한 후 폭풍의 영향을 받았던 지역의 인구, 재산, 정착 패턴이 어떻게 변화해왔는지를 검토해서 똑같은 수준의 폭풍이 오늘날 얼마나 큰 피해를 입힐지 추정했다. 그들은 이러한 관행을 '표준화normalizing'라고 불렀다.

그들이 내린 결론은 충격적이었다. 1926년 마이애미와 주변 지역에 막 호황이 시작되고 이 지역의 인구가 10만에 이르렀을 때 그레이트 마이애미 허리케인the Great Minami Hurricane이 상륙했다. 현재 마이애미는 제멋대로 뻗어나가고 있는 대도시의 중심지로 인구는 500만이 넘고 고가의 부동산들이 몰려 있다. 사람들을 폭풍으로부터 지킬 완충지대인 해변에는 현재 집, 콘도, 유리로 외관을 꾸민 호텔들이 들어서 있다. 1926년 허리케인의 피해는 10억 달러(2011년 기준)였다.[12] 하지만 지금이라면 피해액은 1,880억 달러가 넘을 것이다.

피엘크와 랜드시는 다른 나라에 대해서도 같은 연구를 했다. 2009년 2월 오스트레일리아 빅토리아주에는 장기간 혹서酷暑가 찾아왔고 단선된 송전선에서 시작된 것으로 추정되는 산불이 연이어 발생했다. 강풍급 바람에 의해 '검은 토요일Black Saturday'이라 불리는 산불 화재가 엄청난 속도로 넓은 면적을 태웠다. 멜버른 북부 교외와 인근 도시의 집 2,300채가 소실되고 173명이 사망했다. 미국의 카트리나나 샌디의 경우와 같이 많은 사람들이 산불을 지구온난화와 연결 지었다. 피엘크는 거기에 동의하지 않았다. 그와 오스트레일리아 공동 연구자 네 명은 1967년에서 1983년 사이의 기간에 이 지역에서 큰 화재가 일어난 후 정착과 건설 패턴이 어떻게 변화해왔는지를 검토했다. 그들은 1967년의 화재에 소실된 주택의 숫자는 검은 토요일 화재의 피해를 입은 주택의 절반이었지만 2009년과 같이 해당 지역의 인구밀도가 높았다면 그때만큼의 피해를 냈을 것이라고 추정했다.[13] 가장 큰 피해를 입은 도시, 매리스빌과 킹레이크의 경우, 소실된 주택의 1/4이 숲지대나 바로 곁에 그리고 60~90퍼센트가 숲지대에서 10~100미터 사이에 위치해서 화재의 피해에 몹시 취약한 상태였다.

비슷한 환경은 다른 재난들을 설명하는 데에도 도움을 준다. 방콕은 홍수 피해를 자주 입어서 '동방의 베니스the Venice of the East'라고 알려졌을 정도다. 1960년부터 태국은 급속한 산업화를 겪었고 일본, 유럽, 미국의 다국적 기업을 위한 자동차 조립과 컴퓨터 부품 생산의 중심지가 되었다. 태국인들은 차오프라야강을 따라 있는 논의 물을 빼내고 그 자리에 산업단지를 만든 뒤 그 주변에 제방을 쌓았다. 2011년 심하게 내린 장맛비로 상류의 저수지가 넘치고 강이 범람했다. 물은 제방을 넘

어 방콕을 공격했다. 모래주머니를 쌓거나 제방을 무너뜨려 한 지역을
보호하면 물은 다른 곳으로 이동하기 때문이다. 2011년 태국 홍수는
1970년 이래 9번째로 보험 손실이 큰 자연재해가 되었다.

피엘크의 연구 결과에 대해서 잠깐 생각해보라. 그의 이론은 너무
나 명백하기 때문에 거의 논란의 여지가 없다. 하지만 기후학을 둘러
싼 고조된 분위기 속에서는 모든 것이 논란의 대상이다. 대다수의 자
연과학자들과 사회과학자들은 인간에 의한 기후변화가 일어나고 있
다는 데 동의하고 있다. 하지만 그에 대응하는 최선의 방법을 두고는
의견이 갈린다. 대응에는 감축―대기 중 온실가스 감소를 위해 필요한 모
든 일을 하는 것―과 적응, 즉 기후변화가 일어날 것이라는 점을 받아
들이고 피해를 최소화시킬 가장 효과적인 방법을 찾는 것이 있다. (이
것은 물론 단순화된 표현이다. 대부분의 전문가들은 두 가지 방법의 조합을 추천
한다.) 감축을 가장 열성적으로 옹호하는 사람들은 적응하기까지 참고
기다릴 마음이 거의 없으며, 그것을 지구를 변화시키는 재난에 대한
숙명론적인 굴복으로 생각한다. 앨 고어Al Gore는 적응을 나치의 유화
정책에 비교했다.[14]

피엘크는 자신이 자주 기후변화 회의론자들과 같은 부류로 분류되
면서 비난의 표적이 되고 있다는 사실을 발견했다. 아이러니한 일이다.
그는 온실효과가 진행 중이고 인간에 의한 온실가스 배출이 그 원인이
라는 확고한 입장을 가지고 있기 때문이다. 기후변화는 어린 시절 그의
집 저녁 식탁에서 자주 등장하던 화제였다. 그의 아버지, 로저 피엘크
1세Roger Pielke, Sr.는 1984년 브리태니커 백과사전Encyclopedia Britannica에
등재된 지구온난화를 예견한 글―계속적인 이산화탄소 배출의 증가가 지

구온난화로 이어질 것이다 — 을 작성한 기상학자였다.[15]

지구온난화가 진행됨에 따라 홍수는 더 파괴적인 힘을 갖게 될 것이 분명하다. 다른 조건이 똑같더라도 해수면이 높아지면 해일이 더 많은 해안도시를 침수시키게 된다. 습기는 허리케인에 연료를 제공하고 따뜻한 공기는 더 많은 습기를 머금는다. 따뜻해진 지구는 더 많은 강력한 허리케인을 만들 가능성이 크다.

피엘크는 이러한 과학을 반박하거나 그것이 미래에 대한 합리적인 예측이라는 점에 이의를 제기하는 것이 아니다. 그는 기후변화가 샌디와 같은 과거의 재난을 설명한다는 생각에 반대하는 것이다. 그는 허리케인과 가뭄의 숫자에 장기추세가 존재하지 않는다는 것을 보여주는 여러 편의 논문을 발표했다. 자연재해가 가져오는 피해가 커지는 원인이 주로 인간의 발전에 있다면, 단순히 대기 중 이산화탄소의 증가를 막으려 노력하는 것보다는 도시와 정착지를 보다 회복력 있게 만드는 것이 기후변화를 합리적으로 다루는 자세일 것이다.

어찌되었든 이것은 종결된 문제가 아니다. GDP에 따라 상대적으로 비교하자면 폭풍의 피해는 증가추세가 아니라는 피엘크의 말이 옳다고 해도 기후변화가 재난에 책임이 없다는 뜻은 아니다. 매사추세츠 공과대학의 기후학자 케리 이매뉴얼Kerry Emanuel은 재난에 대비하는 사회의 능력 증가를 고려하면 GDP 대비 피해액은 분명 감소하고 있어야 한다고 말한다.[16] 피해가 감소하지 않고 있다는 사실은 기후변화 때문일 수 있다. 과거가 꼭 미래의 좋은 안내자인 것은 아니다. 지구온난화가 더 많은 강력한 폭풍을 유발하는 것이 과학적으로 명확하다면, 그에 따른 대비가 이치에 맞다. 드물게 발생하는 사건들이 명확하게 확인할 수 있는 추세를 남기려면 수십 년의 시간이 필요하기 때문이다. 케리는 이렇게 설명한다. 어떤 등산객이 인근 숲의 곰 개체 수가 2배가 되었다는 것을 알게 되었다고 생각해보자. 그는 누군가 상처를 입는 것을 볼 때까지, 즉 정말 위험하다는 것이 입증될 때까지 신경을 쓰지 않을까? 그렇지 않을 것이다. 등산객은 바로 곰에 대한 각별한 주의를 기울일 것이다. 한 연구에서 이매뉴얼과 공동 연구자들은 세계의 허리케인 피해가 2100년까지 경제적 요인으로 두 배가 되고 기후변화 때문에 다시 두 배가 될 것이라고 예측했다.[17]

피엘크의 연구가 주는 교훈은 기후변화가 일어나지 않는다거나 피해를 입히지 않는다는 것이 아니다. 인간의 행동이 온실가스 배출보다 자연재해가 가져오는 피해에 더 큰 영향을 미친다는 것이다. 인간행동이 재난 피해가 증가하는 데 중요한 동인이라면 우리는 우선 우리 스스로를 왜 위험에 밀어 넣는지 그 이유를 이해할 필요가 있다.

높은 제방 뒤에서 번성하는 도시

미시시피강이라면 그 이해의 여정을 출발하는 곳으로 적당할 것이다. 미시시피강은 세계에서 가장 강력하고 복잡하고 중요한 하천계다. 미시시피강 유역의 면적은 미국 본토의 1/3에 해당한다. 미시시피 역시 엔지니어와 생태주의자 간에 끝없는 논쟁이 벌어지는 배경이다. 미시시피강은 유럽인들이 강 유역에 정착해서 강과 삼각주의 모양과 방향을 변화시키기 훨씬 전부터 정기적으로 범람했다. 하지만 강은 교통, 상업, 농업에 없어서는 안 되는 존재였기 때문에 미국인들은 정착 초기부터 강을 길들이기 위해 싸워왔다. 1700년대 초 미시시피강을 따라 정착했던 사람들은 범람을 막을 둑을 만들었다. 하지만 둑은 홍수에 무너지기 일쑤였다. 마크 트웨인Mark Twain은 "인간은 그 무법의 물줄기를 길들일 수 없다."라는 유명한 말을 남겼다. "미시시피강은 언제나 자신의 길을 갈 것이다. 어떤 공학 기술도 다른 길을 가라고 강을 설득할 수 없다."[18]

공병단은 그렇게 생각지 않았다. 1850년대부터 공병단은 강의 관리에 대한 무거운 책임을 맡았다. 의회는 당시 미시시피 하류에 대한 두 건의 조사를 승인했고 이 조사를 토대로 두 개의 대립되는 접근법이 만들어졌다. 토목공학자인 찰스 엘릿 2세Charles Ellet, Jr.가 주도한 하나의 접근은 홍수의 문제를 범람원에 정착하는 사람이 늘어난 것과 연결시켜 강 하구의 확장, 높고 강한 제방, 상류 저수지를 해법으로 추천했다. 육군 대위 앤드루 험프리Andrew Humphrey가 이끄는 조사팀은 제방의 건설만을 제안했다. 공병단은 험프리의 계획을 지지했고 의회는 1879년 그 계획을 승인했다.[19] 남북전쟁 후에 국가의 산업, 상업발전을 가속화하기 위한 토목공사에 대한 수요가 커지면서 연방이 자금을 지원하는 제방 건설이 줄을 이었다. 북쪽으로 폰처트레인 호수, 남쪽으로 미시시피강의 물로부터 지대가 낮은 뉴올리언스를 보호하기 위해 수로가 건설되었다.

미시시피강위원회Mississippi River Commission의 기준과 등급에 맞추어 지어진 제방은 1927년까지 전혀 손상을 입지 않았다. 하지만 그해 엄청난 홍수가 일리노이 남부 카이로에서 멕시코만까지 제방을 터뜨렸고 탁한 누런색 물이 100마일(약 160.93킬로미터) 이상 퍼져나갔다. 200명 이상이 사망했고 70만 명—그중 80퍼센트가 흑인—이 집을 잃었다.[20]

1927년의 홍수로 두 가지 큰 변화가 생겼다. 공병단의 책임자인 에드거 재드윈Edgar Jadwin은 미시시피 범람을 제방으로만 막는다는 방침(이후 다시 돌아오게 된다)을 빨리 버려야 한다고 권고했다. 또한 그들은 홍수 통제를 연방정부의 일로 삼도록 의회를 유도했다.

그 책임을 통해 비용편익분석cost benefit analysis으로 불리는, 경제학과 엔지니어링의 결합이 이루어졌다. 경제계획에서의 혁명적인 전진 덕분에 공병단은 새로운 홍수통제 프로젝트가 범람원의 영농, 산업화, 도로 등의 발전에 기여할 수 있다는 명목으로 프로젝트에 따른 건설을 정당화시킬 수 있었다.

하지만 이것은 의도치 않은 결과를 낳았다. 제2차 세계대전이 시작되고 몇 년 후 이 결과를 지적한 사람이 등장했다. 지리학자로서 홍수통제 프로젝트에 반대했던 31살의 무명 정부 직원이었다. 시카고대학에서 박사학위를 따기 위해 공부하면서 여러 가지 정부 일을 했던 길버트 화이트Gilbert White는 1942년 논문을 완성했다. 이 논문은 홍수에 대한 생각을 철저하게 바꾸어 놓았다.

화이트는 제방에 의해 보호받고 있다고 느끼고 그 그늘에 더 많은 부동산을 건설하려는 인간의 경향을 '제방 효과levee effect'로 제시했다. 이러한 경향은 연방정부가 홍수통제를 위해 엄청난 돈을 쏟아부으면서 더욱 강화되었다. 이러한 정부의 노력은 거듭 좌절되었다. 사람들은 홍수가 역사상 최대치를 넘지 않을 것이라는 가정하에 그 수준의 보호장치를 만들곤 했다. 화이트는 그러한 보호장치가 무력화되는 수많은 사례를 수집했다.[21] 신시내티의 발전소는 "1884년의 기록적인 홍수 때 최고 수위에서 1피트 높은 곳에서 가동되도록 건설되었다. 하지만 1937

년 그보다 7피트가 높은 물마루 때문에 가동이 중단되었다." 텍사스 브래디에서는 1930년의 홍수 이후 상업지구를 보호하기 위해 만들어진 석조 벽이 있었으나 1935년의 홍수는 그 벽을 넘었다. 도시는 3피트 더 높은 제방을 건설했지만 1938년 다시 월파越波가 발생했다. 허리케인 벳시Betsy가 1965년 뉴올리언스를 유린한 후 공병단은 지역의 제방을 강화하고 확장했다.[22] 이는 더 많은 발전으로 이어졌고 이러한 발전은 40년이 지난 후 카트리나에 노출되었다.

사실, 지역과 연방당국이 새로운 홍수 방제 장치를 만드는 만큼 빠른 속도로 경제 발전이 그 공간을 채우면서 노출 수준을 높였다. 댈러스의 제방 프로젝트는[23] 1930년대에 완성되었고 이를 통해 보호를 받는 범람원의 부동산 가치는 4배 이상 상승했다. 오하이오강 유역에는 공병단이 해로운 홍수방제 장치를 짓는 것보다 빠르게 주택, 공장, 가게가 들어섰다. 최종적으로는 홍수통제 프로젝트의 가치가 매년 꾸준히 높아지면서 홍수의 경제적 피해도 커지는 결과가 나타났다.

홍수방제와 개발의 자기 강화 사이클을 보면 자연재해의 규모가 계속 늘어나리란 것을 쉽게 짐작할 수 있다. 체스터필드는 세인트루이스 교외의 생기 없고 나른한 농촌 지역으로 1980년대까지 콩, 밀, 옥수수를 키웠다. 1980년대부터 체스터필드에 기업과 도시민이 밀려 들어오기 시작했다. 1980년, 이 마을은 스피릿오브세인트루이스 공항Spirit of Saint Louis Airport을 인수해 상업 비행과 개인 비행을 다루는 대단히 바쁜 공항으로 탈바꿈시켰다. 지역 농부들은 1947년 농작물을 보호하기 위해 개인적으로 제방을 만들어두었다. 하지만 새로운 사업의 유입으로 도시가 성장하면서 1970년대와 1980년대에, 기업, 농민, 지자체가 250

만 달러를 들여 연간 발생 확률 1퍼센트의 홍수에도 견딜 수 있도록 제방을 강화했다. "그 정도면 충분한 높이라는 것이 우리의 판단이었습니다."[24] 모나크 레비 지구의 대표였던 농부 멜빈 픽Melvin Fick은 「세인트루이스 포스트 - 디스패치St. Louis Post-Dispatch」에 이렇게 말했다. "제방은 1973년과 1986년(기록적인 홍수로 미주리 강물이 불어 올랐을 때)에도 잘 견뎌주었습니다."

하지만 1993년의 맹렬한 폭풍으로 미주리강에는 1973년의 기록을 6피트 넘어서는 물마루가 생겨 700피트(약 213.36킬로미터)의 제방을 박살냈다. 공항은 물에 잠겼다. 제때 이륙하지 못한 비행기들은 나무들 사이를 떠냈고 공업단지에 있는 회사들을 비롯한 500개의 회사가 침수되었고 인근 교도소에 있던 450명의 재소자들은 다른 교도소로 이감되어야 했다.

1993년 10대였던 캐럴린 쿠스키Carolyn Kousky는[25] 세인트루이스에서 홍수 상황을 목격했다. 그녀는 가족들과 차를 타고 시내로 가면서 홍수로 물이 불어나는 것을 지켜보았다. 그녀는 현재 환경과 자원 문제를 연구하는 싱크탱크, 미래자원연구소Resources for the Future의 경제학자다. 그녀는 2008년, 홍수 이후의 반응을 기록하기 위해 체스터필드를 방문했다. 2008년 홍수의 충격으로 세운 대비책이 문제를 두 배로 키운 상태였다. 이 도시는 연방정부의 도움을 받아 연간 발생률 0.2퍼센트의 폭풍에 대비하는 제방을 다시 건설했다. 그러자 이후 10년 동안 계곡의 개발지는 전보다 두 배나 넓은 600만 평방피트로 늘어났다. 미국에서 가장 긴 스트립몰(strip mall: 번화가에 상점과 식당이 일렬로 늘어서 있는 곳 - 옮긴이)도 이곳에 위치하고 있었다. 방제 시스템의 고안자는 이것을 선순환이라고 불렀다. 더 많은 제방이 더 많은 개발을 부르고 이는 다시 더 많은 제방으로 이어졌다.

쿠스키는 그렇게 확신할 수가 없었다. 제방으로 안전을 자신할 수 없다고 생각했다. 결국 1993년의 범람으로 제방의 70퍼센트가 무너졌다. 극단적인 상황이 생기면 물은 언제든 제방을 넘을 수 있다. 더구나 제방은 물을 없애는 것이 아니다. 이는 파생상품과 비슷하다. 파생상품은 금융 리스크를 없애지 않는다. 다만 다른 사람에게 넘길 뿐이다. 마찬가지로 제방은 물을 다른 곳으로(종종 상류로) 이동시킨다. 세인트루이스의 홍수방제 조치는 1993년의 폭풍을 견뎌냈지만 그렇게 하면서 불어난 물을 다른 공동체로 이동시켰다. 체스터필드의 보호장치가 증가하면 다음 홍수 때 인근 공동체의 수위가 높아질 것이다. 쿠스키는 그 결과 한 지자체가 높은 제방을 지으면 다른 지자체가 더 높은 제방을 짓는 '제방 전쟁levee war'이 벌어진다고 말한다.

제방 효과는 수 세기에 걸쳐서 위험 곁에서 사는 법을 배워온 많은 나라에서 나타난다. '쓰나미tsunami'라는 말은 1600년대 초 일본에서 가장 먼저 등장했고 1896년 '살아 있는 신A Living God'이라는 이야기를 통해 영어권에 소개되었다. 두뇌 회전이 빠른 마을의 촌장이 다가오는 파도로 파괴될 위험으로부터 마을을 구하는 이야기다.[26] 이 이야기는 일본인들이 위험이 내재하는 장소에서 살더라도 충분한 주의를 기울임으로써 스스로를 보호할 수 있다는 사고방식을 형성시키는 데 일조했다. 제2차 세계대전 이후 일본 정부는 산업 중심지를 쓰나미로부터 보호하기 위해 동해안에 광범위한 방파제를 건설하는 프로젝트에 착수했다. 결과적으로 일본 해안의 1/3이 방파제를 비롯한 홍수방제 장치

로 보호되고 있다.[27]

그 결과 일본 국민들은 물가에서도 안전하게 살고 있다는 느낌을 받게 되었다. 일본의 기업들은 방파제로 보호되고 있는 해안에 후쿠시마 다이치, 후쿠시마 다이니 원자력 발전소를 건설할 정도의 자신감을 얻었다. 다이치 원전은 원래 10피트(약 3.048미터)의 쓰나미에 견딜 수 있게 설계되었다. 1960년 칠레 해안의 지진 당시 유발된 쓰나미의 크기를 기준으로 삼았다. 하지만 1,000년 전의 것보다 훨씬 더 강력한 지진과 더 큰 쓰나미가 찾아왔다. 원전들은 2011년 도호쿠 지진에 속수무책으로 당할 수밖에 없었다. 33피트(약 10.058미터) 높이의 검은 물결이 도시들을 쓸어버렸고 원전을 보호하는 방파제로 쇄도해서, 외부전원이 차단되었을 때 원자로 냉각 시스템의 출력을 유지시키는 디젤발전기를 망가뜨렸다.

오랫동안 자연의 지배를 받아온 네덜란드에서는 더 극단적인 예를 찾아볼 수 있다. 네덜란드 농민들은 12세기 북해를 매립한 땅 주변으로 수로를 건설해 해안 간척지를 만들기 시작했다. 시간이 지나면서 네덜란드인들은 점점 더 정교하고 방대한 일련의 수로를 건설했고 현재 이 나라는 그 60퍼센트가 해수면보다 낮거나 북해, 라인강, 뫼즈강, 쉘트강과 그 지류의 잦은 범람 위험에 노출되어 있다. 1953년, 북해의 강력한 폭풍이 한 사리(spring tide: 음력 보름과 그믐 무렵의 밀물이 가장 높은 때 – 옮긴이)와 만나면서 가뿐하게 방파제를 제압했다. 네덜란드 농경지의 9퍼센트가 침수되었고 1,800명이 사망했다. 네덜란드는 이에 대응해 수십 년에 걸쳐 진행할 '델타 사업delta works' 프로그램을 내놓았다. 방파제를 높이고 강화하면서 해일로부터 강어귀를 지키는 일에 착수한 것이다. 이러한 보호에 힘입어, 암스테르담에서 로테르담에 이르는 땅이 빠르게 산업화되었고 현재는 국가 경제의 생산 대부분이 이곳에서 이루어진다.

몇 년 전, 나는 네덜란드의 물관리 전문 엔지니어링 기업, 아르카디스 Arcadis의 피에트 디르커 Piet Dircke와 함께 로테르담 주변의 해안간척지를 돌아보았다. "네덜란드의 북부와 남부는 훨씬 안전하지만 경제적인 매력은 떨어집니다."[28] 그가 나에게 말했다. "사람들은 네덜란드의 서쪽으로 이주하고 있습니다. 그쪽 경제가 성장하고 있거든요." 그는 방파제가 무너질 경우 네덜란드 절반이 물에 잠기는 암울한 결과가 나타날 것이라고 말했다. 네덜란드의 주요 국제공항인 스키폴 공항은 해수면보다 6~7미터 낮은 곳에 위치하게 될 것이다. 여왕의 궁전도 마찬가지다. "나라를 완전히 다시 세워야 할 겁니다."

네덜란드인을 비롯한 그 누구도 해안을 포기하려 하지 않는다. 그렇다면 당연히 경제 발전을 그 결과인 재난으로 발생하는 더 큰 피해와 어떻게 조화시킬 것인가 하는 딜레마를 안게 된다.

재난과 경제 발전의 악순환

순수한 시장적 해법에 따르자면 위험에 노출된 채 살고 있는 사람들로 하여금 대가를 지불하게 해야 한다. 즉 그러한 장소에 사는 일을 지원하는 정부의 보조금을 없애고 그곳에 사는 사람들에게 재난이 발생했을 때 복구비용을 댈 보험료를 청구하는 것이다. 대가를 지불하고 싶지 않은 사람들은 그에 대한 책임을 지거나 이주를 해야 한다.

그러나 반대로 수많은 정책들이 위험에 노출된 곳에서 살도록 사람들을 부추긴다. 미국의 연방정부는 공병단이 댐과 제방 기타 홍수 방제조치를 취하고 유지하도록 하는 데 수십억 달러를 쓴다. 연방 재해선포—환경 정화비용의 75~100퍼센트에 해당하는 연방정부 원조를 유발하는—의 수가 꾸준히 증가하고 있다. 물론 사후에 재난 피해를 입은 지역을 복구하는 데에도 엄청난 돈이 들어간다. 그러한 지출에는 정치적인 저항이 거의 불가능하다. 뉴저지의 공화당 주지사인 크리스 크리스티Chris Christie는 연방정부가 샌디로 피해를 입은 지역에 대한 지원을 서둘렀다는 점을 높이 사고, 의회에서 자신이 속한 공화당 지도부가 추가 자금의 승인을 몇 달이나 미루었던 것에 대해서 '수치스럽고', '잔인무도' 하다고 비판해 버럭 오바마의 재선 가능성을 높인 바 있다.

오랫동안 연방 홍수보험 프로그램은 범람원에 살고 있는 사람들에게 보험료를 부담하게 했다. 하지만 그들이 살았던 곳과 연관된 위험의 실제 크기에 비하면 보험료가 현저히 낮았다. 정치적인 이유 때문에 플로리다와 같은 주州는 보험업자가 주택 소유자에게 그곳에 사는 위험을 실제적으로 반영하는 보험료를 청구하는 것을 금지시켰다. 그것은 허리케인의 길목에서 사는 실제 비용이 얼마인지 알지 못하게 했을 뿐 아니라 많은 보험업자를 주에서 몰아내, 주의 재보험 기금을 유일한 후방 방어벽으로 남기고 납세자들이 낸 혈세 수십억 달러를 쏟아붓게 만들었다. 2012년 의회는 범람원의 주택 소유자에게 연방 홍수보험에 대한 정당한(즉 더 높은) 보험료를 지불하게 하는 일에 나섰다. 하지만 이 용기 있는 시도는 정치적인 반발로 몇 년 더 미루어졌다.

연방과 주의 삼림관리기관들은 숲에 지나치게 가까이 있는 주택들이 피해를 입지 않도록 산불을 막기 위해 엄청난 지출을 했다. 보다 광범위하게 말하자면, 폭풍 방제는 전형적인 시장 실패를 겪고 있다. 사구砂丘나 맹그로브 습지와 같은 천연 장벽은 모두에게 보호의 혜택을 준다. 하지만 그러한 혜택은 쉽게 가격을 매길 수도 없고 사유재산으로 소유할 수도 없다. 반면에 가로막는 것 없이 바다 전망이 트인 대저택, 콘도, 호텔을 짓는 것은 그 경제적 혜택이 매우 큰 데다 쉽게 수량화할 수도 있다. 그렇다면 그러한 공공 보조를 모두 없애거나 수혜자들에게 그 비용을 지불하게(가급적이면 보험의 형태도) 하는 것이 해법이다. 보험료가 높으면 수혜자들은 다른 곳으로 이주할 것이다. 보험 없이 지내면 그들은 재해의 피해를 보더라도 구제를 받지 못할 것이다.

하지만 보조금을 통한 모든 보호와 보험을 제거한 후에도 사람들은 보호가 필요하다는 생각을 못하고 홍수, 지진, 기타 자연재해의 위험이 있는 곳에서 살 것이다. 이것을 꼭 비이성적이라고 할 수는 없다. 오클라호마 토네이도 앨리(Tornado Alley: 미국의 토네이도 다발지역 – 옮긴이)의 대부분의 주택 소유자들은 토네이도의 피해를 보지 않을 것이다.[29] 이 때문에 지하실이나 토네이도 방어용 룸room의 비용을 정당화하기 힘들다. 큰 피해를 초래하는 재해가 비교적 드문 탓에, 개인적인 경험이 부족하다 보니 사람들은 그 가능성을 과소평가한다. 그리고 재해 경험이 없는 기간이 길어질수록 사람들이 평가하는 피해의 가능성은 낮아진다.

와튼 경영대학원의 위험 전문가 하워드 쿤로이더Howard Kunreuther는 이를 '재앙의 근시안disaster myopia'이라고 부른다. 그의 동료 로버트 마이어Robert Meyer는 주목할 만한 사례 연구를 보여주었다.[30] 1969년 허리케인 카미유는 걸프만을 휩쓸고 패스 크리스천의 미시시피 리조트 타운을 세차게 공격했다. 리슐리외Richelieu 아파트 단지가 붕괴하면서 최소한 8명이 사망했다(그들이 허리케인 파티를 즐기고 있었다는 이야기가 있지만 그것은 사실이 아니다). 무너진 아파트 부지는 비어 있었으나 이후 개발자들이 그곳에 쇼핑센터를 지었다. 이 쇼핑센터는 2005년 허리케인 카트리나에 의해 파괴되었다. 불과 몇 년 후에 쇼핑센터가 있던 자리에서 몇 블록 떨어진 곳에 새로운 콘도미니엄 단지가 들어서기 시작했다. 나는 패스 크리스천의 시장에게 지난 40년간 두 차례나 건물이 파괴되고 인명사고까지 난 곳에 다시 건물을 세우는 이유가 무엇이냐고 물었다. 그는 이렇게 답했다. "매년 오는 것은 아니니까요. 내일이 세상의 종말이 아니라는 보장이 어디 있습니까? 지진의 위험이 있는 캘리포니아에도 사람들이 살고 동부에는 눈보라가 치는데도 사람들이 삽니다. 안전한 곳이 대체 어디입니까? 인생은 도박입니다. 그거 아십니까? 물은 돈이 됩니다. 물에 겁을 먹는 사람들보다는 물에 매력을 느끼고 찾는 사람이 많습니다."[31]

그의 관찰은 재난과 경제적 발전의 악순환을 멈추게 하는 것이 그토록 어려운 이유를 보여준다. 사람들은 고대부터 범람원을 따라 정착해 왔다. 땅이 가장 비옥하고 가장 생산성이 높은 곳이었기 때문이다. 교역과 상업을 용이하게 하는 강, 해안, 천연 항구는 뉴욕, 암스테르담, 런던과 같은 도시에 지리적 토대를 제공했다. 네덜란드는 세계 최초의 경제 초강대국이 되었다. 주요 도시들이 대서양에 면해 있어서 뉴욕이나 자카르타와 같은 다른 해안 도시들과 쉽게 무역을 할 수 있었기 때문이다. 지진을 생성하는 판구조는 샌프란시스코와 같은 천연 항구를 만들기도 한다.[32] 샌프란시스코는 1906년의 지진이 남긴 잔해 위에 마리나 디스트릭트Marina District를 만들었다.

항해나 상업을 위해 물가에 있어야 할 이유는 지난 세기에 이미 사라졌다. 하지만 경제적인 이유나 심미적인 이유에서 물 가까이에 살고자 하는 욕구는 여전히 강하게 남아 있다. 심지어 해양생물학자 월리스 니컬스Wallace J. Nichols는 물가에 있는 것이 사람들을 더 행복하고 차분하게 만든다고 주장하기도 했다.[33]

이로써 더 많은 그리고 더 큰 피해를 줄 제2, 제3의 샌디가 출현할 것이 사실상 확실해진다. 세계은행World Bank은 2000년에서 2050년 사이, 열대성 저기압에 노출되는 대도시 사람의 수가 3억 1,000만 명에서 6억 8,000만 명으로, 즉 세계 인구의 11퍼센트에서 16퍼센트로 늘어날 것이라고 내다보았다.[34] 해수면 상승, 경제성장, 도시화로 인해 경제적 노출은 더 커질 것이다. 2005년에 마이애미, 뉴욕을 필두로, 뉴올리언스, 오사카-고베, 도쿄 등 해안 침수에 경제적으로 가장 많이 노출된 10대 도시는 모두 부유한 나라에 속해 있었다. 이 10개 도시는 세계 GDP의 5퍼센트를 차지했다. 2070년까지, 광저우, 캘커타, 상하이, 뭄바이, 톈진, 홍콩, 방콕이 이 목록에 오를 것이고, 이들 도시의 경제적 노출은 세계 GDP의 9퍼센트에 이를 것이다.[35]

도시가 허리케인이나 테러리스트 폭탄의 쉬운 표적이 되는 걸 알면서도 사람들이 그곳에 사는 이유는 무엇일까? 아이러니하게도 도시의 재난을 치명적으로 만드는 인구밀도가 대부분의 시간 동안에는 도시를 안전하게 만든다. 많은 사람들이 한곳에 모여 있기 때문에 훨씬 더 효율적인 보호를 받을 수 있는 것이다. 그것이 도시를 만드는 목적 중 하나다. "5세기에 걸친 폭력과 마비, 불확실성이 유럽인들의 가슴에 안전에 대한 엄청난 갈망을 심어주었다."[36] 역사가 루이스 멈퍼드Lewis Mumford

는 유럽 도시의 기원에 대해서 이렇게 적었다. "부득이한 필요가 중요한 사실의 재발견으로 이어졌다. (중략) 저지대의 상대적으로 무력한 사람들도 마을 주위에 목재 울타리나 돌벽을 쌓아서 난공불락의 바위 위에 올라앉은 요새가 가진 힘과 안정성을 확보할 수 있었다."

자연재해는 도시보다 시골에 더 치명적이다. 구조원이 사람들에게 도달하는 데 있어서 외딴 지역이 건물과 도로가 완비된 도시 지역보다 어려움이 더 많기 때문이기도 하고 시골의 생계가 재난에 더 취약하기 때문이기도 하다. 인도에서는 혹서 기간 동안 농촌 지역의 사망자가 도시 지역보다 훨씬 많다.[37] 농사를 망치면 생계도 막막해지기 때문이다.

빈곤 연구로 유명한 아브히짓 배너지Abhijit Banerjee와 에스터 듀플로Esther Duflo는 2009년 「뉴욕타임스New York Times」의 소미니 센굽타Somini Sengupta 기자와 인도의 농촌 지역을 방문했다. 농촌에서 도시로 이주한 노동자들에게 세계 금융위기 이후 델리의 건설 급감으로 어떤 영향을 받았는지 묻는 것이 그 목적이었다. 놀랍게도 이주노동자들은 몹시 낙관적이었다. "얻을 수 있는 일자리가 여전히 있었다."[38] 두 경제학자들은 이후 자신들의 책, 『빈곤의 경제학Poor Economics』에 이렇게 적었다. "마을에서 벌 수 있었던 일당보다 두 배나 많은 돈을 주는 일자리들, 그들이 과거에 견뎌야 했던 것―일을 전혀 구하지 못하는 일상적인 불안, 비에 대한 끝없는 기다림―에 비하면 도시로 이주한 건설노동자의 삶이 훨씬 매력적인 것 같았다."

가난한 소작농들을 인도의 도시로 끌어들이는 경제논리가 부유한 나라의 교육수준이 높은 전문직 종사자들에게도 똑같이 적용된다. 도시가 지닌 가치의 대부분은 '네트워크 효과network effects'에서 나온다. 즉

개개의 노동자, 관리자, 전문가가 다른 사람들과 아주 가깝게 생활하고 일하고 상호작용을 하는 가운데에서 향상되는 생산성에 높은 점수가 주어지는 것이다. 석기시대에서 현대에 이르는 일본 도시들에 대한 한 연구는 건물과 도로가 갖추어진 입지의 장점과 밀집성으로 인한 수확 체증이 강력한 저력을 낳는다는 것을 발견했다.[39] 2차 세계대전 중의 연합군 폭격은 66개 표적 도시에 있는 건물의 절반을 파괴했다. 나가사키와 히로시마의 원자폭탄 투하가 가장 잘 알려져 있지만, 도쿄에 대한 단 한 번의 공습으로 하룻밤 사이 영국의 전쟁

슈퍼태풍 샌디로 침수되었던 로어 맨해튼 지역의 대부분은 바다를 간척했기 때문에 본래부터 홍수에 취약한 곳이다.
[사진@ 이코노미스트 뉴스페이퍼 리미티드 (The Economist Newspaper Limited), 런던, 2013년 6월 15일]

중 전체 사망자보다 많은 8,000명의 사람들이 사망한 화재가 일어났다. 폭격을 당한 도시들의 대부분은 전쟁이 끝나고 15년 내에 상대적인 도시의 크기 면에서 순위를 완전히 회복했다. 나가사키는 1955년, 히로시마는 1975년에 전쟁 이전의 인구 추세로 복귀했다.

1906년의 로어 맨해튼을 현재의 지도와 비교해보면 가장 먼저 크기가 몹시 커졌다는 점이 눈에 띈다. 세계무역센터에서 사우스 스트리트 시포트South Street Seaport까지 주변에 있는 건물 대부분은 지난 400년 동안 바다를 간척해 만들어진 땅에 서 있다. 샌디로 범람했던 지역이 뉴욕시 중에서도 간척지 위에 있는 지역과 거의 일치하는 것은 우

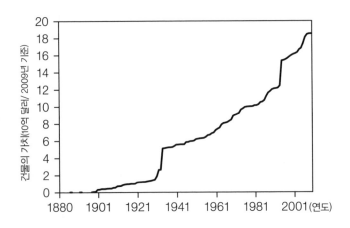

／뉴욕시의 연내 홍수 피해 가능성이 1퍼센트 이상인 지역에 위치하는 건물들의 가치는 꾸준히 상승했다.
[출처: 알츠, 바우터 보첸, "뉴욕시의 홍수 노출 관리(Managing Exposure to Flooding in New York City)", 「자연 기후 변화(Nature Climate Change)」 2(2012년 6월): 377]

연이 아니다. 따라서 어떤 의미에서 뉴요커들은 도시를 세울 때부터 재난을 자초하고 있는 것이다. 하지만 이 중 어떤 것도 뉴욕의 번영을 방해하지는 못했다.

　사실은 그와 정반대의 결론을 내릴 수도 있다. 해마다 뉴욕은 재난 지역에 점점 더 많은 귀중한 인프라를 만들어 넣는다. 네덜란드 출신의 예룬 알츠Jeroen Aerts와 바우터 보트체Wouter Botzen의 계산에 따르면, 뉴욕에서 연내 홍수 피해 가능성이 1퍼센트 이상인 지역에 소재한 건물의 가치는 1세기 만에 10억 달러 미만에서 180억 달러(2009년 기준)로 상승했다. 현재 다수의 터널 출입구, 두 개 공항의 여러 구역, 세 개 헬리콥터 이착륙장이 모두 연내 홍수 피해 가능성이 1퍼센트 이상인 지역에 존재한다.[40] 상승하고 있는 해수면만으로도 연내 피해 가능성이 1퍼센트 이상인 홍수권은 앞으로 늘어날 것이 확실하다.

재난을 대비하는
또 다른 선택

샌디 이후, 마크 블룸버그는 뉴욕시 경제개발 부문의 책임자인 세스 핀스키Seth Pinsky에게 도시를 물로부터 지킬 수 있는 최선의 방법을 찾는 연구를 이끌어달라고 부탁했다. 기후변화가 홍수의 이유임은 분명했지만 핀스키는 이후 내게 "기후변화가 아니었어도 취약성이 분명히 존재했을 것."이라고 말했다.[41]

핀스키 팀이 고려했으나 선택을 하지 않았던 한 가지 옵션은 로테르담, 런던, 상트페테르부르크 방벽과 비슷한, 움직이는 거대한 해일 방벽으로 도시 전체를 보호하는 것이었다. 만만치 않은 비용이 들 만한 계획이었다.[42] 예룬 알츠는 아서 킬, 베라카노 내로스, 이스트강, 자메이카 베이의 네 개 방벽을 만드는 데 모두 170억 달러가 들었을 것이라고 추정한다. 그러나 이것으로도 확실한 보호는 되지 않는다. 우선 방벽에 막힌 물이 다른 곳으로 가야만 하고 때문에 방벽 바로 밖의 보호받지 못하는 인근 지역이 더 큰 피해를 볼 수 있다. 그러한 지역을 보호하려면 추가로 120억 달러가 필요하다. 그러나 그다음에는 또 보호받지 못하는 지역이 생긴다. 방벽이 생기기도 전에 이해관계자들 사이에서 불가피한 싸움이 일어날 것이 뻔하다. 게다가 방벽을 만드는 데 30년이 소요되기 때문에 그동안 뉴욕은 물의 공격에 취약한 상태로 남게 된다.

그들이 전혀 고려하지 않은 옵션이 있었다. 해안가를 포기하는 것이었다. 뉴욕과 같은 해안 도시들의 생산성이 높아지고 부유해지는 것은 물과 가깝기 때문이다. 블룸버그가 2002년 뉴욕 시장 자리에

앉았을 때, 그는 물과 가까이 있는 지역을 뉴욕의 '여섯 번째 자치구 sixth borough'라고 칭하면서 뉴욕커들을 공원, 자전거길, 주상복합 건물이 있는 해안·강변으로 이끄는 사업을 구상했다. 그 이후 브루클린과 퀸즈의 물가에 아파트 건물들이 들어섰다. 브루클린 다리 아래에는 공원과 놀이터, 운동 경기장이 결합된 브루클린 브릿지 파크Brooklyn Bridge Park가 생겨났다. 공원, 광장, 가게, 아파트 건물들로 이루어진 새로운 허드슨 야드Hudson Yards 구역이 맨해튼 웨스트사이드에 생길 것이고, 퀸즈에는 산업 구역인 윌렛 포인트Willets Point가 엔터테인먼트, 리테일, 주거복합단지로 변모할 예정이다. 홍수의 위험을 최소화하기 위해 상당히 넓은 이 공간을 포기한다면 뉴욕의 생산능력은 앞으로 심각한 손상을 입을 것이다. 건물을 높이거나 1층을 주차장으로 만든다면 1층을 주로 소매점, 식당 등 공공 공간에 할애한 거리의 느낌과 구조를 훼손할 것이다.

핀스키는 광범위한 위협—물, 바람, 열기—을 고려해 도시를 보다 회복력 있는 곳으로 만드는 방법을 찾기로 했다. "방어 조치가 아무리 좋다고 해도 자연은 때때로 그것을 넘어서는 법이죠." 그는 내게 말했다. 때문에 "우리는 도시를 보다 회복력 있게 만들어서 보다 적은 피해를 입고 보다 빠르게 회복될 수 있게 만들어야 합니다." 일부 구역에는 해변과 사구를 보충해 천연 해일 방벽을 만드는 한편, 물이 범람해도 견딜 수 있도록 건물을 강화하고, 전기와 기계 시스템을 지하에서 위층으로 옮겨야 한다. 지하철이 침수되면 버스와 자전거의 우선 통행권 시행을 늘린다.

모든 도시들이 같은 결론에 이르고 있다. 불가피한 범람을 막기 위해 더 높은 방어벽을 세우기보다는 침수에도 가능한 한 피해를 적게 입을 방안을 찾고 있는 것이다. 많은 지방자치단체들이 주택과 기업을 강기슭 쪽으로 이동시키고 그 자리를 침수가 되어도 안전한 녹지 공간으로 대체하고 있다. 가장 야심 찬 계획은 네덜란드의 '강을 위한 공간Room for the River' 프로젝트다. 여기에는 일부 해안간척지를 철거하고 주민을 구릉 쪽으로 이주시켜 강물이 범람했을 때 물이 원래의 범람원만 채우고 하류의 도시들에는 이르지 않게 하는 사업이 포함된다. 로테르담의 경우, 주차장 아래에 범람한 물을 담을 수 있는 거대한 저장탱크를 설치하고 있다. 집수 영역을 두 배로 늘리기 위한 도시 공원도 조성되었다. 로테르담은 건물들과 구역 전체를 거대한 발포고무 수상 플랫폼 위에 올려 해수면에 따라 오르내릴 수 있게 하는 실험을 진행 중이다.

물론 하나같이 엄청난 비용을 필요로 한다. 하지만 보호 대상과 비교하면 그 대가는 그리 크지 않다. 핀스키의 언급대로, 재난이 초래할 수 있는 피해의 가능성은 그 도시의 인프라가 얼마만큼의 가치를 가지느냐에 비례한다. 1970년대에 뉴욕은 인프라가 노후되고 사람들이 떠나면서 사양길에 접어들었다. "떠나지 않은 사람들은 고생을 했습니다. 하지만 해가 가면서 그러한 고통은 점점 줄어들었죠. 본사를 뉴욕에 둔 기업이 줄어들고, 경제활동도 줄어들면서 이 모든 것이 자체적으로 보강되었기 때문입니다." 필스키의 계획에는 200만 달러의 비용이 들지만 뉴욕 지역의 연간 GDP 1조 4,000억 달러에 비교하면 새 발의 피다. 마이애미가 해수면 상승에 취약하다는 것을 생각하면 그곳의 부동산 개발 열기는 미친 짓으로 보일 것이다.[43] 하지만 와튼 스쿨의 로버트 마이어는 이를 이성적인 상황으로 본다. 부동산 개발로 도시는 더 부유해지고 따라서 대비 능력도 증가할 것이기 때문이다.

뉴욕의 재도약은 2001년 9월 11일 테러리스트의 공격이 있을 때까지 성공적으로 진행되었다. 당시 법인 고문 변호사였던 핀스키는 세계무역센터 맞은편에 사무실이 있었지만 그날은 워싱턴에 있었다. 워싱턴의 동료 집에서 보도를 접했을 때 누군가가 그날이 그의 생일이라는 것을 기억하고 세계무역센터에서 초와 함께 컵케이크를 사가지고 나왔다.[44]

　이 테러로 인해 핀스키는 회사를 그만두고 공직에 몸담게 되었다. 뉴욕시를 위한 일을 하기 시작한 것이다. 그는 뉴욕을 떠나는 것을 전혀 고려하지 않았다. 많은 다른 사람들도 비슷한 결정을 했다. 여러분이 만일 2000년에 뉴욕이 이후 12년 동안 테러 공격의 표적이 되어 3,000명의 사람이 죽고 그곳에서 가장 높은 빌딩이 무너지고, 금융위기가 월가의 가장 영향력 있는 기업들을 무너뜨리고, 허리케인이 도시의 많은 지역을 물에 잠기게 할 것이라고 예측했다면, 여러분의 예측은 이 도시의 사람들에게 어떤 영향을 주었을까? 분명 인구가 5퍼센트(거의 40만 명)나 성장하지는 않았을 것이다. 그러나 이러한 참사들에도 불구하고 사람들이 뉴욕에 계속 모여들고 있다는 것은 이 도시가 가진 특별한 경제적 매력을 여실히 보여준다. 과거 20년 동안 뉴욕 경제의 부를 창출하는 원천은 물적 자본에서 지적 자본으로 점차 이동해왔다. 기술이든, 소프트웨어이든, 영화제작이든, 지적 자본과 혁신은 뉴욕이 제공하는 인적 유대와 서로에 대한 근접성을 기반으로 번성한다. 언젠가 제2, 제3의 샌디가 뉴욕을 공격할 것이다. 그리고 이 공격의 피해는 이전보다 훨씬 더 클 것이다. 하지만 그것은 이 도시가 실패했기 때문이 아니라 오히려 더 많은 사람들이 오래도록 안전하게 번영할 수 있다는 생각을 가질 만큼 성공했기 때문일 것이다.

CHAPTER 7

좋은 리스크, 나쁜 리스크

안전과 재난의 적절한 균형 찾기

Good Risk, Bad Risk

Foolproof

리스크를 대하는
두 가지 태도

우리는 이전 장들을 통해 우리 스스로를 진정으로 안전하게 만드는 일이 얼마나 어려운지 알게 되었다. 안전 추구가 재난 가능성을 높이는 행동으로 이어지니 말이다. 이 책의 나머지 부분에서 나는 이제 우리가 할수 있는 일이 무엇인지 알아보려 한다. 어떻게 하면 안전과 재난 사이에서 적정한 균형을 찾을 수 있을까?

우선은 세상이 얼마나 더 안전해지기를 원하는지 자문해볼 필요가 있다. 터무니없는 질문이라고 생각하는가? 당연히 '가능한 안전한' 것이 정답인가? 그렇다면 우리를 더 안전하게 만드는 것이 우리를 더 난처하게 만든다면 어떻겠는가?

이 질문에 답을 하려면 두려움과 리스크의 역할에 대해 고찰해보아야 한다. 두려움은 생존을 위해 없어서는 안 될 감정이다. 이 때문에 우리는 벼랑 끝에서는 멀어지려 하고, 사나운 개는 피하고, 밤이면 문단속을 한다. 하지만 우리 모두가 같은 정도로 두려움을 느끼는 것은 아니다. 우리에게 고무끈에 의지해 높은 다리 위에서 몸을 날리고, 사자를 카메라에 좀 더 잘 담으려고 사파리 도중에 차에서 내리고, 보험을 해약해 식당을 여는 일 같은 건 좀처럼 일어나지 않는다. 반면에, 불운은 다른 사람에게나 찾아온다는 확신을 가지고 인생을 살아가는 사람들도 있다. 이런 모험가들이 목이 부러지거나 텅텅 빈 통장을 손에 쥐는 식의 비싼 대가를 치르는 일이 많은 것은 놀라운 일이 아니다.

이러한 차이가 나타나는 것은, 다는 아닐지라도 부분적으로는 타고나기 때문이다. 이 점은 신경과학자 안토니오 다마지오Antonio Damasio의 주도하에 아이오와대학에서 실시된 1997년 실험에서 잘 드러난다.[1] 다마지오는 대뇌 전두 피질에 손상을 입은 환자들의 명부를 작성했다. 전두 피질은 대뇌에서 의사결정 부분과 감정을 통제하는 부분을 연결해준다. 이 실험의 목표는 더 나은 판단을 하는 데 감정이 도움을 주는지 여부를 확인하는 것이었다. 그와 동료들은 두 개의 그룹—대뇌 손상이 없는 10명의 참가자 그룹과 전두 손상을 입은 환자들 6명으로 이루어진 그룹—을 만들어 각 참가자에게 가상의 돈 2,000달러를 지급한 뒤 네 벌의 카드 중 하나에서 카드를 선택하는 게임을 하게 했다. 두 개의 '나쁜' 카드 묶음에서는, 하나의 카드를 뒤집으면 100달러를 받는다. 하지만 그중 몇 개의 카드에는 순손실을 낳을 수 있을 정도로 큰 벌금이 부과된다. 두 개의 '좋은' 카드 묶음에서는, 게임자가 얻는 상금이 적지만 벌금도 적기 때문에 결과는 순수익이 된다.

참가자들은 어떤 것이 '좋은' 카드 묶음인지 '나쁜' 카드 묶음인지 알 길이 없다. 하지만 한동안 게임을 한 후, 대뇌 손상이 없는 참가자들은 '나쁜' 카드 묶음이 뭔가 이상하다고 느끼고 불안에 관련된 신체 증상을 보인다. 연구자들은 피부 센서를 통해서 이러한 반응을 감지한다. 대뇌 손상이 없는 참가자들은 자연히 '나쁜' 카드 묶음에서 카드를 뽑는 일을 그만둔다. 대뇌 손상을 입은 환자들은 그러한 반응을 보이지 않는다. 그들은 어느 쪽이 '나쁜' 묶음인지 명확하게 인식하고 나서도 계속 나쁜 묶음에서 카드를 가져가고 돈을 잃는다.

이 실험은 감정(혹은 감정의 결핍)과 리스크 감수 사이의 강력한 연관성을 보여주었다. 건강한 대뇌에서는 위험에 대한 감각이 자동적으로 감정적인 반응을 유발해서 피해를 보는 것을 막는다. 그러한 기제가 손상되면 사람들은 리스크를 감수하다가 위험에 처한다. 하지만 조지 로웬스타인—우리가 3장에서 만나보았던 카네기멜런대학의 경제학자로 그 역시 감정과 행동에 대해서 연구했다—은 이 연구 결과를 좀 더 다른 시각에서 보았다.[2] 로웬스타인은 감정이 두려움을 유발하고 두려움이 리스크 감수에 개입한다는 것을 이미 알고 있었다. 그가 궁금했던 것은 그것을 좋은 일이라고 할 수 있는지 여부였다. 때문에 2001년 가을 그는 이 연구에 참여한 몇몇 과학자들과 이야기를 나누고 함께 다른 버전의 실험을 했다.

이번에는 대뇌 손상을 입은 15명의 환자와 대뇌 손상이 없는 19명의 사람에게 동전 던지기에 돈을 걸 수 있는 기회를 주었다. 각 참가자에게는 20달러의 게임머니를 주고(여기에서 딴 돈은 실험이 종료한 후 진짜 돈으로 바꾸어 주기로 했다) 두 가지 선택지(다른 조건 없이 1달러를 받거나 동전 던지기 게임을 한 번 하는)를 제안했다. 게임을 해서 앞면이 나오면 참가자는 돈을 받지 못한다. 하지만 게임을 해서 뒷면이 나오면 참가자는 2달러 50센트를 받는다. 때문에 게임의 기대수익은 1달러 25센트이고 게임을 하지 않을 때의 기대수익은 1달러였다. 게임을 하면 평균적으로 25센트를 더 벌게 된다.

이 실험을 통해 대뇌 감정 중추에 손상이 없는 사람들이 훨씬 더 보수적이라는 것이 드러났다.[3] 한 번의 동전 던지기 게임에서 돈을 잃으면 또 게임을 하겠다고 나서는 참가자는 40퍼센트였다. 하지만 대뇌 손상이 있는 환자들의 경우 85퍼센트가 다시 게임을 했다. 게임이 끝나자 대뇌 손상 환자들은 평균 25달러 70센트를 벌었고 건강한 참가자들은 평균 22달러 80센트를 벌었다.

두 실험의 결과를 통해 두려움이 양날의 검임을 알 수 있다. 우리는 두려움 덕분에 우리에게 피해를 입히는 어리석은 리스크를 피한다. 하지만 두려움 때문에 우리를 진보와 번영으로 이끄는 좋은 리스크마저 피한다. 나쁜 리스크와 좋은 리스크를 쉽게 구분할 수 있는 경우도 더러 있다. 하지만 대부분의 경우 그 차이는 명백하지 않다.

예를 들어, 대부분의 신생 기업은 설립 5년 내에 실패한다. 따라서 감정을 배제하고 가능성을 기반으로 판단한다면 대개는 작은 회사를 차리는 것보다 큰 회사에서 월급을 받는 편이 더 나을 것이다. 그런데도 회사를 차리는 사람이 생기는 것은 왜일까? 부분적으로는 그들의 천성 때문이다.

휴스턴대학에 몸담고 있던 로웰 부세니츠Lowell Busenitz와 당시 오하이오주립대학에 있던 제이 바니Jay Barney는 124명의 기업가와 95명의 관리자를 대상으로 하나의 실험을 했다.[4] 그들은 기업가들이 흔한 의사

결정 실수를 저지르는 경우가 훨씬 많다는 것을 발견했다. 자신감이 지나친 것이다. 미국인 중에 암 사망자가 많으냐 심장질환 사망자가 많으냐와 같은 일련의 질문을 받은 기업가들은 관리자들에 비해 자신들의 대답에 — 대답이 틀렸을 때에도 — 훨씬 더 자신감을 보였다. 잘못되었을 때에도 스스로에 대해 갖는 자신감이 곧 성공으로 이어지는 것은 아니다. 오히려 이런 성향은 자신을 도박중독자나, 장애가 있는 운전자로 만들기 쉽다. 얼간이로 만드는 경우도 부지기수일 것이다. 하지만 이런 자신감은 기업가정신에 필수적인 요소이기도 하다. 앞서 보았듯이, 사람들은 불확실성을 피하기 위해 기꺼이 그에 대한 대가를 치른다. 그러나 불확실성은 새로운 사업에 고질적인 문제다. 제품이 성공할까? 고객이 올까? 직원들이 열심히 일을 할까? 그만두지는 않을까? 연구자들이 말하듯이, 기업가들이 이러한 불확실성을 중화하고 다른 이해당사자들 — 직원, 투자자, 공급업자, 고객 — 을 설득해 새로운 벤처에 합류할 수 있게 하는 것은 그들이 가진 강한 자신감이다.

매년 수백만 기업이 문을 열지만 그 대부분은 실패로 끝난다. 시간이 가면서 경제가 성장할 수 있는 것은 여기에서 살아남은 기업들이 다른 모든 실패를 상쇄할 수 있을 정도로 큰 성공을 거두기 때문이다. 이러한 실패는 개인에게는 고통일지 몰라도 사회 전체로서는 다행스러운 일이다. 신생(혹은 오래된) 기업의 실패가 주는 피해는 대부분 내부의 이해관계자들과 직원들에게 한정되지만 성공한 기업은 모두가 향유하는 제품과 혁신을 낳는다.

국가도
리스크 감수성이 다르다

하지만 전 국가가 리스크에 노출되는 수준에 이르렀다면 그것은 전혀 다른 이야기가 된다. 바로 이 점이 일상적인 실패와 시스템적인 위기— 실패가 대단히 많고 그 규모가 커서 전체 경제를 붕괴시키는—를 구분 짓는다. 좋은 경제구조는 가끔 실패가 따르는 좋은 리스크를 육성한다. 하지만 미국이 2008년 경험했던 것과 같은 시스템적 위기를 초래하는 감당할 수 없는 리스크 감수는 허용하지 않는다. 말은 쉽지만 이런 구조를 실현한다는 것은 대단히 어려운 일이다. 개인이 좋은 리스크와 나쁜 리스크를 나누는 데 애를 먹는 것과 똑같이 국가도 그렇기 때문이다.

멕시코 출신의 경제학자, 에런 토넬Aaron Tornell은 이러한 문제를 직접 경험했다. 1989년 그는 편협하고 억눌린 멕시코 경제 시스템을 완화시키기로 결심하고 재무장관이 된 자신의 은사 페드로 아스페Pedro Aspe와 일을 했다. 그는 2년 동안 석탄과 철강산업—멕시코 정부의 경영하에 거대한 비효율적 조직체가 된—의 민영화를 담당했다. 10년 전까지 대부분 국가 소유였던 은행들이 민영화되었고 대출도 자유화되었다. 금리 상한이 없어져서 은행들이 예금을 유치하기 위해 경쟁하게 되었고 자산의 일정액을 국채로 보유해야 하는 조건도 사라졌다.[5]

멕시코에서는 대출—대부분이 외국환 대출—이 붐을 이루었다. 이는 1994년 말의 위기로 연결되어 많은 은행들이 붕괴 직전이었다. 그 결과, 신용불량자들로부터 상환을 받기가 더 어려워졌고 은행들은 불량채권을 국채로 전환했다. 그 결과, 민간기업에 대한 대출이 급감했다. 따라서 1994년 페소의 가치 급락으로 수출 주도 분야는 몇 년 간 급속한 성장을 기록한 반면, 주로 은행 융자에 의존하던 경제 부문—중소규모의 서비스 지향 기업들—은 고통을 겪었다. 아직까지 멕시코는 또 다른 위기를 맞지 않고 있다.[6]

그러한 경험에서 토넬은 궁금증을 가지게 되었다. 강력한 성장과 시스템적 위기가 서로 밀접한 관련이 있는 것은 아닐까? 그는 두 명의 동료—파리 정경대의 로망 망시에르Romain Ranciére와 독일 오스나브뤼크대학의 프랑크 베스터만Frank Westermann—와 이 주제를 깊이 있게 연구했다.

그들은 1980~2002년의 인도와 태국의 경험을 비교함으로써 이 문제의 답을 구했다.[7] 인도는 훨씬 더 통제된 경제를 가지고 있었다. 기업들은 거의 모든 일에 규제와 허가를 받아야 했다. 외국인 투자는 엄격한 통제를 받거나 금지되었다. 은행은 대부분 정부의 소유였고, 정부에는 유리한 조건으로 대출을 해주어야 했으며, 그들의 예금과 대출 금리는 세심하게 관리되었다. 농업과 소규모 산업 등 특정 부분에 대한 대출에는 할당량이 정해져 있었다. 그 결과 경제는 꾸준히 성장했으나 눈에 띄는 극적인 발전은 찾아볼 수 없었다.

반면, 태국은 오래전부터 외국인 투자를 기꺼이 받아들였다. 이렇게 들어온 자본은 태국이 자동차와 전자제품 제조의 중심지로 변모하는 데 큰 역할을 했다. 태국의 은행들은 주로 민간 소유였고 농업과 중소기업에 일정량의 신용을 할당해야 하는 압력은 있었지만 대부분 원하는 대로 대출과 차입을 할 수 있었다. 은행규제는 심하지 않았다. 1980년대 초 어설픈 규제하에 있던 수십 개의 금융회사와 은행 들이 곤경에 빠졌다. 중앙은행은 특별한 '구명정lifeboat' 계획을 만들어 문제가 있는 21개 금융회사와 은행에 대출을 해주었다. 그러는 동안 예금주들은 구제를 받았다. 이러한 조치는 자연스럽게 정부가 다음에도 이렇게 할 것이라는 인상을 남겼다.

그 결과는 급속한 성장, 빠르게 늘어나는 대출, 그리고 파국적 금융위기였다. 5장에서 보았듯이, 태국 은행들은 외국인들로부터 외국환으로 많은 자금을 끌어와서 태국 바트화로 대출을 해주었다. 1997년 태국이 바트화를 평가절하하자, 이들 은행들 대부분이 파산하면서 신용공급이 중단되었고 태국은 심각한 불황에 접어들었다.

어떤 나라의 형편이 더 나았을까? 놀랍게도, 위기를 극복한 태국이 인도보다 훨씬 큰 성장률을 기록했다. 태국의 1인당 GDP는 162퍼센트 증가한 반면 인도는 114퍼센트 증가에 그쳤다(우측 표 참조).

물론 토넬과 동료들은 위기가 성장에 좋은 역할을 한다고 주장하는 것이 아니다. 그보다는 성장을 위한 정책이 금융의 무절제와 위기로 이어질 수 있다는 말을 하고 있는 것이다. 태국이 1980년대와 1990년대에 추구했던 종류의 금융자유화는 저렴한 이자의 더 많은 융자를 낳았고 따라서 더 많은 투자를 낳았다.

1980년대 초 태국의 경우와 같은 긴급구제도 전적으로 나쁘다고 볼 수만은 없다. 연구자들의 언급대로, 위기에도 구제를 받을 수 있다고 생각하는 대출자는 더 싼 이자로 융자를 해줄 것이고 이로써 투자가 촉진된다. 그들은 '긴급구제'를, 이전의 방만한 금융이 만들어냈던 성장의 혜택에 대한 대가로서 납세자들에게 청구하는 것으로 보아야 한다고 주장한다. 그들의 말은 긴급구제와 위기가 좋은 것이란 의미가 아니다. 그들은 단지 쉽게 신용을 얻는 데 따르는 혜택이 때로는 위기와 그에 따른 긴급구제를 감수할 만한 가치가 있다고 지적하고 있는 것이다.

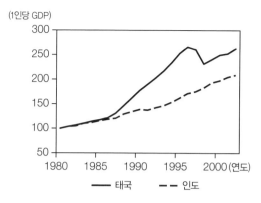

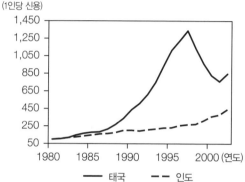

╱ 태국과 인도의 1인당 GDP와 1인당 신용(인플레이션 감안).
[출처: 로망 망시에르, 에런 토넬, 프랑크 베스터만 "시스템적 위기와 성장(Systemic Crises and Growth)" 「계간 경제학 저널(Quarterly Journal of Economics)」 123, no.1 (2008): 359–406]

'때로는'이라는 표현에 주목하라. 금융이 자유화되지 않은 상태가 어떠했는지, 이후 찾아온 위기의 심각성에 따라 균형점도 달라진다. 개발도상국의 경우 대개 효율적인 대출이 어렵다. 차용자가 채무불이행 상태가 될 경우 돈을 돌려받기가 대단히 어려운 법체계 때문이다. 이 경우, 활황과 긴급구제가 신용 장벽을 극복하는 데 도움을 준다. 그러한 장벽이 애초부터 존재하지 않는다면, 활황은 그다지 도움이 되지 않는다. 다음 도표는 한 국가가 얼마나 위험한지, 운이 좋은지에 따라 그 국가의 어떤 유형의 국가가 가장 빨리 성장하는가?

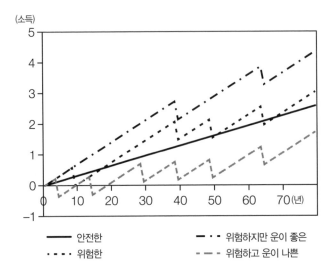

/ 이 도표는 경제의 위험 수준과 행운 수준에 따라 달라지는 국가의 성장 경로를 대조해서 보여준다.
[출처: 로망 망시에르, 에런 토넬, 프랑크 베스터만 "시스템적 위기와 성장" 「계간 경제학 저널」 123, no.1 (2008): 359–406]

운명이 어떻게 펼쳐지는지 보여준다. 주목할 점은 몇 번의 위기를 겪는 경우, 변동을 많이 겪기는 하지만 결국은 소득이 더 높아진다는 것이다.

　재난이나 위기가 워낙 몸서리 쳐지는 전망이다 보니 어떤 대가를 치르더라도 피하는 것이 이치에 맞는 것처럼 보인다. 하지만 그렇지 않다. 대가가 지나치지도 않을 뿐더러, 복잡한 시스템의 속성상 한 부분에서 리스크가 억눌릴 경우 다른 부분으로 옮겨가기 때문에 다른 수단을 통해 더 많은 비용과 피해가 발생할 수 있다.

원자력 발전,
두려움이 키운 리스크

파국을 회피하려는 성향 때문에 사회는 원자력을 꺼린다. 그 결과, 다른 에너지원에 의한 오염으로 수천 명의 사람들이 죽어간다. 여론의 압력과 1979년 스리마일 섬에서와 같은 사고들로 인해 규제기관과 정치인들은 핵발전소의 건설과 운영에 그 어느 때보다 까다로운 조건을 부과하고 있다. 핵발전소 하나를 짓는 데 드는 비용은 1970년대 초에는 1억 7,000만 달러였으나 1980년대 말에는 50억 달러로 상승했다.[8] 이러한 비용 상승에서 시설비의 증가가 차지하는 비중은 극히 일부다. 늘어난 승인 과정과 반대파가 건설의 속도를 늦출 가능성으로 인해 발전소를 건립하는 데 걸리는 시간이 길게는 수십 년까지 연장된 것이 주된 이유다. 이러한 엄청난 비용 때문에 현재는 핵발전소를 거의 짓지 않는다. 일본의 후쿠시마 사고로 일본 내 핵발전소 전체의 작동이 중단되었고 독일은 원자력 발전을 단계적으로 중단하겠다는 결정을 서둘렀다. 2011년 스위스 의회는 기존 원자로만 수명이 다할 때까지 사용을 허용하고 세 개의 새로운 핵원자로 건설 계획을 중단하기로 결정했다.

2011년 일본의 원전 사고 이후 핵발전소에 지워진 규제의 부담과 그간 취해진 매우 엄격한 조치들은 원전 사고의 가능성—그것이 얼마나 희박한지는 생각지 않고—에 대해 가지는 공포가 직접적으로 반영된 결과다.

심리학자 폴 슬로빅Paul Slovic은 사람들의 리스크 인식을 다음 페이지와 같이 두 축의 도표로 나타냈다. 세로축에서는 대상에 대한 지식이 적을수록 기술에 대한 인지된 위험이 커진다. 가로축에서는 '두려움'이 관련될수록 인지된 위험이 커진다. 슬로빅은 두려움이 '비극적, 치명적,

통제 불가능한' 기술이나 사고와 연관된다고 말한다.[9] 왼쪽 아래의 사분면에는 잔디 깎는 기계, 집에 있는 풀장, 경사면에서 스키 타기와 같이 익숙하고 일상적인 것들이 속한다. 오른쪽 위의 사분면에는 알지 못하는 끔찍한 위험이 있다. 가장 극단에 가까운 것은 원자로 사고로 화석 연료나 수력 발전보다 훨씬 위에 있다.

공포는 재난이 초래할 수 있는 잠재적 결과와 연관된다. 스위스 폴쉐르 연구소Paul Scherrer Institute, PSI의 페터 버그헤어Peter Burgherr와 슈테판 히르쉬베르크Stefan Hirshberg는 다양한 에너지원을 철저히 검토해 원자력의 최대 치사율이 가장 높고, 수력(많은 사람들이 댐 하류에 살고 있는 경우)이 그 뒤를 바짝 쫓고 있으며, 석탄, 석유, 가스는 그보다 훨씬 낮고, 가장 낮은 것은 풍력과 같은 새로운 재생 가능 에너지라는 것을 보여주었다. 하지만 원자력으로 인한 재해는 극히 드물다.[10]

반대로 유조선 침몰, 천연가스배관 폭발, 탄광 붕괴, 댐 붕괴는 곧잘 일어나며, 심지어는 풍차 때문에 얼음 덩어리나 날개의 조각이 인근 주택으로 날아가는 경우도 있다. 1970년에서 2008년 사이, 경제협력개발기구Organization for Economic Cooperation and Development에 속한 가장 부유한 34개국에서 석탄과 관련된 사고로 2,000명 이상이, 석유 관련 사고로 3,000명 이상이, 천연가스 관련 사고로 1,000명 이상이, 수력 관련 사고로 14명이 사망했다. 원자력의 경우는 어떨까? 없다(스리마일 섬 사고로 사망한 사람이 전혀 없다는 것을 기억하라). 실제로 스위스의 연구원들은 연간 기가와트 생산당 사망률을 기준으로 가장 안전한 에너지는, 사고가 일어나면 가장 많은 사람이 죽지만 그러한 사고가 매우 드문 원자력이라고 결론지었다.

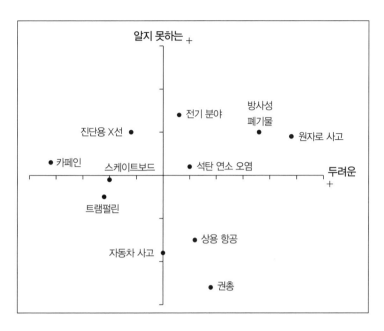

╱ 활동이나 위협에 익숙하지 않을수록, 그것이 불러일으키는 두려움이 클수록, 인지된 위험
은 커진다.
(출처: 폴 슬로빅 제공)

쓰나미와 쓰나미로 유발된 후쿠시마 원전 사고 이후 수백 명이 사망
했지만, 원자로 노심의 용융meltdown 자체는 어떤 사망사고에도 연루되
지 않았다. 최근 들어 전통적인 에너지원으로 인해 사망한 사람들의 숫
자와 비교해보라. 멕시코만에서 딥워터 호라이즌Deepwater Horizon 굴착
장치가 폭발했을 때는 11명이 사망했고, 2010년 빅 브랜치Big Branch 탄
광 폭발로 29명의 광부가 사망했으며, 2010년 캘리포니아 샌 부르노
천연가스 파이프라인 폭발로 8명이 사망했고, 코네티컷 미들타운의 가
스 연소 발전소가 폭발했을 때는 6명의 사망자가 발생했고, 퀘벡 메강
티크에서는 원유를 실은 72개의 탱크차를 운반하던 기차가 폭발하면
서 도심에 화재가 일어나 47명이 사망했다.

이것은 사고의 직접적인 사망자 수에 불과하다. 오염이나 방사선 피폭 등으로 인해 간접적으로 사망한 사람들은 훨씬 더 많다. 스탠포드대학의 연구자들은 후쿠시마 원전 사고 때 방출된 방사능이 유발한 암 때문에 130명이 사망할 것이라고 생각하고 있다(15명에서 1,300명에 이르는 대단히 다양한 범위 중에 가장 정확한 추측이다).[11] 체르노빌 원전 사고의 최종 사망자가 4,000명에 이를 수 있다고 추측하는 사람도 있다(9만 3,000명에 가깝다는 추정도 있다).[12] 하지만 2006년 현재 확정적으로 방사능에 연관된 사망자는 47명뿐이다. 그러나 이런 수치들도 나무, 원유, 가스, 석탄이 대기 중에 내뿜은 오염물질이 주된 원인이 된 죽음과 비교하면 무색해진다. 이로 인한 사망자는 미국만 해도 7,000명 이상이고 세계적으로는 수백만이 넘을 것이다.[13]

스리마일 섬의 사고 이후, 미국의 규제기관들은 발전소의 안전규칙 위반을 엄중하게 단속하기 시작했고 1985년 연방정부가 운영하는 전기 공급 회사, 테네시계곡개발청Tennessee Valley Authority, TVA은 원자로 여러 개의 가동을 일시적으로 정지시켰다. 카네기멜런대학의 에드슨 세베르니니Edson Severnini는 그 결과 테네시계곡개발청이 운영하는 석탄 연소 발전소의 전력 생산이 증가해 이들 발전소가 있는 지역은 더 심한 오염에 시달리게 되었고 저체중아가 늘어났다는 것을 발견했다.[14]

과학계에서 지구온난화에 가장 큰 목소리를 내고 있는 NASA의 과학자 제임스 핸슨James E. Hansen과 그의 동료, 푸시커 카레차Pushker A. Kharecha는 원자력과 사망률 사이의 관계를 수량화하기 위해 노력했다.[15] 그들은 1971년에서 2009년 사이, 원자력의 사용이 석탄과 천연가스의 연소 그리고 그 결과인 대기오염을 막음으로써 184만 명의 목숨을 구한 것으로 추정했다. 독일에서는 그 수치가 11만 7,000명이었다. 이후 그들은 원자력 이용을 축소시키지 않을 경우 얼마나 많은 죽음을 막을 수 있는지 확인했다. 그들은 천연가스를 원자력으로 대체할 경우, 2010년에서 2050년 사이에 42만에서 68만 명의 사망을 막을 수 있을 것으로 예측했다. 원자력이 석탄을 대체할 경우, 440만에서 700만에 이르는 목숨을 구할 수 있을 것이다. 이러한 수치는 열기, 홍수, 가뭄, 식량부족과 같은 기후변화의 추가 피해는 전혀 반영하지 않은 것이다. 원자력이 없다면, 탄소 배출을 안전한 수준으로 유지하는 일이 훨씬 더 어려워진다. 따라서 핵발전소를 가동하지 않거나 단계적으로 폐지하겠다는 일본, 독일, 스위스의 결정은 오히려 오염과 온실효과의 부작용에 기인한 수천 명의 사망을 낼 것이 확실하다.

그러한 결정이 정당화될 수 있을까? 이는 더 중요한 것이 무엇인가에 달려 있다. 특정 에너지 기술로 인한 가상의 최대 사망률에 무게를 두어야 할까, 아니면 가능성이 대단히 높은 사망률에 무게를 두어야 할까? 현대 원자로의 노심용융 가능성은 극도로 낮다. 한 연구는 기존 스위스 원자력 발전소에서 2,000명 이상의 사망자를 내는 노심용융 사고가 일어날 확률을 1,000년에 한 번 꼴이라고 예상하고 있다.[16] 물론 최대 사망률은 훨씬 더 높을 수도 있다. 그것은 원자로의 유형이나 위치에 따라 달라진다. 때문에 가장 파국적인 사고를 가능한 막고 싶은 사회는 원자로를 피하려 한다. 하지만 결정의 기반을 다른 에너지 기술의 사망 가능성에 두는 사회에서는 원자력을 선호한다.

"비전문가들은 대개 엄청난 결과를 낳는 파멸적 사고에 대한 반감 때문에 사고의 가능성이 극히 낮다는 것을 이해하지 못합니다." 버그헤어가 말한다. "이는 이들 사고가 개인적 경험과 거리가 멀고(정치가들에게는 자신의 임기에 일어나는 일이 아니고) 따라서 결정이 주로 주관적인 위험 요인(즉, 인식, 반감)의 영향을 받으며 객관적이고 측정 가능한 위험 지표에 기반을 두지 않기 때문인 경우가 많습니다."

스위스의 결정은 원자력을 대체할 대안을 만들어내야만 한다는 것을 의미한다. 이론적으로 가장 큰 잠재력을 가지고 있는 것은 지열 에너지이지만, 부정적인 시추 결과와 지진으로 인해 개발에 차질이 빚어지고 있다. 버그헤어는 이렇게 말했다. "그렇다면 천연가스를 수입하는 방법이 남습니다. 그런데 사람들은 그 방법을 특히 더 싫어하죠. 다른 대안들보다 많은 이산화탄소를 배출하니까요."

2008년 세계 금융위기의 교훈을 생각할 때 염두에 두어야 할 사항이다. 위기가 발생한 후, 각국 정부는 또 다른 위기는 결코 없도록 하겠다고 다짐했다.

하지만 정말로 절대 또 다른 위기가 발생하면 안 되는 것일까? 또 다른 위기를 막기 위해서 지나치게 위험을 피하려 하다가 결국 더 빈곤해지는 것은 아닐까? 또 다른 위기가 온다면, 도덕적 해이에 대한 두려움 때문에 피해를 최소화하는 데 집중하느라 우리가 할 수 있는 일을 하지 못하는 결과가 나오지는 않을까?

| 두 번의 거품,
| 서로 다른 결과

미국이 지난 20년 동안 겪은 두 가지 거품에 대해 생각해보자. 첫 번째는 1990년대 중반 시작되어 2000년 절정에 달했던 나스닥의 주식 거품이었다. 두 번째는 얼마 후 시작되어 금융위기로 끝이 났던 주택과 모기지 거품이었다.

이 두 가지 거품은 금리를 지나치게 낮게 유지시키고 금융 시스템이 붕괴 위기에 처할 때마다 긴급구제에 나선 연방준비제도이사회의 탓으로 돌려졌다. 비평가들은 시장이 추락할 때마다 연방준비제도이사회가 개입하면 자산의 가격이 터무니없이 불어나는 것이라고 말했다. 이들은 이후의 더 큰 재앙을 막으려면 연방준비제도가 거품을 터뜨려야 한다고 했다.

두 번 모두 연방준비제도이사회는 이러한 비평가들의 제안을 거절했다.

나스닥 거품은 결국 좋은 결과로 돌아왔다. 당시, 펫츠닷컴(pets.com, 마스코트인 양말 인형으로 유명했다)이나 웹밴(webvan, 온라인 채소 판매업체로 상장 2년 만에 파산했다)같이 의심스러운 업체를 포함한 500개 이상의 기업이 주식시장에 상장되었다. 그 대열에는 1997년 주식을 공개한 아마존닷컴 Amazon.com도 있었다. 아마존은 투자자의 마음은 사로잡았으나 수익은커녕 밑 빠진 독처럼 돈만 계속 집어삼켰다. 전략의 대부분이 이윤을 남기지 않고 최저가격에 책을 파는 것을 기반으로 하다 보니 마케팅, 홍보, 인프라에 투자할 더 많은 자금을 계속 조성해야 했던 것이다. 1998년 아마존은 주식을 발행하기보다는 돈을 빌리기로 결정하고 3억 2,600만 달러 규모의 채권을 발행했다. 다음 해, 아마존은 인터넷에 집착하는 투자자들을 끌어들이기 위해 주식으로 전환할 수 있는 1,250억 달러의 채권을 또 발행했다.

2000년 여름, 리먼브라더스의 젊은 애널리스트, 라비 수리아Ravi Suria

는 아마존에 대해 "현금 유동성이 마이너스 상태이고, 유동자본이 부족하고, 부채 부담이 높으며, 경쟁이 대단히 치열한 업계에 있다."고 경고하는 보고서를 썼다.[17] 현금이 바닥났고 따라서 채무를 변제하지 못하게 될 심각한 위험상황에 있다는 의미였다. 수리아의 보고서 때문에 아마존의 주식은 하루 만에 20퍼센트 하락했다.

수리아의 분석은 확실하고 믿을 만한 것이었다. 아마존이 파산을 면할 수 있는가는 인터넷에 빠진 투자자들을 상대로 계속 증권을 발행할 수 있는지 여부에 달려 있었다. 수리아가 경고했듯이, 마법의 모자에서 자금 조달이라는 토끼를 더 꺼내지 못하면 아마존은 끝장날 참이었다. 정상적인 생존 방법은 아니었다. 하지만 일반과 동떨어진 상황에서는 그것도 하나의 생존 방법이 되었다. 다음 해에도 아마존은 여전히 손실을 보고 있었고 나스닥 거품은 꺼지고 있었지만, 아마존은 역시 주식 전환 옵션을 이용해서 8억 7,000만 달러 상당의 유로화를 끌어들였다. 사실상, 아마존은 닷컴 거품의 비이성적 과열을 이용해 소매업에서 더 나아가 출판과 클라우드 컴퓨팅까지 사업 혁신을 일으키면서 살아남았고 결국 상거래 업계의 거물이 되었다. 2004년에서 2008년 사이, 아마존은 채권을 주식으로 전환한 사람들을 제외한 채권 소지인 모두에게 상환을 완료했다. 일부에게는 프리미엄까지 지급했다.

IT 버블 동안 가장 기대를 모은 것은 닷컴 주식이었으나 더 많은 손실이 난 곳은 다른 부문이었다.

기존 혹은 신생 전기통신업체들은 도시와 대륙 사이에 크게 늘어나고 있는 인터넷 트래픽을 실어 나를 광섬유 네트워크 설치가 새로운 노다지가 될 것이라고 투자자들을 설득했다. 수 마일에 이르는 광섬유 네트워크를 설치하는 엄청난 비용을 마련하기 위해 글로벌 크로싱Global Crossing, 윌리엄스 커뮤니케이션스Williams Communications, 타이컴Tycom, 플래그Flag, 360 네트웍스360 Networks와 같은 전기통신업체들은 수백만 달러 규모의 주식과 채권을 발행했다. 몇 개의 회사만 이렇게 했다면 일은 잘 풀렸을 것이다. 하지만 자금의 폭발로 기업들이 설치한 광섬유 용량은 필요한 실제 양보다 훨씬 더 많았고 따라서 전송 가격이 급락했다. IT 컨설팅 전문 업체, 텔레지오그래피TeleGeography에서 이 업계를 담당하던 팀 스트런지Tim Stronge는 업계에 네트워크를 지나치게 확장하고 있다고 경고했다.[18] 뉴욕과 런던 사이의 루트만 해도 1997년에서 2001년 사이 용량이 100배 늘어났고 155Mbps(초당 메가비트) 회로의 한 달 임대료는 96퍼센트 하락했다.

수십억 달러를 빌렸던 대부분의 전기통신기업들에게 이 가격은 파멸을 의미했다. 업체들은 하나둘씩 도산했다. 광섬유 붐에 뛰어들었던 투자자들은 무일푼이 되었지만, 광섬유의 과잉은 뜻밖의 혜택을 가져왔다. 터무니없이 싼 광대역 덕분에 용량이 제한적일 때는 불가능했던 수많은 새로운 비즈니스 모델의 실현이 가능해졌던 것이다. 개발도상국의 인터넷 서비스 제공업체들은 값싼 임대료를 내고 닷컴 붐동안 깔린 케이블을 이용해 고객들이 전 세계의 인터넷에 접속하게 해줄 수 있었다. 값싼 광대역은 클라우드 컴퓨팅을 가능하게 했다. 기업들은 수천 마일 떨어진 데이터처리 센터 공간을 임대해서 설비에 대한 직접 투자 없이도 거의 무제한적인 자료처리 능력을 얻었다. 페이스북이 이 지하 네트워크를 장기임대한 덕분에 전 세계의 페이스북 이용자들은 실시간으로 서로 소통할 수 있다. 이들 네트워크에서 놀

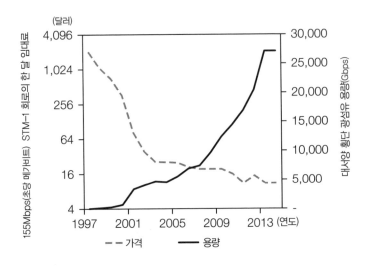

／ 전기통신 거품으로 광섬유 용량이 과잉되었고 이는 전송 가격의 폭락을 유발했다.
(Gbps: 초당 얼마나 많은 양의 정보를 보낼 수 있는지를 나타내는 단위. 1초에 대략 10억 비트의 데이터
를 보낼 수 있다는 뜻이다－옮긴이)
[출처: 텔레지오그래피(TeleGeography), http://www.telegeography.com]

란 만큼 많은 부분이 지금은 도산한 기업들에 의해 만들어졌다. 스트
런지에 따르면 대서양 횡단 광섬유 용량의 63퍼센트, 태평양 횡단 광
섬유 용량의 35퍼센트, 미국과 라틴아메리카 사이 광섬유 용량의 39
퍼센트가 도산한 업체들이 만든 것이다.

　IT 거품의 여파는 주택 거품 때만큼 끔찍하진 않았다. 주택 거품의
파열이 엄청나게 파괴적인 영향을 미친 데 비해 기술 거품의 파열이
큰 피해를 내지 않은 이유는 거품 형성의 자금을 댄 방식이 달랐기 때
문이다. IT 거품의 자금을 댄 주식과 채권 소유주들의 대부분은 이러
한 투자에 차입한 돈을 이용하지 않았다. 레버리지를 사용하지 않은
것이다. 따라서 주식이 폭락하고 채권이 디폴트 되면서 투자자들은
손실을 보았지만 차입한 돈에 대해서 채무불이행 상태에 빠질 일은

없었다. 자연히 금융 시스템 전체에 걸친 공황과 디폴트의 연쇄 반응으로까지 이어지지는 않았다.

반면에 그 후에 명백하게 드러났듯이, 주택 거품에는 상업은행과 투자은행, 금융회사, 펀드 들이 돈을 대고 있었고 이들은 주택 소유자에 대한 융자를 위해서 많은 돈을 차입한 상태였다. 융자의 부실이 악화되자 은행과 그림자 금융은 차입한 돈을 상환할 수 없게 되었다.

나스닥 거품과 달리, 2008년의 금융위기는 수백만 채의 빈집과 수년 동안 이어진 손실을 남겼다. 리스크 감수를 불법으로 만들어야 하는 것이 아닐까 하는 생각이 들 정도의 재앙이었다.

토넬과 동료들은 2008년 이후 자신의 연구에 대해 다시 논의하고, 이전에 나타난 신용 호황의 혜택은 이후에 나타난 붕괴를 정당화시키지 못한다는 결론을 내렸다. 실질적인 가치를 지닌 자산이 뒷받침되지 않은 차입이 너무나 많았다.

연방준비제도이사회가 그 차이를 인식했다면 주택 거품을 꺼뜨려야 했다. 하지만 주식 거품은 인위적으로 꺼뜨릴 필요가 없었다. 당시에도 일부에서는 주택 거품과 IT 거품이 질적으로 다르다는 것을 알았다. 그러나 답은 그렇게 간단하지가 않다. 거품이 꺼뜨릴 가치가 있는지 여부를 미리 확실하게 알 수 있는 경우는 좀처럼 없다. 만약 연방준비제도이사회가 주택 거품을 가라앉혀야 한다는 주장을 받아들였다면, 10년 전 IT 거품 때에도 그렇게 했을 것이다. 대신 연방준비제도이사회는 두 번 모두 같은 방식으로 대응했다. 연방준비제도이사회는 거품이 있는지 확신하지 못했다. 확신이 있었다 해도, 터뜨릴 수 없었을지 모른다. 그리고 터뜨렸다 해도 그 피해가 거품이 스스로 터진 것보다 더 클 수도 있었다.

당시는 자산 가격이 많이 부풀어서 기관들이 이후의 더 큰 재난을 막으려는 목표로 공기를 일부 빼야만 하는 상황이었다. 그렇지만 이렇게 생각해보자. 연방준비제도이사회가 거품이 존재한다는 것과 그것이 좋지 못한 거품이고, 대부분의 리스크 감수가 경솔하고 낭비적이라는 것을 미리 알고 있었다고 말이다. 그렇다면 연방준비제도가 반드시 그 거품을 터뜨렸어야 했던 걸까? 이것은 생태주의자들이 성장을 지원하는 연방준비제도이사회의 활동을 비판할 때 끌어들이는 문제와 정확히 같다. 경제는 복잡한 유기체이며 투기를 소탕하려는 노력은 이득을 줄 가능성과 비슷하게 피해를 줄 가능성 또한 있다.

1928년, 연방준비제도이사회 내에서 이러한 논쟁이 벌어졌다. 당시 주가는 급격히 오르고 있었고 일부에서는 그 결과가 위험한 투기열풍이 될 것이라고 걱정했다. 연방준비제도이사회 내 지도자들 가운데에서도 은행이 투기적 주식 매수에 지나치게 많은 돈을 대고 있다는 우려의 목소리가 나왔다. 연방준비제도이사회의 실질적 리더였던 벤저민 스트롱은 주가 상승을 잡기 위한 목적의 금리 인상에는 반대하는 입장이었다. 경제 피해를 걱정했던 것이다. 스트롱은 1928년 죽었고 그의 후임자들은 좀 더 생태주의적인 사고방식을 가지고 있었다. 1928년 1월에서 1929년 8월 사이, 뉴욕 연방준비은행은 할인율을 3.5퍼센트에서 6퍼센트로 올렸다. 목적 달성에 성공했다. 주가가 떨어졌고 결국 1929년 10월 18일 붕괴가 시작되었다. 하지만 경제는 이미 긴축 신용정책의 압박하에서 지체되고 있었던 상황이었고 고금리와 주식 장붕괴가 조합되자 이내 불황으로 접어들었다. 일본은행Bank of Japan도 1989~1991년, 야스시 미에노Yasushi Mieno 총재하에서 비슷한 일을 했다. 주식과 부동산 가격을 위험할 정도로 높이 끌어올린 투기를 뿌리 뽑기로 한 것이다. 주식과 부동산의 거품을 터뜨리는 데에는 성공했으나 이 붕괴로 심각한 경제적 고통과 디플레이션이 시작되었다.

연방준비제도이사회의 1929년 반거품 캠페인에 대공황의 책임이 있다고 할 수는 없다. 대공황의 원인은 훨씬 더 복잡하기 때문이다. 1990년대 일본의 경기 침체도 그 원인이 다면적이다. 하지만 두 사건은 효과에 대한 확신이 없다는 이유로 투기라는 화재를 잡으려는 중앙은행의 노력이 약화될 수 있다는 것만은 분명히 보여주고 있다. 이것은 확실성을 추구하는 모든 사람들이 직면하는 문제다.

이후 더 큰 화재의 위험을 받아들이는 것이 옳은 선택인 경우도 있다. 화재를 미연에 방지하려는 시도가 상황을 더 악화시킬 수도 있기 때문이다.

CHAPTER 8

선택의 기로에 빠진 구조자들

오늘의 혼돈이냐, 내일의 혼돈이냐?

The Rescuer's Dilemma

Foolproof

08

화재가
숲을 회복시킨다

우리는 경제나 삼림과 같은 복잡한 시스템에 관해 100년 전보다 훨씬 많은 것을 알고 있다. 재난을 막기 위해 어떻게 개입해야 하는지도 알고 있고 지나친 개입을 할 경우 향후 재난 가능성이 더 높아진다는 것도 알고 있다.

균형이 존재한다는 걸 아는 것과 그 한계를 명확하게 지적하는 것은 완전히 다른 문제다. 지식의 놀라운 발전에도 불구하고 환경과 경제는 여전히 복잡하고 예측할 수 없다. 이는 재난을 겪을 것이냐 막는 것이냐의 문제가 개입을 결정할 책무가 있는 사람들의 판단에 달려 있으며 그 사람들조차 자신의 판단이 옳았는지를 사후에야 알 수 있는 경우가 많다는 것을 의미한다.

삼림에 대해 생각해보자. 산불의 역할에 대한 생각은 지난 세기 동안 철저히 변화했다. 한때는 산불을 길들일 필요가 있는 위협적인 존재라고 생각했으나 이제는 생태계에 필수적인 요소라고 여긴다. 역설적이게도 지식의 발전으로 인해 삼림을 보살피는 사람들의 결정은 더 힘들어졌다.

과학자들은 유럽인과 그들의 문자 기록이 아메리카 대륙에 도착하기 훨씬 전부터 있었던 산불의 역사를 되살리는 독창적인 비법들을 알고 있다. 하나는 오래된 나무의 나이테를 분석해서 이전의 화재가 남긴 숨길 수 없는 상처를 확인하는 것이다. 또 다른 방법은 호수 바닥에 구멍을 뚫고 튜브를 이용해서 몇 미터 깊이의 침전물을 추출하는 것이다. 침전물의 중심 시료는 타임캡슐처럼 호수 바닥에 가라앉은 침전물의 기록을 담고 있기 때문에 이를 통해 해당 물질이 언제 침전되었는지를 알 수 있다. 산불은 목탄—불완전연소된 나뭇조각—으로 이루어진 엄청난 규모의 자욱한 먼지를 대기 중으로 내보내고 이후 이 먼지들이 호수 바닥에 가라앉는다. 과학자들은 중심 시료에 든 목탄의 농도를 파악해 산불이 언제 일어났고 얼마나 심했는지를 알아낸다.

제니퍼 말런Jennifer Marlon은 2004년 오리건대학 대학원에서 지리학을 연구하고 있었다.[1] 그녀의 친구들은 퍼시픽 노스웨스트 연구소Pacific Northwest Laboratory에서 호수의 중심 시료를 모아 이 지역 삼림의 역사를 추적하는 중이었다. 그녀는 그러한 샘플들을 연결시키면 미국 서부 삼림 전체의 역사를 파악해 기후변화가 삼림에 어떤 변화를 일으켰는지 알 수 있지 않을까 생각했다. 그녀는 이렇게 얻은 결과를 다른 과학자들이 별개의 연구 프로젝트를 통해 사실로 상정하고 있는 일반적인 가뭄과 더위의 수준에 비교했다. 그 결과, 그녀는 2만 1,000년 전 마지막 빙하기의 끝에서부터 시작되는 산불의 역사를 구성할 수 있었다. 과거 1,500년에 걸친 미국 서부 산불의 기록은 이전보다 상세했다. 그녀의 자료는 산불의 수준이 아주 긴 주기를 두고 오르내리며, 가뭄과 더위에 밀접한 관련이 있다는 것을 보여준다.[2] 산불이 절정에 이른 것은 950~1250년의 기온이 높고 가뭄이 잦았던 중세 온난기Medieval Climate Anomaly 시기와 1800년대 동안이었다. 현대를 포함해 산불이 가장 드물었을 때는 소빙하기로 알려진 1400~1700년의 춥고 습기가 많았던 시기였다.

말런과 공동 연구자들은 이런 연구 결과들을 두 개의 선으로 이루어진 하나의 표로 만들었다. 선 하나는 화재가 최대로 발생했을 때를 1로 두고 전체 기간 동안 관찰된 화재의 양을 보여주며 다른 하나는 가뭄과 기온을 통해 예측된 화재의 양을 보여준다. 두 개의 선은 지난 2,000년 동안 거의 비슷하게 움직였으나 지난 세기에 갑자기 격차가 벌어졌다. 기온이 급격히 높아지고 가뭄이 심화되기 시작하지만 화재는 점점 줄어든다.

이로써 최근까지 100년 동안 미국 서부에서 산불이 몹시 드물었다는 것을 알 수 있다. 이는 기후변화의 영향이 없어서가 아니라 인간의 개입으로 인해 실제로 발생하는 화재의 양이 기후변화를 통해 예상되는 양보다 줄어들었기 때문이다. 말런의 자료는 1980년대에서 끝이 난다. 그녀가 모은 이후 수십 년에 걸친 목탄의 중심 시료는 (완벽하게 비교할 수는 없지만) 1980년대 이후로 화재의 규모와 강도가 더 커졌으며 화재 발생의 시기가 더 길어졌음을 보여준다.

수백 년 된 나무의 나이테에 남은 고대 화재의 흔적을 통해서 화재의 내력을 파악하는 톰 스윗넘Tom Swetnam의 연구 결과들도 이 이야기를

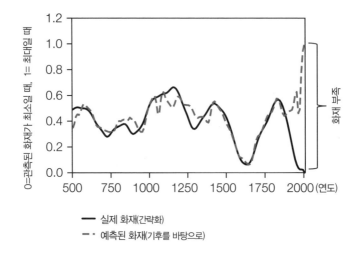

/ 지난 2,000년 동안 산불에 의해 소실된 미국 서부 삼림의 양은 기후에 따라 증가와 감소를 반복했으나 지난 100년 동안은 그 패턴이 변화했다.
[출처: 제니퍼 말런, 패트릭 바틀린(Patrick J. Bartlein), 대니얼 개빈(Daniel G. Gavin) 등. "미 서부 산불에 대한 장기적 시각(Long-term Perspective on Wildfires in the Western USA)", 「전미 과학 아카데미 의사록(Proceedings of the National Academy of Sciences)」 109, no. 9 (2012): 3203]

뒷받침한다. "나무의 나이테들은 남서부에서 과거에는 화재가 5~10년에 한 번 꼴로 발생했으나 100년 동안은 화재가 없었다는 것을 보여줍니다. 시스템이 운영되는 방식을 우리가 바꾸어놓은 것이죠."[3] 그는 내게 말했다. "오늘날의 문제는 화재가 다시 영향력을 되찾고 있다는 것입니다. 충분한 연료와 가뭄, 높아지는 기온까지 해당 지역의 화재를 증가시키는 데 일조하고 있습니다."

화재는 숲의 회복에 필수적이다. 지표화地表火는 임상林床에 쌓인 솔잎과 풀을 없애고 어린 묘목을 제거해 숲의 밀도를 낮춘다. 그에 비해 직경 4인치가 넘는 나무는 화재에 대한 회복력이 높고 심지어는 불을 필요로 하는 나무도 있다. 예를 들어 로지폴 소나무는 송진이 솔방울에 응

고되어 있다. 따라서 화재의 열기 속에서 솔방울이 터져야만 씨앗을 퍼뜨릴 수 있다. 갈매나무나 상록의 떡갈나무, 연(蓮)과 같은 빽빽한 관목 덤불은 토양에 씨앗을 떨어뜨린다. 이들 씨앗은 보통의 조건에서라면 수십 년에 한 번씩 일어나는 정도의 화재 이후라야 싹이 튼다.

화재의 억제가 숲의 성격을 변화시키면서 일부 종이 무성하게 자라 다른 종의 성장을 저해한다. 더 많은 잎, 덤불, 죽은 나무가 임상에 쌓여 화재가 시작되면 불을 키우는 연료가 된다. 화재가 있었다면 죽었을 어린 나무들이 자라면서 오래된 두꺼운 나무들 사이에 가는 나무들이 섞여 밀도 높은 숲을 형성한다. 연료가 풍부한 밀도 높은 숲은 억제에 실패할 경우 더 짧은 시간 안에 더 크고 더 파괴적으로 불이 번질 수 있다는 것을 의미한다. 밀도가 높은 숲에서는, 불이 덜 자란 나무의 몸통을 따라 올라가 잎이 우거진 꼭대기에 이르게 되고 이를 통해 다른 나무들로 쉽게 번져나간다. 화재진압 역시 위험하다. 산불과 싸우다 많은 소방관들이 목숨을 잃는다.

화재진압은 1910년의 화재 이후 미국 산림청의 기본 정책이었으며 1916년 설립된 미국 국립공원관리청National Park Service의 기본 정책이기도 했다. 1950년대에는 반대의 목소리가 커졌다. 그들이 걱정한 부분은 화재 억제가 더 큰 불로 이어지는 게 문제가 아니라 그런 조치가 삼림의 생태계 균형을 교란시키고 있다는 점이었다. 플로리다에서 화재가 삼림에 정기적으로 영향력을 발휘해 숲의 회복을 도와온 것을 관찰한 과학자들과 생태주의자들은 화재의 필요를 전도하는 데 나섰다.[4] 1960년 초 옐로스톤 국립공원에서 서식하는 엘크 사슴의 도태(陶汰)에 대한 논란이 일자, 케네디 행정부는 국립공원 내 야생동물 관리에 대해 조언하는 외부 인사 그룹을 만들고 저명한 동물학자 스타커 레오폴드를 책임자로 임명했다. 레오폴드와 동료들은 1963년의 보고서를 통해 인간의 이익을 위해서 동물과 숲을 보호하는 접근법에서 벗어나 공원을 유럽인들이 오기 전 상태로 복귀시켜야 한다고 주장했다. "국립공원은 원시 아메리카의 비네트(vignette: 우아한 느낌의 짤막한 글 – 옮긴이)가 되어야 한다."[5]

이 보고서에 따르면, 1840년 시에라네바다 산맥을 넘어 캘리포니아로 온 채금꾼들은 "너나 할 것 없이 서쪽 넓은 사면에 장엄하게 늘어선 성목成木에 대해 이야기했다. 현재 서부 사면 대부분에는 어린 소나무와 전나무, 향나무, 다 자란 잡목이 복잡하게 뒤얽혀 있다—자연 발생적 화재를 과도하게 막은 직접적 결과로 (중략) 동물의 생태는 빈약하고, 야생초는 찾아보기 힘들며, 엉망인 식물의 생장 상태는 행복감을 주기는커녕 우울감만 준다." 계획적으로 불을 지르는, 사전입화prescribed burn는 초목을 관리하는 가장 자연적인 방법이다.

레오폴드 보고서는 과학적 표명이라기보다는 생태옹호주의의 표출에 가까웠다. 그럼에도 불구하고 이 보고서는 화재에 대한 접근법의 급진적인 변화를 촉진했다. 1968년 국립공원 관리청은 모든 화재를 다음 날 오전 10시까지 진압하는 것을 목표로 하는 1930년대의 정책을 공식적으로 거부했고 1978년에는 미국 삼림청도 같은 결정을 내렸다.

하지만 어떻게 산불을 다시 도입할 수 있을까? 숲은 더 이상 유럽인들이 오기 전과 같이 훼손되지 않은 자연 그대로의 광활한 지역이 아니었다. 사람들은 숲에서 살고, 일하고, 낚시와 사냥과 캠핑을 한다. 숲은 수많은 벌목꾼, 낚시꾼, 호텔리어의 생계에 필수적이다. 산불이 사람들의 목숨을 빼앗거나 쫓아내거나 엄청난 경제적 피해를 입히게 둘 수는

없다. 산불을 놓아두어야 할지 여부, 의도적으로 불을 내야 할 시기 등
이 모두 삼림관리인의 판단에 달려 있었다.

불을 지를 것인가,
막을 것인가

1998년 여름, 옐로스톤에서 화재가 발생했을 때, 그 결정을 내려야 할
사람은 감독관 밥 바비Bob Barbee였다. 나는 2014년 8월의 어느 날 몬태
나 보즈만에서 바비를 만났다. 2000년 공원관리청에서 은퇴한 그는 혈
색 좋은 얼굴의 78세 노인으로 숱이 적은 백발 머리에 부드럽진 않지
만 차분한 목소리를 가지고 있었다. 옐로스톤, 알래스카, 노스캐롤라이
나에서 근무할 당시의 기념품과 나바호족(Navajo: 미국 뉴멕시코, 애리조
나, 유타에 사는 원주민 – 옮긴이)의 장막으로 덮인 가구로 가득한 그의 거실
에서 이야기를 나눴다. 자연에 대한 바비의 사랑은 등산바지나 벽을 장
식하고 있는 아름다운 숲, 호수, 산을 찍은 사진들에서 쉽게 드러났다.[6]

  그는 콜로라도주립대학 천연자원학과를 졸업한 뒤 여름마다 공원 경
비대원으로 일을 했다. 그 과정에서 그는 자신이 자연에 깊은 관심을 가
지고 있다는 것을 알았다. 국립공원 관리청이 그에게 공원의 상근 일자
리를 제안하자 그는 그 기회를 바로 잡았다. 그리고 1968년 캘리포니
아 요세미티 국립공원의 천연자원 전문가가 되었다. 그로부터 얼마 후
그는 캘리포니아대학 버클리 캠퍼스의 생태주의자이며 공원에 화재를
재도입해야 한다고 주장하는 해럴드 비스웰Harold Biswell을 방문했다. 등
산복을 차려 입은 비스웰은 바로 야외로 나가자고 제안했고 그들은 다

음 3일을 불을 놓으며 보냈다.

요세미티에서 바비는 레오폴드의 제안을 따르는 일을 맡았다. 그는 캘리포니아에 장엄한 세쿼이아 나무들이 무성하게 자라난 것은 산불이 빠르게 자라는 전나무를 주기적으로 솎아내서 세쿼이아가 번창할 수 있는 환경을 만들어주었기 때문이라는 것을 이미 알고 있었다. 하지만 요세미티는 수년에 걸친 산불 억제로 전나무의 밀도가 높아져 있었다. 바비는 요세미티의 사전입화 계획을 준비했다. 대중들 대부분은 이것을 야만적인 계획이라고 여겼다. 비스웰은 '방화범 해리 Harry the Torch'라는 별명을 얻었고 바비는 '암흑의 생태주의자', '드립 토치를 들고 숲으로 뛰어드는 네안데르탈인'이라는 이야기를 들었다. 하지만 바비는 계획을 밀어붙였고 어느 여름, 아름답기로 유명한 엘 캐피탄의 초원에 사전입화를 실시했다. 수년 전 도로 건설로 초원의 수문지리水門地理가 바뀌었다. 이로 인해 이 지역은 대단히 건조해졌고 소나무의 온상이 되었다. 공원관리청은 초원을 보호하기 위해 소나무들을 계속 자르고 있었다. 바비의 불은 45분간 초원을 태우고 모든 소나무를 죽였다. 다음 해 결과가 분명히 드러났다. 소나무 때문에 질식했던 딸기와 진달래가 자라나기 시작한 것이다.

바비는 1983년 옐로스톤 국립공원의 감독관이 되었다. 1972년부터 공원정책은 제한된 지역의 자연 화재를 일부 허용했고 이후에는 그 범위가 확대되었다. 화재를 진압하느냐 그대로 두느냐는 연료의 양, 기상 상태, 수분함유량, 가치가 큰 건축물의 인접성 등에 대한 과학적 분석을 기초로 한다. 이후 15년에 걸쳐 번개에 의해 발생한 235건의 화재가 3만 4,000에이커(약 137.59제곱킬로미터)를 태웠다.[7] 화재가 가장 심했던 1981년에는 2만 240에이커(약 81.91제곱킬로미터)가 불탔다. 그동안은 비교적 습기가 많았기 때문에 거의 모든 자연 발화 화재가 적당한 시간 안에 진화되리라는 믿음이 강해졌다.

1988년 6월 14일, 번개로 몬태나에서 불이 났다. 공원의 북쪽 경계 바로 밖이었다. 다음 몇 주 동안 번개로 인해 몇 건의 작은 화재가 더 일어났다. 바비는 공원관리청의 정책에 따라 화재를 진압하지 않고 상황을 지켜보기로 했다. 하지만 화재의 양상은 바비와 직원들을 깜짝 놀라게 만들었다. 예상만큼 수분이 원활히 공급되지 않았던 것이다. 그해 여름 공원은 기록적인 가뭄을 겪었고 강한 바람이 여름 내내 계속되었다. 불은 보통 밤이면 잦아드는데 그해 여름에는 해가 지고 난 후 더 거세졌다.

연료라는 또 다른 요인이 있었다. 공원의 생태 전문가는 공원의 가장 오랜 나무들의 나이테를 연구해서 그 지역이 1705년과 1850년에 큰 산불을 겪었다는 것을 알게 되었다. 그 뒤에 다시 자란 나무들은 주위의 나무들과 다른 모습이기 때문에 공중에서도 산불이 있었다는 것을 확인할 수 있다. 1800년대 말 이후 화재진압은 일반적인 조치가 되었다. 1960년대부터 옐로스톤이 사전입화를 시작하고 자연 화재를 진압하지 않고 놓아두었지만, 그럼에도 불구하고 숲은 밀도가 높아졌다. 이렇게 불어난 연료들 덕분에 불이 나면 나무 꼭대기까지 쉽게 번지고 자연히 화재가 심화된다.

7월 중순, 바비는 전략을 바꾸었다. 모든 화재를 억제하기로 한 것이다. 화재가 숲의 생태에 주는 영향을 연구하고 싶었던 과학자들의 일부는 반대했지만 이미 불은 통제범위를 벗어나 있었다. 관리청 직원들은 불길이 번지는 것을 막으려 방화대(防火帶: 불이 번지는 것을 막기 위하여 불에 탈 만한 것을 없애고 어느 정도의 넓이로 둔 빈 지대－옮긴이)를 만들고 맞불을 일으켰지만 강한 바람이 불씨를 도로, 개울, 방화대로 날려 보냈다. 불은 하루에 5~10마일(약 8.05~16.09킬로미터)씩 번져나갔다.[8] 8월 20일에는 16만 5,000에이커(약 667.73제곱킬로미터)가 불타고 있었고 핵폭탄이 폭발한 후 생기는 버섯구름과 같은 검은 연기구름이 생겼다. 9월 초, 불은 세계 최대의 통나무 구조물인 올드페이스풀인Old Faithful Inn으로 다가가고 있었다. 바비는 소방 책임자와 자리를 걸고 이렇게 말했다. "여기에는 시스테인 성당이 있는 셈입니다. 올드페이스풀인을 잃는 것은 있을 수 없는 일입니다. 그것을 잃으면 저는 죽음 목숨이나 다름없어요. 당신도 마찬가지이고요." 불이 도착하기 사흘 전, 소방관들은 건물에 물을 흠뻑 적시고 소화기 거품을 잔뜩 묻혀두었다. 불은 근처의 17개 건물을 소실시키고 연료 트럭을 폭파시켰지만 올드페이스풀인은 살아남았다.

바비의 직원들은 자연적인 화재가 그해 최대 4만 에이커(약 161.87제곱킬로미터)를 태울 것이라고 예측했지만[9] 실제로는 옐로스톤과 그 주변에서 총 248건의 화재가 일어나 100만 에이커(약 4046.86제곱킬로미터)를 태웠다. 국립공원관리청 홍보에 있어서는 악몽과 같은 사건이었다. 바비는 후에 이렇게 회상했다. "카다피가 뭔가 충격적인 일을 저질러서 미디어의 관심이 그쪽에 쏠렸으면 하고 바랐습니다. 하지만 그런 일은 일어나지 않았죠. 모든 관심이 옐로스톤에 집중되었습니다."[10]

대중과 정치인들은 공원관리청이 미국에서 가장 오래되고 가장 큰 사랑을 받는 국립공원인 옐로스톤의 화재를 두고 본 이유를 이해하지 못했다. 8월에 미국 국립공원관리청의 책임자 윌리엄 모트William Mott는 국립공원 내의 모든 사전입화를 중단하겠다고 선언했다. 그해 9월, 일단의 의원들이 로널드 레이건에게 국립공원청으로 하여금 사전입화—그들은 이를 조소적으로 '타게 내버려두기Let it burn'라고 불렀다—를 그만두도록 하라고 청원했다. 국립공원은 서부 여러 주에서 관광수입의 중요한 원천이 되어 있었고 많은 사람들이 사전입화 정책을 벌목사업과 관광산업의 경제적 활력을 위협하는 존재로 보는 상황이었다. 일부 과학자들도 비판적이었다. 한 과학자는 그 정책을 '그리스 신 제우스에게 주문을 외우는 것'에 비교했다.[11]

사전입화는 건전한 과학이 뒷받침하는 방법이다. 하지만 불이 가진 원래의 복잡성과 예측가능성까지 변경시킬 수는 없다. 이 점을 완벽하게 보여준 사례가 있다. 2000년 뉴멕시코 로스앨러모스 남쪽, 반델리어 국립천연기념물Bandelier National Monument을 가로지르는 프리홀레스 계곡의 화재다. 공원관리청의 관리들은 60년 만의 가뭄 때문에 그 지역에 대규모 산불이 일어날 가능성이 높아졌다며 조바심을 내고 있었다.[12] 1998년 방화로 인해 이미 큰 불이 난 적이 있었다. 모두 큰 규모의 화재가 로스앨러모스의 핵무기 연구소에 피해를 입힐까 염려했다. 이에 공원관리청은 5월 4일 연료량을 줄이고 화재를 막기 위해서 계곡 위쪽 세로 그란데 피크의 사면에 사전입화를 시작했다. 풀에 휘발유를 뿌리고 드립 토치로 불을 지른 것이다.

몇 시간 만에 불은 미리 정해놓은 경계를 넘어서기 시작했다. 이 사전입화는 다음 날 산불로 번졌다. 화염을 억누르기 위해 소방관들이 서쪽 경계를 따라 역화를 만들어서 불이 계곡 훨씬 남쪽에 있는 나무가 많은 지역으로 퍼지지 못하게 막았다.

바람이 강해지기 시작하면서 불길이 방화대를 지나 나무가 꽉 들어찬 지역으로 넘어가자, 공원관리청은 헬리콥터로 내염제耐炎劑를 떨어뜨렸다. 그 불 역시 수습할 수 없게 되었다. 날아간 잔불이 동쪽 로스앨러모스 인접 지역에 여러 건의 화재를 일으켰다. 화염은 시속 1마일(약 1.61킬로미터)의 속도로 로스앨러모스를 향해 가고 있었다. 5월 10일, 뉴멕시코 주지사 게리 존슨Garry Johnson은 1만 1,000명의 로스앨러모스 주민들에게 소개疏開 명령을 내렸다. 날아온 불씨들이 43제곱마일(약 11.37제곱킬로미터) 면적의 연구 단지에 작은 화재들을 일으켰고 이에 에너지국은 핵무기 연구소에서 방사능 유출이 없는지 모니터하기 위해 팀을 파견했다(방사능 유출은 없었다). 결국 1,400명의 소방관과 16대의 급유기와 헬리콥터가 화염과의 싸움에 나섰다.[13] 사전입화의 목표는 원래 900에이커(약 3.64제곱킬로미터)를 태우는 것이었다.[14] 하지만 이 화재는 4만 8,000에이커(약 194.25제곱킬로미터)를 태우고 200채 이상의 집을 소실시켰다.

바로 조사가 시작되었다. 내무장관 브루스 배빗Bruce Babbiit은 '심각한 결함이 있는' 국립공원관리청의 계산을 비난했다. 이 조사와 후속 보고서는 바람의 방향을 예측하는 데 충분한 주의를 기울이지 못하고, 불을 통제 못하는 상황을 대비해 적절한 소방 인력과 장비를 준비하지 못한 공원 관리인들을 비난했다. 일부 비판에 따르면 그들은 사전입화 관리 경험이 거의 없었다.[15]

불을 그대로 둘 것인지 진압할 것인지 결정하는 일은 삼림관리를 책임지는 개인에게도 엄청난 영향을 준다. 1988년 옐로스톤에서는, 격분한 주민과 기업인이 바비에게 '바비큐 밥Barbee-Que Bob'이라는 별명을 붙였고 몬태나의 한 신문에는 '바비 돌Barbee Dolls'이라는 꼬리표가 붙은 테디 베어를 태우는 만화가 등장했다.[16] 바비는 요세미티의 사전입화나 해터러스 곶의 모텔 개발 저지 등 인기 없는 결정을 하는 데 익숙했다. 그는 그 일이 자신의 결정이 남에게 어떻게 보일지 많이 걱정하는 사람에게는 맞지 않는 직업이었다고 회상한다.

세로 그란데 화재 이후 반델리어의 감독관인 로이 위버Roy Weaver는 연금을 환수해야 한다는 협박과 비난을 받았으나 조사 위원회는 모든 징계조치에 반대했다. 그 사건 직후 은퇴한 위버는 이후 이렇게 말했다. "예측할 수 없는 일이나 예측하지 못한 일들, 그리고 통제할 수 없는 일들은 언제나 일어나기 마련입니다."[17] 바비는 그의 마음을 이해한다는 지지의 편지를 보냈다. 그는 다른 많은 공원 관계자들도 같은 입장에 있으며 "신의 은총이 없었다면 나도 그렇게 되었을 것이다."라고 말했다.

바비는 그해 여름의 화재는 어떤 것으로도 막을 수 없었다고 확신하고 있다. 그들이 좀 더 일찍 진압에 나섰더라도 말이다. 여러 상황들이 일치한 결과 1705년, 1850년과 같은 화재가 불가피하게 발생한 것이다.

공식적으로 자연 화재와 사전입화에 관한 책임은 연방에 있다. 하지만 옐로스톤과 세로 그란데 사건은 그러한 정책 실무를 맡은 사람이 지나치게 큰 위험을 부담할 가능성이 있다는 것을 보여주었다. 화재의 복잡한 속성으로 인해 억제를 통한 관리가 장기적으로는 오히려 위험을 키우게 되기도 하고, 또 바로 그런 속성 때문에 단기적으로 불의 사용을 예견할 수 없게 되기도 한다. 예기치 못한 바람의 변화, 강수의 부족, 번개에서 지형의 기본적인 성격에 이르기까지 수많은 것들이 불을 통제할 수 없는 수준으로 키울 수 있다.

옐로스톤과 세로 그란데 화재가 그토록 흉포했던 데에는 이전 수십 년 동안 화재가 없었던 것도 한몫을 했다. 옐로스톤은 1872년 첫 국립 공원으로 지정되었고 1886년에는 군이 그곳의 산불과 싸우는 책임을 맡았다. 1970년대까지는 화재 억제가 기본 정책으로 유지되었다. 화재를 연구하는 역사가, 스티븐 파인Stephen Pyne은 "1988년, 당신들은 한 세기에 걸쳐 이룩된 것을 태워 없앴다."고 말하기도 했다.[18] 스윗넘은 18~19세기 동안 로스앨러모스 주변에서 6년마다 대형 화재가 발생했으나 1881년 이후에는 큰 불이 없었던 것으로 파악하고 있다.

스윗넘과 말런의 계산이 정확하고 지난 100년 동안 화재가 잠잠했다면, 그것은 앞으로 더 많은 초대형 화재가 일어날 것이라는 뜻이다. 경험을 통해 보아도 이는 사실이다. 이전 몇십 년에 비해 지난 10년 동안 지나치게 많은 화재가 일어나 화재 면적이 50만 에이커(약 2,023.43 제곱킬로미터)에 이르렀다. 이것은 단순한 기후변화의 결과가 아니라 화재 억제의 유산이다.

이것을 안다 해도 어떻게 해야 하는지는 알 수 없다. 부족한 화재를 메꾸기 위해 더 많은 화재를 조장해야 하는 것일까? 아니면 초대형 화재가 일어나는 것을 막기 위해 화재를 진압하는 데 더 주의를 기울이고 더 기민하게 대처해야 하는 것일까? 과학은 첫 번째 행동방침을 지지하지만 당장의 현실은 후자를 지지한다. 삼림을 관리하는 일을 하는 사람들이 얻는 결과는 대단히 불균형하다. 화재를 방치해서 바라던 목표를 이룬다면 보다 건강한 숲을 가지게 되고 이후 오랫동안 초대형 화재를 덜 겪을 수 있게 될 것이다. 그러나 숲이 건강해지고 화재가 줄거나 없어졌다는 것을 알아차리는 사람은 거의 없다. 반면에 화재가 통제를 벗어나면 인명 손실과 수백만 달러 가치의 재산 피해가 뒤따르고 텔레비전 카메라가 몰려들고 성난 의원들이 답변을 요구할 것이다. 게다가 화재의 연료를 줄이고 자연적인 생장을 돕는 사전입화와 숲의 기계적 간벌間伐에는 비용이 많이 들기 때문에 화재를 그냥 두자는 유혹보다는 진압하자는 유혹이 압도적으로 커진다.

화재진압은 진압이냐 방치냐의 선택을 더 힘들게 만드는 행동을 초래한다. 옐로스톤 화재 이후 서부 국립공원의 사전입화를 일시적으로 유예하자 사전입화가 계속되는 지역에 비해서 인근의 토지개발이 증가했다. 그러한 개발로 인해 화재를 방치했다가 비용은 더 높아진다.[19] 파인은 "사전입화를 하거나 자연 화재를 방치하고 그 화재가 통제를 벗어나는 경우 그 조치는 관리자의 경력을 끝장내버릴 수도 있습니다. 반대로 화재에 맞서서 화재를 피할 수 있게 되면 그 사람은 영웅 대접을 받습니다."라고 말하면서 대부분의 삼림관리인들이 진압에 우호적일 수밖에 없다는 것을 보여준다. 그는 세쿼이아 국립공원에서 그가 만났던 한 삼림감독관의 이야기를 인용한다. "매일 일을 나가면서 바람의 변화만으로도 감옥에 갈 수 있다는 생각을 합니다."

항생제 처방의
딜레마

통제하려는 인간의 노력에 적응하는 시스템은 숲만이 아니다. 많은 생태계와 사회 시스템이 이러한 속성을 가지고 있다. 박테리아도 숲과 비슷하다. 항생제의 출현으로 한동안 인간이 전쟁의 부상과 인후염부터 성병, 요로감염증에 이르기까지 수많은 심각한 부상과 죽음을 유발하는 악성 전염병을 통제하고 심지어는 완전히 물리칠 수 있게 되리라는 기대가 높아졌다. 하지만 숲의 경우에서와 같이 미생물이 항생제에 적응했고 심지어는 더 치명적으로 변하기도 했다.

알렉산더 플레밍Alexander Fleming은 잘 알려진 바와 같이 뜻밖의 우연으로 1928년 페니실린을 발견했다. 그는 연구소 개수대에 세균 배양물이 담긴 그릇을 남겨두었고 이후에 그릇에서 자라고 있는 푸른곰팡이 속屬의 곰팡이를 발견했다. 그릇 여기저기에 박테리아가 자라 있었지만 이 곰팡이 주위는 박테리아가 없었다. 그렇지만 플레밍을 순수한 페니실린을 분리하는 법을 알지 못했다. 그 과제는 1940년 옥스퍼드대학의 다른 영국인 과학자 세 명에게 주어졌다. 1941년 그들은 사람에게 투여할 수 있는 페니실린을 제조해냈다.

영국의 과학자들은 1941년 미국을 방문했다. 이 약의 엄청난 장점을 홍보해 미국 정부가 대량생산을 시작하도록 설득할 생각이었다. 하지만 미국 정부는 이 약을 대중적으로 사용할 수 있게 하는 대신 군용으로 유보해두었다. 1942년 보스턴의 인기 있는 나이트클럽 코코넛 그로브Cocoanut Grove의 화재로 492명이 사망했다. 생존자 대부분은 심각한 광범위 화상으로 매사추세츠 종합병원Massachusetts General Hospital에서 치료를 받고 있었다. 황색포도상구균staphylococcus aureus은 종종 화상 피해자나 피부이식수술 환자의 피부 상처에 침투한다. 당시에는 황색포도상구균에 감염될 경우 사망하는 것이 보통이었다. 하지만 화재 후 머크 앤드 코Merck & Co.가 뉴저지의 공장에서 생산된 페니실린을 즉시 병원에 공급했고 병원은 이 약으로 화상 피해자들을 성공적으로 치료했다.[20]

화상 피해자를 치료하는 데 성공하자 페니실린은 '기적의 약'이라는 이름을 얻었다. 실제로 페니실린은 기적이라 할 만했다. 페니실린은 세포벽을 만드는 데 필요한 박테리아 속의 효소를 감싸는 방식으로 작용한다. 박테리아는 세포벽이 없으면 죽지만 인간 세포는 세포벽이 없기 때문에 페니실린은 사람에게는 무해하다. 따라서 페니실린은 극히 안전한 약물이다.

항생제의 사용은 급속히 확산되었고 이것으로 임질이나 결핵과 같은 해묵은 골칫거리들을 완벽하게 해결할 수 있었다. 1960년 노벨의학상을 수상한 면역학자, 프랭크 맥팔레인 버넷Frank Macfarlane Burnet은 1962년 이렇게 선언했다. "21세기 중반이면 역사상 가장 중요한 사회적 혁명 중 하나가 마무리될 것입니다. 사회에 큰 영향을 끼치는 요인이었던 감염질환이 사실상 사라지게 됩니다."[21]

하지만 페니실린을 기적의 약으로 받아들인 것이 그 종말의 씨앗이 되었다. 플레밍은 1945년 세균의 돌연변이가 페니실린 내성으로 이어질 수 있다고 경고했다. 다윈의 자연선택 과정이 나타나는 것이다. 박테리아는 한 시간에도 몇 차례씩 자기복제를 하기 때문에 다른 종보다 훨씬 빠르게 진화한다. 플레밍은 이 과정을 박테리아에 과다한 페니실린을 주입해서 변종 박테리아가 페니실린이 뚫을 수 없는 세포벽을 발달시켜 생존할 때까지 직접 유도해보았다. 1945년 플레밍은 페니실린을 알약으로 이용하게 되면 환자들이 약을 병원에서 정맥주사로 맞는 대신 스스로 복용할 수 있게 되므로 내성 박테리아가 훨씬 더 많아질 것이라고 경고했다.[22]

플레밍은 내성 박테리아의 발생 가능성에 대해서는 옳게 예견했지만 그 정도는 과소평가했다. 플레밍은 내성이 자연선택을 통해 발전될 것이라고 생각했다. 염색체—생물체 전체의 청사진 역할을 하는 DNA의 '이중 나선구조double helix'—에 페니실린 내성 돌연변이를 가지고 있는 박테리아 종 하나를 생각해보라. 환자를 페니실린으로 치료하면 내성 박테리아 이외의 모든 미생물은 죽는다. 그러면 내성 박테리아가 번성하면서 널리 퍼져나간다. 기후변화 때문에 보통보다 털이 많은 종 이외의 모든 토끼가 죽는다고 상상해보라. 이후부터는 새로운 기후에 잘 적응하는 털이 많은 종이 번성하게 된다.

박테리아는 복제보다 훨씬 더 기발하고 강력한 수단을 통해 내성을 획득한다. 박테리아는 수천 가지 플라스미드(plasmid: 박테리아와 이스트에서 나타나는 자기복제로 증식할 수 있는 유전 인자-옮긴이), 특히 유동성 DNA 덩어리의 보금자리다. 플라스미드는 염색체와는 별개로 존재하면서 추가적인 기능을 수행하는 데 플라스미드가 항생제를 차단하거나 항생제의 표적인 숙주 박테리아의 일부를 보호하는 효소를 생산하는 유전자를 가지고 있을 수 있다. 1959년 일본의 의사들은 네 가지 다른 항생제에 내성이 있는 세균성 이질을 접하고 입을 다물지 못했다. 그들은 하나의 박테리아가 정상적인 복제 과정을 통해서 네 가지 항생제에 내성을 가지려면 10^{28}(1에 28개의 0이 붙는)의 갑절에 이르는 복제가 필요할 것으로 계산했다.[23] 거의 불가능한 일인 것이다. 과학자들은 플라스미드에 내성 유전자가 있는 박테리아가 다른 박테리아와 유전자를 교환해서 한 개 이상의 내성을 가질 수 있게 되었다는 결론을 내렸다. 털이 적은 토끼가 추위에 죽는 대신 털을 빽빽하게 기를 수 있는 법을 배우는 것과 비슷하다.

박테리아는 유전자를 숨겨두었다가 항생제가 들어왔을 때에만 내성을 발휘할 수도 있다. 실제로 항생제로 치료 가능한 박테리아가 갑자기 내성 박테리아로 변한다. 내성은 놀라운 속도로 나타난다.[24] 환자에게 항생제가 투여되고 2주라는 짧은 시간 내에 말이다. 페니실린 내성이 있는 포도상구균 종은 약물이 도입된 지 몇 년 만에 나타났고 다음 몇 십 년 동안 공동체에 널리 확산되었다. 1970년대에 미국 군인들은 페니실린 내성 임질에 걸렸는데 그 병은 임질에 걸리지 않도록 정기적으로 약을 받았던 베트남 창녀에게서 비롯된 것이었다.

과학자들은 감염원의 다른 부분을 표적으로 하는 새로운 항생제를 개발해서 내성 변종에 대응했다. 메티실린methicillin, 옥사실린oxacillin, 나프실린nafcillin과 같은 페니실린 파생물질이 1960년대 초부터 쓰였다. 몇 년 내에 메티실린 내성 황색포도알균methicillin resistant staphylococcus aureus, MRSA이 나타났고 1990년대에는 병원들 내에 널리 퍼졌다. 그리고 2000년대에 공동체 전체에 퍼졌다. 메티실린 내성 황색포도알균은 현재 9,000가지 감염을 일으키며 미국 내에서 매년 2,000명의 사망자를 낸다.

내성 박테리아는 항생제 덕택에 존재하게 된 것이 아니다. 많은 내성 박테리아가 항생제가 등장하기 수백 년, 수천 년 전부터 존재했다. 하지만 자연선택의 법칙에 따라 항생제로 인해 내성 박테리아가 널리 퍼지게 된 것이다. 미생물학자이자 의사인 스튜어트 레비Stuart Levy가 말하듯이 "항생제는 더 이상 죽일 수 없는 박테리아 종을 선택한다.[25] 항생제는 사회적 약물이다. 한 사람의 사용이 다른 사람의 성공적 치료에 개입하는 유일한 약물인 것이다."[26] 콜레스테롤 억제 약물을 복용하기로 한, 한 사람의 결정은 콜레스테롤 수치가 높은 다른 사람이 고통을 받게 될지 여부에 아무런 영향을 주지 않는다. 반면에 항생제를 복용하겠다는 각 개인의 결정은 나머지 사회를 내성 박테리아의 위험에 노출시킨다. 항생제는 완벽한 제로섬(게임에서 참가자 각각의 이득과 손실의 합이 제로가 되는) 약물이라고 할 수는 없으나 그에 가깝다. 이러한 괴팍한 속성은 항생제가 가장 많이 쓰이는 나라에서 그 효과가 가장 적다는 사실에서 확연하게 드러난다.

레비는 안경을 쓰고 나비넥타이를 맨 일흔여섯의 노인으로 미소가 부드러웠다. 그는 보스턴 차이나타운에 있는 터프츠 의과대학 사무실에서 연구를 한다. 레비는 프랑스에서 안식 기간을 갖던 중에 항생제 내성에 관한 선구적인 연구를 했던 일본인 과학자, 쓰토무 와타나베를 만나 항생제 내성에 관심을 갖게 되었다. 1981년 레비는 합리적인 항생제 사용을 위한 연합Alliance for the Prudent Use of Antibiotics, APUA을 만들어 전 세계에서 항생제 남용 방지 캠페인을 벌이기 시작했다. 그는 항생제 내성의 근원을 찾아 전 세계를 누볐다. 방글라데시의 작은 약국에서 처방 없이 항생제가 팔리는 장면을 카메라에 담고, 내성의 영향 범위를 추적하기 위해 네팔의 오지 마을들을 누비고, 닭들에게 먹이는 항생제가 얼마나 퍼졌나를 확인하기 위해 프랑스 농장들을 찾아다녔다.[27]

항생제는 감염원이 세균성이 아닌 경우—예를 들어 감기와 같이 바이러스에 의한 것으로 항생제에 반응하지 않는 질병—에도 널리 처방된다.

항생제 내성에는 가축을 대상으로 한 광범위한 사용, 특히 항생제가 처방 없이 팔리는 국가에서 왕왕 있는 자가 투여(혹은 환자들이 이전 처방으로 받은 약을 사용하지 않았다가 복용하는 경우), 보다 이익이 큰 만성 질병 치료제에 집중하는 제약회사의 새로운 항생제 개발 포기, 단순한 무지

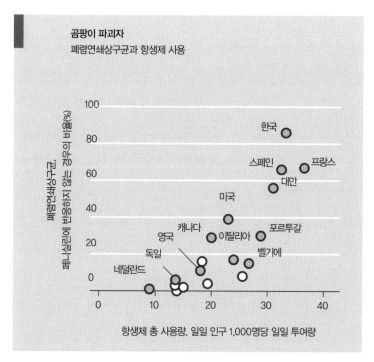

곰팡이 파괴자
폐렴연쇄상구균과 항생제 사용

세로축: 폐렴연쇄상구균, 페니실린에 반응하지 않는 경우의 비율(%)

한국

스페인   프랑스
대만

미국

캐나다
영국   이탈리아   포르투갈
독일   벨기에
네덜란드

가로축: 항생제 총 사용량, 일일 인구 1,000명당 일일 투여량

╱ 항생제 사용이 많은 나라의 경우, 내성 박테리아 종이 더 많이 퍼져 있다.
[출처: 이코노미스트 뉴스페이퍼 리미티드(The Economist Newspaper Limited), 런던, 2011년 3월 31일]

등 여러 가지 원인이 있다. 합리적인 항생제 사용을 위한 연합APUA이 벌인 한 조사는 항생제 사용자의 45퍼센트가 항바이러스를 죽일 수 있다고 생각한다는 것을 발견했다.[28]

이러한 문제에 대응해, 가축을 대상으로 한 항생제 사용의 제한 — 덴마크는 가축 대상의 항생제 사용을 전면 금지시켰다 — 에서 항생제 처방 요건에 이르기까지 여러 조치가 취해지고 있다. 하지만 법적 제한으로는 내성의 가장 흔한 원인을 해결할 수 없다. 바로 의사의 과다한 처방이다. 의사들의 과다 사용은 그 뿌리가 경제적인 원인이나 무지보다는 의

사의 개인적 책무와 사회적 의무 사이의 긴장에 있다. 의사들은 무엇이 환자를 아프게 하는지 확실하게 아는 경우가 좀처럼 없다. 상기도 감염은 바이러스성이어서 항생제에 반응이 없을 수도 있고 박테리아에 의한 것일 수도 있다. 상태는 저절로 좋아질 수도 있고 개인 특유의 원인으로 인해서 극적으로 악화될 수도 있다. 이러한 불확실성만으로도 의사들이 더 강력한 항생제를 처방하게 만들 수 있다. 이것이 내성을 더 조장할 가능성이 있는데도 말이다. 1997년에서 2010년까지 미국 병원들을 대상으로 삼은 한 연구는 목이 아픈 환자의 단 10퍼센트만이 항생제에 반응하는데도 의사들이 목이 아프다고 불평하는 환자들의 60퍼센트에게 항생제를 처방했다는 것을 보여준다.[29]

항생제 처방의 혜택을 저울질하는 의사들은 화재를 진압해야 할지 판단하는 삼림관리인과 대단히 비슷하다. 혜택은 즉각적이고 눈에 보이지만 그로 인한 대가는 현재 시점에서 멀리 떨어져 있고 눈에 보이지 않으며 다른 사람이 치르게 될 것이다. 웨일즈의 박사들은 한 조사를 통해 내성에 대한 인식이 널리 퍼져 있기는 하나 의사들의 결정에 관여하는 경우는 좀처럼 없다는 것을 발견했다.[30] "의사들은 이론상의 항균저항성 '후속' 합병증보다 항생제 처방을 하지 않을 때―특히 환자들의 상태가 보다 심각한 문제로 발전할 수 있는 경우―나타날 결과를 더 걱정한다." 한 의사는 연구자들에게 이렇게 말했다. "내성은 약물을 처방할지 말지 고려할 때 생각하는 10가지 사안 중에 10번째일 겁니다. (중략) 감염이 훨씬 더 심각해질 수 있는 가능성을 놓치지 않으려는 마음이 훨씬 우위에 있죠."

"치료를 담당하는 우리 의사들은 환자들의 문제가 무엇인지 확실히 알지 못합니다."[31] 로스앤젤레스 카운티-서던 캘리포니아대학 메디컬 센터Los Angeles County+University of Southern California Medical Center의 의료원장으로 레비와 마찬가지로 수년 동안 항생제 남용을 억제하기 위한 캠페인을 벌여온 브래드 스펠버그Brad Spellberg 박사의 말이다. "우리는 최선의 추측을 하려고 노력하지만 그 추측이 잘못될 수 있다는 두려움에 시달립니다."

스펠버그는 독감과 비슷한 증상―목의 통증, 열, 불쾌감―으로 로스앤젤레스의 지역 병원을 찾은 28세의 여성 환자의 이야기를 해주었다. 그병원은 항생제의 남용을 피하기 위한 치료 규약을 채택하고 있었기 때문에 그러한 규약에 따라 따뜻한 수프와 타이레놀을 복용하라고 이야기하고 그녀를 돌려보냈다. 그녀는 며칠 후 증세가 더 심해져서 병원을 다시 찾았지만 그녀의 병이 박테리아에 의한 것이 아니라는 이야기를 다시 듣게 되었다. 며칠 후 그녀는 레미에르 증후군Lemierre's syndrome이라는 진단을 받았다. 인후의 박테리아 감염이 경정맥으로 퍼져 혈전을 생성하고 이후 혈전이 쪼개져 몸 전체에, 특히 폐의 모세혈관에 퍼지는 병이었다. 그녀는 곧 사망했다.

이런 경우는 극히 드물다. 스펠버그의 계산으로는 알레르기 반응과 같은 항생제 역반응의 확률이 1/10인 반면 오진으로 항생제를 처방하지 않아서 고통을 겪을 확률은 약 1/10,000이다. 그럼에도 불구하고 대부분의 의사들은 항생제가 도움이 될 수 있는 환자를 하나라도 놓치는 위험을 감수하려 하지 않는다. 레비가 항생제 남용과 싸운 수십 년 세월 동안에도 내성률은 증가했고 그는 싸움에서 졌다는 데 절망할 수밖에 없었다. 그는 항생제 남용을 막도록 의사들을 교육하는 데 매진했으나 한편에서는 농업과 신생 시장의 항생제 남용이 걷잡을 수 없이 만연하고 있다. 네팔에서 이루어진 그의 연구는 의사가 가장 많은 지역에서 항생제 내성이 가장 높다는 실망스러운 결과를 내놓았다.[32]

스펠버그는 의사들을 설득해 항생제 처방을 줄이려는 전략은 결국 성공하지 못할 것이라고 생각한다. 그는 환자가 어떤 질병을 갖고 있는지 빠르게 확인하는 테스트를 개발해서 항생제가 필요한지 여부를 판단하는 것이 낫다고 말한다. 감염에 의한 피해의 대부분이 신체 반응에서 비롯되기 때문에 감염되지 않도록 신체를 단련하는 것도 좋은 방법이 될 것이다. 그는 이렇게 말한다. 요점은 "우리 인간보다 그 수가 10배 많고, 힘이 22배 강하고, 무게가 1억 배 많이 나가고, 50만 배 빠르게 복제를 하며, 우리 인간이 존재했던 시간보다 1만 배 긴 시간 동안 이런 일을 해온 상대와의 싸움에서 이길 수는 없다. 우리는 평화로운 공존을 달성해야 한다."

누구도 장담할 수 없는 해법

산불과 박테리아 감염에서 발생한 딜레마는 금융위기에서 제기된 딜레마와 비슷하다. 개입 조치가 장래에도 은행, 헤지펀드, 국가를 구해줄 것이라는 기대를 낳는다는 사실을 알면서도 정부가 개입해서 은행, 헤지펀드, 국가를 구제해야 하는 것일까?

제이 파월Jay Powell은 이러한 진퇴양난의 상황을 직접 겪었던 인물이다. 은발의 깔끔한 외모에 솔직한 성정의 그는 1990년대 초 재무부

고위 관리를 지낸 사람다운 분위기를 가지고 있다. 이후 그는 비공개 기업 투자펀드와 투자은행에서 커리어를 쌓다가 연방준비제도이사회 의장으로 공직에 다시 복귀했다. 나는 2010년—그가 공직에 몸담은 두 기간 사이—에 파월을 만났다. 그는 그 이름에서 알 수 있듯이 국가의 긴급한 문제에 대해 양당兩黨이 합의할 수 있는 해법을 찾기 위해 노력하는 싱크탱크, 초당파정책센터Bipartisan Policy Center에 자리 잡고 있었다. 당시 「이코노미스트」를 위해 일을 하고 있던 나와 파월은 금융의 '워게임war game'을 맡았다. 우리는 다수의 옛 정책 입안자들을 「이코노미스트」 컨퍼런스의 무대 위에 모아놓고 모의 금융위기에 맞서도록 한다. 어느 해에는 도산 위기에 있는 초대형 은행을 처리하는 과제가 주어졌다.

정책 입안자들은 도드-프랭크법Dodd-Frank Act—긴급구제를 더 이상 처방하지 않으려는 목적에서 2010년 통과된 금융개혁법안—의 복잡한 내용과 씨름해야 했다. 우리는 그 모의 상황을 가능한 정치적으로 고민스럽게 만들려고 애를 썼다. 은행이 도산하고 2008년의 위기를 다시 겪도록 둘 것이냐, 은행을 구제하고 도덕적 해이를 없애기 위해 한 모든 일을 무위로 돌릴 것이냐? 그 과정에서 놀랍게도 이 문제가 파월에게 그리 추상적인 일이 아니라는 것을 알게 되었다. 그는 이러한 딜레마에 직접 맞선 적이 있었다.

1991년 1월 미국은 불황 상태였고 은행들—특히 텍사스와 뉴잉글랜드의—은 도미노처럼 줄줄이 쓰러지고 있었다. 로드아일랜드 주지사는 45개 신용조합을 폐쇄했으며 주의 예금보험펀드가 파산했기 때문에 예금주의 자금은 동결되었다. 미국 최대 지역은행의 하나인 뉴잉글랜드은행Bank of New England은 여러 차례의 인수와 뉴잉글랜드 경제 활황 덕분에 빠르게 성장했으나 부동산 가치 하락과 연계된 부실채권의 무게를 못 이겨 신음하고 있었다. 7월 4일 금요일 뉴잉글랜드 은행은 4억 5,000만 달러의 손실을 입었다고 발표했다. 남은 자본을 다 쓰고도 파산할 수밖에 없는 상황이었다. 예금주들은 돈을 인출하기 위해 로드아일랜드, 매사추세츠, 코네티컷의 지점들로 몰려들었다.³³

1월 6일 아침, 파월과 재무부의 동료들은 연방예금보험공사, 연방준비제도이사회의 관리들과 만났다.³⁴ 뉴잉글랜드은행과 두 개 자매 은행의 예금 191억 달러 중에 20억 달러는 미국 연방예금보험공사가 보증하는 10만 달러를 초과하는 계좌에 있었다.³⁵ 그들은 어떻게 해야 할까? 뉴잉글랜드은행은 그리 크지 않았다. 미국 전체에서 규모로 순위를 매겼을 때 33위에 불과했다. 문제는 너무나 많은 다른 은행들이 보험의 보장 범위를 벗어난 예금에 의지하고 있다는 점이었다.

파월과 재무부 관리들은 보험 범위에서 벗어난 예금주들을 보호하는 데 반대했다. 그들을 보호할 경우 도덕적 해이—보험이 적용되지 않는 예금주들을 또 구제할 것이라는 기대를 초래해 위험한 행동이 늘어날 것이 확실한—를 낳을 수 있다는 걱정을 한 것이다. "이것은 전형적인 대마불사의 문제입니다. 나쁜 결과를 피하려고 지금 긴급구제를 한다면 도덕적 해이를 낳고 문제를 뒤로 미루게 되어 결국은 더 나쁜 문제에 직면하게 됩니다." 파월은 수년 후 내게 이렇게 말했다.

은행 감독의 책임을 맡고 있던 연방준비제도이사회 의장 존 라웨어John LaWare는 파월과 동료들에게 신용조합 폐쇄와 허약한 지역 경제로 인해 상황이 대단히 좋지 않다는 이야기를 꺼냈다. "우리가 보험 보장을 받지 못하는 예금주들에게 헤어컷을 적용하면 어떤 일이 일어날지 이야기해주겠네. 유럽과 미국의 많은 은행들이 월요일 아침 문을 열자마자 예금 인출 사태가 벌어지겠지." 곧 다른 사람들이 그런 일이 절대 일어나지 않게 해야겠다는 쪽으로 생각을 바꾸었고 보험 보장범위를 벗어난 예금주에 대한 구제안이 만장일치로 통과되었다.

1991년의 긴장은 2008년 훨씬 더 큰 규모로 재현되었다. 대형 기업이 하나둘씩 붕괴의 위험으로 치닫기 시작했다. 연방준비제도이사회와 재무부는 그해 3월 베어스턴스를 구제해야 한다는 데 합의했다. 베어스턴스가 무너지면 금방이라도 타오를 것 같은 마른 불쏘시개들이 너무나 많았다. 패니메이나 프레디맥도 마찬가지였다. 연방정부기관과 동급으로 여겨졌던 이들 회사의 몰락이 가져올 결과는 견디기 힘든 것이었다. 그해 9월에는 도덕적 해이의 문제가 우선시되었고 재무부 장관 헨리 폴슨Henry Paulson은 리먼에 공적자금을 사용해서는 안 된다고 주장했다. 위기를 앞두고 내려진 이 결정은 많은 논란을 불러일으켰다. 리먼의 실패는 엄청난 규모의 산불을 만들었고 당국은 AIG, 머니마켓펀드, 기업어음, 시티그룹, 뱅크오브아메리카를 지원할 수밖에 없었다. 베어스턴스에 대한 긴급구제로 도덕적 해이를 키우는 데 강력하게 반대했던 폴슨은 최악의 시스템적 위기 상황에서 대형 은행의 도산을 두고 보았다는 더 통렬한 비난에 직면했다. 한 저명한 칼럼니스트는 폴슨에게 '미국 역사상 가장 무능한 경제정책 입안가'라는 꼬리표를 붙여주었다.[36]

미래의 재무장관들은 리먼 사태의 여파를 미래의 산림관리인들이 세로 그란데나 옐로스톤 화재의 여파를 보는 방식으로 보게 될 것이다. 대단히 불쾌하고 불균형한 보상의 증거로 말이다. 개입하지 않으면 재앙을 개인적으로 책임지는 상황에 처할 수도 있는 것이다. 왜 언제나 유혹은 개입하는 쪽에 있는지 쉽게 알 수 있는 대목이다.

이 역시 엔지니어와 생태주의자를 가르는 딜레마다. 엔지니어들은 언제나 개입을 적절히 할 수 있는 자신의 능력을 믿고 개입하는 쪽으로 유혹을 느낀다. 생태주의자들은 늘 개입의 예측할 수 없는 결과를 두려워한다. 이 장에 소개된 경험들이 보여주듯이, 옳은 선택은 상황에 따라 달라진다. 그리고 어떤 것이 옳은 선택인지는 확실치 않다. 사정을 다 알고 나서 보아도 말이다. 일반적으로, 미시적인 수준의 리스크에 대해서는 생태주의자들이 옳다는 교훈을 얻을 수 있다. 시스템은 작은 규모의 재난이 키운 내성과 교훈으로부터 혜택을 본다. 엔지니어들은 거시적인 수준의 리스크를 피하는 데 있어서 가장 가치가 크다.

스튜어트 레비는 이러한 접근법에 대한 본보기다. 그는 내성의 문제에 한 원인이 될까 봐 전혀 항생제를 복용한 적이 없다. 의사가 항생제를 권하면 그는 "절대 안 됩니다. 저 혼자 힘으로 버티겠습니다."라고 답한다. 이것은 그가 항생제를 신뢰하지 않기 때문이 아니다. 생명이 위협받는 상황이라면 그는 당연히 항생제를 받아들일 것이다. "저는 바보가 아닙니다. 기록을 세우려고 참고 있는 것이 아니란 말이죠." 그는 항생제가 가진 대단한 능력을 인정하기 때문에 항생제가 정말 필요한 순간까지 유보해두고 싶은 것이다. 요점은 바로 이것이다. 항생제를 심각치 않은 감염에 남용할 경우 정작 치명적인 감염에는 효과가 없을 수 있다.

미국의 정책 입안자들은 금융 시스템에 대해서도 나름의 비슷한 시도를 해왔다. 도드-프랭크법은 외견상 모순된 두 가지 일을 했다. 먼저 이 법안은 위기에 처한 독립체의 정부 긴급구제를 훨씬 어렵게 만들었다. 논거는 긴급구제에 대한 기대가 과거 위기들의 일관된 원인이었고 미래에도 위기를 낳을 것이라는 데 있었다. 실제로, 정부가 2008년 많은 대형 회사를 긴급구제 한 이래, 곤란한 상황이 벌어지면 정부가 또 나설 것이란 기대가 더 커졌다. 이를 상쇄시키기 위해 가장 극단적인 경우가 아니고서는 규제기관들이 대형 은행의 파산에 손을 대지 못하게 하는 규정이 만들어졌고, 연방준비제도이사회가 베어스턴스나 AIG에 했듯이 일개 기업에 돈을 빌려주는 일을 금지하는 새로운 제한이 생겼다.

둘째, 이 법은 쓰러지는 기업을 인수해서 리먼과 같은 대형화재의 위험을 최소화하는 방식으로 붕괴를 관리하는 새로운 권한을 규제기관에 부여하고 있다. 파월은 1991년에도 그에게 그런 권한이 있었더라면 좋았을 것이라고 말한다. 뉴잉글랜드은행의 경우에도 그랬다. "나와 동료들에게는 두 가지 나쁜 옵션만이 있었습니다. (중략) 우리는 덜 끔찍한 옵션을 골라야 했죠." 도드-프랭크법은 제3의 옵션을 제공한다. 예금주와 일부 채권자를 보호하는 한편 주식과 채권 소유자가 손실을 흡수하게 함으로써 도산 위기를 깔끔하게 '해소'하는 것이다. "우리의 규제 도구함에는 없었던 도구입니다." 파월의 말이다.

효과가 있기 위해서는 이 법이 은행들을 정말로 도산시킬 수 있으며 도산의 실제적인 피해를 훨씬 축소할 수 있다는 것을 모든 사람에게 확신시켜야 한다. 2011년 파월과 내가 개발한 워게임에서, 전직 관료들은 실제 상황에 있는 관리들의 역할을 하면서 도드-프랭크를 사용해 도산하는 초대형 은행을 금융위기 없이 성공적으로 폐쇄했다. 해피엔딩이기는 했으나 가상의 것이었다. 실제로 사적 시장이 그중 하나의 손실을 흡수할 수 있을까? 공황을 유발하지 않고 그렇게 할 수 있을까? 정부는 내일의 더 큰 혼란을 피한다는 희망으로 오늘의 혼란을 기꺼이 받아들이며 상황에서 한발 물러나 있는 데 만족할까? 아무도 알 수 없다. 하지만 이제 시작일 뿐이다.

CHAPTER 9

보험의 대가

보험은 어떻게 위기의 편이 되는가?

The Price of Peace of Mind

Foolproof

09

감정적인 소비자,
냉혹한 보험사?

금융 분야에는 여러 혁신이 등장해왔지만 그중에 보험만큼 인간의 행복감을 향상시킨 것은 없다. 사회는 위험분산risk pooling이라는 금융수학 논리를 통해서 각 구성원에게서 비교적 적은 돈을 받고 그들을 죽음, 재해, 질병으로 인한 재정적 파탄에서 보호한다.

보험자保險者들은 보험을 신神의 일이라 생각하고 싶어 한다. 종교나 민족의 이름 아래 모인 상호원조 사회에서 태어난 보험자라면 보험을 신의 일이라 여길 만하다. 그들의 사명은 돈을 버는 것이 아니라 자원을 모아서 불운한 일을 당한 공동체의 구성원을 돕는 것이다. 초기 보험업계의 한 편람에는 이렇게 적혀 있다. "인간이 겪는 고통과 재앙의 총량은 변하지 않는다. (중략) 하지만 인간의 독창성과 협력을 통해 이러한 고통과 재앙을 동등하게 나누고 불확실성에 대한 공포를 경감시킬 수 있다."[1]

초창기부터 보험업계는 고객의 감정에 호소했다. 개연성이나 돈을 언급하는 보험광고는 드물다. 대신 그들은 아끼는 사람을 불운으로부터 보호하는 데에서 오는 감정적인 만족을 건드린다. 2014년 타이생명보험Thai Life Insurance은 젊은 남성이 대가를 바라지 않고 친절─구걸하는 여자아이에게 돈을 주고, 개에게 먹이를 주고, 화분의 식물을 물을 얻을 수 있는 곳으로 옮기는─을 베푸는 모습을 담은 감상적인 텔레비전 광고로 동남아시아 사람들의 눈물샘을 자극했다.[2] 보는 사람들은 자연히 '왜?'라는 의문을 갖게 된다. 광고는 "행복을 목격하고, 더 깊은 깨달음에 도달하고, 사랑을 느끼고, 돈으로 살 수 없는 것을 얻고, 세상을 더 아름답게 만들기 때문이다."라는 답을 내놓는다.

하지만 보험은 수익을 얻기 위해 냉혹한 통계의 논리에 의존한다. 먼저, 보험이 보장하는 리스크의 발생 확률은 얼마인지, 즉 그 사람이 죽을 가능성이 얼마나 되는지, 그 집이 불에 타버릴 가능성이 얼마나 되는지 계산한다. 둘째, 그러한 위험들이 서로 얼마나 연관성이 있는지, 즉 그가 죽으면 그의 이웃이 죽을 가능성이 더 높아지는지, 그의 집이 불에 탄 것이 다른 사람의 집도 불에 탈 가능성이 높다는 것을 의미하는지 계산한다.

이런 계산 외에도 보험업자는 인간행동의 여러 측면을 고려해야 한다. 첫 번째로 역선택의 문제가 있다. 보험에 가입하는 사람들은 그것을 필요로 하는 사람일 가능성이 높다. 말기 암 환자는 생명보험을 원할 가능성이 높지만 보험업자의 입장에서 암 환자의 죽음은 불량 리스크다. 다른 하나는 도덕적 해이 즉, 보험으로 보장되는 리스크에 대해서 부주의해지는 경향이다. 보험업자들은 사람들이 화재보험금을 수령하기 위해서 집을 불태우거나 자동차보험금을 받기 위해서 과속하는 것을 원치 않는다.

보험에 대한 언급은 기원전 1790년경 쓰인 함무라비 법전Hammurabi's Code에도 등장한다. 홍수나 가뭄으로 곡식에 피해를 입게 되면 "채권자에게 곡식을 지급하지 말라. 자신의 명판을 물에 담그고 그해의 이자는 지급하지 말라."고 적혀 있다.[3] 최초의 상업보험계약은 1300년대에 시작된 것으로 알려져 있다.

도덕적 해이나 역선택과 같은 인간의 행동이 보험에 반영되는 데에는 긴 시간이 필요했다. 이 과정은 통계적 도구의 부족이나 신학적 의미 때문에 방해를 받았다. 사고, 재난, 위험은 신의 뜻에 의한 일로 여겼기 때문에 인간은 그러한 일의 발생에 영향을 미칠 능력이 거의 없었다.

1800년대에 들어, 더 나은 통계적 도구를 이용해서 보험업자들이 위험을 구분하기 시작했다. 의료 서비스를 필요로 하는 위험을 보장하는 것을 생명보험이라고 하는 식으로 말이다. '도덕적 해이'라는 용어는 1860년대 『화재보험 실무The Practice of Fire Underwriting』에 처음 등장했다.[4] 그 안에서는 도덕적 해이를 '화재로 재산을 파괴하거나 파괴를 허용하려는 동기에서 비롯된 위험'이라고 정의하고 있다.

용어 자체가 암시하듯이, 도덕적 해이는 옳고 그름에 대한 논의와 오랫동안 연관되어 있었다. 19세기에는 자녀의 노동으로 이득을 취하는 부모들이 자녀에 대한 보험을 드는 경우가 있었다. 아동 보호론자들은 이 관행이 역겹다고 평가했고, 보험이 유인으로 작용해서 부모가 어린 이들을 방치하거나 심지어는 살해할 수도 있다고 경고했다.[5]

1960년대에 경제학자들이 도덕적 해이에 대한 연구를 시작하면서 도덕적 해이는 보다 중립적이고 심지어는 긍정적이기까지 한 특질을 얻게 되었다. 도덕적 해이는 단순히 보상補償의 산물이라는 것이었다. 보험이 위험한 활동에 대한 대가(보험료)를 낮추자 사람들은 보험 계약을 더 많이 했다. 이것이 4장에서 보았던 펠츠먼 효과와 비슷하다는 생각이 드는 데에는 그럴 만한 이유가 있다. 도덕적 해이와 펠츠먼 효과는 근본적으로 동일한 것이기 때문이다.[6] 하지만 실생활에서는 도덕적 해이를 입증하기가 쉽지 않다. 자동차보험은 많은 사고로 이어지는 것처럼 보이지만[7] 건강보험에 들었다고 일부러 건강에 좋지 않은 라이프스타일을 택하는 사람은 없다. 보험이 사람들에게 보험이 아니었다면 하지 않았을 일을 하게 만든다는게 문제다. 보험이 법에 의해 강제되는 경우도 있고 — 책임보험에 들지 않으면 운전을 할 수 없다 — 사람들이 선택에 의해 보험에 가입하기도 한다. 보험이라는 금융혁신은 사람들로 하여금 그것이 아니었다면 부담하지 않았을 리스크를 감수하게 만든다.

보험업계는 도덕적 해이와 역선택을 다루는 많은 방법들을 생각해냈다. 공제액, 본인부담금, 보험가입 최대액 등의 방법으로 고객들이 비용의 일부를 부담하게 한다. 고객들에게 높은 보상금 청구로 이어질 가능성이 높은 특징 — 생명보험에서의 심각한 질병이나 자동차보험에 있어 이전의 교통법규 위반 등 — 이 있는지도 가려낸다.

이 모델은 큰 성공을 거두었다. 보험은 거대한 업계다. 일부에서는 그 규모를 세계 최대로 본다. 미국인들은 화재, 홍수, 질병, 사망, 자동차 사고, 절도, 장애 등 상상할 수 있는 모든 차질에 대비한 보험액으로 매년 1조 달러를 쓴다. 사회보장, 노인의료보험, 기타 정부보조보험에 들어가는 수천억 달러를 계산에 넣지 않아도 이 정도다. 파산이나 주가 하락과 같은 금융 분야의 재정적 문제에 대한 보험은 수조 달러에 달한다. 이러한 수치들로 마음의 평화를 파는 업계의 규모가 얼마나 큰지 가늠해 볼 수 있다.

그러나 보험, 즉 가능성, 보수성, 보호에 기반을 둔 보험업이 안전의 원천이 아닌 위험의 원천이 되는 때가 있다. 이런 현상은 극단적인 사건―대단히 파괴적인 홍수, 지진, 금융위기―의 경우, 즉 보험이 두 가지 문제―감정적인 소비자와 감정적인 보험 회사―를 처리해야 할 때 나타난다. 와튼 경영대학원의 리스크 전문가, 하워드 쿤로이더가 소비자는 '재앙의 근시안'을 가지고 있다고 말한 것을 생각해보라. 소비자들은 가능성이 낮은 때는 리스크를 평가하지 못한다. 쿤로이더, 네이선 노벰스키Nathan Novemsky, 대니얼 카너먼은 2001년 발표한 실험을 통해서 이 점을 명쾌하게 보여주었다.[8] 그들은 수백 명의 참가자들에게 신톡스(Syntox, 사실은 가상의 물질)라는 위험한 화학물질을 사용하는 뉴저지 도심지에 소재한 화학공장의 사고 시나리오를 제시했다. 공장에 사고가 발생해 화학물질이 방출되면 치명적인 유독가스가 새어 나올 수 있다. 연구자들은 세 개의 참가자 그룹에 공장 인근에 살고 있는 사람이 특정 해에 유독가스 배출로 사망할 확률이 각기, 1/10만, 1/100만, 1/1,000만이라고 다르게 알려주었다. 사망 확률이 어느 정도인지 이해하는 데 도움이 되도록, 모든 참가자에게 자동차 사고의 사망 위험이 1/6,000이라는 것도 이야기했다. 그 후 참가자들에게 "공장이 현재 뉴저지에 살고 있는 사람들의 건강과 안전에 심각한 위험을 끼치고 있다."라는 문장에 대해서 어느 정도 동의하는지 물었다. 그리고 그들의 대답을 1

에서 5까지 범위의 인지된 위험으로 변환했다. 놀랍게도 가장 높은 가능성을 전달받은 참가자들과 가장 낮은 가능성을 전달받은 그룹이 리스크를 똑같이 평가했다. 차이를 구별하지 못한 것이다.

이번에 연구자들은 이 문제에 다르게 접근했다. 또 다른 세 그룹의 참가자들을 모아놓고 신톡스 유출로 인한 주민 사망에 대비한 보험에 화학공장이 지급해야 하는 보험료를 각기 다르게 알려주었다. 사망자 한 명당 연간 15센트, 1달러 50센트, 15달러로 말이다. 연구자들은 대부분의 사람들이 정기적으로 보험료를 납부하기 때문에 보험료와 위험을 쉽게 연관시킬 것이라고 추측했다. 하지만 그들의 예측은 빗나갔다. 이번 역시 보험료가 높다는 것이 리스크를 높게 평가하는 데 영향을 주지 못했다.

응답자들이 사고의 가능성과 보험료에 대해 이해할 수 있도록 일부 참가자에게는 눈이 많이 오는 콜로라도와 날씨가 맑은 애리조나를 예로 들어 사고 위험과 보험료가 어떻게 달라지는지 알려주었다. 이 설명을 들은 응답자들은 화학공장 시나리오가 가진 리스크의 차이를 보다 적절하게 판단했다. 이러한 연구 결과를 통해서 연구자들은 사람들이 강력한 서사적 배경이 주어질 때 리스크를 더 잘 평가할 수 있다는 결론을 내렸다. 개인적인 경험이 거의 없는 사건의 경우, 발생 확률과 보험료를 아는 것만으로는 리스크를 판단하는 데 전혀 도움이 되지 않는다. 실제로 쿤로이더는 드물게 일어나는 사건의 경우 대개의 사람들이 그런 사건의 발생 확률과 그에 대비한 보험의 비용을 계산하는 데 시간과 노력을 기울이지 않는다는 것을 발견했다.

사람들이 확률을 파악하는 능력이 그 정도로 낮다면, 그들은 무엇 때문에 보험에 가입하는 것일까? 감정 때문이다. 보험업자는 이 점을 잘 알고 있다. 자동차 렌털회사는 체크인 카운터에서, 즉 자동차 사고의 이미지가 운전자의 머릿속에서 가장 생생하게 펼쳐질 때 차량손해면책 서류를 내민다. 소매업자들은 구매자들이 새 텔레비전을 구매하는 순간, 그러니까 그들이 텔레비전을 가장 애지중지하는 시점에 보증연장 보험을 판다. 쿤로이더와 그의 동료들은 사람들이 홍수 직후에 홍수보험을 훨씬 더 많이 계약하고 이후 3~4년이 못가서 해약한다는 것을 보여주었다.[9] 카트리나조차 이 짧은 계약기간을 늘리지 못했다.

시스템적 재앙에
무능력한 보험

소비자만 구워삶아서 되는 일이라면 보험은 손쉬운 장사가 될 것이다. 하지만 보험시장은 경쟁이 치열하다. 때문에 기업들은 보험 가격을 정확히 책정해야 한다. 그런데 계산 이외에 또 고려해야 할 것이 있다. 보험을 업으로 하는 회사가 일어날 가능성이 낮은 사고에 대해 보험을 팔 것인지를 결정하기 위해서는 순수한 계산 이상의 것까지 관심을 두어야 한다.

이 점은 1994년 노스리지 지진 이후 아주 분명해졌다. 이 지진은 두 가지 면에서 우리를 놀라게 했다. 첫 번째는 지질학적인 면이었다. 캘리포니아는 아마도 세계에서 지진연구가 가장 많이 이루어진 지역일 것이다. 하지만 지진은 이전에 알려지지 않았던 약점을 공격하고 아무도 가능하다고 생각지 못했던 피해를 일으켰다. 지진의 좌우 진동을 견디도

록 설계된 빌딩 수천 채에서 철골구조의 용접 이음이 약해졌던 것이다.[10]

두 번째는 금전적인 면이었다. 캘리포니아의 지진 위험은 주지의 사실이었음에도 불구하고, 보험업자들은 보통 주택 소유자 보험에 추가 약정으로 지진보험을 팔았다. 보험료는 '표준benchmark' 지진과 다양한 지진 지대에 대한 노출을 기반으로 계산했다. 노스리지 지진으로 그들에게 청구된 보험액은 상상도 못했던 숫자, 125억 달러였다. 이 액수는 1969~1994년에 지진보험으로 받은 보험료 총액의 4배에 달했다.[11] 캘리포니아는 재산보험에 반드시 지진보험을 포함시켜야 했기 때문에 이후로 대부분의 보험업자들은 발을 뺐다. 잔류한 업자들은 보험료와 공제액을 극적으로 높였다.

이는 얼마 전 보험업자가 큰 손실을 보았다는 것을 생각하면 논리적인 조치로 보일지 모르지만 그렇지가 않다. 이론적으로, 보험료는 예상손실에 사업경비, 적정이윤을 더한 값이어야 한다. 예를 들어 1년간 100만 달러의 손실을 볼 확률이 1퍼센트라면 예상손실은 1만 달러이고 보험료는 그것을 반영해야 한다.[12] 노스리지 지진 이후에 일어난 일은 이와 달랐다. 은퇴한 하버드대학 경제학 교수 케네스 프루트Kenneth Froot는 1992년 허리케인 앤드루 이후와 1994년 노스리지 지진 이후 평균보험료가 급등한 것을 발견했다.[13] 1989년에는 예상손실의 2배를 밑돌던 보험료가 1994년에는 예상손실의 7배를 넘어선 것이다.

더구나 자료를 더 자세히 분석한 그는 발생 확률이 가장 낮은 사건에 대한 보험료가 가장 극적으로(예상손실의 25배 이상으로) 상승했다는 것을 발견했다. 이 정도의 가격 상승은 일어났던 재난과 전혀 다른 재난의 발생 확률까지 높게 보고 보험료를 올리는 업자들의 관행—특정 국

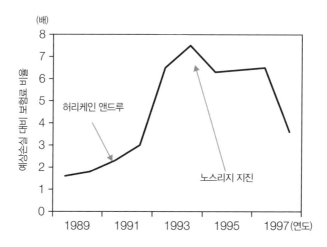

(배)

예상손실 대비 보험료 비율

허리케인 앤드루

노스리지 지진

/ 1990년대 두 번의 대형 재해 이후, 보험료는 예상손실보다 몇 배 높게 상승했다.
[출처: 케네스 프루트, "재해 위험에 대한 수요: 객관적 조사(The Market for Catastrophe Risk:
A Clinical Examination)" 「금융경제학저널(Journal of Financial Economics)」 60 (2001): 529–571]

가에서 허리케인과 같이 과거 일어났던 재난에 대한 보험료를 올린 보험업자는
지진과 같이 일어나지 않았던 재난에 대한 보험료 역시 올렸다―만으로는 설
명할 수 없다. 수요 또한 가격의 상승을 설명하지 못했다. 주택 소유자
들은 보험 구입을 오히려 줄였다.

프루트의 연구는 보험시장의 큰 약점을 드러내준다. 이 약점이 죽음,
치료비, 자동차 사고와 같은 개인적인 재앙을 그렇게 효과적으로 다루
는 보험업계가 지진, 테러리스트 공격, 금융붕괴와 같은 시스템적 재앙
을 다루는 데에는 그렇게 자주 실패하는 이유를 설명한다. 앞으로 보게
될 것처럼, 한 사람이나 하나의 기업을 보호하는 보험이 그 부작용으로
다른 사람을 더 큰 위험에 처하게 할 수 있다.

보험업자들은 냉정하게 숫자에 의해서만 움직인다는 자부심을 가지

고 있을지도 모르겠다. 하지만 파산의 전망에 직면하면 그들도 다른 사람들과 마찬가지로 두려움에 약해진다. 노스리지 지진을 통해 많은 보험업자들이 자신들의 생존 자체를 위협하는 손실이 가능하다는 점을 인식하게 되었다. 이는 그들이 비논리적으로 보이는 높은 가격에―너무나 비논리적이어서 그 유명한 투자자 워런 버핏Warren Buffett에게 속한 회사나 되어야 감히 역발상 투자에 나설 수 있을 것으로 보이는 그런 가격에―보험을 팔게 되리란 것을 의미한다.

노스리지 지진 이후 보험업자들의 엑소더스로 보험 보장이 불가능해지자 캘리포니아의 주택 업계는 붕괴할 위험에 처했고 이에 주정부가 캘리포니아 지진관리국California Earthquake Authority, CEA을 창설했다. 보험을 모집하고 자본을 출자하는 것은 민간 보험업자들이지만 보험증서를 발행하고 리스크를 안는 것은 지진관리국이다. 캘리포니아 지진관리국은 자본이 바닥나도 보험금을 계속 지급할 수 있도록 20억 달러의 재보험―보험금이 초기 수준을 넘었을 때 효력이 발생하는 보험―에 들고 이후 '대재해 채권catastrophe bonds'의 발행을 통해서 10억 달러의 자금을 조성하기로 했다. 당시로서는 새로운 아이디어였다. 대재해 채권의 구매자들은 매년 이자를 받지만 지진이 일어나는 경우에는 원금을 돌려받지 못한다. 따라서 채권의 금리는 투자자들이 대재해의 발생 가능성을 얼마로 보느냐에 따라 결정된다. 기관이 지급해야 했던 이자는 아마도 11에서 14퍼센트로 상당히 비쌌을 것이다.[14]

버핏의 지주회사 버크셔 해서웨이Berkshire Hathaway의 자회사인 내셔널 인뎀니티National Indemnity가 달려든 것이 바로 이 때였다. 버핏은 저평가된 주식과 회사를 사들이는 사람으로 널리 알려져 있다. 하지만 그가 가진 엄청난 부의 상당 부분은 보험업에서 나온다. 보험에 대한 그의 철학은 주식에 대한 그의 철학과 비슷하다. 미래를 예측하는 것은 그리 중요치 않다. 그보다 중요한 것은 리스크를 냉정하게 평가하고 자신이 부담하는 리스크만큼 확실하게 돈을 받아내는 것이다. 버핏이 자신이 지불한 돈을 빠른 시일 내에 돌려줄 수 있을 정도의 현금창출 가능성이 있는 회사들을 사는 이유도, 그가 연 보험료 1억 1,300만 달러를 받고 캘리포니아에 10억 달러 규모의 재보험을 판 이유도 거기에 있다. 그에 대한 반응으로 버크셔 해서웨이의 주식시장 가치는 3억 달러 가까이 급등했다.[15]

프루트는 이 거래를 분석하고 금방 그 이유를 추론해냈다. 재보험의 효력이 발생할(캘리포니아 지진관리국이 모든 보장에 대한 보험금 지급이 불가능해질 정도로 큰 지진이 발생할) 가능성은 연간 1.7퍼센트로 예측되었던 반면, 내셔널 인뎀니티의 보험료는 보장액의 10.75퍼센트였다. 4년의 계약 기간 동안 6억 달러를 잃을 6.6퍼센트의 가능성에 대한 대가로 버크셔는 보험료로 4억 달러를 벌어들이는 것이다.

버크셔는 어떻게 재보험을 그렇게 큰 이윤을 내면서 팔 수 있었을까? 손실의 가능성보다 보험료가 이렇게나 높을 수 있다면, 왜 다른 보험업자들은 버크셔보다 조금 낮은 보험료를 제안하고 이 도박에 달려들지 않은 것일까? 재앙은 그 속성상 예측할 수 없는 것이고 손실은 얼마든지 예상 최대치를 넘어설 수 있다. 하지만 그러한 불확실성을 다루는 것이 재보험자가 업으로 하는 일이다. 경제학자들은 보험료가 얼마가 되어야 하는가와 실제로 보험업자가 얼마의 보험료를 청구하는가 사이에 존재하는 이례적인 격차를 두고 과세에 대한 고려, 비효율적인 자본시장 등 많은 이론을 내놓고 있다. 하지만 어떤 것도 적절해 보이지 않았다. 진짜 이유는 지진보험 거래를 마무리한 후 버핏이 밝혔다. 6억 달러의 손실을 보면 작동불능의 회사들도 있지만 버크셔는 그렇지 않다. 그 액수는 버크셔 장부 가액의 3퍼센트에 불과하기 때문이다. 그가 설명했듯이 "정말로 재앙 수준의 재난이 발생한다면 금융공황이 뒤따를 가능성도 없지 않습니다. (중략) 높은 평가를 받는 재보험사라도 클라이언트가 필요로 하는 순간에 즉시 돈을 내주는 데 어려움이 있을 수 있는 것이죠. (중략) 재보험사가 버크셔라면 보험 가입자는 즉시 보험금을 받을 수 있다는 확신을 가질 수 있습니다."[16]

달리 말해, 보험업자는 지진보험을 팔았다가 손실을 입는 데 그치지 않고 회사의 존립까지 위태롭게 할 수 있다. 따라서 손실에 대한 두려움은 물론이고 회사의 생존에 대한 두려움까지 느끼는 것이다. 재해 발생 후에 보험료가 높아지는 이유는, 그때야말로 재해로 자본을 대폭 잃은 보험업자가 파산 가능성을 가장 생생하게 느끼는 시기이기 때문이다. 시간이 지나고 자본이 다시 구축되면 두려움은 진정되고 보험료는 떨어진다. 보험료는 이런 식으로 결정되어서는 안 된다. 보험료는 지난 재난 이후 경과한 시간이 아닌 미래 재해의 위험을 기반으로 해야 한다. 하지만 재난에 대응하는 데 어려움을 겪는 것은 개인만이 아니다. 보험업자도 마찬가지다. 그들은 자신의 숨통을 끊어놓을 수 있는 사건을 상상하지 못하는 것같이 행동한다. 그런 일이 정말 일어날 때까지는 말이다. 그러나 그 후에도 정말 일어난 것 이외에 다른 것은 거의 상상하지 못한다. 두 학자[17]들은 1990년대 말에 밴쿠버에서 보험회사 간부들을 인터뷰했던 기억을 떠올렸다. 그들은 지진이 100억 달러의 피해를 유발할 수 있으나 보험업계는 40억 달러의 지급능력밖에 없다고 언급했다. 많은 지진보험을 판매한 회사의 중역인 이 사람은 이렇게 말했다. "지진이 정말 일어날 것이라고 생각했다면, 여기에 살지도 않겠죠."

모든 보험업자가 그들과 같이 상상력이 부족한 것은 아니다. 캘리포니아 지진보험 계약을 맺고 몇 년 후, 버핏은 지나치게 많은 투자자들이 대재해 채권을 사기 위해 몰려들어 수익률을 낮추고 있으며 따라서 재난에 대비한 보험의 내재가치도 내려가고 있다고 말했다. 그는 그 결과 그의 보험 판매도 줄어들 것이라고 단언했다.[18]

보험업자의 군중심리가 두려움에서 비롯된다고 해서 그것이 비합리적이란 뜻은 아니다. 캐럴린 쿠스키와 로저 쿡Roger Cooke은 수학을 이용해 이 점을 명쾌하게 증명했다. 우리는 이미 쿠스키를 만난 적이 있다. 그녀는 제방이 어떻게 발전을 부추겨 더 큰 손실로 이어지게 하는지 보여주었다. 쿡은 리스크관리 전문가이며 미래자원연구소에서 쿠스크와 함께 일하고 있다. 그들은 보험업자들이 확률 1퍼센트의 최악의 손실 이외에는 어떤 경우에도 지불 능력을 잃지 않는다는 점을 안다는 가정에서 출발한다.[19] 다음으로 그들은 손실이 독립적이라— 한 고객이 손실을 보는 것이 다른 사람의 손실 가능성을 높이지 않는다—고, 즉 손실이 친숙한 종 모양 분포(많은 재난이 평균 주위에 있고 극단에는 적은 수가 있는)를 따른다고 가정한다. 이러한 가정하에서라면 보험업자는 예상손실보다 단 50퍼센트 높은 보험료를 청구해야 한다. 다르게 표현하면, 100만 달러 손실의 가능성이 1/100만이라면, 예상손실은 1달러이고 정확한 보험료는 1달러 50센트다.

다음으로 쿠스키와 쿡은 가정을 약간 수정했다. 손실이 '팻 테일(fat

tailed: 끝으로 갈수록 두꺼워지는 – 옮긴이)' 형태라고 가정하자. 즉, 대형 손실('꼬리 사건tail event'이라고 불리는)이 정상적인 분포보다 자주 일어난다고 가정하는 것이다. 그리고 손실이 독립적이 아니어서 두 사건이 동시에 발생할 확률이 높다고 가정한다. 마지막으로 대형 손실이 함께 일어나는 경향이 있다고 가정한다. 지급불능 상태에 이르지 않을 것이란 확신을 가지려면, 보험업자는 예상손실보다 4~8배 높은 보험료를 받아야 한다. 이것으로 재난보험시장에서 실제로 어떤 일이 벌어지는지를 설명할 수 있다. 더 중요한 점이 있다. 이 때문에 소비자들이 캘리포니아 지진과 같은 재난에 대비한 보험을 사지 않는 것이 완벽하게 합리적인 행동으로 생각하게 된다는 점이다. 대가代價가 예상손실을 훨씬 상회하기 때문이다. 자연재해에 대응하지 못하는 보험의 무능력은 금융 재난이 어떻게 일어나는지 설명하는 데에도 큰 도움이 된다.

리스크 분산이
불러온 재앙

보험과 금융에는 많은 공통점이 있다. 두 가지 모두 리스크관리에 대한 것이다. 은행은 위험분산의 한 형태다. 가진 돈을 모조리 한 사람에게 빌려주는 것은 어리석은 일이다. 은행은 많은 예금주들의 저축을 모아서 여러 건의 대출을 한다. 몇 개의 대출이 부실해지더라도 예금주의 저축은 위험하지 않다. 자본시장은 같은 일을 더 광범위하게 한다. 회사는 주식과 채권을 발행해서 자금을 조성함으로써 기업의 리스크를 다른 사람들에게 분산시킨다. 이 회사가 도산하면 그 손실은 설립자 한 사람에게 돌아가는 것이 아니라 모든 채권과 주식 소유자에게 분산된다. 그러나 이러한 혁신들을 통해 기업과 기업가는 더 큰 리스크를 감수하고 사업을 추진할 수 있게 된다. 사회 전체에도 좋은 일이다. 우리 모두가 그들이 위험을 감수한 결과로 나온 산물과 혁신의 혜택을 보기 때문이다.

하지만 이러한 능력은 다른 문제를 불렀다. 구성의 오류Fallacy of Composition가 나타난 것이다. 구성의 오류는 개인에게 혜택을 주는 것이 전체에게도 득이 된다고 잘못 받아들여질 때 발생한다. 예를 들어 영화를 관람하던 사람 하나가 일어선다면, 그는 영화를 더 잘 볼 수 있다. 하지만 관람객 모두가 일어선다면 아무도 영화를 잘 볼 수 없고 모두가 불편해진다.

주택저당증권이나 파생상품과 같은 금융혁신은 개인이나 은행, 기업이 위험한 일을 할 수 있게 해준다. 그리고 그 위험을 다른 사람에게 이전할 수 있게 해준다. 더 안전해졌다는 믿음으로 투자자나 은행은 더 많은 리스크를 감수한다. 이렇게 해서 시스템 내 위험의 총합이 증가한다. 이 위험들이 서로 연관성이 없다면 전혀 문제가 되지 않는다. 생명보험업이 돌아가는 것은 보험계약자들이 한 번에 모두 죽지 않기 때문이다. 이들이 한 번에 죽는다면 생명보험업자는 파산할 것이다. 하지만 금융에서는 리스크들이 서로 연관된 경우가 많다. 그런데 그 상관관계는 극단적인 상황에서나 드러난다. 이는 리스크를 나누기 위해서 고안된 금융혁신이 더 광범위한 시스템을 더 안정적으로 만드는 것이 아니라 오히려 더 불안하게 만들 수 있다는 의미다.

1970년대부터 등장한 금융파생상품들은 단순한 주식이나 채권이 할 수 있는 것보다 훨씬 더 다양한 범위의 리스크를 보장한다. 첫 번째 중요한 혁신은 '선도forward'였다. 매수자와 매도자가 대상을 미래의 일정

시점에 약정한 가격으로 교환하기로 지금 합의하는 계약이다. 예를 들어, 한 농부가 옥수수를 3개월 후 식품가공업자에게 1부셸당 5달러에 팔기로 약속하는 것이다. 약속한 때가 왔을 때 옥수수가 4달러에 거래되고 있다면 농부가 이익을 본다. 이러한 약속이 없었을 때 팔 수 있는 가격보다 비싸게 옥수수를 팔 수 있기 때문이다. 약속한 시점에 옥수수가 6달러에 거래된다면, 가공입자가 이익을 본다. 그는 계약이 없었을 때 살 수 있는 가격보다 싸게 옥수수를 살 수 있기 때문이다. 거래에 승자와 패자가 있기는 하지만 이것은 제로섬 게임이 아니다. 농부와 식품가공업자 모두가 가치 있는 것을 얻기 때문이다. 3개월 후에 옥수수의 가격이 얼마인지 확실히 알게 되는 것이다. 이로써 스트레스를 덜 받고 더 쉽게 계획을 세울 수 있다. 스와프swap는 선도와 비슷하며 선물future은 공인 거래소에서 거래되는 선도다. 선도와 유사한 계약의 역사는 3,000년 전까지 거슬러 올라간다. 제한적 선물의 전신은 1840년대부터 존재했으며, 선물은 1970년대부터 통화와 금리에 관련된 리스크를 관리하는 방대한 금융시장의 새로운 기반이 되었다.

다음의 큰 혁신은 옵션option이었다. 이것은 옵션 보유자에게 기초자산이나 상품을 특정한 '권리행사 가격strike price'에 사거나 팔기로 하는 권리(의무가 아닌)를 주는 계약이다. 예를 들어, 농부가 그에게 다음 3개월 내 어느 시점에나 옥수수를 1부셸당 5달러에 팔 권리를 주는 옵션을 매입했다고 하자. 옥수수의 가격이 4달러로 떨어지면 그는 보호를 받는다. 만약 옥수수 가격이 6달러로 오르면 그는 행사가격보다 비싼 가격에 물건을 팔 수 있다. 옵션은 전통적인 보험과 대단히 비슷하게 기능한다. 옵션 매도자는 보험회사와 아주 흡사하게 행동한다. 프리미엄을 받는 대가로 시장이 불리하게 움직일 때의 리스크를 부담하는 것이다. 옵션은 1500년대부터 나타났으며 1970년대부터 주식, 주가지수, 금리, 환율에 대한 상장 옵션이 거래되었다.

선물, 스와프, 옵션으로 투자자들이나 시장 참가자들은 다양한 시장 움직임을 관리할 수 있게 되었다. 금융시장은 그 속성상 대단히 변동이 크기 때문에 응용 범위에는 끝이 없다. 이러한 금융상품들은 일반보험이 허용하지 않는 것까지 가능하게 만든다. 예를 들어 여러분은 다른 사람의 집이 불타는 것에 대비한 보험은 살 수 없다. 하지만 여러분이 가지고 있지 않은 주식가치의 하락에 대비한 금융보험은 살 수 있다. 더구나 일반보험으로는 본인이 처한 위험보다 많은 보상을 받을 수 없는 것이 일반적이다. 하지만 금융보험은 공제나 자기 부담을 요구하지 않는다. 여러분은 보험에 든 모든 것, 그 이상을 얻을 수 있다.

캘리포니아대학 버클리캠퍼스의 헤인 릴런드Hayne Leland 교수는 옵션을 보험의 한 형태로 이용할 수 있는 가능성을 처음으로 생각해낸 사람이다.[20] 1970년대 중반 투자회사에서 일하던 그의 형은 연금펀드들에 대한 이야기를 전했다. 1973~1974년의 약세 시장 동안 주식을 처분했다가 이후의 반등을 놓친 많은 연금펀드들이 보유자산을 또 다른 주가 하락으로부터 지킬 수만 있다면 주식으로 돌아가고 싶어 한다는 내용이었다. 금융옵션은 당시에는 새로운 것이었다. 릴런드는 옵션 거래를 일종의 보험으로 이용할 수 있겠다는 생각을 했다. 하지만 일반보험은 화재나 죽음과 같이 상관관계가 없는 리스크들을 다루는 것이 보통인데, 주식은 연관성이 대단히 높았다. 함께 오르내리는 경향이 있었던 것이다. 그렇다면 그러한 종류의 보험을 파는 사람은 하락하지 않은 주식에서 얻은 프리미엄으로 하락한 주식에서 본 손실을 메꿀 수가 없다. 전체 시장이 오르내리는 것에 대비하는 방법이 필요했다.

이즈음, 두 명의 경제학자 마이런 숄스Myron Scholes와 피셔 블랙Fischer Black은 옵션의 가치를 평가하는 공식을 고안했다.[21] 이 공식에는 자산의 현재 가격, 옵션의 설정 가격, 옵션 만기까지의 기간, 금리, 변동성 등 주요 요인들이 포함되어 있다. 이러한 소건늘은 옵션매도인에게 지급해야 하는 프리미엄을 결정하는 데 도움을 준다. 이 공식은 역으로 사용할 수도 있다. 프리미엄을 알면 주식의 변동성이 얼마로 간주되는지 알 수 있는 것이다.

옵션 딜러들은 이 공식을 자신의 손실을 막는 데 이용한다. 가격이 얼마나 떨어지든 일정 주식을 설정 가격에 사기로 약속한다면, 이후 그들은 그 주식의 약간을 공매로 매도한다. (주식이 떨어지면 매도 포지션의 가치는 올라간다) 주식이 더 떨어져서 그들이 돈을 내놓아야 할 확률이 더 높아지면 그들은 더 많은 주식을 공매한다. 이러한 역방향의 베팅은 계약에 따라 발생하는 비용으로부터 옵션매도자를 보호한다.

릴런드는 옵션에 대해서 잘 알지 못했지만 버클리의 동료 마크 루빈스타인Mark Rubinstein—금융학 교수로 퍼시픽 증권거래소Pacific Stock Exchange에서 옵션 거래를 했다—은 해박한 지식을 가지고 있었다. 두 사람은 주식 포트폴리오의 소유자가 시장이 하락하면 주식에서 국채로 전환하고 시장이 상승하면 반대로 함으로써 손해를 막을 수 있을 것이라고 추론했다. 1980년 그들은 이 기법을 상품화하기 위해 존 오브라이언John O'Brien을 합류시켰고 세 사람은 1981년 2월 LOR(세 사람 이름의 머릿글자를 따서 - 옮긴이)을 만들었다.

포트폴리오 보험이 인기를 얻으면서, 그들은 이용 상품을 국채와 주식에서 주가지수선물—S&P 500과 같은 인기 지수에 든 모든 주식을 뒤쫓는 계약—로 전환했다. 초기에는 포트폴리오 보험이 손실을 제한하지 못한다는 비판이 있었다. 포트폴리오 보험 때문에 수익도 감소했다. 전형적인 보험을 사는 것과 마찬가지로 값비싼 프리미엄이 수반되기 때문이었다. LOR은 이렇게 답했다. 수익이 낮은 현금이나 채권에서 더 많은 돈을 빼내서 주식과 같은 '공격적인' 투자로 옮기라고 말이다. 릴런드와 루빈스타인은 이로써 연금, 교육, 기부펀드가 두 자릿수 수익을 올릴 수 있을 것이라고 주장했다.[22]

홍보가 제대로 먹혀 들었다. 이후 브래디 특별조사위원회Brady Commission는 포트폴리오 보험을 사용하는 펀드들이 그러한 보험을 사용하지 않는 펀드들보다 포트폴리오의 많은 부분을 주식에 투자했다는 것을 발견했다. "많은 투자자들이 안전망을 얻었으니 정상적으로 수용할 수 있었던 것보다 더 큰 리스크를 감당하고 주식에 더 많이 노출되어도 괜찮다고 생각했다." 1987년 10월 주식시장 폭락 전날까지 주식자산 중 600~900억 달러가 포트폴리오 보험의 보장을 받고 있었다.[23] 조사 대상이었던 80개 연금펀드 중 11개가 포트폴리오 보험을 이용했다. 이 보험의 인기로 투자자들은 주식을 보유하는 것을 더 편안하게 생각했고 이는 1987년 1월부터 7월까지 주가가 44퍼센트 급등하는 데 기여했다.

포트폴리오 보험—사실, 모든 금융옵션들—에는 왜곡 가능성이 있는 피드백 메커니즘이 있다. 주가가 떨어지면, 그러한 주가 하락에 대비한 보험을 판 사람은 주식의 일부를 판다. 그의 매도가 전체 거래량에서 작은 부분은 차지한다면 전략은 성공한다. 그 전략은 충분한 유동성—많은 매도자와 매수자가 주어진 가격에 거래를 원하는―에 의존하고 있는 것이다. 무한한 유동성에 대한 환상은 케인스가 『고용·이자 및 화폐에 관한 일반이론』에서 발견한 구성의 오류를 보여주는 사례다. "공동체 전체로 보면 투자 유동성이란 존재하지 않는다." 매도가 많아지면, 가용 유동성을 넘어서고 가격은 하락한다. 따라서 포트폴리오 보험은 그 양이 많지 않을 때에만 유효하나. 포트폴리오 보험이 늘어나자 구성의 오류와 충돌하게 되었다. 포트폴리오 보험을 이용하려는 투자자들이 많아지면 시장이 움직일 수밖에 없다. 1987년 10월 19일 극적인 방식으로 나타났던 것처럼 말이다.

무엇이 주식시장을 붕괴로 치닫게 만들었느냐를 두고 무역 적자가 커지고 있다는 뉴스였다는 이야기에서부터 차입매수에 페널티를 적용하는 세법 상정 때문이었다는 이야기까지 여러 가지 설명이 있다. 어쨌든 이렇게 나타난 하락세를 부추긴 것은 포트폴리오 보험이다. 시장이 하락하기 시작하자 투자자들에게 주가지수선물을 팔라고 요구했기 때문이다.

포트폴리오 보험업자들이 주가지수선물 매도의 40퍼센트 이상을 차지했다.[24] 주가지수와 주가지수선물은 밀접하게 결합되어 있는 것으로 여겨진다. 두 시장이 함께 움직일 동안은 차익거래자들이 선물을 사고, 주식을 팔아, 위험 없이 상당한 수익을 올릴 수 있다. 하지만 주식 주문을 처리하던 시스템들이 주문량을 따라잡을 수가 없게 되자 두 시장이 분리되기 시작했다. 더구나 급락하는 선물이 '광고판billboard'의 역할을 했다. 잠재 구매자들에게 시장 전체가 곧 선물의 하락세를 뒤따를 참이라는 신호를 준 것이다. 때문에 그들은 발을 들이지 않았다. 달리 말하면, 많은 투자자들이 가격수준을 보고 힌트를 얻고 있었기 때문에, 포트폴리오 보험업자들의 매도는 가격에 즉각적이고 직접적인 영향을 훨씬 넘어서는 충격을 주었다.

그 결과로 선물과 주식 사이에 큰 간극이 생겼다. 10월 20일에는 다우지수가 선물이 나타내는 것보다 19퍼센트까지 높아진 적도 있었다. 1987년 주식시장 붕괴에 포트폴리오 보험이 끼친 정확한 영향에 관해서는 릴런드와 루빈스타인 등의 학자들이 여전히 논란을 제기하고 있다.[25] 그럼에도 불구하고 이 붕괴는 금융 재난에 대비한 보험에 관해 중요한 교훈을 남겼다. 금융보험은 보험 가입자가 적을 때에만 효과가 있다는 것이었다. 모든 사람이 보험에 가입하는 상황은 재앙의 가능성을 키우고 더 나아가 시스템의 생존까지 위협한다.

나의 안전이
시스템을 위협하다

이 점은 20년 후, 또 다른 금융혁신—신용부도스와프—의 사용을 두고 거의 똑같은 문제가 불거지면서 확실해졌다. JP모건은 1994년 신용부도스와프credit default swap, CDS라는 아이디어를 떠올렸다. 질리언 테트Gillian Tett가 그녀의 책 『풀스골드Fool's Gold』에서 말하듯이,[26] 엑슨(Exxon, 현 엑슨모빌Exxon Mobil)은 엑슨발데즈Exxon Valdez호의 원유 유출 사고로 예상되는 벌금을 처리하기 위해 48억 달러로 여신 한도 변경을 요청했다. 단일 클라이언트에게 할당하기에는 큰 액수였지만 JP모건은 거절하고 싶지 않았다. 때문에 JP모건은 유럽부흥개발은행European Bank for Reconstruction and

Development에 수수료를 받고 이 대출의 신용리스크를 부담해달라고 요청했다. 이 대출은 JP모건의 장부에 남아 있지만 회사는 이제 디폴트에 대비한 보험을 가지고 있었다(이 금융상품이 신용부도스와프라는 이름을 갖게 된 것은 양측이 부도의 리스크와 프리미엄을 교환한다는 사실 때문이다).

JP모건의 마케팅 기량 덕분에 신용부도스와프의 인기는 높아졌다. 은행과 규제기관들은 신용부도스와프의 잠재가치를 높게 평가했다. 은행들이 신용부도스와프를 사용해서 디폴트의 리스크를 낮출 수 있다면, 그들은 더 안전해지고 따라서 대출 역량도 늘어난다. 1990년대, 유럽의 규제기관들은 은행이 디폴트의 위험을 다른 주체들과 공유하는 보험을 사서 대출의 리스크를 감소시키면 자본 비율을 낮추도록 허용함으로써 신용부도스와프를 정식 승인했다. 바로 여기에서 AIG는 자신이 활약할 무대를 발견했다. AIG는 이미 다양한 다른 재난에 대한 보험을 판 풍부한 경험을 가지고 있었다. 이번에는 유럽은행에 클라이언트의 디폴트에 대비한 보험을 팔기로 했다. 신용부도스와프의 본래의 역할은 기업 융자의 재원을 대는 것이었으나, 후에는 주택저당증권을 보장하는 방식으로, 또 그 후에는 가입자가 어떤 것을 소유하고 있는지에 관계없이 그 증권을 보장하는 방식으로 인기를 높여갔다.

홍수와 지진보험 때문에 홍수와 지진이 잦은 지역에 사람들이 더 많이 살게 된 것처럼, 시장 붕괴에 대비한 보험으로 인해 시장 붕괴의 가능성은 더 커졌다. 포트폴리오 보험으로 1987년 주식에 벌어졌던 일이 이번에는 신용부도스와프에 벌어졌다. 앞서 살펴봤듯이 AIG는 신용등급이 가장 높은 주택저당증권 디폴트에 대한 보험을 파는 것이 리스크가 극히 낮은 일이라고 생각했다. 그렇지만 AIG가 팔고 있는 보험 덕분에 너무나 많은 사람들이 추가적인 위험을 부담하다 보니 이전의 가정은 틀린 것이 되었다.

자연재해에 대한 리스크와 같이, 주택이나 모기지 시장이 붕괴하는 일 없이 긴 시간이 경과하면서 보험업자들이 그러한 사건에 대한 보험을 대단히 낮은 가격에 팔게 되었다. 이어서 이러한 보험을 이용하게 된 더 많은 사람들이 대담하게 서브프라임모기지 게임에 뛰어들었다. 주택저당증권을 실제로 보유하거나 주택저당증권이 디폴트 되면 채무를 상환하는 신용부도스와프를 매도 혹은 매수하면서 그 방향으로 베팅을 하면(신용부도스와프의 보유자는 기초자산을 소유할 필요가 없었다) 게임에 참여할 수 있었다. 2007년 중반이 되자 45조 가치의 부채를 보장하는 신용부도스와프 계약이 존재하게 되었다. AIG만 해도 5,000억 달러 가치의 신용부도스와프를 팔았다. AIG(그리고 다른 보험업자)는 지진이 일어나리라고 생각지 않았기 때문에 보험을 지나치게 싸게 팔았다. 이 때문에 더 많은 사람들이 보험을 샀다.

재난으로부터 내 자신을 어떻게 보호해야 할까? 전직 파생상품 트레이더이며 철학가이자 작가인 나심 니컬러스 탈레브Nassim Nicholas Taleb 는 '안티프래질antifragile'을 위해 매진해야 한다고 주장했다. 안티프래질은 '변동성, 임의성, 무질서, 스트레스 요인에 노출되었을 때 번영하고 성장하는 사람이나 물건'을 설명하기 위해 그가 만들어낸 말이다.[27] 많은 금융계약은 "안티프래질의 속성을 가지고 있다. 그들은 시장의 변동성으로부터 혜택을 입도록 고안되어 있다." 예를 들어 옵션이나 신용부도스와프는 기초시장의 변동성이 크거나 디폴트의 가능성이 클 때 그 가치가 높아진다.

여기에서 주목할 점은 옵션이나 신용부도스와프, 보험 보유자의 수익은 매도자에게 손실이라는 것이다. 보험을 너무 많은 사람들이 사면 재난이 일어났을 때 보험자는 무너진다. 보험을 더 많은 사람들이 살수록 재난이 일어났을 때 실제로 보호를 받는 사람은 적어지는 것이다. 탈레브의 말에 따르면,[28] 비체계적 리스크idiosyncratic risk 혹은 '미시적 위험micro risk'은 보험에 적합하지만 시스템적 리스크systemic risk 혹은 '거시적 위험macro risk'은 보험으로 보장할 수 없다. "미시적 위험에서 거시적 위험으로 이동하면 타이태닉에 대한 보험을 타이태닉에 승선한 사람으로부터 사야만 하는 문제가 생깁니다." 달리 말해, 모든 사람이 안티프래질일 수는 없다.

골드만삭스는 안티프래질을 구현하는 것으로 보이는 회사다. 이 회사는 오랜 기간에 걸쳐 빈틈없는 위기관리로 명성을 얻었고 금융과 비금융 영역 모두에서 다른 기업들이 마구 흔들리고 있는 와중에도 번창하고 있다. 돼지 인플루엔자의 공포가 뒤덮은 2009년에는, 주요 병원들과 동시에 백신 공급을 확보했다는 기업들 사이에 이 회사의 이름이 등장해 세상을 놀라게 했다(회사는 고위험군인 직원들을 위해서였다고 주장했다).[29] 2012년 슈퍼태풍 샌디로 로어 맨해튼 대부분이 물에 잠겼으나 폭풍 며칠 전에 쌓아놓은 모래주머니들 덕분에 골드만삭스 본사의 입구에는 물이 닿지 않았다.

하지만 골드만삭스가 자신을 보호하기 위해 한 일의 대부분은 간접적으로 다른 사람들의 안전을 해친다. 골드만삭스를 비난하려는 것이 아니다. 그것은 주주들의 최고의 이익을 위한 행동이었을 뿐이다. 1987년 주식시장이 무너지는 동안, 골드만삭스는 시카고상품거래소Chicago

Mercantile Exchange에 수억 달러를 내주었다.[30] 고객들을 대신해 선물계약의 손실을 보상한 것이다. 고객들의 은행은 아직 골드만삭스에 필요한 자금을 전달할 필요가 없었기 때문에 미리 돈을 내놓은 골드만삭스는 불안 속에서 시간을 보내야 했다. 결국 돈은 받았지만 골드만삭스 내부에는 고객들이 상환을 하기 전에 고객들의 채권자에게 돈을 내주는 실수를 저질렀고 같은 상황이 다시 발생하면 상환이 될 때까지 돈을 지불해서는 안 된다고 생각하는 사람들이 있었다. 그러한 정책을 썼다면 골드만삭스가 더 안전해졌을 것이다.[31] 하지만 다른 사람들은 골드만삭스가 그들에게 빚진 돈을 받기 위해 더 오래 기다려야 하게 되었기 때문에 덜 안전해졌을 것이다(그러한 정책이 실용적일 수 있었는지는 확실치 않다. 어쨌든 거래 과정의 개혁으로 이런 과정이 불필요해졌다).

골드만삭스는 일반 은행들을 침몰시킬 만한 금융계의 폭풍에도 살아남기로 결심했다. 이후 무너진 베어스턴스가 보여주었듯이, 채권자들이 자금을 회수하고 클라이언트들이 대량으로 예금을 인출하면 멀쩡한 회사도 쓰러진다. 그보다 몇 년 일찍, 골드만삭스는 그러한 운명을 겪지 않을 것이라고 다짐했다. 골드만삭스의 장부를 자세히 살펴보면 '글로벌 코어 엑세스global core excess'라는 항목을 찾을 수 있다. 국채 등 유동성이 극히 높으면서 대단히 안전한 증권과 급하게 필요할 때 바로 팔아 현금으로 바꿀 수 있는 예금을 마련해둔 것이다. 골드만삭스는 '금융이나 정치의 불안정 (중략) 명예의 실추, 소송, 경영진의 이탈 (중략) 정부자금 지원기관의 지원이 없는 경우'와 같은 최악의 상황에 대비하고 있다.[32] 이 회사가 설명하듯이 "유동성 위기가 시작되고 처음 며칠, 몇 주가 회사의 생존에 가장 중요합니다. (중략) 우리 회사는 위기 시에 필요할 것으로 예상되는 유동성 관련 내부 정책에 따라, 보통 업계가 요구하는 것보다 더 많은 비저당증권과 더 큰 대주 잔고를 보유하고 있습니다."

이렇게 챙겨둔 비상금은 2007년 610억 달러였고 이것이 골드만삭스가 현금 지급 청구에도 베어스턴스와 같이 무릎을 꿇지 않은 중요한 이유였다. 2014년 골드만삭스의 비상자금은 1,830억 달러로 불어났다. 골드만삭스의 시각에서는 흠잡을 데 없는 리스크관리이지만 전체 시스템에서 볼 때는 문제다. 이는 주권국가가 경상수지 흑자를 달성하고 그 수익으로 다른 나라의 국채를 사서 쌓아두는 것과 같은 문제를 낳는다. 안전하고 유동성이 있는 증권의 공급은 제한되어 있다. 그러한 증권의 일부를 가두어둠으로써 골드만삭스는 간접적으로 다른 사람들이 그러한 성격의 증권을 덜 보유하고 대신에 더 위험한 증권을 보유할 수밖에 없도록 만든다. 달리 표현해, 이러한 전략은 골드만삭스 혼자 펼 때만 효과가 있고 다른 모두가 함께 편다면 효과가 없다.

골드만삭스는 비슷한 방식으로 서브프라임 위기를 피했다. 골드만삭스는 서브프라임 열기의 주역으로 2006년과 2007년 1,000억 달러 규모의 주택저당증권과 연관 자산담보부증권을 판매했다. 하지만 2006년 말 겁을 먹기 시작한 골드만삭스는 이들에 대한 노출을 줄이기로 결정했으며 2007년 초 매도 포지션, 즉 주택저당증권이 떨어지면 가치가 올라가는 포지션으로 전환했다.

몇 년 전, 골드만삭스와 여러 다른 은행들은 주택담보대출시장에서 문제를 발견했다. 주식의 경우 다량으로 보유하고 있다면 옵션이나 선물계약을 통해 하락에 대비해 스스로를 보호할 수 있다. 서브프라임모기지에는 그러한 수단이 존재하지 않았다. 스스로를 보호하는 유일한 길은 모기지들을 파는 것뿐이었다. 2006년 초, 골드만삭스와 이들 다른 은행들은 함께 마킷Markit이라는 회사를 설립해 ABX(모기지 집단에 대한 신용부도스와프를 추적하는 일련의 지수들)를 만들었다.[33]

ABX는 골드만삭스가 모기지 포지션을 이동하는 데 도움을 주었다. 일이 어떻게 전개되었는지 알게 되면, 앞날의 재난에 대비해 보험을 사는 골드만삭스의 선구안에 감탄하고 보험을 판 업자들을 불쌍히 여기지 않을 수 없다. 2007년 2월, ABX가 추락하자 골드만삭스의 간부는 이렇게 말했다. "우리는 계속해서 수익을 올리고 있다." 하지만 그 수익은 AIG 등 보험을 판매한 불운한 기업들의 희생에서 얻어진 것이었다.[34]

ABX를 이용한 묘안이 있었다. 주가지수선물이 기본 주식의 대리인 것과 마찬가지로, ABX는 실제 모기지의 대리다. 주택저당증권은 주인이 그리 자주 바뀌지 않는다. 그리고 2007년과 2008년 상황이 악화되면서 주인이 바뀌는 경우는 더 줄어들었다. 따라서 주택저당증권 가치의 주된 지표는 모기지 자체가 아닌 ABX였다. 이것은 어떤 사람의 외모를 직접 보고 평가하지 않고 다른 사람의 설명을 듣고 평가하는 것과 비슷하다. 이론적으로는 파생상품과 실제 증권이 함께 움직여야 하지만, 실제로는 분기하기도 한다. 1987년 주식시장 붕괴로 주가지수선물은 주식의 실제 가치보다 훨씬 아래로 떨어졌다. 포트폴리오 보험업자들의 대량 매도 때문이었다. 2007년과 2008년 ABX는 기초자산인 모기지와 분리되었다.

골드만삭스는 AIG로부터 주택저당증권과 부채담보부증권에 대한 230억 달러 가치의 보험을 샀다. 2007년에도 그리고 2008년에도, 골드만삭스는 주택저당증권과 부채담보부증권의 가치가 AIG에 담보 지급을 요구(주식가격이 떨어지면 중개인이 증거금 계정에 현금을 예치하라고 요구하는 것처럼)할 정도로 떨어졌다고 생각했다. 골드만삭스의 요구는 주로 ABX에 근거했다.[35] AIG는 골드만삭스가 기초 증권의 가치를 지나치게 낮추었다고 생각하고 골드만삭스가 요구한 담보의 일부만을 지급했다.

골드만삭스의 ABX 이용은 논리적이었다. 하지만 그것이 ABX가 정확하다는 의미는 아니다. 2011년 캘리포니아대학 버클리 캠퍼스의 낸시 월리스Nancy Wallace 교수와 리처드 스탠턴Richard Stanton 교수는 ABX가 실제로 현실을 충실하게 반영하는지 연구했다. 그들은 2009년 6월 지수 가격이 기초 부채 100퍼센트의 디폴트를 암시했으나 실제 디폴트는 약 20퍼센트로 드러났다는 것을 발견했다. 그들은 지진보험이 1996년 엄청나게 비싸진 이유도 이런 현상 때문으로 보았다. 가격이 사건의 발생 가능성에 기반을 두지 않고 사건이 발생하면 자신들이 나자빠질 것이라는 보험업자들의 두려움에 근거해 설정된 것이다.[36]

2008년 6월, AIG는 심한 재정난을 겪고 있었다. 골드만삭스를 비롯한 기관들이 주택저당증권의 디폴트 가능성에 대한 보상을 요구했다. 그러한 디폴트가 일어나지 않을 것이란 AIG의 생각은 중요치 않았다. 고객들은 ABX를 근거로 들면서 AIG가 파산하는 경우에도 돈을 받을 수 있도록 현금 담보를 걸라고 요구했다. 9월 16일 시간이 갈수록 커지는 현금 수요를 맞출 수 없게 된 AIG는 재무부에 주식 79.9퍼센트를 내놓는 대가로 긴급구제금융을 받았다.

골드만삭스는 AIG가 곤경에 빠질 수 있다는 것을 알았고 회사 문화에 따라 그러한 사태에 대비한 보험을 사기로 결정했다. AIG가 디폴트될 경우에 대비해 신용부도스와프를 산 것이다. 이것이 이후 골드만삭스가 연방준비제도이사회가 AIG를 구제하지 않는 경우에도 골드만삭스는 문제가 없다고 주장한 배경이다.[37] 골드만삭스에게 보험을 판 것이 누구인지 보면 그 주장은 상당히 미심쩍게 여겨진다. 2008년 9월 15일, AIG가 구제받기 전날, 골드만삭스는 AIG 디폴트에 대비한 17억 달러의 보험을 가지고 있었다. 하지만 그 보장액 중에 1억 7,000만 달러[38]는 그날 파산을 선언한 리먼브라더스가 제공한 것이었고 4억 200만 달러는 두 달 후에 긴급구제가 필요한 신세가 되는 시티그룹이 제공한 것이었다. 골드만삭스가 지진에 맞먹는 금융위기가 강타한 상황에서 보험금을 수령할 수 있었을지 대단히 의심스럽다.

2007년과 2008년 골드만삭스의 냉철한 리스크관리는 정신이 번쩍 들게 하는 메시지를 가지고 있다. 이런 식의 리스크관리는 골드만삭스 혼자 할 때만 유효하다. 보험 덕분에 수익을 얻는(혹은 손실을 피하는) 일을 많은 기업들이 한다면 보험업자들은 파산할 것이다. 연방정부가 개입하지 않았더라면 이런 일이 실제로 벌어졌을 것이다.

불안전한 보험임에도 불구하고

노스리지 지진, 1987년의 주식시장 붕괴, 2008년 서브프라임모기지 사태의 기본 메시지는 어떤 시스템도 붕괴를 막는 보험에 들 수는 없다는 것이다.

지난 몇십 년 동안, 우리는 이러한 범주에 들어가는 자연발생적이거나 인간에 의해 일어나는 사건들의 숫자가 점점 늘어나는 것을 지켜보았다. 워런 버핏이 9·11 이후 발견했듯이 아무리 자금이 든든한 보험업자에게도 한계가 있다.

9·11 이전, 테러리스트 공격은 무척 드물어서 보험업자들은 테러 공격의 가능성을 계산하지 않았고 테러에 대한 보장을 일반적인 재산이나 의무보험 보장 범위에 포함시켰다. 9·11 이후 보험업자들은 결국 보상금으로 325억 달러를 내주어야 했다. 보험업자들은 노스리지 지진 이후 그랬던 것처럼 보험계약을 취소하거나 피해를 입지 않을 정도로 가격을 조정했다. 9·11 이전, 시카고는 12만 5,000달러를 내고 오헤어와 미드웨이, 두 개의 주요 공항에 대해 7억 5,000만 달러 규모의 전쟁과 테러 관련 보험을 들었다. 9·11 이후, 이 보험은 취소되었고 시카고는 1억 5,000만 달러의 보상에 700만 달러를 지불해야 한다는 이야기를 들었다.[39] 노출이 가장 컸던 보험사는 워런 버핏의 회사 중 하나인 제너럴 리General Re였다. 버핏이 후에 말한 바에 따르면 제너럴 리는 그의 기본 규칙 하나를 어겼다. 대가도 없이 위험을 부담했던 것이다. 업계 전체가 폭풍우, 화재, 폭발, 지진과 같은 알려진 위험의 비용만을 고려했었다. 버핏은 이렇게 인정했다. "업계의 모두가 보험 인수에서 근본적인 실수를 저질렀다. 노출이 아닌 경험에 초점을 맞추어서 거대한 테러리즘의 위험을 보험료도 받지 않고 떠안은 것이다."[40]

이어 버핏은 보험업계가 흡수할 수 없는 테러 위험이 있을 것이라고 예견했다. "대도시에서 올해 핵폭발이 일어날 가능성이 얼마인지 (중략) 올해 혹은 다른 어떤 해에 다수의 사무실 건물과 제조공장에 치명적인 생물학적 혹은 화학적 작용제가 동시에 유입될 가능성이 얼마인지는 아무도 모릅니다." 더구나 "테러와의 전쟁에서는 결코 이길 수가 없습니다." '최악에 가까운' 시나리오가 펼쳐지면 피해는 1조 달러에 이를 수 있다는 것이 그의 이야기다. "그러한 타격을 흡수할 수 있는 자원을 가진 것은 미국 정부뿐입니다."

그만의 생각이 아니다. 한 조사는 사람들이 테러 관련 사망자의 수를 33명에서 3만 5,000명까지 예측하는 것을 발견했다.[41] 따라서 2002년 연방정부는 테러 위험에 대한 공식적인 재보험자가 되었다. 프랑스, 독일, 영국, 이스라엘에서도 정부가 테러 위험 재보험자가 되었다. 주州정부 역시 공백을 메우기 위해 나섰다. 플로리다에서는 주정부가 허리케인 위험의 재보험자이고, 캘리포니아 주정부는 지진 위험의 재보험자다.

최후의 보험자로서 연방정부의 역할은 새로운 것이 아니다. 1930년대부터, 연방정부는 대규모 재해뿐 아니라 작은 재난에 대해서도 국민들을 지키는 중요한 역할을 맡았다. 사회보장제도Social Security는 1935년부터 시작되었다. 사회보장법에 서명한 프랭클린 루스벨트는 이렇게 선언했다. "국민 모두를 삶의 모든 위험과 부침으로부터 지킬 수는 없습니다. 하지만 우리는 실직으로부터, 가난에 찌든 노후로부터 평범한 시민들을 어느 정도 보호해줄 법의 틀을 잡기 위해 노력해왔습니다."[42]

실업보험은 바로 그 뒤에, 장애보험은 1956년에 마련되었다. 1965년 연방정부는 메디케어Medicare와 메디케이드Medicaid를 통해 노인과 극빈자들에게, 2010년 부담적정보험법Affordable Care Act을 통해 차상위 빈곤층에게 공공의료보험 안전망이 되었다. 현재 연방보험은 개인연금, 작물 손실, 홍수, 주택담보대출채무 불이행, 은행예금으로 확대되었다. 그 외에 홍수, 눈보라, 지진의 피해를 본 지역에 대한 연방 구호품 전달이나 2008년 그랬던 것과 같이 금융 시스템의 붕괴를 두고 보지 않고 구제하는 연방정부의 묵약 등과 같은 비공식 보험도 존재한다.

이 모든 보험으로 미국인들이 얻게 되는 것은 무엇일까? 당연히 공짜로 주어지는 건 아니다. 누군가는 보험금을 내놓아야 한다. 젊은 사람, 건강한 사람, 부유한 사람, 지불 능력이 있는 사람이 노인, 아픈 사람, 가난한 사람, 파산한 사람에게 보조금을 주어야만 한다. 당연히 도덕적 해이의 문제가 생긴다. 피보험인은 보장받고 있는 위험을 피하려는 유인이 약해지는 것이다. 이것은 금융위기 이후 전 세계정부가 가장 고심하는 문제로 등장했다. 세계의 정부들은 금융회사, 심지어는 주권정부를 수차례의 구조하는 과정에서 투자자들 사이에 형성된 도덕적 해이를 없애는 방법을 찾기 위해 노력하고 있다.

정부들은 자신들의 구제 조치가, 과거 위기를 불렀던 바로 그 활동을 조장해온 것이 아닌가 걱정하고 있다. 때문에 각국 정부는 엄청난 대가를 치르지 않고는 보험의 보장을 받을 수 없도록 만들기 위해 엄청난 노력을 기울였다. 예를 들어, 은행은 유동성이 큰 증권을 보다 많이 보유해서, 다음번에는 채권자들이 자금을 회수할 수 있게 만들고 연방준비제도이사회에 손을 벌릴 필요—2008년과 2009년에 너무나 많은 금융기관이 무려 4,000억 달러를 빌려갔던 것처럼—가 없게 해야만 한다. 은행들은 '글로벌 코어 엑세스'를 가진 골드만삭스를 닮아가야 하는 상황에 놓여 있다.

언뜻 보기에는 이것이 합리적으로 생각될 수 있다. 하지만 이렇게 생각해보자. 어느 날 밤늦게 기차역에 도착했는데 택시가 단 한 대만 남은 것을 발견했다고 상상해보라. 여러분은 안도의 한숨을 내쉰다. 그런데 행복은 오래가지 않는다. 택시기사가 정부 규정 때문에 역에는 반드시 한 대 이상의 택시가 있어야 한다고 말한다. 시내 저쪽에서 야구 경기가 끝나서 사람들이 몰려나오면 어떤 일이 일어날까?

마찬가지로 정부가 은행에 엄청난 유동자산을 보유하라고 요구하면 모두가 정말로 필요로 하는 공황상태에서도 유동자산을 이용할 수 없게 될 것이다. 보통 은행에 유동자산 보유를 요구하면 위기의 가능성이 낮아지는 것으로 생각한다. 하지만 위기가 발생하면 그 요구 조건이 문제를 더 악화시킬 수 있다. 기업들이 안정을 위한 쟁탈전에 쓸 수 있는 자산이 부족하다는 걸 발견하는 순간부터 상황은 돌이킬 수 없어진다.

연방정부가 일부 재난에 대한 보험자로서 리스크를 안고 그에 대한 적절한 보상을 요구하는 편이 더 이치에 맞을 것이다. 홍수보험이나 건강보험에서와 같이 정치인들이 보험을 보험계리적 가치보다 싸게 판매해야 한다고 주장한다면 정부가 손실을 보겠지만, 그런 경우가 아니라면 정부는 재해에 대한 보험을 팔아서 돈을 벌 수 있을 것이다. 우리가 앞서 보았듯이 사적 시장은 가격을 잘못 매기는 경우가 많기 때문이다. 1960년대 말, 미국 여러 도시의 폭동으로 보험업자들이 재산보험 판매를 중단했다. 때문에 연방정부는 '폭동 재보험riot reinsurance' 프로그램을 도입해서 허리가 휘는 민간보험료에 직면한 재산 소유자들이 재보험의 혜택을 볼 수 있도록 했다. 하지만 민간인 소요사태는 예상한 수준까지 이르지 않았고 민간보험업자의 참여 부족으로 프로그램이 중단될 때까지 이 프로그램 덕택에 재무부는 상당한 수입을 올렸다. 연방정부는 아직 테러보험[43]에 대한 배상을 하지 않았다. 재무부는 많은 사람들의 미움을 사고 있는 부실자산구제프로그램Troubled Asset Relief Program으로 150억 달러의 이익을 얻었다고 보고했다.[44] 연방정부의 수익도 그에 필적한다. 연방정부가 보험사업을 꾀한다는 말이 아니다. 버핏의 말대로, 보험에서는 가격을 정확하게 설정했는지 알려면 수년이 흘러야 하고 모든 예측할 수 없는 사건은 불쾌하다.

하지만 보험은 돈을 넘어서는 이점을 가지고 있다. 마음의 평화를 가져다주는 것이다. 두려움으로부터의 해방에는 값을 매길 수 없다. 하지만 그 가치는 아무도 의심하지 않는다. 정부 재정 지원 건강보험에 관한 유명한 실험이 이 점을 명확히 해주었다. 첫눈에는 이 실험이 그러한 보험의 실패를 이야기하는 게 아닌가 싶기도 하다. 2008년 오레곤은 메디케이드 프로그램 대상자를 다소 늘리기로 결정했다. 추가로 혜택을 줄 수 있는 인원이 1만 명이었기 때문에 지원한 9만 명 중에 추첨을 통해 자리를 제공하기로 했다.

MIT의 경제학자, 에이미 핀켈스타인Amy Finkelstein은 늦은 밤 텔레비전을 통해서 이 계획을 처음 접했다.[45] 스티븐 콜버트Stephen Colbert는 이 추첨에 '환자 뽑기Pick Sicks'라는 이름을 붙여 조롱했지만 곱슬머리에 안경을 낀 호리호리한 열정적인 경제학자, 핀켈스타인은 이 추첨을 다시 만나보기 힘든 자연 실험의 기회로 보았다. 보험이 있는 사람들의 건강과 보험이 없는 사람의 건강을 비교할 수 있는 기회였던 것이다. 그녀와 팀원들은 추첨에 지원한 1만 2,000명의 사람들을 이후 2년간 추적조사했다. 절반은 당첨자였고 절반은 낙첨자였다. 놀랍게도 보험의 유무는 건강 상태와 큰 관련성이 없었다. 메디케이드의 보장을 받는 사람들은 자주 병원을 찾아 의료비가 많이 든 반면 혈압, 콜레스테롤, 당화혈색소(당뇨의 지표)에는 별 차이가 없었다. 단 하나 예외가 있었다. 메디케이드 대상자의 경우 우울증 발생 빈도가 급격히 떨어졌다. 항우울제의 사용으로 설명할 수 있는 정도를 넘어서는 반응이었다.

놀라운 결과였다. 필켈스타인은 이 결과를 어떻게 설명해야 할지 확신이 없었다. 그녀는 정확한 수치로 이야기해야 하는 경험주의자다. 하지만 이 경우 그녀는 포커스 그룹에서 나온 일화에 의지했다. 새로 건강보험의 적용을 받게 된 사람들은 "덜 불안하고, 스트레스를 덜 받는다."고 주장했다. 불안과 우울은 같지 않다고 말하는 그녀에게 나는 다음번 질환이 파국이 되지 않는다는 사실만으로도 우울감이 줄어드는 것을 설명할 수 있지 않느냐고 물었다. "그것은 수량화하기가 힘듭니다. 하지만 상당히 타당성이 높은 해석이군요."

보험이 사람들을 더 행복하게 만들 수 있을까? 이상하게 들릴지 모르지만 꼭 그렇지만도 않다.

이스라엘 출신의 심리학자, 오릿 타이코친스키Orit E. Tykocinski는 일련의 흥미로운 실험을 통해서 보험이 사람들의 위험에 대한 인식에 미치는 영향을 조사했다. 한 실험에서는, 기차로 통근하는 사람들에게 향후 5년간 여러 가지 불운을 겪을 가능성이 얼마나 될 것 같은지 추측해보도록 했다. 대상자 절반에게는 이 요청 이전에 의료보험이 있느냐고 물었고, 다른 절반에게는 요청 이후에 보험이 있는지를 물었다. 사실 모든 응답자가 보험을 가지고 있었다(이스라엘은 모든 사람이 의료보험의 혜택을 받는다). 하지만 그 사실을 미리 떠올린 사람들은 다음 5년간 병고에 시달릴 가능성이 낮다고 답했다.[46] 또 다른 실험에서는 전화 인터뷰를 통해 다음 3년 내에 이란이 이스라엘을 공격할 확률, 그리고 그 공격이 비전형적인 무기를 사용할 확률을 물었다. 응답자의 절반은 대답 전에 방독면이 있느냐는 질문을 받았고 다른 절반은 대답 후에 방독면이 있느냐는 질문을 받았다. 사실, 응답자들은 모두 방독면을 가지고 있었다. 이스라엘 국방부는 2010년 전 국민에게 방독면을 지급했다. 하지만 그 사실을 미리 상기시킨 사람들은 공격의 가능성과 비재래식 무기를 사용할 가능성을 훨씬 낮게 평가했다. 타이코친스키가 지적했듯이, 개인이 방독면을 가지고 있는지는 공격의 가능성에 아무런 영향을 주지 못한다. 하지만 방독면이 있다는 생각은, 의료보험이 있다는 생각과 같이, 세상을 덜 두렵게 보이도록 만드는 방식으로 응답자의 정신 상태에 영향을 주는 것으로 보인다.

안타깝게도, 예금보험이 은행 고객의 행복에 그러한 영향을 끼친다는 증거는 존재하지 않는다. 그리고 연방정부가 미국이 또다시 불황에 빠지는 것을 막기 위해 한 무더기의 은행을 구제한 결과로 어떤 사람이 행복한지, 안전함을 훨씬 덜 느끼는지는 확인하기가 어렵다. 최후의 보험자인 정부의 역할이 갖는 이점은 수량화하기 어렵다. 그러나 그 중요성은 무시할 수 없다. 연방정부의 그러한 역할이 도덕적 해이를 낳고 일부 어리석은 위험 감수를 조장하는 것도 사실이다. 하지만 최악의 폭동, 테러 공격, 금융위기로부터 기업과 개인을 보호함으로써 기업과 개인이 좋은 리스크를 부담하게 만들기도 한다. 만약 없어진다면 우리 모두의 사정이 더 어려워지는 그런 좋은 리스크를 말이다.

CHAPTER 10

위험하니까 안전하다

왜 비행기는 좀처럼 추락하지 않는가?

"If you think you are dangerous, you aresafe"

Foolproof

（10）

비행기 사고로
사망할 확률

자주 비행기를 타거나 정기적으로 뉴스를 보는 사람이라면 항공에 대해서 적어도 두 가지는 알고 있을 것이다. 첫째, 재난은 어디에나 도사리고 있다. 기계적 결함이나 파일럿의 실수, 악천후, 테러리스트 때문에 비행기가 하늘에서 떨어지고 탑승하고 있는 사람들이 모조리 죽는 일이 일어날 수 있다. 둘째, 이러한 일들은 거의 일어나지 않는다. 비행기는 믿기 힘들 정도로 안전하다.

미국 연방항공국Federal Aviation Administration의 안전 전문가, 돈 아렌트Don Arendt는 내게 이렇게 말했다. "알루미늄 튜브를 타고 숨조차 쉴 수 없는 영하 60도의 오존층 공기 속을 돌아다니는 것은 안전한 일이 아닙니다. 하지만 우리는 전 세계에서 그 일을 수백만 번씩 확실하게 해내고 있으며 모두를 땅에 말짱하게 되돌려 놓습니다."[1]

놀라운 일이다. 우리는 지금까지 금융에서부터 축구까지 다른 여러 방면에서 확실한 안전을 보장하는 일이 얼마나 어려운지 확인했다. 항공이 그 일을 해낼 수 있다면 우리도 가능하지 않을까? 그 답은 항공 분야에서 하는 것과 똑같은 방식으로 재난에 대응할 수 있느냐에 달려 있다. 등골이 오싹해지는 영국항공British Airways, BA 009편의 비행 이야기부터 시작해보자.

1982년 6월 24일, 영국항공 009편은 오후 8시경 쿠알라룸푸르에서 이륙했다. 263명의 승객과 승무원을 태우고 런던에서 뉴질랜드 오클랜드로 가는 길이었다. 몇 시간 뒤 이 보잉 747기가 인도네시아 자바섬에 접근하고 있을 때 승객과 승무원은 뭔가 정상이 아니라는 것을 알아차렸다. 유황 냄새가 나는 연기가 객실을 채우기 시작했다. 처음에는 하나가, 그리고 바로 연달아서 네 개의 엔진 모두가 불규칙하게 회전하다가 갑자기 멈추었다. 인도양 7마일(약 11.27킬로미터) 상공에서 BA 009편은 완전히 전력이 끊긴 상태가 되었다. "메이데이, 메이데이, 메이데이." 승무원은 자카르타의 항공교통관제소에 무전을 보냈다. "엔진 4개가 모두 꺼졌다."

승객이었던 베티 투Betty Too는 이후 체험기를 통해 객실의 승객들이 기도를 하거나 울거나 서로를 위로하거나 대피를 준비하거나 죽음을 준비했다고 회상했다.[2] 비행기의 고도가 1만 3,000피트(약 3.96킬로미터)까지 떨어지자 승무원들은 인도양에 불시착할 준비를 했다.

이후 갑자기 엔진 하나가 다시 돌아가기 시작했고 곧 다른 세 개도 가동되었다. 비행기는 자카르타로 향했다. 착륙 준비를 하던 승무원은 상공에서 부딪힌 뭔가에 의해 앞 유리가 심하게 긁혔다는 것을 깨달았다. 그들은 방풍 유리의 깨끗한 틈을 통해 간신히 활주로 등을 보고 수동으로 고도를 확인하면서 비행기를 조종했다.

자카르타에서 조사관들은 비행기를 점검하고 BA 009편이 그날 밤 폭발한 갈룽궁 화산Mount Galunggung에서 뿜어져 나온 연기구름 속으로 날아 들어갔다는 결론을 내렸다. 화산재는 장석, 휘석, 석영 등이 포함된 작은 화산유리 조각으로 이루어져 있어 방풍 유리, 조명 커버, 동체, 날개 모서리를 긁을 수 있다. 화산재는 온도가 대단히 높은 제트엔진 가스 속에서 뜨거워지면서 분사구와 연소기, 터빈 블레이드를 뒤덮어 엔진의 공기 통로를 막는다. 그 결과 엔진이 불규칙하게 회전하다 불꽃이 생기고 멈추게 된다.[3]

BA 009편의 기적적인 생존은 언론으로부터 엄청난 주목을 받았다. 승무원들에게는 훈장이 주어졌고, 텔레비전 다큐멘터리로도 제작되었다. 이 사건으로 같은 사고의 재발을 막기 위한 발 빠른 노력이 시작되었다. 감독기관들은 화산재를 다루는 문제에 대한 일련의 권고를 만들기 시작했다. 1989년 알래스카 리다우트산Mount Redout, 1992년 필리핀 피타투보산Mount Pinatubo의 분화에 이은 추가 사고들이 이 작업에 박차를 가했다.[4]

항공 부문의 국제협력기구인 국제민간항공기구International Civil Aviation Organization, ICAO는 2001년 이렇게 선언했다. "현재 제트기 엔진에 위협이 되는 것으로 여겨지는 화산재 농도에 대해서는 합의된 기준이 없습니다. (중략) 이것을 고려하면, 화산재의 경우 권장하는 절차는 (중략) 화산재의 농도에 관계없이 (중략) 무조건 피하라는 것입니다."

이 무관용zero tolerance 권고는 아이슬란드 에이야프얄라요쿨Eyjafjallajokull 화산이 폭발한 2010년 4월 14일부터 시행되었다. 특별히 큰 분화는 아니었다.[5] 하지만 화산재 구름이 세계에서 가장 번잡한 비행 구역—북대서양과 유럽 상공—으로 퍼질 수 있는 위치였다. 10년 전 국제민간항공기구가 내놓은 권고에 따라 20여 개국의 감독기관이 300개 공항을 폐쇄하고 10만 편의 운항을 취소했다. 1,000만 승객의 발이 묶였다.

제2차 세계대전 이후 최대 규모였던 유럽항공의 두절 사태로 인해 발생한 손실은 엄청났다. 관광객과 사업상 여행을 하는 사람들은 일정을 취소하고, 바꾸고, 연기했다. BMW와 닛산Nissan은 항공으로 공수되는 부품 부족 때문에 일시적으로 독일, 일본, 미국 공장의 자동차 생산을 중단했다. 유럽이 수입하는 생화生花의 3/4는 항공으로 수송된다. 항공운항 정지로 라틴아메리카와 아프리카의 수천 화훼업자들은 일자리와 봉급에서 손해를 감수해야 했다. 오도 가도 못하게 된 승객들이 집이나 직장에 가지 못한 채 보낸 시간을 합하면 8,000년이라는 계산이 나왔다. 에어버스가 의뢰한 한 연구는 이 사태로 인한 세계경제의 피해액을 총 47억 달러로 추산했다.[6]

이 폐쇄 조치는 목표를 달성했다. 추락사고도, 사망자도 없었다. 사실, 지금까지 상용 제트기와 화산재 구름의 접촉으로 인한 사망자는 단한 명도 없다. 항공업계와 그 감독기관은 BA 009편이 인도양에서 겪은 사건이 불러일으킨 공포가 촉발한 이러한 기록의 흐름을 유지하기 위해 각종 비용을 기꺼이 짊어지고 있다. 화산재로 인한 항공기 추락의 낮은 가능성을 막기 위해서 유럽경제 전반이 막대한 피해를 감수하는 것을 과하다고 생각할 수도 있다. 하지만 사람들이 안전한 비행을 하도록 설득하는 데 꼭 필요하다면 이야기는 달라진다. "안전에 대한 집착은 비행이 그처럼 극도로 안전할 수 있는 이유입니다." 아널드 바넷Arnold Barnett의 말이다. "그런 면에서는 지극히 합리적이죠."

바넷은 항공안전 통계에 관한한 세계 최고의 권위자다. 그리고 그는 오랫동안 비행을 두려워하는 성인 인구 약 1/3 가운데 한 명이었다. 나는 바람이 몹시 부는 3월의 어느 날 보스턴의 로건 공항Logan Airport에서 바넷을 만났다.[7] 예순일곱의 그는 큰 키에 숱이 적고 헝클어진 적갈색 머리를 가지고 있었다. 우리는 공항 주변 9·11 기념관9·11 Memoreal까지 함께 걸어갔다. 눈에 띄는 유리 입방체에 로건에서 이륙한 후 테러리스트에게 납치된 두 여객기의 승객과 승무원의 이름이 새겨져 있었다. 테러리스트의 공격으로 바넷의 일은 엄청나게 많아졌다. 폭탄이 수화물 속에 숨겨져 있을 확률을 계산하거나 그러한 위험을 최소화하는 가장 효율적일 방법을 생각하는 일 등을 해내야 했다. 도중에 바넷은 독특한 분야에 몸을 담게 된 사정을 이야기했다. 어린 시절에 비행에 매료되었다는 식의 이야기는 아니었다. 그는 브루클린에서 성장했고 1960년대의 대부분 사람들이 그렇듯이 비행기를 거의 타보지 못했다. 비행기에 대한 이야기를 듣는 것은 비행기가 추락했을 때뿐이었다. 그는 1967년 19살이 되어서야 처음으로 비행기를 타보았다. 그의 처녀비행은 전조가 그리 좋지 못했다. 그날 아침 「뉴욕타임스」에는 인디애나의 공중 충돌에 대한 기사가 실렸던 것이다. 비행기가 게이트에서 멀어지고 있을 때 그는 이렇게 생각했다. "그리 나쁘진 않은데." 하지만 비행기가 이륙을 위해 가속하자 불안감이 몰려왔다. 바넷이 비행의 두려움 때문에 꼼짝도 못하고 지낸 것은 아니었다. 그러나 비행은 오랫동안 그에게 불쾌한 경험이었다. 예정된 비행 이틀 전이면 불안감이 커지기 시작했다. 그리고 출발하는 날인데 날씨라도 나쁘면 그의 기분도 저조해졌다.

바넷은 수학을 전공했고 MIT에서 수학과 확률의 규칙을 공공정책에 적용시키는 '응용확률론'을 강의하게 되었다. 그는 사건이 어떻게 해서 발생하는가에 대해 논리적으로 명확하게 생각하게 하는 '확률'이라는 학문이 몹시 어려우면서도 마음을 편하게 한다고 생각했다. 확률에 대한 관심으로 그는 비행이 얼마나 위험한지를 조사하게 되었고 결국 비행에 대한 두려움에 대처할 방안도 얻게 되었다. 항공안전 분야에서는 항상 확률을 인용한다. 하지만 바넷이 보기에는 부정확할 때가 많다. 예를 들어, 하나의 항공사에 두 번의 사고가 있었고 다른 항공사에 한 번의 사고가 있었다면, 첫 번째 항공사가 두 배 더 위험한 것으로 묘사되는 경우가 많다. 하지만 이 점을 생각해보자. 두 항공사에는 세 번의 사고가 있었고 각 항공사가 1.5번의 사고를 겪는 것은 불가능하다. 한 항공사가 다른 항공사에 비해 두 배 많은 사고를 겪을 수밖에 없는 것이다. 이것만 보아서는 그들의 본질적 안전성에 대해서 전혀 알 수 없다. "동전을 세 번 던져서 두 번은 앞면이, 한 번은 뒷면이 나왔는데 '두 번은 앞면이 나오고 한 번은 뒷면이 나왔으니 이건 좋은 동전이 아니야.'라고 말하는 것과 같죠." 중요한 문제다. 대중은 특정 해 혹은 특정 항공사의 사고 횟수에 엄청난 중요성을 부여하는 경향이 있기 때문이다. 사람들은 확률의 무작위적인 작동일 뿐인 현상을 두고 그것이 추세를 말한다고 해석한다.

그는 사망자 통계의 사용에도 주의를 기울여야 한다고 말한다. 사람이 꽉 찬 비행기가 추락했을 때는 반쯤 빈 비행기가 추락했을 때에 비해 사망자가 두 배가 된다. 그러나 두 비행기의 본질적 안전성은 동일하다. 업계의 실적이 좋은 때, 그러니까 많은 비행기가 승객을 가득 싣고 비행하는 해에는 사고율이 같더라도 사망자 수가 더 많을 것이다. 사람들은 운행거리의 면에서 보면 비행이 운전보다 안전하다는 말을 자주 한다. 그는 이 말이 모든 운항거리의 안전이 동일하지 않다는 사실을 간과하고 있다고 지적한다. 사고는 이륙이나 착륙 때에 많이 일어나고 비행 중에는 거의 일어나지 않는다. 그러니까 운항거리가 짧은 경우, 즉 비행기가 상승과 하강에 많은 시간을 보내는 경우에는 운항거리당 사고율이 높을 수밖에 없다. 반면에 자동차의 경우 모든 운행거리의 사고율에 큰 차이가 없다. 이는 자동차 여행이 비행에 비해서 더 위험해지는 지점이 있다는 의미다. 바넷의 계산에 의하면 이 지점은 150마일(약 241.40킬로미터)이다. 그보다 짧은 거리를 운행할 때는 차가 더 안전하다.[8]

그는 초기에 업계가 사람들을 안심시키기 위해 내놓는 수치들에도 의혹을 가지고 있었다. 예전에 그는 비행 중에 사망할 확률이 1/20만이라는 글을 읽었다. 하지만 당신이 매주 왕복 여행을 하는 컨설턴트라는 가정을 해보라. 30년 후 당신의 사망 확률은 1/67로 높아진다. "대단히 안심이 되는 것처럼 보이는 통계도 자세히 생각해보면 그리 위로가 되지 않는다는 것을 알 수 있습니다."

바넷은 전적으로 개인적인 관심에서 외부의 자금지원이나 격려 없이 비행, 여행거리, 좌석 이용률 등 권위 있는 통계를 내놓는 데 필요한 정보를 가능한 많이 수집하는 일을 시작했다. 이렇게 발견한 것들은 그에게 기분 좋은 놀라움을 선사했다. 비행은 정말로 대단히 안전하다! 더구나 그 안전성은 꾸준히 개선되고 있기까지 하다. 이러한 결론에 이른 몇 가지 근거를 살펴보자.

1. 자동차 사고 사망자 수와 비행의 위험을 근거로 평범한 미국인이 일생 동안 자동차 사고로 사망할 확률은 비행기 사고로 사망할 확률보다 1,330배 높다.

2. 병원 진료를 위해 비행기를 이용해서 다른 도시로 가는 미국인이 병원의 실수로 사망할 확률은 비행 중에 사망할 확률보다 2만 배 높다.

3. 두 도시 사이를 이동하는 장거리 여행의 경우, 가장 안전하게 운전하는 운전자라 하더라도 운전보다 비행이 훨씬 안전하다. 운전이 아닌 비행으로 운전자 — 안전하게 운전하는 —가 한 시간을 아낄 때마다 안전한 교통수단 선택과 연관되어 수명이 78초 늘어나는 보너스가 주어진다(예를 들어, 보스턴에서 시카고까지 여행하는 경우, 운전자 —안전하게 운전하는 —는 자동차가 아닌 비행기를 여행 수단으로 선택함으로써 12시간을 아끼는 것은 물론이고 15분의 수명연장 효과까지 본다).

4. 매사추세츠 주민이 메가벅스Megabucks에서 잭팟을 터뜨릴 확률은 다음 번 비행으로 사망할 확률보다 2.5배 높다.

5. 공항에 있는 미국 어린이 한 명이 오늘의 여행으로 사망할 확률은 그 아이가 미국 대통령으로 자랄 확률과 같다.

바넷은 마침내 비행에 대한 공포를 극복했다. 얼마 지나자 불안은 지루함으로 변했다. 수치들은 설득력이 있었다. 바넷은 그의 연구 결과를 불안해하는 친구, 동료, 같이 비행기에 탑승한 승객을 안심시키는 데 이용하곤 했다. 그는 자신의 연구 결과를 전달하는 다양한 방법을 실험했다. 사망 확률을 복권 당첨 확률에 비교하는 것은 위로가 되지 않았다. "복권을 살 때 사람들은 당첨될 것이라는 희망을 품습니다. 최고의 희망과 최악의 두려움을 병치시키는 셈이죠." 그는 더 나은 방법을 만들었다. "토요일, 일요일, 공휴일마다 빠짐없이 비행기를 탄다면 2만 8,000년이 지나야 사고를 당하게 됩니다. 이 말에 사람들은 크게 놀랍니다. '2만 8,000년은 살 수도 없잖아.'라고 생각하죠. 그리고 위안을 받습니다. 재미있는 것은 확률은 일반적으로 2만 8,000년이라고 해도 당신에게는 그날이 내일이 될 수 있다는 점입니다. 이런 일들을 통해 통계에 대한 사람들의 반응이 그것을 어떻게 제시하느냐에 달려 있다는 것을 알게 되었죠."

서구인들은 개발도상국 항공사의 비행기에 오르는 것이 더 위험하다고 생각하는 경향이 있다. 하지만 그 비행기가 아프리카에 있는 극빈국들의 것이 아닌 한, 그 생각은 틀렸다. 그 수치를 계산한 바넷은 체코 공화국, 중국, 브라질과 같은 중진국의 비행기에 탑승했을 경우 사망할 확률은 1/16만로 선진국 항공사를 이용했을 때만큼이나 낮다고 말한다.[9] 2013년 아시아나항공Asiana Airlines의 여객기가 공항에서 착륙 사고를 일으켜 세 명의 사망자를 냈을 때 언론의 보도는 한국 문화가 조종석 커뮤니케이션을 방해했는지 여부에 집중되었다. 하지만 바넷은 그 이전 4년 간 한국 항공사에는 사망사고가 전혀 없었다고 지적한다. 아시아나 항공의 사고를 포함시키더라도 한국 항공사의 비행기를 이용하는 경우의 사망 확률은 1/75만이다.

비행기를 자주 타는 나에게 이 이야기들은 놀랍고 또 위안이 되었다. 경제학자로서는 당혹스러웠다. 항공 역시 수익이 끊임없이 위협받고, 파산이 일상적으로 일어나고, 비용을 무자비하게 절감하라는 압력이 있는 극한 경쟁이 많은 업계다. 그런데 항공은 어떻게 안전에 대한 비용을 줄이고 싶은 유혹을 참고, 펠츠먼 효과를 극복하고, 확실한 안전을 보장할 수 있었을까? 금융, 스포츠, 자동차 운송이 실패한 일을 어떻게 해낼 수 있었던 것일까?

대단히 위험한 것이 대단히 안전해질 수 있었던 모순을 철저하게 조사하면서, 나는 이것이 전혀 모순이 아님을 알게 되었다. 어떤 것을 비정상적으로 두려워하면, 사람들은 스스로 안전하다는 느낌을 받을 때까지 비정상적인 노력을 기울인다. 어느 날 바넷은 한 기자의 전화를 받았다. 사고가 발생했을 때 자녀들이 고아가 될 것을 염려해서 각자 다른 비행기를 타는 부모들에 대한 기사를 쓰고 있던 사람이었다. 확률에 근거해, 바넷은 그러한 행동이 대개 의미가 없다는 것을 알고 있었다. 하지만 그는 기자에게 말했다. "그것이 그들의 마음에 평화를 준다면 그렇게 하도록 놔두세요. 그런 부모들이 비웃음의 대상이 되어서는 안 됩니다." 그 기자는 본인이 그 사람임을 고백했다.

왜 비행을 두려워할까?

비행이 정말 위험했던 초창기를 생각하면 대중이 비행에 대해 갖는 경계심에도 충분히 근거가 있다. 1920년대 비행기 조종사가 3년 내에 사망할 가능성은 1~2퍼센트에 달했다.[10] 1차 세계대전 이후 남아돌던 군용 비행기는 집시 비행사나 곡예 비행가에게 흘러들어갔다. 이들은 전국을 돌아다니면서 곡예를 보여주었고 이 공연은 종종 비행기 추락과 조종사의 사망으로 끝났다. 1922년에는 일주일 만에 세 건의 비행기 사고가 난 적도 있었다. 한 대의 비행기가 롱아일랜드의 길 위에 닿을 듯 낮게 나는 바람에 한 운전자가 차를 제어할 수 없게 되었고 이어진 충돌로 사망했다. 또 다른 비행기는 파락어웨이 비치에서 곡예비행을 펼치다가 추락했다. 워런 하딩이 링컨 기념관Lincoln Memorial을 봉헌하는 중에 관중 위를 저공비행했던 전력이 있는 한 육군 장교가 워싱턴에서 추락 사고를 일으켜 탑승자 한 명이 사망했다.

비행이 무모한 사람의 전유물이라는 대중의 인식은, 잦은 사고로 인해 엄두도 못 낼 만큼 높아진 보험료가 그렇듯 업계의 발전을 막는 심각한 장애물이었다. "항공운송이 정상적으로 발전하는 데 가장 심각한 장애 요인은 비행이 극히 위험하다는 믿음입니다."[11] 항공기 생산업자 협회Manufacturer's Aircraft Association가 1921년 미 의회에서 한 말이다. 미국 항공협회National Aeronautic Association의 회장, 고드프리 캐벗Godfrey Cabot은 비행에 대한 공포가 발전의 가장 큰 방해물이라고 생각했다. 그는 이러한 공포감을 조성한 것은 '결함이 있는 비행기와 기술이 부족한 조종사로 인해 끊이지 않고 발생하는 사고'라고 말했다.

업계는 뛰어난 안전 기록을 자랑하는 대안적 모델을 발견했다.[12] 정부 소유의 비행기, 정부가 고용한 조종사, 그리고 조종사 선발에 건강 진단을 포함한 엄격한 기준을 적용하고, 비행기 정기점검을 통해 비행기 한 대당 4명의 정비공을 채용하는 미국 우정청United States Postal Service의 항공운송 모델이었다. 우편사업용 항공기의 사망률은 운항거리 78만 9,000마일(약 126만 9,772.42킬로미터)당 한 명에 불과했다. 그에 비해 상업 항공기의 사망률은 1만 3,500마일(약 2만 1,726.14킬로미터)당 한 명이었다.

업계의 역사에서 보기 드문 결과였다. 당시 상무장관이었던 허버트 후버Herbert Hoover는 1921년 한 의원에게 이런 편지를 보냈다. "항공이 정부의 규제에 호의를 보이는 유일한 업계라는 것은 매우 흥미롭습니다." 상원위원회는 어떤 항공규제 수단에 대한 청문회를 열었다가 반대하는 사람이 하나도 없다는 데 놀랐다.

1926년 상무부 산하 항공 분과가 생기면서 연방정부의 항공업 감독이 시작되었다. 이것은 1938년 항공사를 규제하는 민간항공청Civil Aeronautics Authority, CAA과 사고조사를 맡는 항공안전위원회Air Safety Board로 대체되었다. 1959년 연방항공국이 민간항공청을 대체했고, 1966년 연방교통안전위원회National Transportation Safety Board가 사고조사 업무를 인계받았다.

이 기간 동안 사망률은 꾸준히 감소했다. 그렇더라도 비행에 대한 대중들의 공포를 완전히 누그러뜨릴 정도는 되지 못했다. 1969년 핵 과학자이며 UCLA 공과대학 학장이던 천시 스타Chauncey Starr는 사람들이 특정 활동에 대해 다른 활동보다 더 두려움을 느끼는 이유를 밝혀보려고 했다. 그는 어떤 활동에 참여하는 데에서 오는 혜택(시간이나 돈의 절약)을 그 활동에 얼마나 많은 사람들이 참여하는가와 비교했다. 사망의 위험이 비슷하고 혜택이 비슷한 두 가지 활동 중에서 위험이 본의에 의해 발생하는 것이 아니거나 자신의 통제에서 벗어나는 것으로 인식될 경우 참여하는 사람이 훨씬 적었다. 그는 사람들이 수의적

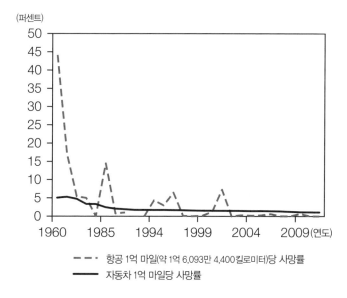

(퍼센트)

- - - 항공 1억 마일(약 1억 6,093만 4,400킬로미터)당 사망률
—— 자동차 1억 마일당 사망률

／ 1960년대부터 항공의 사고율은 자동차 사고율보다 훨씬 큰 폭으로 감소했다.
[출처: 미국 운수부(U.S. Department of Transportation), 운수통계국(Bureau of Transportation Statistics]

위험voluntary risk을 불수의적 위험involuntary risk보다 1,000배 더 잘 수용한다는 결론을 내렸다.[13]

　스타는 상업 항공을 자동차 운행과 직접 비교하고 1960년대 중반부터 노출 1시간당 사망자 수 면에서 두 운송 수단의 위험과 혜택이 비슷해졌으나 여전히 비행기를 타기보다는 운전을 하는 사람이 20배 많다는 것을 발견했다. 그는 비행기 여행의 인지 위험이 참여를 억제하고 있다고 보았고, 대중이 항공의 혜택을 낮게 평가하는 점을 고려하면 참여의 증가가 '위험 감소에 대한 압력을 늘리게 될 것'이라는 결론을 내렸다. 그가 옳았다. 항공사의 사망률은 1960년대 이후 자동차 사망률보다 훨씬 더 큰 폭으로 감소했다.

사람들이 비행을 두려워하는 것은 통제가 불가능하기 때문만은 아니다. 폴 슬로빅이 두 개 축으로 가른 인지 위험을 생각해보라. 그 도해에서 상업 항공은 자동차 사고보다 덜 친숙하고 더 큰 두려움을 유발하는 것으로 표시되어 있다.[14] 비행이 일상적인 일이 되면서, 알지 못하는 것에 대한 두려움이 감소했다. 그럼에도 불구하고 비행은 여전히 '고소공포증, 밀실공포증, 통제력 상실. 사회공포증, 죽음에 대한 공포 등 온갖 잠재질환'과 연결되어 있다는 것이 비행공포를 전문으로 다루는 네덜란드 출신의 심리치료사, 루카스 판 헤르벤Lucas van Gerwen의 말이다.[15] 항공기 추락 뉴스는 원래 비행을 위험하다고 생각하는 성향의 사람에게 두려움을 불러일으킨다. "9·11이 일어난 해는 비행공포를 극복하고자 하는 사람들에게 불운한 해였습니다."

단 한 번의 사고로도 엄청난 경제적 피해를 입는 항공계는 다른 업계들이 하지 않는 방식으로 행동한다. 자동차 제조업체는 일상적으로 충돌 실험에 대한 자신들의 성과를 내보이며 차를 판다. 하지만 항공사들은 안전을 두고 경쟁을 하거나 판매를 촉진하기 위해 경쟁사의 사고를 이용하지 않는다. 사고 쪽으로 주의를 끌게 되면 하나의 항공사가 아니라 모두에게 피해가 갈 것을 걱정하기 때문이다. 실제로 보험사는 항공사의 테러 피해를 보장할 엄두를 내지 못한다.[16] 한 항공사의 부주의나 과실(예를 들어, 수하물 처리에서)이 다른 항공사 비행기의 폭발 원인이 될 위험이 있기 때문이다. 감독기관들은 이러한 상호 취약성mutual vulnerability을 이용해서 다른 나라 항공사도 태도를 개선하도록 압박한다. 2005년 외국 항공사의 사고가 연이어 터진 이후, 유럽연합은 외국 항공사의 블랙리스트를 작성하고 국제안전기준을 준수하지 않는다는 이유로 이들 항공사의 유럽 영공 진입을 금지시켰다.

항공은 '고신뢰조직high reliability organization'의 전형이다. 고신뢰조직이란 조직행동 전문가인 칼 웨이크Karl Weick와 캐슬린 셧클리프Kathleen Sutcliffe가 만든 단어로 원자력 발전소와 같이 하나의 실수가 재앙으로 이어질 수 있는 조직을 묘사하는 말이다.[17]

성공적인 고신뢰조직의 특징 중 하나는 '실패에 대한 집착preoccupation with failure'이다. 이는 뭔가 잘못되고 있다는 미묘한 신호에도 촉각을 곤두세우는 것을 의미하며 때로는 '항상 조금은 겁을 집어먹은 상태'라고 표현되기도 한다.

항공안전을 위한
업계의 노력

항공은 실패에 대한 집착이 제도화된 업계다. 예를 들어, 2013년 11월의 어느 저녁 한 상용 여객기가 버몬트 벌링턴에서 이륙했다. 고도를 높이는 중에 관제탑은 바로 뒤에서 이륙하고 있는 두 대의 제트기에 방해가 되지 않도록 왼쪽으로 방향을 돌리라는 지시를 내렸다. 이후 지역 항공교통관제센터의 수습직원이 업무를 인계받고 이 항공기에게 정남쪽 HANAA—관제사들이 하늘에 있는 눈에 보이지 않는 수천 개의 교차로를 나타내는 데 이용하는 다섯 글자 코드의 하나—로 항로를 잡으라고 말했다. 그렇게 했다면 전투기들과 충분히 거리를 확보했을 것이다. 하지만 항공기에서는 반응이 없었다. 수습직원이 다시 HANAA로 진행하라고 말한 후에도 항공기는 계속해서 전투기와 충돌하는 쪽으로 진행했다. 이제 비행기는 전투기들과 4마일(약 6.44킬로미터)도 떨어지지 않은 곳에 있었고 그나마 그 거리도 빠르게 좁혀지고 있었다. 곧 그들의 거리가 몇백 피트로 좁혀질 참이었다. 그 순간 통제사들이 승무원에게 기기 제어에서 시각 제어로 전환을 명령했다. 그들은 곧 전투기를 발견했다. 비행기의 기장과 부기장은 바로 자신들의 실수를 알아차렸다. 비행관리 시스템에 HANAA를 입력하는 대신 오스트레일리아 인근의 HANNA를 입력해서 비행기가 잘못된 경로를 따랐던 것이다.

이 사고는 당시에는 이목을 끌지 않았다. 이 사건이 알려진 것은 사고를 낼 뻔한 일에 놀란 관제사들과 조종사들이 직접 신고를 했기 때문이다. 매일 200건 이상의[18] 자진 신고가 캘리포니아 모펫필드의 구글 본사 건너편에 있는 특별할 것 없는 한 건물로 쏟아져 들어온다. 이 사무실을 임대한 것은 컨설팅 회사, 부즈앨런해밀턴Booz Allen Hamilton이다. 이 회사는 NASA의 한 분과로 항공안전에 가장 중요한 기여자이지만 여러분은 한 번도 들어본 적이 없는 항공안전보고시스템Aviation Safety Reporting System, ASRS과 계약을 맺고 있다.

항공안전보고시스템은 1974년의 비극적인 사고 이후 만들어졌다. 워싱턴 인근 덜레스 공항으로 접근하던 TWA 제트기가 흐린 날씨에 지나치게 빨리 고도를 낮추면서 버지니아의 한 산 정상을 들이받았다. 사고 후 조사에서 겨우 6주 전에 유나이티드 항공United Airlines 제트기가 같은 공항으로 향하는 동일한 진입경로에서 사고를 일으킬 뻔했다는 것이 드러났다. 유나이티드의 조종사들은 동료들과 그 정보를 공유했지만 더 널리 알려지지는 않았다. 항공안전보고시스템의 책임자, 린다 코넬Linda Connell은 말한다. "업계와 정부 관계자들이 함께 모여서 이야기를 했습니다. '사고가 어떻게 일어났는지 밝히기 위해 사고 장소로 가는 일은 이제 그만해야 합니다.' 그것이 '우리는 모두 한 배를 타고 있다'라는 문화를 향한 첫 발걸음이었습니다."

코넬은 심리학을 전공했고 인적요인 ─ 인간과 기술 사이의 상호작용이 사고를 유발하는 방식 ─ 이 전문 분야다. 또한 조종사이기도 하다. 그녀는 실수가 다루어지는 방식이 안전에 대단히 중요하다는 굳은 믿음을 가지고 있다. 코넬은 항공 분야에서는 재난에 대한 공포가 강력한 동기가 된다고 말하면서 일본인 동료의 말을 인용했다. "안전하다고 생각하고 있다면, 당신은 위험하다. 위험하다고 생각하고 있다면, 당신은 안전하다."

니어미스(near-miss: 비행기의 이상 접근, 충돌 위기 ─옮긴이) 신고는 사고 신고와 질적으로 다르다. 사고가 일어나지 않았기 때문에 '후판단편파hindsight bias' ─결과를 이미 알기 때문에 특정한 설명을 사실일 것이라고 추정하는 경향─로부터 자유롭다. 또한 니어미스는 사고보다 훨씬 더 자주 발생하고 따라서 조치를 취할 만한 패턴을 만들어낼 가능성이 더 높다.

이 시스템의 중심은 익명성이다. 사고 신고자가 처벌을 받거나 고소를 당하지 않는다는 것을 알아야 솔직한 신고가 가능하다. 항공안전보고시스템으로 들어오는 모든 신고는 최소한 두 명의 조사관이 검토한다. 조사관은 보통 은퇴한 조종사나 관제사다. 필요하다면 그들은 신고자에게 비밀리에 연락을 해서 정보를 더 구하기도 한다. 신고가 접수된 후에는 모든 식별 정보를 파기한다. 사무실 가운데에 서 있는 자물쇠가 채워진 휴지통에는 '반드시 소각할 것'이라는 문구가 선명하게 적혀 있다. 사고를 묘사할 때 직원들은 의도적으로 세부사항을 지워서 소송에 이용되지 않도록 한다.

신고를 통해서 시정 조치가 필요하다고 판단되면, 코넬은 연방항공국이나 권고 조치와 관련이 있는 기타 기관에 보고서를 보낸다. 그녀가 할 수 있는 일은 여기까지다. 보고서를 받아본 기관은 권고를 받아들일 수도 있고 무시할 수도 있다. 항공안전보고시스템은 다섯 글자 목적지 코드가 유사성 때문에 잘못 입력되었다는 여러 건의 신고를 받았고 해당 항공교통관제센터에 위험을 알렸다. 일부는 그들의 권고에 수긍하고 코드를 변경했지만 그렇게 하지 않은 곳도 있었다.

빅데이터의 시대에도, 항공안전보고시스템은 아날로그를 고수한다. 모든 사고 신고는 신고서를 읽는 사람들이 어떤 일이 왜 일어났는지 확실히 파악할 수 있도록 서술 형태로 이루어진다. 항공안전보고시스템은 모든 사람들이 인터넷을 통해서 읽을 수 있는 월간 뉴스레터, 「콜백 Callback」을 통해서 가장 흥미로운 신고를 게재해 관심을 끈다. 비행을 두려워하는 사람이라면 이 뉴스레터에 실린 신고들은 읽지 않는 것이 좋다. 솔직한 신고이기 때문에 모골이 송연해질 수 있다. 한 신고서에는 "그 지역 상공은 혼잡하기 때문에 이륙 후에 방향을 잘못 틀면 절대 안 됩니다. 그런데 우리는 그렇게 했었죠. 왜 그랬는지는 저도 모르겠습니다."[19]라고 적혀 있었다. 다른 조종사에게 자기 아이패드를 보여주다가 활주로에서 정지해야 하는 지점을 지나치고 지상관제소에서, '멈춰. 멈춰!'라고 외칠 때에야 그 사실을 깨달았다는 조종사도 있었다.[20] 그는 "나는 운전 중에는 절대 전화로 문자메시지를 보내지 않을 것이다. 하지만 그건 같은 경우가 아니려나?"라고 덧붙였다.

대부분의 회사들은 고객들을 떠나게 하거나, 규제기관의 처벌을 받거나, 소송의 빌미를 제공하거나, 경쟁자를 돕는 꼴이 될까 봐 안전을 위협한 실수를 인정하지 않으려 한다. 항공사들 역시 이와 같은 걱정을 가지고 있다. 하지만 이런 우려를 무색하게 만드는 더 큰 걱정거리가 있다. 사고 때문에 대중이 비행을 두려워하게 되고 따라서 항공사 모두가 피해를 보는 일이다. 따라서 그들은 독특한 협력 방식을 발견했다 자발적으로 다른 항공사에게 보고를 함으로써 사고가 어떻게 일어날 수 있는지 끊임없이 서로에게 알리는 것이다.

다른 업계들도 책임을 묻지 않는 사고 신고 시스템을 모방하려 해왔다. 병원을 비롯한 의료 서비스 제공 기관은 수십 년 동안 의료과실 보고 시스템을 구축하기 위해 노력했으나 제한적인 성공만을 거두었을 뿐이다. 의료라는 배경에서는 실수를 구분하기가 훨씬 더 어렵고 자료를 수집하고 분석하는 데 필요한 시간과 비용이 엄청나다. 게다가 의료과실의 가장 중요한 원천이 어디인지는 이미 알려져 있다. 알지 못하는 실수를 알아내는 것보다는 알려진 실수를 막는 것이 더 큰 문제인 것이다. 항공안전보고시스템의 창안자인 찰스 빌링스Charles Billings는 그러한 시스템을 채택하는 데 있어서 업계가 직면하는 가장 큰 장애물은 주의를 기울일 만한 문제인지 아닌지 판단하는 범위라고 주장했다. 많은 의료과실의 원인에 대해서는 어느 정도 합의가 이루어져 있으나 그러한 과실이 주의를 기울여서 완전히 제거해야 할 만큼 자주 발생하느냐를 두고는 좀처럼 합의가 이루어지지 않는다. ASRS가 효과가 있는 이유는 조종사들이 그 시스템이 책임소재를 따지거나 조종사를 처벌하기 위해서가 아니라 항공을 보다 안전하게 만드는 데 사용된다고 믿고 실제 그렇다는 것을 경험했기 때문이다. 의료계에서는 다른 많은 분야가 그렇듯이, 실수의 고백이 소송이나 기소로 이어지는 경우가 많다. 이것이 털어놓으려던 생각을 버리게 만든다.[21]

항공사의 경우, 사고가 대외적으로 널리 알려진 이후의 좌석 취소―'북어웨이book-away 현상'―에 대비하는 것이 피할 수 없는 현실이 되었다. 여러 연구가 사고 후에 모든 항공사들이 가격, 수익, 고객 규모 감소―보통 그 영향은 일시적이지만―를 경험한다는 것을 발견했다.[22] 바넷과 공동 연구자들이 한 연구에서 발견한 바에 따르면, 1989년 유나이티드 항공 DC-10기가 아이오와 수시티에 추락해 111명의 사망자가 나온 후 몇 주 동안 DC-10 기종을 이용하는 다른 비행편의 예약이 30퍼센트 하락했다.[23] 몇 달 후 예약은 거의 정상으로 되돌아왔다. 더 흥미로운 점이 있다. 1981년부터 2000년까지 대만의 국내 항공사에 관련된 26건의 사고를 조사한 한 연구는 사고에 연루된 항공사의 경우 사고 직후 월간 고객 규모가 22퍼센트 감소했고 그와 함께 다른 모든 항공사의 고객 규모도 6퍼센트 감소했다는 것을 발견했다.[24]

사고의 전체 피해가 항공사의 태도를 바꿀 정도이든 아니든, 규제 기관은 주저 없이 그것을 이용해서 더 강화된 안전조치를 정당화시킨다. 아널드 바넷은 거기에 힘을 보태는 일을 해왔다. 몇 년 전 국제 규제기관들이 북대서양 상공을 지나는 항공기가 항공관제탑들로부터 너무 멀어서 레이더에 잡히지 않는 문제를 걱정하게 되었다. 항공기의 위치를 파악하려면 조종사의 위치 보고에 의존해야 했다. 규제기관들은 충돌의 위험을 최소화하기 위해서 북대서양을 지나는 모든 항공기에 실시간으로 위치를 보고하는 장치를 탑재하자고 제안했다. 공중 충돌을 막는 것이 목표였다. 항공사들은 예상 비용을 보고 하얗게 질렸다. 18년에 걸쳐 15억 달러가 필요했다. 당시의 달러 가치로는 11억 달러였다.[25]

국제민간항공기구는 항공사들이 이 제안을 받아들이도록 하기 위해서 바넷에게 손익분석을 의뢰했다. 두 개 제트기의 충돌로 417명이 사망했을 때 사망자에 대해서는 17억 달러(사망자 한 명에 대한 가치는 620만 달러로 가정했을 때), 항공기에 대해서는 5,000만 달러의 비용이 발생할 것이라는 계산이 나왔다. 그러한 충돌의 확률은 비행 1,000만 시간당 사망자 1명, 2014년부터 2028년까지 0.5건으로 극히 낮았다. 데이터 링크는 그 확률을 더 떨어뜨릴 것이다(같은 기간 동안 0.05건의 충돌). 따라서 0.5건의 충돌을 피하는 데에서 절약하는 금액은 9억 달러였다. 여전히 비용을 정당화하기에는 부족한 확률이었다.

"그 후에 우리는 이렇게 말했습니다. '그런데 대서양 상공에서 광폭 동체 항공기 두 대가 충돌한다면 어떻게 될까요?' 비행에 대한 인식에 영향을 미치지 않을 수 없죠. 파리로 여행을 가려고 생각했던 사람이 북대서양에서는 항공관제가 되지 않는다는 이야기를 듣는다면 그들은 아마도 '프랑스 음식을 맛보는 대신 몬트리올에 가는 게 어때?'라고 얘기할 겁니다."

바넷은 그러한 충돌이 있을 경우, 수익이 10억 달러(2퍼센트) 감소할 것으로 예상했다. 그는 항공사들에게 그 금액은 충돌로 인한 국내 비행 고객에게 끼치는 영향이 없고, 그 영향이 1년밖에 가지 않는다는 가정 하에 계산된 보수적인 추정액이라고 이야기해주었다. 그 정도의 수익 감소가 더해지자 장치 탑재의 혜택이 비용을 넘어섰다. "항공사들은 기꺼이 그 주장을 받아들였습니다."

안전을 추구하는
환경과 기술

한 명의 죽음은 비극이지만 100만 명의 죽음은 통계에 불과하다. 스탈
린이 말한 것으로 전해지는 문장이다. 비행기와 관련된 사고와 자동차
와 관련된 사고를 보는 우리의 태도를 여기에 비유해보는 것도 나쁘지
않을 듯하다. 비행기 추락은 훨씬 드문 일이지만 그들이 모으는 관심은
사건을 재난의 수준으로 끌어올린다. 자동차 사고는 늘 일어나고 그 수
는 어마어마하다. 사고조사에 대해서도 같은 차이가 이어진다. 항공규제
분야에는 소름 끼치는 농담이 있다. "우리는 묘비 숫자를 헤아려서 항공
사를 규제한다." 안전의 명분을 높이려면 사고가 필요하다. 사고가 일어
나기 전에 막을 방법을 찾는 편이 더 나은 것은 분명하다. 하지만 모든
사고를 철저히 분석하는 일을 통해서도 많은 것을 얻을 수 있다. 이것은
항공과 운전을 비교하면 명백해진다.

미국 고속도로교통안전관리국National Highway Transportation Safety Administra
tion, NHTSA에는[26] 1년에 5만 건의 불만이 접수된다. 모든 불만 사항을 다
조사할 수는 없다. 대신에 엄청난 자료 안에서 추세를 찾는다. 예를 들
어 미국 고속도로교통안전관리국은 2005년 쉐보레 코발트Cobalt가 충
돌했으나 에어백이 터지지 않아 한 여성이 사망했다는 것을 알게 되었
다.[27] 2007년 이 기관은 자세한 조사에 나섰고 소형 제너럴 모터스 차
량에서 에어백이 터지지 않았다는 신고가 많다는 것을 발견했다. 다른

제조업체의 모델에서도 같은 일이 자주 일어난다는 것도 알게 되었다. 미국 고속도로교통안전관리국은 GM 차의 에어백 불량 사고가 경쟁사보다 더 잦은 것은 아니라는 결론을 내렸고 공식 조사를 거절했다. 이후 미국 고속도로교통안전관리국은 GM 모델의 경우, 시동이 쉽게 꺼지는 경향이 있다는 것을 발견했다. 자동차 키에 무거운 물건이 부착되어 있기만 해도 시동이 꺼졌다. 이것이 에어백을 비활성화해 승객이 사고에 취약한 상황에 놓이게 할 수 있었다.

반면에 비행기 사고는 언제나 대중의 비상한 관심을 끈다. 정부에는 대책을 내놓으라는 요구가 쇄도한다. 1931년 한 비행기가 추락해 유명한 풋볼 코치인 크누트 로크니Knute Rockne를 비롯한 승객 전원이 목숨을 잃었다. 이 사고로 더 강화된 규제에 대한 대중들의 요구가 거세어졌다. 풋볼 팬들은 항공기에 반드시 낙하산을 구비해야 한다고 주장했다.[28]

법적으로, 연방교통안전위원회는 모든 상업 항공 사고를 반드시 조사해야 한다. 하지만 이러한 임무는 자동차, 철도, 기타 다른 양식의 운송수단에는 적용되지 않는다. 조사가 얼마나 길어야 하는지 어디까지 관여해야 하는지에 대해서는 미리 정해진 한계가 없다. 항공사 규제기관들은 공식적으로 무사고가 목표라고 내세우지는 않지만 모든 사고에 비상한 관심을 기울이는 그들의 행동은 항공 분야의 목표가 무엇인지 보여준다. 항공 분야와 같은 성공을 다른 영역에서 모방하기 힘든 이유가 여기에 있다. 금융규제기관은 일부 은행의 도산을 받아들일 뿐 아니라 심지어 그것이 필요하다고 여긴다. 재발을 막을 방법을 찾기 위해 모든 도산한 은행에 대한 철저한 사후 분석을 실시하는 것은 은행규제기관들에게 먼 얘기다. 은행가들은 경쟁자들과 은행의 존립을 위협하는 부실채권 발생을 막을 방법을 공유하지 않는다. 그렇게 한다면 경쟁사들을 돕게 될 뿐 아니라 소송이나 벌금을 유발할 수도 있기 때문이다.

앨런 그린스펀은 종종 이런 이야기를 했다. "은행업에서 최적의 실패율은 0이 아닙니다. 우리가 위험 감수를 허용하지 않는다면, 그래서 실패의 가능성을 허용하지 않는다면, 은행 시스템은 경제성장을 촉진하는 위치에 있게 되지 않을 것입니다."[29] 항공규제기관들은 비행기 사고에 대해서 그러한 양면 가치를 가지고 있지 않다. 그들에게 최적의 사고율은 0이다.

항공사업을 하고 비행기를 조종하는 사람들이 선천적으로 차를 운전하거나 은행을 경영하는 사람들보다 신중한 것이 아니다. 그들을 가르는 것은 그들이 움직이는 환경이다. 조종사들은 혼자 비행을 할 때 수백 명의 승객과 비행을 할 때보다 더 많은 위험을 감수한다. 1986년 어느 날 아침, 이스턴 항공Eastern Airlines의 윌리엄 베인William Bain은 자신의 비행기, 쌍발 엔진의 파이퍼 아파치Piper Apache를 타고 탐파로 향하고 있었다. 그곳에서 상업 항공기를 몰고 뉴저지로 갈 계획이었다. 그날 아침은 안개가 많아 항공교통관제소에서는 착륙을 하지 말라고 권고했다. 베인은 한 번 착륙에 실패하고 다시 두 번째 시도를 해서 겨우 활주로가 아닌 유도로에 착륙할 수 있었다. 그리고 이륙을 기다리고 있던 727기와 정면충돌했다. 그는 사망했고 727기의 승객 몇 명이 대피중에 부상을 당했다. 그가 상용 제트기를 몰고 있었다면 그러한 착륙 시도는 허용되지 않았을 것이다.[30]

은퇴한 조종사이자 항공 컨설턴트인 래리 드웬치Larry D'Oench는 운전자가 상용 항공기 조종사와 동일한 기준을 고수할 경우 어떤 경험을 하게 될지 깔끔하게 설명해준다.

> 항공업계를 모방하려면 운전자는 지정 검진기관에서 6개월마다 신체검사를 받아야 하고, 6~9개월마다 1~3일에 걸친 지상교육에 참가하고, 동시에 정상, 비정상, 비상절차에 대한 모의 훈련을 성공적으로 마쳐야 하고, 회사나 지정 후원 업체를 통해 이루어지는 시험관 대동 운전 테스트를 견뎌야 하고, 주州경찰이 임의로 실시하는 운전시험을 봐야 한다. 더구나 모든 운전자는 65세부터 운전이 금지된다. 자동차에는 차량 근접 경보장치를 설치해야 하고, 교차로에서는 첨단 전자 추적장비의 도움을 받는 코디네이터에 의해 통제를 받는 것이 보통이며, 속도 제한(그렇다, 비행기에도 속도 제한이 있다)을 엄격하게 지켜야 하고, 위의 어떤 것이라도 위반하면 일자리를 잃을 수 있다.[31]

범용 항공 범주─유료 승객을 태우지 않는 민간 조종사가 포함되는─는 훨씬 더 여유 있는 기준에 의해 운영된다. 때문에 범용 항공에서 사고가 훨씬 자주 일어나고 더 많은 사람이 죽는다는 것은 놀라운 일이 아니다. 사실, 지난 10년간 항공 사고 사망자의 91퍼센트가 범용 항공에서 나왔다.[32] 비행 1시간당 사망률은 범용 항공이 상용 항공에 비해 16배 높다. 상용 항공에서는 안전 면에서 놀라운 발전이 있었으나 범용 항공에서는 그러한 발전이 거의 없었다. 1900년대 초부터 범용 항공에서 사망자 수의 감소세는 자동차 사망자 수의 감소세보다 뒤처졌다. 그사이, 항공기 제조업체들은 비행에 위협이 되는 불운과 인간의 실수를 제거하는 기술을 이용해왔다. 충돌 위험에 처한 항공기는 서로에게 회피행동을 하라고 이야기한다. 윈드시어(wind shear: 바람 진행 방향에 대해 수직 또는 수평 방향의 풍속 변화 – 옮긴이)를 감지하는 컴퓨터들은 자동으로 비행기가 이런 위험한 날씨를 피하도록 만든다. 1970년대까지 조종사들은 덮개나 보조익과 같은 조종면에 기계적으로 혹은 유압식으로 연결된 제어장치를 사용하는 것이 보통이었다. 이후 조종사의 지시가 전선을 통해 컴퓨터로 전달되고 다시 컴퓨터가 그러한 지시를 조종면에 전달하는 방식이 개발되었다. 플라이바이와이어라고 알려진 이 방식으로 조종사가 비행기를 위험하게 할 수 있는 명령을 입력할 경우 비행기의 컴퓨터가 이를 알아차리고 경보를 발하거나 조종사의 명령을 무시할 수 있게 되었다.[33]

1984년 에어버스는 A320을 론칭했다. 플라이바이와이어 방식을 완전히 통합시킨 첫 항공기였다. 에어버스의 엔지니어들은 여기에 '비행한계flight envelope' 보호장치를 설계해 넣었다. 비행한계는 비행기가 안전하게 운항할 수 있는 전체적인 범위를 말한다. 급격하게 선회를 하거나 급강하하거나 급격하게 고도를 올리는 항공기는 비행한계를 벗어난다. A320에는 조종사가 그 한계를 벗어나지 못하도록 하는 몇 가지 새로운 보호장치가 포함되어 있었다. 조종사가 조종간을 한쪽으로 밀면, A320은 기울어지는 범위를 제한해 동체가 전복되는 것을 막는다. 조종사가 기수를 지나치게 급격히 올려 시동이 꺼질 위험이 있을 때도 컴퓨터가 개입해서 기수를 내려 속도를 회복하거나 추력을 높인다. 요컨대, A320은 인적요인을 중화하도록 설계되었다.

조종사들이 항상 이러한 발전을 반긴 것은 아니었다. 조종사들이 비행기를 조정하기보다는 규칙을 따르는 데 초점을 맞춘다면 비행이 더 위험해질 수 있다는 불만이 나오기도 했다. 실제로 항공에서 펠츠먼 효과를 상기시키는 일이 있었다. 조종사들이 비행기 사고가 일어날 수 없다고 생각하고 안일한 태도를 갖게 되는 것이다. 2009년 5월 31일 일요일 저녁, 228명의 승객을 태운 에어버스 A330이 리우데자네이루를 이륙해서 파리로 향하고 있었다. 비행을 시작하고 몇 시간 후(6월 1일 아침), 비행기는 짙은 구름과 뇌우를 만났고 그 후 갑자기 사라졌다. 2년 동안 비행기는 실종 상태였고 사고의 원인은 수수께끼로 남았다. 조사관들은 기체 착빙着氷이 속도계에 지장을 줄 수 있다는 점을 알고 있었다. 하지만 이것이 사고로 이어질 수는 없다고 생각했다.

마침내, 로봇 잠수함의 도움으로 프랑스 조사관들이 잔해를 발견해 블랙박스를 회수했다. 그들은 정신이 번쩍 들게 하는 사실을 발견했다. 그들이 의심했던 대로 얼음이 동체 외부에 얼어붙어서 속도를 측정하는 튜브가 얼어붙었고 따라서 조종사들이 기체의 속도를 정확하게 파악할 수 없었다. 속도계가 없는 상태에서 비행기 운항이 어려워지자 자동조종장치가 멈춰섰다. 조종사들이 비행기를 책임져야 하는 상황이 된 것이다. 자동조종장치가 꺼진 직후, 승무원들은 수동 제어에 나섰고 부기장은 고도를 높이기 위해 조종간을 당겼다(여전히 정확한 원인은 알 수 없다). 곧 컴퓨터가 비행기가 정지할 수 있다는 요란한 경보를 울렸다.[34]

정상정인 상황이라면, A330은 지나치게 빠르게 고도를 높이라는 부조종사의 명령이 기체의 정지를 초래할 수 있다고 판단하고 그 명령을 무시했을 것이다. 조종사들은 그러한 고도에서 비행기의 시동이 꺼지는 상황에 대해서 교육을 받은 적도 없었다.[35] 그러나 속도계가 작동하지 않는 상태였기 때문에 비행기의 컴퓨터는 그러한 제한을 가하지 않고 조종사의 재량을 허용했다. 비행을 책임졌던 부조종사가 컴퓨터가 제한을 가하지 못하는 상태에서 운항하고 있다는 것을 깨닫지 못하거나 그 영향을 이해하지 못한 것으로 보인다. 비행기의 시동이 꺼질 리가 없으니 경보가 잘못되었을 거라는 그릇된 믿음으로 정지 경보를 무시한 것이다.[36] 에어프랑스 조종사 조합의 대변인이 말했다. "에어버스는 자사의 비행기가 절대 정지할 수 없다고 말했습니다. 따라서 조종사들은 이러한 상황에 대해 교육을 받지 못했습니다."[37]

혁신적인 안전 시스템의 딜레마

에어프랑스의 사고는 항공의 보다 근본적인 문제점을 드러냈다. 현대에 와서는 비행이 너무나 안전해졌기 때문에 조종사, 규제기관을 비롯한 업계의 관련자들이 사고로부터 교훈을 얻을 기회가 훨씬 적어졌다. 항공 전문가는 이런 상황을 '편재하는 상태常態의 저주the curse of ubiquitous normalcy'라고 부른다. 묘석을 세면서 발전해온 항공안전이 묘석의 부족으로 위협을 받게 된 것이다. 묘비가 적고 묘비로부터 배우는 것이 적어지는 것이 더 나은 상황임은 더 말할 필요도 없다. 하지만 이는 안전을 강화하려는 활동이 계기만 보고 맹목비행을 한다는 것을 의미한다. 프랑스 공군 장성 출신의 의사, 르네 아말베르티 René Amalberti는 이렇게 말한다. "실수는 인지적으로 유용하다. 사고가 없는 시스템은 목소리를 내지 못하게 된다." 사고가 전혀 없는 시스템을 발전시키는 것은 거의 불가능하다. 그는 2001년 세계적으로 연간 2,000만 건의 비행이 이루어졌고 사고율은 100만 건 중 한 번, 즉 연간 20회의 사고가 일어났다고 말했다. 어떤 사람이 사고율을 50퍼센트 줄여 사고를 연간 10건으로 감소시키는 혁신을 제안한다고 생각해보자. 이 혁신을 평가하는 데 있어서 다음과 같은 두 가지 위험한 상황이 펼쳐질 수 있다. 그 혁신은 효과가 있지만, 우연히 사고가 빈발해서 그 혁신이 효과가 없다고 판단하는 경우와 혁신은 효과가 없지만 우연히 사고가 감소해서 그 혁신이 효과가 있다고 판단하는 경우다. 혁신의 효과를 정확하게 판단하기 위해서는 2.3년을 기다려야한다는 것이 아말베르티의 계산이다. 실제로, 그 정도로 사고율을 낮출 수 있는 혁신은 없다. 그렇다면, 사고율을 15퍼센트 줄이는 혁신이 있다고 생각해보자. 이러한 혁신의 효과를 정확히 판단하려면 32년이 필요하다.

규제기관들이 그 제안에 정말 혜택이 따를지 여부를 파악할 수가 없다는 뜻이다. 이는 곧 9·11이나 2014년 말레이시아항공 370편의 실종과 같이, 사고들이 점점 이해하기 힘들고 상상하기 어려운 다양성을 가지게 된다는 의미이기도 하다. 또 다른 세계적 금융위기를 피하고자하는 사람들 역시 비슷한 문제에 봉착한다. 그러한 사건들이 너무 드물게 일어나는 나머지 해법을 확실히 시험해볼 수가 없는 것이다. 효과가 있을 것이라고 생각하는 해법들을 적용했다가 엄청난 비용만 안을 수도 있고 우리가 상상하지 못한 일이 일어나서 허를 찔릴 수도 있다.

안전 측면에서의 변화는 경험적인 자료를 통해 정당화시키기가 더 어렵기 때문에, 에이야프얄라요쿨 화산 폭발 사건이 보여주듯이 업계의 반발도 커진다. 이륙 금지 조치 4일째 되던 날, 승객들의 인내는 바닥이 나고 있었고 항공사는 항로를 열어달라고 규제기관을 들볶기 시작했다. 몇몇 항공사가 구름 속으로 실험 비행을 보냈고 규제기관은 재의 농도가 비교적 낮아 비행이 안전하다는 결론을 내렸다. 유럽 전역의 공항들이 운항을 재개했다. 그 결과로 항공사와 규제기관은 화산재에 좀 더 유연하게 대응하게 되었다.

안전을 더욱 강화하는 데 반대하는 더욱 강력한 논거도 있다. 안전을 추구하느라 원자력발전의 비용이 높아지면서 더 많은 사람이 화석연료로 인해 사망에 이르고, 비행의 비용이 늘어나거나 불편이 커지면서 더 많은 사람을 고속도로 위에서 위험에 처하게 하는 것이다. 1989년 유나이티드 항공 232편은 덴버에서 이륙하자마자 엔진이 폭발하면서 조종사들이 비행기를 통제하게 해주는 유압 라인이 절단되었다. 이 비행기의 수석 승무원이었던 얀 브라운 로어 Jan Brown Lohr는 이후 의회에서 승객들이 불시착을 대비하도록 하는 동안 자녀가 있는 부모들에게 충격이 왔을 때 버틸 시간을 더 갖게 하기 위해서 객실 바닥에 무릎을 꿇고 아이들을 바닥에 눕히라고 안내했다는 가슴 아픈 이야기를 전했다.[38] 이 비행기는 40분을 더 떠 있다가 아이오와 수시티에 불시착했다. 기체는 옥수수밭으로 미끄러져 들어가면서 4조각이 났고 불길에 휩싸였다. 한 어머니는 22개월 난 아들을 구하기 위해 불타는 잔해로 돌아가려고 애를 썼다. "그 어머니는 저를 올려다보면서 이렇게 말했습니다. '당신이 우리 아이를 바닥에 놓으라고 말해서 그렇게 했잖아요. 그런데 아이를 잃고 말았어요.' '남은 평생 이 일을 잊을 수 없겠구나'라는 생각이 들었습니다. 그리고 제가 대답했죠. '그것이 우리가 할 수 있는 최선이었어요.' 우리가 달리 할 수 있는 일은 없었습니다. 에반(그 아이)은 죽었습니다."

로어는 이후 비행기에 탑승한 모든 어린이에게 어린이용 시트를 이용하도록 하는 캠페인을 열정적으로 펼쳤다. 그녀에게는 강력한 지지자가 있었다. 1990년 연방교통안전위원회는 아동보호용 의자의 의무 설치를 권고했다. 의회의 대부분이 동의했다. 미국 소아학회는 2001년 어린이 좌석 의무제 법안에 지지를 표했다. 이 일은 소아과 의사로 캘리포니아대학 샌프란시스코 캠퍼스에서 생물통계학을 강의하고 있는 토머스 뉴먼Thomas Newman의 주의를 끌었다.[39] 뉴먼은 학회의 입장이 증거에 기반을 두기를 바랐다. 그는 그 법안을 지지하는 어떤 증거도 본 적이 없었다. 때문에 그와 두 명의 동료는 이 제안의 비용을 계산하는 일에 착수했다. 로어의 증언을 읽은 그는 "눈물을 흘릴 뻔했다."고 말했다. "제안된 법규의 비용과 혜택에 대한 논문 작업을 계속해야 할지 의문이 들기 시작했습니다." 뉴먼이 이후 내게 말했듯이, "누군가가 그런 이야기를 전할 때면, 그들의 입장에 서고 싶어집니다. 도움을 주고 싶은 것이죠. 실제 살아 있는 사람들이니까요. 비행기 티켓에 돈을 낭비하거나 결국 운전을 하게 되는 통계 속의 사람들은 어떻습니까? 저는 그런 사람들을 절대 만날 일이 없습니다." 하지만 그는 연구를 밀고 나갔고 한 사람의 죽음을 막는 데 드는 비용이 놀랍게도 13억 달러나 된다는 결론을 냈다.

한 어린아이의 생명이 13억 달러의 가치가 있을까? 이것은 올바른 질문이 아니다. 아이의 목숨은 값으로 매길 수 없다. 올바른 질문은 사회가 목숨을 구하기 위해 13억 달러를 바쳐야 한다면, 가장 효율적인 방법은 무엇인가다. 존스 홉킨스대학에서 공중보건경제학을 강의하는 데이비드 비샤이David Bishai가 뉴먼 논문에 대한 사설[40]에서 언급했듯이 그만한 돈을 써서 훨씬 더 많은 생명을 구할 수 있는 여러 방법들이 있다. 익사, 질식사, 중독사, 교통사고사의 위험을 감소시키는 일 등이 가능하다. 경험적으로 볼 때, 이 모두가 비행이 어린아이에게 주는 위험보다 더 큰 위험을 초래한다. 사회가 다른 곳에 돈을 쓰지 않기로 선택하고서 그 돈을 항공 분야에서 한 생명을 구하는 데 쓰겠다고 하는 것은 합리적인 계산이 아닌 감정을 반영하는 일이다.

또 다른 비용이 있다. 법안을 검토한 연방항공국은 이 방법으로 10년 동안 항공사고로 인한 사망자가 5명 줄어들 것이라는 결론을 내놓았다. 하지만 비행 비용의 상승으로 더 많은 가족이 비행기보다 자동차를 택하게 될 것이고 따라서 교통사고로 인한 사망자가 82명 늘어난다. 한 의원은 '엽기적인 비용편익비율'을 내놓았다며 연방항공국을 비난했다. 랠프 네이더Ralph Nader도 마찬가지였다. 그와 공동저자는 연방항공국이 "안전시트 없이 비행하면서 의심할 여지없이 안전이 위협받고 있는 진짜 살아 숨 쉬는 아이들을 희생시켜서 이론으로만 존재하는 어린이들을 보호하는 결정을 내렸다."[41]고 말했다. 지금까지도 연방항공국은 어린이 좌석 의무제에 반대하는 입장을 고수하고 있다. 부모들에게는 어린이용 시트의 사용을 권하면서도 말이다. 연방항공국이 언제까지 버틸지는 아무도 모른다. 연방교통안전위원회와 로어를 비롯한 지지자들은 계속해서 변화를 요구하고 있다.

이 경우에 비용편익분석이 승기를 잡았지만 그렇지 않은 곳도 있었다. 9·11 이후 새로운 연방기관인 운수보안국Transportation Security

Administration이 창설되어 민간회사로부터 공항 검색 절차를 인계받았다. 승객들은 반드시 전신스캐너를 이용한 몸수색을 거쳐야 하고, 주머니칼을 넘겨야 하고, 신발을 벗어야 하고, 액체 휴대는 금지된다. 테러리스트 감시 목록에 있는 누군가와 이름이 비슷하기라도 하면 비행기를 놓칠 수도 있다. 그 비용은 어마어마하다. 한 연구는 여행당 5.6달러의 수수료 외에도 보안으로 인해 늘어난 여행시간의 가치가 2005년 한 해에만 250억 달러인 것으로 추산했다.[42] 또 다른 연구에 따르면 한 명의 목숨을 구하는 데 드는 연방 여객기 보안 프로그램의 비용이 1억 8,000만 달러라고 한다.[43] 테러로 인한 공포, 비용의 증가, 불편함 때문에 일부 사람들은 비행기보다 자동차를 택한다. 한 연구자는 교통사고 사망자가 353명 더 증가한 원인이 9·11 이후 늘어난 교통량에 있다는 것을 발견했다.[44] 이 수치는 납치된 여객기에서 사망한 266명보다 많다.

추가된 절차들로 얼마나 많은 테러의 공격을 피했는지는 누구도 알길이 없다. 때문에 비용이 너무 많이 든다고 자신 있게 말하는 것은 불가능하다. 이 점은 운수보안국이 2013년 절차의 상당한 완화—2인치(약 5.08센티미터) 이하의 날이 있는 주머니칼의 소지를 허용하는—를 제안했을 때 확연하게 드러났다. 운수보안국의 관리자, 존 피스톨John Pistole이 지적했듯이, 강화된 조종석 문, 감시목록, 테러리스트로 의심되는 사람에게 달려들겠다는 만반의 준비가 된 승객들은 "작은 주머니칼은 항공기의 파멸적 참사로 이어지지 않는다."는 것을 의미했다.[45] 그는 칼을 허용함으로써 검색을 하는 사람들이 보다 심각한 위협에 초점을 맞출 수 있다고 말했다. 하지만 그는 조종사, 승무원, 여객기 보안요원 조합, 그리고 그들에 동조하는 의원들의 반대에 부딪혔다. 한 의원은 9·11 이후 비행기에 날카로운 물건을 이용한 납치나 폭력 사태가 전혀 없었다는 것을 지적하며 항공 분야에서 리스크에 대한 인내력이 전혀 없다는 것을 명확하게 보여주었다. "이런 의문이 드는군요. 0이라는 숫자보다 더 나아질 수가 있을까? 하는 의문이 말입니다. 대답은 물론 '노'입니다. 또 이런 의문도 떠오릅니다. 그 숫자보다 나빠질 수 있을까? 제 생각에 그 대답은 '예스'입니다." 운수보안국은 그 의견에 동의하고 변화를 보류했다.[46]

재난을 피할 수 없다면 무엇을 해야 하는가?

작은 위험을 감수할 때 더 안전해진다

A Foolproofer's Handbook

Foolproof

안전 추구의
역설

안정성과 안전은 오랫동안 문명이 몰두해온 문제였다. 이것이 우리가
더 길고, 건강하고, 윤택한 삶을 살게 된 이유다. 하지만 우리는 여전히
주기적으로 대단히 파괴적인 금융위기, 희생이 큰 자연재해, 치명적인
사고를 겪는다. 이들 재앙에 선행하는 행동을 자세히 살피면, 그들이 종
종 안전을 추구하는 우리 노력이 의도치 않게 빚어낸 결과라는 것을 발
견하게 된다. 하이먼 민스키는 금융 시스템과 경제의 안정성이 안주, 그
리고 결국은 불안을 낳는 경향에 대해 이렇게 결론지었다. "안정성은
안정을 위협한다." 아니, 실은 그 이상이다. 자신에게 더 안전하다는 느
낌을 주기 위해 하는 모든 일이 위험을 부담하고픈 욕구, 어떤 위험한
대상을 덜 위험하게 다룰 가능성, 우리가 옳지 않다는 것을 발견했을

때 극심한 공포를 느낄 가능성을 증폭시키는 내재적 위험을 동반한다.

세계가 겪은 두 차례의 금융위기는 이러한 안전 추구의 산물이었다. 연방준비제도이사회가 인플레이션을 막자 대완화 시대가 시작되었다. 금융혁신의 도움으로 리스크를 보다 감당하기 쉬워지자 빚을 내서 집을 사는 일이 전보다 안전해졌고 이로써 완화된 경기순환의 시대가 열린 것이다. 유럽의 지도자들은 단일 통화를 도입해 자신들의 통합을 위협하는 환율위기와 정치적 긴장을 없애려고 애썼다. 미국과 유럽 모두 엄청난 대출 붐을 일으키는 데 큰 성공을 거두었지만 이는 결국 금융재앙으로 이어졌다.

최근 엄청난 피해를 낳은 많은 자연재해의 책임은 보통 기후변화의 탓으로 돌려진다. 하지만 사실은 재해로 파괴될 만한 장소에 도시, 사람, 문명, 재산을 놓아둔 우리의 행동에 더 큰 책임이 있다.

안전 추구는 대개 효과적이다. 안전을 유지하기 위해 우리가 하는 대부분의 행동은 효과를 발휘한다. 상쇄하는 행동을 유발하지 않기 때문이다. 비누로 손을 씻는다고 해서 박테리아에 내성이 생기지는 않으며, 아이들에게 거리를 건널 때는 양쪽을 잘 살피라고 가르친다고 교통량이 늘어나거나 자동차 속도가 빨라지지 않는다. 문제가 발생하는 것은 어떤 활동을 보다 안전하게 만드는 일이 사람들의 행동을 변화시키면서 혜택의 일부 혹은 전부를 상쇄시킬 때다. 이는 어떤 활동을 보다 안전하게 보이도록 만드는 일이 우리로 하여금 그 활동을 더 많이 하거나 더 위험하게 하도록 하기 때문이다. ABS 브레이크와 스터드 스노타이어 덕분에 그런 장치가 없었다면 안전하게 집에 있거나 천천히 운전을 했을 상황에서 운전을 하거나 더 빨리 차를 몰게 되는 식으로 말이다.

주택저당증권이나 파생상품과 같은 금융혁신 덕분에 은행, 개인, 회사는 위험한 일을 하고 그 위험의 일부를 다른 사람에게 전가할 수 있게 되었다. 안전하다는 생각이 그들로 하여금 더 많은 리스크를 안게 만들었고 따라서 시스템 전체의 위험 수준이 높아졌다.

그렇지 않으면 위험한 활동이 다른 곳으로 이동할 수도 있다. 1980년대에는 은행 위기에 대한 두려움으로 은행들에 대한 규제가 강화되었다. 하지만 그것도 집을 사고 더 위험한 투자를 하고자 하는 투자자와 차용자의 욕구나 신용에 대한 수요를 변화시키지는 못했다. 결과적으로, 대출과 리스크가 규제를 덜 받는 그림자 금융 쪽으로 옮겨갔다.

대중의 염려로 1970년대와 1980년대에는 새로운 원자력발전소의 건설이 축소되었다. 전력 수요는 줄어들지 않았으니 다른 전력원에 의지해야 하는 것은 당연하다. 그러나 안타깝게도 천연가스와 석탄 같은 다른 전력원들은 우리 건강에 더 해롭다.

개인은 내가 하는 일을 모두가 같이 할 경우에 다른 사람들의 행동이 어떻게 변할지까지는 고려하지 않는다. 우리는 이기적으로, 개인으로서 우리에게 혜택이 되는 행동을 취하도록 프로그램되어 있다. 우리에게는 사회를 더 안전하게 만들기 위해서 스스로를 위험에 처하게 할 동기도 선견지명도 없다. 항생제 내성이 세계적인 골칫거리가 되는 이유가 여기에 있다. 의사나 부모가 만난 적도 없는 사람들을 위해서 자기 환자나 자기 아이의 건강을 위태롭게 한다는 것은 상상하기 힘든 일이다.

보험은 이러한 딜레마를 가장 전형적으로 보여준다. 보험은 보험을 산 사람의 리스크를 낮추는 대신 보험을 판 사람의 리스크를 높인다. 보험은 보통 수익성이 있는 안정적인 사업이다. 대부분의 리스크들은 서로 상관관계가 없기 때문이다. 생명보험 계약자가 모두 한 번에 죽는 일은 일어나지 않는다. 자동차보험에 든 사람들이 모두 동시에 사고를 일으키지는 않는다. 그러나 리스크들이 연관되어 있을 경우, 즉 전국의 주택 가격이 동시에 떨어지거나 수천 명의 주택 소유자가 허리케인이나 지진의 피해를 동시에 입는 경우와 같이 최악의 재난이 벌어지면 위험분산의 공리는 힘을 잃는다. 보험회사의 생존이 위태로워지고 보험 가입자가 받고 있다고 생각했던 보호는 환상에 불과한 순간이 오는 것이다.

저축은 보험의 한 형태다. 개인은 경제적 차질을 대비해 저축을 한다. 국가는 외환보유고를 높인다. 그러나 한 사람이 저축을 하기 위해서는 다른 누군가가 반드시 차용을 해야 한다. 전체로서의 국가가 지나치게 저축을 많이 하면, 금리가 낮아지고 다른 국가는 더 많은 돈을 빌리게 되어 부채로 인한 자산 거품과 금융위기로 이어진다. 금리가 이미 낮아질 대로 낮아진 상태인데도 모든 사람이 저축을 더 하고 소비를 줄인다면 많은 이들의 수입이 줄어들고 국가는 더 가난해진다. 이것이 절약의 역설이다.

이러한 역설적인 상황 앞에서 우리는 어떻게 해야 할까? 안전을 위해 노력하는 것이 더 많은 피해를 유발하는 일이 이토록 많은 상황에서 우리는 정말로 우리의 환경을 안전하게 만들 수 있는 것일까? 그게 아니라면 우리는 생태주의자가 되어서 자연 시스템이 되어가는 대로 놓아두어야 하는 것일까? 이 여정의 끝에서, 나는 두 가지 모두 답이 아니라는 결론을 내렸다. 우리는 엔지니어의 입장과 생태주의자의 입장을 조화시켜야 한다. 그렇다면 어떻게 말인가?

도덕적 해이가
차라리 낫다

답을 찾고 있던 나는 2014년 3월의 어느 아침, 매사추세츠 케임브리지로 가서 래리 서머스를 만났다.[1] 1990년대에는 빌 클린턴 행정부에서, 2000년대에는 버락 오바마 행정부에서 일한 서머스는 지난 25년 동안 최악의 금융위기들을 다루어왔다. 그는 1990년대에 파생상품과 은행에 대해 적은 규제를 선호했다. 때문에 반대파들은 위기를 낳은 과잉의 책임이 그에게도 있다고 비난했고 로비를 통해 서머스가 연방준비제도이사회 의장에 지명되는 것을 막는 데 성공했다.

서머스는 현재 하버드로 돌아가 강의를 하고 있다. 나는 위기의 경제학에 대한 그의 강의를 듣기 위해 하버드 강의실 뒤편에 자리를 잡았다. 날씨 이야기로 운을 뗀 서머스는 곧 그날의 주제를 논의하기 시작했다. 국제통화기금과 세계 금융위기는 멕시코를 시작으로 동아시아, 러시아의 금융이 붕괴한 1990년대 이래 그가 몰두해온 주제였다. "금융 시스템은 미래의 소비를 위해 자원을 따로 떼어두는 사람과 그러한 자원을 생산적으로 사용할 곳이 있는 사람들 사이의 자본중개를 가능하게 합니다." 서머스는 설명했다. "그러한 원리들이 개인, 기업, 국가 들 사이에 적용됩니다. 때로, 국가도 돈을 상환하는 것이 어려워져 공황상태에 빠집니다. 우리가 은행 인출 사태를 설명하기 위해 했던 게임과 마찬가지로 말입니다. 모두가 한 번에 돈을 인출하려 들면 아무도 돈을 인출할 수 없게 됩니다. 따라서 신뢰를 갖게 해줄 필요가 있습니다."

위기에 대한 서머스의 이론에서 신뢰는 중심 주제가 된다. 우리는 보통 신뢰는 좋은 것으로, 도덕적 해이는 나쁜 것으로 여긴다. 하지만 그는 신뢰와 도덕적 해이가 같은 동전의 양면이라고 말한다.[2] 도덕적 해이는 사람들을 결과로부터 보호해줌으로써 그들이 위험을 감수하도록 부추기 것을 의미한다. 우리는 그것을 비난받을 만한 일이라고 생각하지만 사실 그렇지 않다. 도덕적 해이는 신뢰를 제공해서 사회로 하여금 그렇지 않았다면 하지 않았을 일을 하고 감수하지 않았을 위험을 감수하게 한다. 그런 일 중의 대부분이 우리의 형편을 더 잘살게 만든다. 아주 간단한 예를 들어보자. 돈은 시장경제의 중심이다. 서로 알지 못하는 사람들이 함께 사업을 할 수 있게 해주기 때문이다. 하지만 돈이 신뢰를 주지 못한다면 이런 기능을 수행할 수 없다. 돈이 액면가로 상환된다는 것을 사람들이 믿지 못하게 되면 돈은 가치를 잃고 교역은 서서히 멈춰버린다.

신뢰의 증발은 엄청난 파괴력을 가질 수 있다. 금융공황은 사람들이 100퍼센트 안전하다고 인식하게 된 것이 사실 그렇지 않았음이 드러났을 때 시작된다. 19세기에는 은행이 더 이상 통화를 금으로 상환할 수 없게 되었을 때 이런 일이 일어났다. 21세기에는 머니마켓무추얼펀드의 기준가 상환이 불가능해지거나, 다양한 차용 증서의 담보였던 최고 등급의 주택저당증권이 디폴트 되거나, 대마로 여겨지던 은행이 도산하거나, 유럽의 주권국이 부채를 상환하지 못할 때 이런 일이 일어난다. 확실성을 갈망하는 사람들은 불확실성이 아주 조금만 커져도 참지 못한다. 때문에 부실은행이나 부실증권, 부실한 국가만 피하는 것이 아니라 그와 비슷한 것들이라면 모조리 멀리한다. 식품공황 때 오염된 음식과 함께 수백만 파운드의 멀쩡한 음식을 폐기한 것처럼 말이다.

21세기 두 번의 금융위기 이후, 많은 개혁론자들은 처음부터 안전하다는 인식을 가지게 놓아둔 것이 실수였다고 주장하고 있다. 그들은 생태주의자의 논리로 과거에 정부가 부실은행과 부실국가를 구제함으로써 도덕적 해이를 낳았다고 말한다. 도덕적 해이를 없앤다면 위기도 제거할 수 있다는 것이 그들의 생각이다. 이러한 처방은 엄청난 직관적 호소력을 가지고 있다. 이 해법은 우리의 안전에 대한 책임을 우리 스스로에게 지우고 사회로부터 다른 사람들의 오해에 대한 대가를 치러야 하는 책무를 덜어준다. 하지만 여기에는 몇 가지 문제가 있다. 첫째, 안전은 법령이 아니라 심리상태다. 은행이 도산할 수 있고, 머니마켓펀드가 1달러에 주식을 상환하지 못할 수도 있고, 인근의 제방이 무너지면 집이 안전하지 않을 수도 있고, 익히지 않은 식품에 위험한 병원균이 있을 수 있다는 사실을 미리 고지하는 법이 있다고 생각해보자. 이런 법이 있다 해도, 경험을 통해 은행은 절대 도산하지 않고, 머니마켓펀드는 언제나 기준가에 상환을 해주고, 제방은 절대 무너지지 않으며, 익히지 않은 음식을 먹고도 탈이 난 적이 전혀 없다고 생각하고 있는 사람들은 행동을 변화시키지 않는다. 두 번째 문제는 도덕적 해이를 없애면 신뢰도 사라지고 신뢰를 통해 가능했던 모든 이로운 위험 감수도 사라진다는 점이다.

두 번의 위기를 통해 몇 가지는 우리에게 확실히 인식되었지만 그렇지 않은 것들도 있다. 중앙은행들이 0퍼센트 금리로 성장 회복을 꾀하고 그 과정에서 새로운 금융 거품을 부추기는 중에도 신뢰가 여전히 부족해서 가구나 기업의 대출은 저조한 상황이다. 저축에 대한 집착은 독일만이 아니라 세계로 퍼졌다. 위기의 재발을 막기 위해서 전 세계 정부가 적자 폭을 줄이기 위해 애를 쓰고 기업들은 엄청난 현금을 쌓아두며 개발도상국 시장은 외환보유고를 늘려가고 있다.

규제기관들은 대출기관에 대출 기준을 강화하고, 자본을 늘리고, 국채와 같이 비상시에 팔 수 있는 유동성이 높은 자산을 더 많이 보유하고, 자기자본거래나 파생상품과 같은 위험한 일에 대한 참여를 줄이라고 압력을 넣었다. 부적절한 담보권 행사에서 금리 조작에 이르기까지 셀 수 없이 많은 비행을 저질러온 성향을 생각하면 은행을 안쓰럽게 여길 일은 아니지만 어쨌든 쇄도하는 규제와 소송 때문에 경제는 더 많은 신용을 절실하게 필요로 하는 때에도 은행은 대출을 더 꺼리게 되었다.

물론 미국에 6~14조 달러의 피해를 입히는 위기와 불황을 견디면서 아무것도 하지 않을 수는 없다.[3] 문제는 상황을 더 악화시키지 않으면서 우리가 할 수 있는 일이 무엇이냐는 것이다. 나는 그것을 서머스에게 묻고 싶었다. 서머스는 엔지니어다. 그는 정부가 인플레이션을 통제하고 고용을 늘리는 거시경제적 수단을 사용하는 것은 적극적으로 지지한다. 하지만 시장이 경제학자들이 설명할 수 없는 방식으로 움직인다는 점을 인정한다는 면에서는 생태주의자를 떠올리게 한다.

우리는 그의 사무실에서 25년 전 그와 민스키가 금융위기에 대해 강연했던 컨퍼런스에 대해 이야기를 나눴다. 그는 민스키를 만났던 것을 기억하지 못했다. 하지만 두 사람은 철학적으로 같은 배에 타고 있다. 2006년 말, 금융위기 직전에 그는 "우리가 두려워해야 할 것은 바로 두려움의 부재다."라고 말했다. 이는 "안정성은 안정을 위협한다."는 민스킨의 말과 궤를 같이 한다. 수년 전 빌 클린턴 행정부의 재무장관일 때, 그는 "안주安住는 자기 부정적 예언이다."라는 말을 했다. 방향만 다를 뿐 같은 내용이다. 모두가 안주에 대해서 걱정한다면 거기에 무릎을 꿇는 사람은 생기지 않을 것이다.

나는 이 말이 '우리로 하여금 더 큰 신뢰를 갖고 기꺼이 위험을 부담하도록 만드는 데 성공한 모든 시스템이 안주를 낳고, 두려움을 약화시키고, 결국 재앙으로 이어질 가능성 역시 높다'는 뜻이냐고 질문했다. 서머스는 이렇게 설명했다. "제트기는 여러 가지 혜택을 제공하지만 사고가 났을 때의 피해 역시 큽니다. 점보제트기를 발명하지 않았다면 200명이 넘는 사람들이 목숨을 잃는 사고는 일어나지 않았겠죠. 전기가 없다면, 정전 사태도 일어나지 않을 테고요. 접점이 많을수록 취약성이 더 높아지는 것은 당연합니다."

그는 이것이 '숙명론에 대한 변명'이 되어서는 안 된다고 말했다. 경제적인 용어로 표현하자면, 위기 대 혁신의 비율을 낮추는 방법을 반드시 찾아야 한다는 것이다.

생명과
자유의 대가

경제학은 그 비율을 낮추는 방법을 제안하는 데 대단히 유용하다. 감정을 합리적인 계산으로 대체하기 때문이다. 수십 년 전, 연방정부가 홍수통제 프로젝트를 고려하고 있을 때 새로운 댐에 얼마의 비용이 들며, 그 결과로 어떤 경제적인 혜택을 볼 수 있을지를 계산한 것이 경제학이었다. 이러한 관행은 비용편익분석이라는 분야를 탄생시켰다. 비용편익분석은 현재 건강, 안전, 환경규제 등에 일상적으로 적용된다. 예를 들어 자동차의 연비 기준을 높일 경우, 정부는 소비자들이 보다 효율적인 차에 지불해야 하는 대가와 함께 연료의 연소가 줄고, 오염이 줄고, 온실가스가 줄고, 주유하는 데 드는 시간이 줄어드는 혜택을 반드시 계산해야 한다.

목숨을 구하거나 재앙의 발생을 막는 일에 대해서라면 계산이 까다로워진다. 굴뚝에 새로운 집진기를 놓았거나 더 많은 은행 감독관을 고용하는 것과 같은 비용은 계산하기가 쉽다. 차의 연비가 좋아졌을 때 사람들이 운전을 얼마나 더 하게 될까, 그리고 그에 따라서 오염이 얼마나 더 유발될까 같은 문제는 좀 더 어렵다. 그보다 더 어려운 것은 혜택의 계산이다. 얼마나 많은 부상, 질병, 사망을 막았을까? 금융위기나 테러 공격의 발생을 얼마나 줄였을까? 우리는 그러한 혜택에 얼마만큼의 가치를 둘까?

인간의 목숨에 가격을 정하는 것은 혐오스러워 보이지만, 실제로는 늘 일어나는 일이다. 배심원단이 죽음으로 유발한 과실에 대해서 피해 보상금을 부과할 때, 우리가 얼마짜리 생명보험을 들어야 할지 결정할 때, 또 돈을 들여서 차에 안전기능을 추가할 것인지를 고려할 때에 말이다. 연방기관들이 한 사람의 생명에 매기는 통계적인 가치는 보통 900만 달러다. 자신의 목숨을 구하는 데 900만 달러를 내놓을 의향이 있는가(내게 900만 달러가 있다는 전제하에)? 당연히 대답은 '예스'일 것이다. 그렇다면 질문을 약간 바꾸어보자. 사망 확률이 1/100만일 때 그 가능성을 줄이기 위해서 9달러를 내놓을 의향이 있는가? 아마도 답은 '노'일 것이다. 그리 놀라운 일이 아니다. 두 선택의 경제적 가치는 동일하지만 첫 번째는 확실한 것을 제안하는 반면, 두 번째는 그렇지가 못하다. 실제에서는 두 번째와 같은 선택에 직면할 가능성이 훨씬 높다. 100퍼센트 확실하게 목숨을 구해준다는 선택을 제안받는 경우는 극히 드물다. 우리는 주로 가능성이 낮은 일들 가운데에서 약간의 차이를 두고 선택을 하게 된다.

비용편익분석 덕분에 규칙 제정, 특히 감정이 많이 개입되는 주제에 관한 규칙 제정에 명료함과 체계가 생긴다. 생명윤리학자들은 '구조의 법칙rule of rescue'을 들먹인다. 이는 눈에 덜 띄는 더 큰 규모의 사람들을 돕는 편이 더 나은 경우에도 당장 눈에 보이는 도움이 필요한 사람을 돕고 싶어 하는 욕구를 말한다. 이는 대단히 나쁜 결정에 이를 수도 있다.

우리는 항공이 항공사와 여행객에게 기꺼이 부과하고 있는 대단한 비용─북대서양의 화산재를 피하기 위해 교역 측면에서 본 47억 달러의 손해와 같이 비용편익 테스트를 통과하지 못할 비용─덕분에 안전을 확보하고 있다는 것을 살펴보았다. 그러나 규제기관들이 어린이 전용 시트의 의무화를 거절하는 데에서 보여주었듯이 항공산업에도 한계가 있다. 그리고 그것이 당연하다. 우리는 우리가 원하는 안전이 어느 정도까지인지를 감정이 아닌 분석을 통해서 결정하기 때문이다. 인간의 목숨에 가격을 정하는 일이 그 결정을 돕는다. 이것은 후쿠시마 사고 이후 원자력발전소를 폐쇄하는 것이 우리의 건강에 얼마나 위험한지 보여준다.

확실한 안전을 추구하는 사람들이 우리를 더 안전하게 만들기 위한 시도를 하면서 반드시 고려해야 할 또 다른 비용이 있다. 자유의 상실이다. 규칙과 금지와 징역형을 이용하면 위험과 리스크를 제한할 수 있다. 이것은 펠츠먼 효과를 피할 수 있는 하나의 방법이다. 어떤 활동을 더 안전하게 하기 위한 일이 더 많은 리스크를 촉진할까 두렵다면 그 활동을 완전히 금지하면 된다. 하지만 그러려면 우리가 원하는 일을 할 자유보다는 효과적인 규칙에 더 비중을 두어야만 한다. 우리가 앞서 보았듯이, 운전자 교육은 초보 운전자들의 사고를 줄이는 데 효과가 없다. 어린 운전자들로부터 휴대폰을 사용하거나, 야간 운전을 하거나, 일정 수 이상의 승객을 태우고 운전할 수 있는 권리를 박탈한 단계적 운전면 허취득법graduated driver licensing law은 대단히 효과적이다.[4]

사람들은 보통 다른 사람(어린이와 같은)들이 스스로 자유를 제한하게 하는 것보다는 직접 그들의 자유에 제한을 가하는 편을 더 좋아한다. 안전벨트 의무착용법에 반대하는 사람들의 논거는 대개 건강이 아닌 자유에 기반을 둔다. 오토바이 헬멧 의무착용법이 사망과 부상을 줄인다는 저항하기 힘든 증거들에도 불구하고, 오토바이를 타는 사람들이 가진 자유를 침해한다는 주장과 경찰권의 위헌적 행사라는 소송에 밀려 여러 주州가 이 법을 폐지했다. 한 상원의원은 이렇게 말했다. "철학적인 견지에서, 우리가 삶을 어떻게 영위해야 하는지 판단해주는 것이 정부의 역할임을 받아들이는 데 어려움이 있다."[5]

안전과 자유를 맞바꾸는 일이 금융에서도 일어난다. 1934년 이후 수십 년은 금융위기가 없어 '고요의 시기the quiet period'라고 불리기도 한다. 고요의 시기가 가능했던 데에는 금융의 자유가 엄격하게 억제된 탓도 있다. 제2차 세계대전 이후 상당한 기간 동안, 많은 국가들이 국민이 국외로 돈을 가지고 나가거나 국외에서 돈을 가지고 들어오는 것, 다른 나라의 주식과 채권에 투자하는 것을 제한했다. 이러한 자본통제의 목적은 전후 통화 시스템이 필요로 했던 대로, 서로 간의 통화 고정상태를 유지하기 힘들게 하는 돈의 큰 흐름을 억누르는 것이었다. 저축자가 해외에서 더 나은 수익을 추구하기 어렵게 만들어서 국내로 투자를 유도하려는 의도도 있었다. 전략은 성공했지만 거추장스러운 일이었다.

한동안 영국인들은 해외여행 시에 100파운드 이상을 가지고 갈 수 없었고 미국인들은 외국의 주식이나 채권을 매입할 때 세금을 내야 했다.

다른 제한도 있었다. 미국 은행들이 예금주에게 지급하고 차용자에게 물리는 금리에는 상한이 있었다. 은행들은 개의치 않았다. 경쟁자가 많지 않기 때문이다. 은행의 운영은 3 - 6 - 3 규칙을 따랐다. 예금에는 3퍼센트 이자를 내주고, 대출은 6퍼센트 이자에 해주고, 골프장에는 오후 3시까지 도착한다는 규칙이었다. 1940년대부터 1970년대까지, 연방준비제도이사회, 의회, 백악관이 간간이 신용을 할당해 자동차를 비롯한 돈이 많이 드는 품목에 대한 수요를 약화시켰고 계약금 요건을 강화해 주택시장의 열기를 진정시켰다.[6]

인플레이션, 규제완화, 금융혁신은 고요의 시기에 종말을 가져왔다. 저축자들은 제한 조치에 짜증을 냈고 경제학자들은 그런 조치가 성장을 막는다고 말했다. 자본통제로 인해 저축자들은 해외의 훌륭한 자본 투자 프로젝트에 참여하지 못하고 국내의 낮은 수익을 받아들여야 했다. 게다가 통제는 공정하게 이루어지지 않는다. 적절한 인맥을 가지고 있는 사람들은 통제를 피할 수 있는 방법을 찾기 마련이다. 법을 우회할 방법을 찾을 수 없으면, 암시장과 같은 불법적인 방법을 이용한다.

1970년대에 부유한 국가에서는 국제 자본통제가 대부분 사라졌고 국내 신용에 대한 통제 역시 같은 방향으로 움직이고 있었다. 상당히 오래전인 1952년부터 은행가들은 신용규제를 '정부 통제로 향하는 발걸음'이라고 비난했다. 1970년대, 인플레이션으로 인해 저축은 은행예금에서 머니마켓펀드로 움직이고, 사람들의 재정을 편안하게 독점하던 은행의 위치는 약화되었다. 억압된 금융의 시대가 끝난 것이다. 위기 억

제의 측면에서 통제가 가져다준 혜택이 무엇이든 자유를 대가로 할 만
한 가치는 없다는 결론을 내렸기 때문이었다.

우리는 금융 시스템을 다시 그런 식으로 되돌려놓을 수 있다. 규제를
받는 은행 밖에서 이루어지는 모든 형태의 대출과 차용을 금지하거나
심각하게 제한하는 것이다. 머니마켓펀드와 파생상품 같은 금융혁신을
불법화하거나 세금을 무겁게 부과해서 아무도 이용하지 않게 만들 수
도 있다. 자본통제도 재도입할 수 있다. 주식을 사거나 주택을 구입하
는 데 적용되는 계약금 요건을 극적으로 높일 수도 있다. 일부 경제학
자들은 은행의 대출을 전면 금지하고 대신 예금주의 돈을 채권이나 현
금에 투자하는 과격한 아이디어를 제안하기도 했다.

이러한 새로운 규칙들이 효과를 발휘해서 금융업자들이 이를 피할
길을 전혀 찾을 수 없다고 가정해보자. 우리는 이러한 제한을 받아들일
수 있을까? 논란은 끝이 났고 대답은 '노'다.

미국인들은 은행가에 대한 통제에는 불만이 없었지만 자신들에 대한
통제에는 그렇지 않았다. 이 문제에 대해 생각해보자. 위기 이후 규제
기관들이 대부분의 모기지에 대한 계약금을 20퍼센트로 올릴 것을 고
려했다. 이로써 주택의 가치가 모기지보다 커지기 전에 주택 가격이 20
퍼센트 떨어지면서 주택시장의 거품이 심화되는 것을 막을 수 있다는
계산이었다. 하지만 평소에는 서로 대립되는 위치에 있던 은행가, 주택
건설업자, 소비자 대표가 한데 뭉쳐서 이 때문에 수백만의 잠재고객들
이 주택시장에 들어가지 못하게 될 것이라고 불평하며(정확한 지적) 이
아이디어를 반대했다. 규제기관이 물러섰다. 주택 구입을 희망하는 많
은 사람들에게, 레버리지는 곧 자유다.

위험을 풀어놓을 공간이
필요하다

규칙을 설정하거나 장벽을 세우려면 그 규칙이나 장벽은 위험 부담의 피해를 줄이면서도 가능한 의도치 않은 결과가 따르지 않는 것이어야 한다. 안전을 확보하려는 우리의 노력에 대해서 탐구하면서 나는 어디에서나 효과를 발휘하는 것으로 보이는 해법을 발견했다. 바로 공간이다.

나는 고속도로안전보험위원회의 에이드리언 런드Adrian Lund에게 항공 분야가 자동차 쪽보다 사고 감소에 큰 성공을 거두는 이유를 물었다. 그의 대답은 놀라운 것이었다. "항공 분야에서는 (중략) 그 문제를 다루기가 더 쉽습니다. 대부분 공중에서 비행 중이고 기본적인 규칙이 필요하기 때문에 다른 항공기에 지장을 주지 않습니다. 하지만 차를 운전할 경우, 정지 표지판이나 신호등에서 완전히 멈추기 전에는 거의 항상 다른 차에 영향을 줄 가능성이 있습니다. 심지어는 멈춰 있을 때에도 누군가가 당신을 들이받을 수 있죠."

이렇게 생각해보자. 분리대가 없는 고속도로 위를 달리고 있다면, 여러분은 불과 10피트(약 3.05미터) 떨어진 거리에서 종종 다른 차들을 시속 100마일(약 161킬로미터)로 추월하면서 달리게 된다. 작은 실수—얼음이 있거나, 동물이 도로로 뛰어들거나, 휴대전화에 주의를 빼앗기는—로 몇 초 내에 길에서 벗어나거나 맞은편에서 다가오는 차의 진로로 들어선다.

비행기에서 가장 위험한 순간은 지상에 가까워졌을 때다. 이륙, 초반 상승, 최종 접근과 착륙은 1.5시간 비행에서 6퍼센트를 차지할 뿐이지만 이때 일어나는 사고는 전체 사고의 61퍼센트다(표 참조). 항공교통관제사들은 이것을 '큰 하늘, 적은 비행기big sky, Little airplanes' 원리라고 부른다. 순항고도에 이르면, 비행기는 공간에 둘러싸인다. 예상치 못한 과오를 허용할 수 있는 여지가 생기는 것이다. 항공기 조종사와 관제사는 간격 규칙을 엄격하게 지킨다. 항공기는 수직으로 1,000피트(약 304.8미터), 수평으로 3마일(약 4.83킬로미터)의 간격을 두어야 한다. 다음 여행 때 내가 탄 비행기가 순항고도에 올라 있던 중에 갑자기 난기류에 휩쓸렸다고 생각해보자. 안전벨트를 매고 있지 않다면 천장에 머리를 부딪힐지도 모른다. 하지만 비행기 사고는 일어나지 않는다. 땅으로부터 대단히 멀리 있기 때문에 조종사들이 고도를 낮추고 속도를 줄여 기체를 통제할 수 있다.

내 아내는 공간에 대해 엄격하다. 그녀는 운전을 시작할 무렵 차 주변에 간격을 유지하는 것이 충돌을 피하는 가장 쉬운 방법임을 배웠다. 나는 때때로 그녀가 도로에서 우리 차와 다른 차 사이에 가능한 넓은 간격을 두려하는 바람에 차간 거리가 지나치게 멀어지는 경우를 보곤 한다. 하지만 그녀의 논리에는 반박의 여지가 없다. 붐비는 고속도로에서 운전을 할 때는 트럭 옆을 달릴 수밖에 없는 때가 있다. 이때는 일이 잘못되었을 때 오류를 허용할 수 있는 여지가 남지 않는다. 프랑스에서 운전을 하면서, 나는 고속도로에 'La vitesse aggrave tout(속도는 사태를 악화시킨다)'라는 적힌 표지판이 있는 것을 보았다. 빠른 속도로 달리고 있을수록, 완충 역할을 하는 공간은 빠르게 소진된다(그리고 내가 받는 충격은 더 격렬해진다). 나는 제한속도를 넘기고 있다는 것을 깨달을 때마다 이 말을 되풀이한다.

공간의 법칙은 자연계에도 적용된다. 자연재해 관리에서, 공간은 생명과 재산을 지키는 가장 믿을 만한 보호자다. 오스트레일리아의 경우,

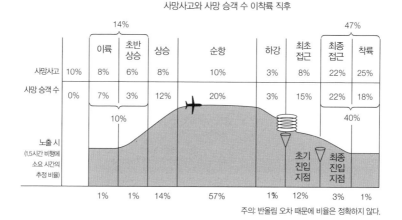

비행 단계별 사망사고와 사망 승객 수 (2004~2013 전 세계 상용 제트기)

사망사고와 사망 승객 수 이착륙 직후

		이륙	초반 상승	상승	순항	하강	최초 접근	최종 접근	착륙
사망사고	10%	8%	6%	8%	10%	3%	8%	22%	25%
사망 승객 수	0%	7%	3%	12%	20%	3%	15%	22%	18%

14% (초반 상승~상승 상단), 47% (최종 접근~착륙 상단)

10% (이륙~초반 상승 하단), 40% (최초 접근~착륙 하단)

노출 시
(1.5시간 비행에
소요 시간의
추정 비율)

초기
진입
지점

최종
진입
지점

| 1% | 1% | 14% | 57% | 1% | 12% | 3% | 1% |

주의: 반올림 오차 때문에 비율은 정확하지 않다.

╱ 초기 진입 지점 최종 진입 지점을 보라. 비행기는 높은 고도에 있을 때는 사고가 일어날 확률이 극히 낮다. (그림: 보잉 2014)

숲에 면한 주택들은 인근에서 난 불로 집이 타는 것을 막기 위해서 주변에 '방어 공간defensible space'을 반드시 두어야 한다.[7] 이로써 주택 소유자들이 화재진압에 덜 의존하게 된다. 화재를 진압할 경우, 소방관들이 목숨을 걸어야 하고 진압 자체가 이후 더 위험한 화재로 이어질 수 있다.

제방은 도시와 농장과 공장을 홍수로부터 보호하지만 계속적인 유지·보수가 필요하고, 무너질 수 있으며, 월파도 가능하다. 1927년 미시시피강의 파괴적인 홍수 이후, 공병대의 수석 엔지니어 에드거 재드윈Edgar Jadwin은 캘빈 쿨리지Calvin Coolidge의 지원하에 원인 검토에 착수했다. 재드윈은 제1차 세계대전 중에 프랑스에 미국 육군을 위한 철도, 부두, 막사, 병원을 건설해 명성을 쌓았다. 어떤 역사가의 표현에 따르자면 그는 '거만하고 냉담'한 데다 정치적 감독관들을 참아내지 못했다.[8] 그럼에도 불구하고 그의 홍수 문제 진단은 정확했다. 재드윈은 보고서에서 이렇게 말하고 있다.

> 최근 충적 분지에서 일어난 큰 홍수로 생명과 재산 피해가 있었다. 이러한 피해는 제방의 붕괴 이후 일어났다. 사람들은 제방을 이용해서 간척을 한 땅을 사용한다. 이러한 간척이 지나치게 많이 이루어진 나머지, 강에는 전례 없이 큰 홍수가 났을 때 범람한 물이 지날 길이 충분히 남아 있지 않았다. 제방을 강화해야 하는 것은 분명하지만 더 이상 높이를 물리적으로 증가시키는 것은 중단해야 한다. 제방의 높이는 올리는 행위는 제방으로 보호하려는 주민들에게 오히려 위협이 될 수 있다. 미시시피강의 자유로운 움직임을 지나치게 방해해서 심한 홍수로 이어지는 일이 일어나지 않도록 해야 한다. 강은 움직임을 제한하려는 그 어떤 계획도 무너뜨릴 것이다. 강이 필요로 하는 만큼의 공간을 반드시 확보해야 한다.

재드윈은 방수로—정상적으로 거주가 가능한 땅이지만 강에 가해지는 압력을 덜어주기 위해서 범람을 허용하는—조성을 추천했다. 범람한 물이 다시 한 번 제방을 넘을 정도의 높이에 이르면, 공병대는 제방에 발파공을 만들어 불어난 물을 아차팔라야 유역과 같은 인근의 방수로로 보내 뉴올리언스를 우회해서 멕시코만에 이르도록 할 것이다. 재드윈의 계획은 사람이 적게 사는 농지를 일부러 물에 잠기게 해 강 주변의 도시와 인구가 많은 지역을 보호하는 것이었다.

재드윈의 계획은 생태주의자에 대한 항복은 아니었다. 범람원에 사는 사람들을 보호하는 공병대의 책임을 포기한 것은 아니기 때문이다.

하지만 엔지니어들이 훨씬 더 선호해온 접근법—더 높고 더 많은 제방으로 물에 의한 모든 도전에 대응하는—에 근본적인 변화가 있었던 것은 사실이다.

재드윈의 계획은 범람원에 대한 생각을 변화시키는 데 도움을 주었다. 네덜란드 사람들은 1,000년 동안 제방을 건설해왔고 그 긴 역사 덕분에 이러한 말이 생겨났다. "제방에는 두 가지 유형이 있다. 무너진 제방과 무너질 제방이다."[10] 지나친 숙명론일지도 모르겠다. 네덜란드 사람들도 이 말을 문자 그대로 받아들이지는 않는다. 그들의 거대한 둑은 1만 년에 한 번의 확률로 발생하는 홍수를 견딜 수 있게 지어지고 있다.

하지만 1993년과 1995년의 파괴적인 홍수 이후 네덜란드 사람들 역시 제방에 대해 재고하고 범람한 물이 최소한의 피해를 내는 곳으로 들어올 수 있게 도시와 지방을 설계하기 시작했다. '강을 위한 공간'은 수십 년, 수백 년 전 만들어진 둑을 철거하고 인구가 적은 상류 지역에 천연의 범람원을 복구해 하류에 있는 도시에 가해지는 압력을 감소시키는 프로젝트로 9년에 걸쳐 진행된다. 미국 전역의 많은 도시들이 확실한 홍수 방어물로 강 옆에 공원이나 녹지 공간을 조성하고 있다.

2011년의 기록적인 홍수들은 재드윈의 계획을 테스트하는 기회가 되었고 계획은 합격점을 받았다. 5월의 어느 날 한밤중에 공병대는 다이너마이트로 미주리의 제방들에 구멍을 만들었다. 이로 인해 수천 에이커의 농장이 물에 잠겼지만 일리노이 카이로는 구할 수 있었다. 이후 다시 범람의 위기가 찾아오자 공병대는 거대한 수문을 열었고 루이지애나 시골지역은 물에 휩쓸렸다. 하지만 그 덕분에 뉴올리언스는 카트리나 때의 악몽을 되풀이하지 않을 수 있었다.

공간의 중요성에서 보다 일반적인 원리가 드러난다. 확실한 안전은 그 위협이 무엇이든 효과적이어야 한다는 것이다. 위협을 예측하고 위협이 발생했을 때 적응하는 능력에 의존하는 전략은 위협이 예기치 않은 것이거나 전례가 없는 것일 경우 실패하기 쉽다.

금융계와 경제계에도 이러한 공간에 상응하는 것이 있다. 그것은 자본이라는 이름을 가지고 있다. 자기자본이라는 쿠션은 손실을 흡수하는 데 사용된다. 자기자본비율이 높으면 은행이나 금융회사는 큰 손실에도 지급불능 상태에 빠지지 않고 버틸 수 있다. 대출자나 예금주와는 달리, 주주들은 자신들의 투자가 안전하지 않다는 것을 알기 때문에 투자의 가치가 하락해도 공황상태에 빠지지 않는다.

자본의 장점은 무엇이 손실을 초래했든 효과를 발휘한다는 것이다. 은행의 리스크관리는 금융 가격의 불리한 움직임, 특정한 차용자에 대한 과다한 노출, 거래를 취소하는 상대방, 악덕 거래인과 범죄자로부터 보호를 꾀하지만 자주 실패한다. 2012년 JP모건체이스앤드컴퍼니J. P. Morgan Chase & Co.는 '런던 고래the London whale'라는 별명의 한 트레이더가 엄청난 파생상품 포지션을 구축한 것을 알게 되었다. 은행의 포지션들을 헤지hedge하기 위한 시도로 보였으나 결함이 있었다. 손실은 엄청나게 불어나 62억 달러에 달했다. 하지만 그 손실은 JP모건의 생존에 전혀 위협이 되지 않았다. JP모건이 가지고 있는 수십억 달러 자본 덕분이었다. 그 일부는 규제기관의 압력으로 조성되었던 것이다.

자본은 또 다른 위기를 피하기 위해 금융 시스템을 강화하는 규제기관의 구동장치에서 중심 도구가 되었다. 사실 자본만 넉넉하다면 거의 어떤 것도 문제가 되지 않는다. 더구나, 한 은행에 자본이 많다는 사실이 다른 은행을 덜 안전하게 만들지도 않는다. 은행이 가질 수 있는 자본의 양에는 이론적인 한계가 없다. 물론, 단점이 없는 것은 아니다. 자본이 많은 은행은 수익이 줄어든다. 같은 수익을 더 많은 주주와 나누어야 하기 때문이다. 이 때문에 은행은 불리한 입장에 서고 대출과 리스크는 그림자 금융으로 이동한다. 대완화 기간에 그랬던 것처럼 말이다. 그러한 저하를 막으려면 끊임없는 경계가 필요하다.

위기의 기억을
최대한 활용하기

이렇게 해서 우리는 확실한 안전을 스스로 확보하는 방법에 대한 마지막 가르침에 이르렀다. 이 책 전체에 걸쳐 보아왔듯이, 우리는 두려움에 대응하고자 안전을 추구하는 경우가 많고 두려움은 경험에 뿌리를 두고 있다. 위기나 재해에 대한 경험을 가진 생존자들은 더 소심해지고 위험을 회피하게 된다. 허리케인 직후에 지어진 주택은 다음 허리케인에서 피해를 볼 가능성이 적다.[11]

두려움은 과대평가될 수 있으며 두려움 속에서 사는 삶은 즐거운 것이 아니다. 경제학자 고든 털록Gordon Tullock이 언급했듯이 핸들 중앙에 날카로운 단검을 설치하면 사람들은 운전을 대단히 안전하게 할 것이다.[12] 더구나 재난이 흔치 않을 경우에는 경험도 별 도움이 되지 않는다. 도널드 맥그레거Donald MacGregor와 폴 슬로빅은 "유난히 운전을 험하게 하는 운전자라 해도 자동차 사고를 전혀 겪지 않을 수도 있다."[13]고 지적한다.

그러나 두려움과 경험도 체계적으로 적용시키면 안전을 확보하는 강력한 도구가 될 수 있다. 이 점은 두 개의 정유회사, BP와 엑슨모빌을 비교하면 명확하게 드러난다. 앞서 나온 딥워터 호라이즌과 엑슨 발데즈의 예를 다시 한 번 보자. 딥워터 호라이즌은 BP의 석유시추선들 중에서도 가장 좋은 실적과 안전 기록을 가지고 있었다.[14] 2010년 4월 20일에는 회사의 중역들 몇몇이 시추선에서 실적에 대해서 조사를 벌이고 있을 정도였다. 안전 기록은 기만이었다. 후속 조사를 통해서 BP가 속도에 치중해 절차를 무시하고 안전을 희생시키는 문화를 가지고 있었다는 것이 드러났다.[15] 엔지니어들은 마콘도Macondo 유정이 관리하기가 어렵다는 것을 알고 있었지만 포기하지 않고 시추를 강행했다. 그날 저녁 유정에서 기름이 분출했고 거기에서 새어나온 가스가 폭발해 시추선이 소실되고 11명이 사망했다. 역사상 최악의 원유 유출 사고였다.

1989년, 초대형 유조선 엑슨발데즈가 알래스카 프린스 윌리엄 사운드에서 좌초되어 1,100만(약 4,164만 리터)의 원유를 유출했다. 원유가 1,000마일(약 1609.34킬로미터)의 해안을 오염시키고 수천 마리의 새, 수달, 바다표범, 고래를 죽였다. 이 참사가 금전과 평판에 미친 손해는 엄청났다. 수년 동안 포커스 그룹의 사람들이 '엑슨'이라는 이야기를 들었을 때 가장 먼저 떠올리는 단어는 '발데즈'였다.[16]

현재는 엑슨모빌이 된 이 회사는 사고를 정리하고 이 나쁜 기억을 지워버릴 수도 있었으나 그렇게 하지 않았다. 엑슨모빌은 이 사고를 통해 운영완전성관리시스템Operations Integrity Management System, OIMS에 압축된 안전문화를 도입했다. 11개 요소로 이루어진 이 회사의 운영완전성관리시스템은 관리자의 책임에서 굴착장치의 건설과 모의 비상훈련에 이르기까지 거대 기업 생활의 모든 측면을 통제한다.

글렌 머리Glenn Murray는 발데즈 사건의 처리를 도왔고 이후 운영완전성관리시스템 작업과 교육 임무를 맡았다. 운영완전성관리시스템은 발데즈와 같은 큰 사고의 기억마저도 희미해지는 가운데에서 안전문화와 리스크관리를 유지하기 위해 고안되었다. 그는 교육 도중에 때때로 참석자에게 발데즈 사건이 일어났을 때 회사에 있었던 사람이 있느냐고 묻는다. 매년 올라가는 손이 줄어든다. "그들은 발데즈 사건을 겪지 않았습니다. 우리는 그들이 그런 사건이 가져오는 감정적인 충격을 겪어야 하는 것을 원치 않습니다."[17]

작업 허가에서 착용하는 옷의 유형 등 하루의 시작부터 끝까지 운영과 유지·관리를 운영완전성관리시스템이 좌우한다. 사고들은 끊임없는 사후 분석의 초점이 되며 직원들은 항공에서의 항공안전보고시스템과 같이 니어미스를 보고해서 재해가 발생하기 전에 가르침을 얻을 수 있도록 한다. 일부 현장에는 사고를 보고한 직원들의 공을 인정하는 '이 달의 니어미스' 콘테스트까지 두고 있다. 운영완전성관리시스템은 사무실까지 확장된다. 벌침, 종이에 베인 상처, 스테이플러에 찔린 손가락까지 모든 것이 조사의 대상이다.[18] 직원들은 난간을 잡지 않고 계단을 오르지 말라는 충고를 서로 주고받는다.

외부인들에게는 이런 일들이 우스꽝스러워 보일 수 있다. 왜 직원들이 난간을 잡고 계단을 오르게 만드는 데 시간을 허비할까? 엑슨모빌로서는 우스운 일이 아니다. 사람들은 난간을 사용하지 않아서 부상을 입는다. 더 중요한 것은 이 프로그램이 리스크에 대한 기본적인 태도를 바꾸었다는 점이다. 엑슨모빌 직원들은 많은 평범한 사람들과 달리 문제를 용인하고 넘어가지 않는다. 회사는 집에서도 잔디를 깎을 때 더 주의를 기울이는 식으로 운영완전성관리시스템의 가르침을 적용하고 반대로 집에서 얻은 지혜를 일터에도 적용하라고 직원들을 격려한다. 한 직원은 고속도로 램프의 부정확한 표지판이 안전상의 위험을 안고 있다고 전화로 신고했다는 이야기를 했다. 이 회사는 다른 회사의 재난에 대해서도 연구한다. 전 팀이 엑슨모빌에 적용할 수 있는 가르침이 있는지를 확인하기 위해 2003년 우주선 콜럼비아호의 폭발 사고를 분석하기도 했다.

원유 시추는 위험한 사업이고 따라서 엑슨모빌은 위험을 감수하지 않고서는 존재할 수가 없다. 대신 엑슨모빌은 회사가 감수하고 있는 위험이 어떤 것인지, 그들이 관리할 수 있는 것인지 파악하기 위해 노력한다. 2005년, 엑슨모빌은 당시로서는 걸프만에서 가장 깊은 블랙비어드Blackbeard의 착정을 시작했다. 이 회사는 가스 분출의 리스크를 분석하고 리스크를 어떻게 완화시켜야 할지 연구했다. 착정이 진행되면서 운영완전성관리시스템에 따라 엑슨모빌은 유정에서 나온 새로운 자료로 계획을 재검토해야 했다. 엔지니어들은 엄청난 압력과 온도, 그리고 '킥'—액체나 천연가스가 갑작스럽게 솟아오르는 것—을 접하고 깜짝 놀랐다. 그러한 킥이 가스 분출을 억누르는 능력을 초과할 것을 걱정한 엑슨모빌은 그 유정과 거기에 투자한 1억 8,700만 달러를 포기했다.[19]

이러한 결정 이후 업계의 많은 사람들이 엑슨모빌이 배짱이 부족한 것이 아니냐고 의문을 표했다. 하지만 딥워터 호라이즌 사고 이후, 조심하고 또 조심하는 이 회사의 문화가 훨씬 더 현명하게 비춰지게 되었다. 지금과 같은 태도였다면 엑슨모빌이 마콘도에서 다른 경험을 했을까? 그것은 아무도 알 수 없다. 다만 확실한 것은 엑슨모빌의 안전 기록은 업계 최고이고 회사는 엄청난 수익을 올리고 있다는 점이다. 엑슨모빌의 안전에 대한 접근법으로 인해 다른 회사가 치러야 하는 대가는 없다. 회사는 기꺼이 자신의 지식을 경쟁사들과 공유하고 있다.

국가도 기업이 하는 것처럼 리스크에 대한 태도를 바꿀 수 있다. 캐나다는 세계 금융위기 이후 어떤 은행도 도산하거나 긴급구제를 받지 않았다는 사실 때문에 찬사를 들었다. 사실, 그들은 전보다 더 탄탄했던 것으로 드러났다. 그 중요한 이유는 캐나다의 불황이 미국보다 훨씬 가벼웠던 데 있었다. 이것은 보통 문화의 덕이다. 캐나다인들은 미국인에 비해 위험회피적이고 허세가 적다는 정형화된 이미지를 가지고 있다. 어느 정도는 맞는 이야기다. 나는 캐나다에서 저널리스트로서 일을 시작했다. 내가 미국으로 이주한 데에는 이곳의 사업과 금융이 더 흥미진진하다는 이유도 있었다. 미국에는 극적인 성공과 실패 사례가 많다. 이들은 회사의 주주나 직원에게는 잔인한 일이지만 흥미진진하고 놀라운 이야기의 소재가 된다.

그러나 위기 동안 다른 경험을 한 것이 모두 문화의 탓은 아니다. 캐나다인도 미국인만큼이나 거품, 사기, 협잡에 쉽게 휘말린다. 1980년대에 두 개의 작은 캐나다 은행이 무너졌고 1990년대 초반에는 주체하기 힘든 부동산 침체로 많은 은행들이 어려움을 겪었다. 중요한 것은 이것이 은행가와 규제자 모두에게 각인을 남겼다는 점이다.

1984년 에드 클라크Ed Clark는 공직에서 물러나 금융 분야의 일을 시작했고 1988년 문제가 많은 신탁회사를 경영하게 되었다. 예치금은 바닥이 나고 있었고 규제기관들은 코앞에서 이 회사를 지켜보고 있었다. 그는 곧 이 회사를 다른 신탁회사에 매각했다. 그 회사는 몇 년 후 부실한 부동산 대출의 부담으로 무너져 거의 공짜로 토론토도미니언은행 Toronto Dominion Bank에 팔렸다. 2000년대 초 이번에 클라크는 토론토도미니언을 경영하게 되었다. 클라크는 2014년 은퇴한 직후 내게 "1990년대 초의 상처가 남아 있었다."고 말했다.[20] 부동산 업계에서는 은행과 클라이언트의 태도가 모두 변화했다. "차용자들조차 은행에 어리석은 짓을 하라고 요구하지 않았습니다." 지금까지도 토론토도미니언은행은 투기적 건설, 즉 세입자가 미리 서명을 하지 않은 건물에 대한 자금 조성에는 나서지 않는다.

전 세계 은행들은 구식 대출보다는 주식, 채권, 파생상품으로 돈을 버는 증권업자들을 끌어들이고 키우는 일에 열을 올리고 있었고 토론토도미니언은행도 그 대열에 동참했다. 2000년대 초까지는 이 전략이 비교적 성공적이었다. 토론토도미니언은행은 미국에서 주요한 파생상품 거래자가 되었다. 클라크는 증권사업이 은행이 돈을 버는 방법에만 영향을 준 것이 아니라 그들의 문화에까지 영향을 주었다는 것을 알게 되었다. 증권업자들은 "대단히 기업가적인 문화—돈을 벌기 위한 동인—를 가지고 있었습니다. 따라서 개인의 실적에 초점을 맞추었고 한계를 밀어붙이는 데 관심이 있었죠." 업계에 대해서 조사한 클라크는 토론토도미니언은행과 경쟁사의 최고경영자들이 증권업자들의 돈 버는 방법에 대해서 극히 적은 지식을 가지고 있다는 사실을 알고 충격을 받았다. 그는 그 사업이 꼬리 리스크tail risk, 대단히 가능성이 낮지만 대단히 파괴적인 리스크를 기반으로 하고 있다고 말했다. "저는 상품들에 대한 조사를 시작했고 이들 상품이 거대한 리스크를 품고 있다는 것을 알게 되었습니다. 파생상품도 좋고 헤지도 좋죠. 하지만 누군가가 이것이 세상이 눈에 띄게 변하지 않는 경우에만 유효하다고 말한다면 어떨까요? 저는 그런 리스크를 안고 싶지 않습니다." 이렇게 해서 토론토도미니언은행은 2005년 주가지수와 금리를 기반으로 한 신종 파생상품 사업에서 물러났다.

금융위기 이후, 토론토도미니언은행의 결정이 현명했다는 것이 드러났다. 그렇지만 금융위기가 없었더라도 토론토도미니언은행의 결정은 현명한 행동이었을 것이다. 조직이 얼마나 많은 리스크를 기꺼이 용인하는지 반영하는 것이었기 때문이다. 딥워터 호라이즌이 폭발하지 않았더라도 블랙비어드 유정을 포기한다는 엑슨모빌의 결정이 옳았던 것처럼 말이다. 클라크는 이렇게 말한다. "모든 '옳은' 결정이 수익을 내는 결정은 아니라는 점을 인식하는 것이 중요합니다."

캐나다 정부는 1980년대와 1990년대의 교훈도 흡수했다. 캐나다 정부는 독립적인 규제기관을 만들었고 이 규제기관은 은행에 해외의 경쟁 은행에 비해 빠르게 자본을 늘리라고 꾸준히 압박했다. 현재 캐나다 은행들과 규제기관은 해외 경쟁자들에 비해 강한 보수주의를 경쟁 우위로 삼고 있다.

이 글을 쓰고 있는 현재, 캐나다는 주택 거품으로 극심한 고통을 겪고 있다. 그 가운데에서 규제기관들은 계약금과 대출 만기, 대출자가 반드시 충족시켜야 하는 조건들을 꾸준히 강화해오고 있다. 언젠가 미국에서와 같이 캐나다의 주택 거품도 터질 것이다. 규제기관의 노력 덕분에 그 과정에서 금융 시스템이 무너지지 않기를 바란다.

안전을 확실하게 보장한다는 것은 마치 움직이는 과녁을 맞히는 것과 같다. 이 과녁을 맞히기 위해 엔지니어와 생태주의자는 나름의 처방을 내놓으며 경합하고 있다. 엔지니어들은 불확실한 것과 알려지지 않은 것에서 오는 불안을 잠재우며 우리의 통제 욕구를 충족시킨다. 그들은 기존의 혼란스러운 상황을 더 낫게 만들기 위해 무엇인가 하고자 하는 문명의 니즈를 채운다. 엔지니어들은 자동차 사고에서도 사람들이 생존할 수 있게 만들고, 위험한 곳에서도 사람들이 살고 번창할 수 있게 만들고, 생명을 구하는 약물과 기술을 창안했다. 경제 공학자들은 불경기와 금융위기를 덜 가혹하게 만들 방법을 생각해냈다.

우리는 재난과 위기의 빈도와 강도를 낮출 수 있지만 그 발생을 완전히 막을 수는 없다. 그것을 바라서도 안 된다. 주기적인 위기는 리스크의 부담을 조장하고 그에 대해 보상을 준 경제 시스템에 대해 우리가 지불해야 하는 대가다. 주기적인 재해는 매력적이고 생산적인 장소에 도시를 지은 데 대해 우리가 치러야 하는 대가다.

생태주의자들이 알고 있듯이, 숲, 박테리아, 경제는 억누를 수 없는 적응력을 가지고 있다. 우리가 단기적으로 드러나는 리스크를 억누르기 위해 취하는 모든 조치는 결과가 긴 시간이 지나야만 드러나는 다른 상쇄 조치를 유발한다. 우리의 지도자들은 이전에 그들이 보았던 위협에 주의를 기울이고 그것을 예방하는 일을 한다. 프랑스 장성들이 마지노선 뒤에서 나치를 기다린 것처럼 말이다. 하지만 우리가 놓친 약점을 찾아내고, 가장 예상치 못한 순간에 공격을 가하고, 갖가지 보호수단과 보험으로 열심히 구축해온 안전에 대한 신뢰 자체를 이용하는 것이야말로 리스크의 본성이다.

리스크와 안정성의 적절한 균형은 불안정성 1단위당 우리가 얻는 혁신의 단위를 최대화할 것이다. 화재를 모두 진압하기 위해 노력하는 일이 더 크고 더 치명적인 화재의 원인이라는 것을 깨닫는 데 100년이 걸렸다. 해법은 모든 화재를 놓아두는 것이 아니라 사람들을 해치지 않는 범위의 작은 화재를 허용해서 큰 화재로부터 우리의 자원을 구하는 것이다. 박테리아의 항생제 내성과 싸우기 위해 항생제 사용을 금지할 수는 없는 일이다. 대신, 스튜어트 레비가 하듯이 소소한 질환에 대한 항생제 사용을 자제함으로써 생명을 위협하는 심각한 위험이 있을 때 효과를 발휘할 여지를 남기는 식으로 절제해 사용해야 한다.

연방준비제도이사회는 공황, 불황, 인플레 종식의 임무를 맡은 엔지니어들의 조직이다. 그러나 그 임무를 이행하는 과정에서 이 기관은 다음 위기와 불황의 씨앗을 심는 경우가 많다. 연방준비제도이사회는 불황이나 위기와의 싸움을 멈추어서도 안 되지만 나타나는 모든 충격에 힘을 사용해서도 안 된다. 일단 대형 은행들이 안전하게 도산할 수 있게 되면 전체 금융 시스템의 회복력은 보다 강화될 것이다.

엔지니어와 생태주의자는 다른 방식으로 최고의 문명을 구현한다. 꼭 어느 편에 서야 하는 것은 아니다. 그저 양쪽으로부터 최선의 것을 취하면 된다. 우리의 목표는 작은 재해가 아닌 큰 재해를 제거하기 위해, 장기적인 보다 큰 보상과 안정성을 바라보고 현존하는 약간의 위험과 불안정성을 감수하는 것이어야 한다.

감사의 말

이 책은 세계 금융위기와 그 여파에 대한 경험에서 비롯되었다. 다른 대부분의 사람들이 그렇듯이 나는 경제와 시장을 지켜보는 일을 20년이나 해왔으면서도 위기가 다가오는 것을 예측하지 못했다. 내 첫 번째 책,『경제학 이야기The Little Book of Economics』에서 나는 그 이유를 설명하기 위해 노력했다. 사회는 지난 불황의 원인이 되는 바이러스로 예방접종을 하고 기다리지만 그사이 바이러스는 "돌연변이를 일으키고 우리는 또 다시 바이러스에 감염된다."

내 에이전트인 로스 윤 에이전시Ross Yoon Agency의 하워드 윤Howard Yoon은 이 관찰을 새로운 책으로 성장시켜보자고 제안했다. 이렇게 불씨를 지핀 하워드는 내가 아이디어들을 체계화하고 표현을 분명히하는 데 도움을 주고, 집중을 방해하는 요인들이 생겼을 때 작업을 진행하도록 나를 재촉하고, 끊임없이 피드백, 충고, 치료법을 제공하면서 불이 꺼지지 않도록 지켜주었다. 간단히 말해, 하워드가 없었다면 이 책은 존재할 수 없었을 것이다.

자신의 시간과 지식을 할애해서 이 책이 존재하게 한 모든 사람들에게 제대로 감사의 인사를 전하려면 또 한 권의 책이 필요할 것이다. 여기에 몇 분만 언급해보기로 한다. 폴 볼커, 앨런 그린스펀, 벤 버냉키, 래리 서머스, 제이 파월은 공직에서 그리고 그밖의 자리에서 겪었던 자신들의 경험과 거기에서 얻었던 가르침을 나누어 주었다. 게리 고튼, 로런스 마이어, 브래드 드롱, 아타나시오스 오르파니데스Athanasios Orphanides,

마이클 보르도, 폴 맥컬리Paul McCulley, 에런 토넬, 더그 엘멘도르프Doug Elmendorf, 안드레아 레너트Andreas Lehnert, 루 크랜달Lou Crandall, 스티브 킴 Steve Kim은 경제학과 금융시장에 대한 식견과 경험을 제공했다. 월리 커 빙턴Wally Covington, 제니퍼 말런, 밥 바비, 특히 스티븐 파인은 숲과 화재 에 대한 가르침을 주었다. 돈 아렌트는 항공 분야의 리스크관리에 대한 놀라운 지식을 나누어주었다. 아널드 바넷, 린다 코넬, 데이비드 비히 너David Wichner는 항공사 안전을 위한 그들이 하고 있는 일을 소개해주 었다. 로저 피엘크 2세, 캐런 클라크, 캐럴린 쿠스키는 자연재해와 보험 에 대한 그들의 전문지식을 제공해주었다. 샘 펠츠먼은 규정에 대한 그 의 연구 결과를, 조지 로웬스타인은 감정과 경제학에 대해 발견한 사항 들을, 스튜어트 레비는 항생제 내성을 막기 위한 그의 싸움에 대한 이 야기를 전해주었다.

리틀브라운앤드컴퍼니Little, Brown and Company의 편집자 제프 쉔들러 Geoff Shandler는 이 책의 본질을 바로 파악하고 지지자가 되어주었다. 제 프에 이어 편집을 맡은 존 파슬리John Parsley는 단어 하나하나를 지적 인 독자의 입장에서 열심히 읽고, 내 서사와 논거에 있는 공백을 확인 하고, 구조를 보다 논리적이고 일관성 있게 만들 방안을 조언해주었다. 무궁무진한 지혜와 유머와 인내를 지닌 존은 작가가 원하는 편집자의 전형이다.

진 가넷Jean Garnett은 라인 에디팅 작업을 지원했고, 벤 앨런Ben Allen은 원고가 출간에 이를 때까지 지휘를 맡았으며, 크리스 제롬Chris Jerome은 원고의 교열을 담당했고, 말린 폰 오일러 호건Malin von Euler—Hogan은 물 류와 생산의 세부사항을 챙겨주었다.

열렬한 지원을 아끼지 않은 리틀브라운의 발행인 레이건 아서Reagan Arthur에게 특별한 감사의 인사를 전한다.

지칠 줄 모르는 선임연구원, 크리스타 더건Krista Dugan은 다양한 자료와 세부정보, 일화를 찾고, 마감이 촉박한 가운데 원고 대부분의 사실 확인 작업을 수행했다. 보어 덩Boer Deng과 제이크 세이브Jake Seib 역시 사실 확인 작업을 지원했다. 남아 있는 오류가 있다면 그 책임은 오로지 나에게 있다.

우드로 윌슨 국제학술센터Woodrow Wilson International Center for Scholar는 두 달 동안 가장 집중적인 저술기간과 연구기간에 나에게 집을 제공해주었다. 나를 초빙해준 학술프로그램 책임자, 로버트 리트웍Robert Litwak과 대표, 제인 하먼Jane Harman, 어리둥절할 정도로 다양한 주제의 잘 알려지지 않은 기사와 책을 찾아준 도서관의 뛰어난 직원들께 감사드린다.

의회 도서관, 위키피디아Wikipedia, 국립보건원National Institutes of Health의 국립의학도서관National Library of Medicine은 공공재의 전형이다. 엄청난 인류의 지식을 한데 모아둔 이들은 이러한 종류의 프로젝트에 없어서는 안 될 귀중한 자원이다.

이 책에 등장한 여러 아이디어는 이 책을 시작할 때 몸담고 있었던 「이코노미스트」와 지금 내가 일하고 있는 「월스트리트저널」에서의 내 보도에 기반을 두고 있다. 현재 「이코노미스트」의 편집인인 재키 민턴 베도스Zanny Minton Beddoes, 그녀의 전임자인 존 미클레스웨이트John Micklethwait, 「월스트리트저널」의 편집장인 제리 베이커Gerry Baker, 국제경제학 부문 편집인인 닐 킹Neil King, 워싱턴 지국장인 제리 세입Jerry

Seib께 감사의 마음을 전한다.

친구들과 동료들은 귀중한 논평을 제공했다. 톰 갤러거Tom Gallagher와 존 힐센래스Jon Hilsenrath는 원고 전체를 읽어주었다. 나는 논조와 내용에 대한 그들의 제안을 마음에 깊이 새겼다. 케이트 켈리Kate Kelly와 그레그 주커먼Greg Zuckerman은 여러 챕터를 읽고 논평을 해주었다. 앨리슨 피츠제럴드Alison Fitzgerald는 BP 원유 유출에 대한 지식을, 레니 프리드먼Lennie Friedman은 NFL에서의 경험을 공유해주었다. 켄트버리의 친구들—앤드루Andrew, 닉Nick, 크레이그Craig—은 정신적인 지원과 의견, 맥주를 공급해주었다.

나는 지난 2년간 저녁과 주말의 상당 부분을 이 책에 소모했다. 책이 완성될 때까지 내 아이들, 내털리Natalie와 대니얼Daniel은 후순위로 밀려나기 일쑤였다. 그들은 불평을 하지 않았을 뿐 아니라 책을 마치는 일에 회의적이 될 때마다 다정하게 내가 일을 잘 하고 있는지 확인해주었다.

내 아내, 낸시Nancy는 내내 나의 가장 든든한 지지자이며 가장 충직한 지원자였다. 아내는 원고를 읽고 의견을 말해주었으며, 공명판이 되어주었고, 에너지와 기분이 처져 있을 때면 힘을 북돋워주었다.

책에 대한 영감을 준 것 역시 낸시다. 아내는 회색 곰, 스모키 베어처럼 우리 가족이 해를 입지 않게 보호한다. 그녀는 궂은 날씨에 우리가 천천히 운전을 하는 이유이며, 스키 슬로프에서 헬멧을 쓰는 이유이며, 매일 밤 문단속을 하는 이유다. 위험에 대한 아내의 끊임없는 경계가 우리를 안전하게 지켜주고 있다. 바로 그것이 이 책을 그녀에게 바치고 싶은 이유다.

몇 세대 전만 해도 내가 노트북 자판을 두드리고 있는 이 자리에는 호랑이에 잡혀갈까 걱정하던 사람들이 살았을 것이다. 기대 수명이 40대에 불과하던 사람들보다 지금의 우리는 더 안전할까? 이것이 너무 먼일이라면 한강 다리가 끊기는 모습을 지켜봐야 했던 22년 전이나, 시내 한복판의 건물이 무너진 21년 전, 대기업들이 해체되고 국가가 도산 위기에 몰리는 것을 목격했던 18년 전, 하루아침에 주가가 반 토막이 난 8년 전은? 현재 우리는 그때보다 더 안전할까?

홍수나 화재는 말할 것도 없고 지진과 쓰나미도 이제 먼 이야기가 아니다. 지구 반대편에 있는 나라에서 일어나는 일 때문에 내가 가진 주식이 종잇조각이 되는 일도 생사가 달린 문제가 아니라고 단정할 수 없다. 우리는 이것만으로도 감당하기 힘든 불안을 안고 있다. 그렇다면 헬멧이나 안티록 브레이크, 튼튼한 제방, 금융규제는 어떨까? 우리는 이런 조치들이 인류를 안전하게 해주는 줄로만 알았다. 금융위기라는 것은 심심치 않게 찾아오는데 저명한 경제학자들은 뭘 하고 있는 것일까? 달나라에 가는 세상이라는 말도 진부한 표현이 된 지 오래다. 그런데 이런 첨단 기술의 세상도 자연재해를 막지 못한다.

지은이 그레그 입은 안전을 위한 이런저런 방책들이 우리를 오히려 더 위험하게 만든다고 말한다. 세상만 위협을 가하는 것이 아니라, 내 인식 자체가 위험을 왜곡하고 있다고 말한다. 그레그 입이 이끄는 쪽으로 생각을 이어가다 보면 세상이 부쩍 더 위험하게 느껴진다.

그렇다면 어떻게 해야 할까? 그레그 입은 두려움을 안겨 주는 데에서 그치지 않는다. 그는 우리가 인식했던 것보다 더 위험한 현실 속에서 우리를 보호할 방법이 무엇인지 제시한다. 그리고 불안과 두려움의 모든 문제에 맞서 제방을 만드는 것만이 능사가 아니라고 설명한다. 그런 조치가 우리를 더 위험하게 하기 때문이다. 그렇다고 손을 놓고 각종 사고와 자연재해와 금융위기를 앉아서 당할 수만은 없는 일이다.

번역을 하다 보면 당연히 여느 사람들보다 자세히 책을 읽게 된다. 주제는 공감이 가지만 같은 이야기를 계속 반복하는 책도 있고 적절한 논거인가 의심되는 사례가 들어가 있는 책도 있고 쓸모없는 이야기가 지나치게 많은 책도 있다. 그러나 이 책에는 참으로 많은 사건과 연구와 전문가들의 언급이 등장하지만 군더더기가 없다. 그레그 입의 깊은 통찰 덕분에 독자의 입장에서 이야기들 사이를 적절한 코스로 무리 없이 여행했다는 기분이 든다. 정확한 계산으로 차례차례 궁금증을 자극하는 그레그 입을 따라 갖가지 위험과 싸워온 역사를 살피다 보면 지루할 틈 없이 어느새 두려움의 동굴에서 빠져나오게 된다.

확실하다고 말할 수 있는 해답은 없다. 이 책 속에서 안티프래질이나 유익한 위험beneficial risk 등의 개념들과 만나면서 독자 여러분도 두려움에 움츠리고, 둑을 쌓는 일 외에도 다른 방법들이 있다는 걸 알게 되었을 것이다.

안전은 위험을 부르고, 위험은 안전을 부른다. 호랑이를 두려워하던 과거 시대든 금융공황을 두려워하는 지금 시대든, 인간이 해야 할 일은 변하지 않았다. 더 안전하고 풍요로운 미래를 위해 새로운 위기관리법을 고민하고 연구하는 것이다. 바로 이 책처럼 말이다.

프롤로그

1 William Power, Craig Torres, "The Sell-Off in Stocks: Dow Falls 190 Points; Bucks Safeguards — Special Steps Didn't Cool Fever to Sell," *Wall Street Journal*, October 16, 1989.

2 패널로 참여한 Lawrence H. Summers, Hyman P. Minsky, Paul A. Samuelson, William Poole, Paul A. Volcker의 토론 진행에 관한 자료, "Macroeconomic Consequences of Financial Crises," in *The Risk of Economic Crisis: Proceedings of a Conference by the National Bureau of Economic Research*, Martin Feldstein, ed. (Chicago: University of Chicago Press, 1991), 135–182, http://papers.nber.org/books/feld91-2

3 언급된 만평. Dan Wasserman, "Federal Reserve Issues Money to Calm Nervous Markets," *The Boston Globe*, October 17, 1989.

4 Jean Andrey, Brian Mills의 겨울철 사고에 대한 두 논문, "Collisions, Casualties, and Costs: Weathering the Elements on Canadian Roads," ICLR Research Paper Series no. 33 (2003), http://www.iclr.org/images/Collisions_Casualties_and_Costs.pdf; and Daniel Eisenberg and Kenneth E. Warner, "Effects of Snowfalls on Motor Vehicle Collisions, Injuries, and Fatalities," *American Journal of Public Health* 95, no. 1 (2005): 120–124, http://www.ncbi.nlm.nih.gov/pmc/articles/PMC1449863/.

5 타이태닉 승무원의 행동에 대한 묘사, Stephanie Barczewski, *Titanic: A Night Remembered*, 100th anniversary ed. (London: Continuum International Publishing Group, 2011), 13.

6 Rene Amalberti, "The Paradoxes of Almost Totally Safe Transportation Systems," *Safety Science* 37 (2001): 109–126.

7 주택 모델에서 가격 하락 가능성의 부재, Kristopher Gerardi, Andreas Lehnert, Shane M. Sherlund, Paul Willen, "Making Sense of the Subprime Crisis," *Brookings Papers on Economic Activity* (2008), 133, http://www.brookings.edu/~/media/Projects/BPEA/Fall%202008 /2008b_bpea_gerardi.pdf.

8 Jean Monnet, Memoirs (London: Collins, 1978).

9 이 언급은 2010년의 기자회견에서 나온 것이다 https://www.ecb.europa.eu/press/pressconf/2010/html/is100304.en.html.

CHAPTER 1

1 Stephen Pyne, *Year of the Fires: The Story of the Great Fires of 1910* (New York: Viking, 2001), 6.

2 연방준비제도 창설과 관련된 로버트 오언과 그의 역할에 대한 전기체의 세부 기록. Mark A. Carlson, David C. Wheelock, "The Lender of Last Resort: Lessons from the Fed's First 100 Years," *Federal Reserve Bank of St. Louis Working Paper* 2012–056B(2012), http:// research.stlouisfed.org/wp/2012/2012–056.pdf; Wyatt Belcher, "Political Leadership of Robert L. Owen," *Chronicles of Oklahoma* 31, no. 4 (1953); "About... Robert Latham Owen," Ten (Published by the Federal Reserve Bank of Kansas City), Fall 2007; Chad Wilkerson, "Senator Robert Owen of Oklahoma and the Federal Reserve's Formative Years," *Federal Reserve Bank of Kansas City Economic Review,* Third Quarter 2013.

3 1914년 12월 7일 통화 관리자 보고서. https://fraser.stlouisfed.org/docs/publications/ comp/1910s/1914/compcurr_1914_Vol1.pdf.

4 Gifford Pinchot, *The Fight for Conservation* (Seattle: University of Washington Press, 1967, c. 1910), 44–45. http://catalog.hathitrust.org/Record/001312820.

5 국립유관기관화재센터(National Interagency Fire Center) 자료. http://www.nifc.gov/fireInfo/ fireInfo_stats_histSigFires.html.

6 Jennifer R. Marlon. "Long–term Perspective on Wildfires in the Western USA," *Proceedings of the National Academy of Sciences* 109, no. 9 (2012), no. 3203.

7 Alfred Marshall, *Principles of Economics,* 8th ed. (Hampshire: Palgrave Macmillan, 1920): 3–4, 288.

8 Robert H. Nelson, "The Religion of Forestry: Scientific Management," *Journal of Forestry,* November 1999, http://faculty.publicpolicy.umd.edu/sites/default/files/nelson/files/ Forest_Fires/The_Religion_of_Forestry_Scientific_Management.pdf. 도시계획협회는 1978 년 설립되었지만 그 뿌리는 1909년으로 거슬러 올라간다.

9 Edmund Morris, Theodore Rex: *The Rise of Theodore Roosevelt and Colonel Roosevelt* (New York: Modern Library, 2002), 498, 다음처럼 쓰여 있다: "It was exchanges such as this that persuaded some men that Roosevelt was fiscally retarded."

10 연방준비제도 창설에 있어 우드로 윌슨의 진보주의, 그의 영향과 역할. Niels Aage Thorsen, *The Political Thought of Woodrow Wilson,* 1875–1910 (Princeton: Princeton University Press, 1988): 55; Papers of Woodrow Wilson, February 24, 1898, 440, December 23, 1913, 65; Gerald T. Dunne, *A Christmas Present for the President: A Short History of the Creation* *of the Federal Reserve System* (St. Louis: The Federal Reserve Bank of St. Louis).

11 Woodrow Wilson, *Papers of Woodrow Wilson*, February 24, 1898, 440.

12 상동 December 23, 1913, 65.

13 http://www.kansascityfed.org/publicat/TEN/pdf/Fall2007/Fall07About.RobertOwen.pdf.

14 Joseph Schumpeter, "Depressions," in *Economics of the Recovery Program* (New York: McGraw-Hill, 1934).

15 멜런이 정말 이렇게 말했는지 여부는 확인되지 않는다. 그의 발언은 허버트 후버의 전언이다. Herbert Hoover in *The Memoirs of Herbert Hoover The Great Depression 1929-1941*(New York: Macmillan, 1952), 30.

16 피셔의 견해는 Robert Loring's Irving Fisher: A Biography (Hoboken, N.J.: Wiley, 1993), 240에 잘 담겨 있다.

17 후버는 이 글을 1954년 엔지니어스 위크(Engineer's Week)를 통해 발표했다. 이 글은 후버 대통령 재단(Hoover Presidential Foundation)에 의해 다시 발표되었다.

18 James Grant, *The Forgotten Depression: 1929: The Crash That Cured Itself* (New York: Simon & Schuster, 2014), 172.

19 마셜조차도 심각한 경기 침체 속에서는 이런 움직임이 적용되지 않을 수 있다고 생각했다. 사람에게는 "사용하지 않을 수도 있는 것을 구매할 수 있는 능력이" 있기는 하지만 말이다. Alfred Marshall, Mary Paley Marshall, *The Economics of Industry*, 2nd ed. (London: Macmillan, 1881), 154.

20 1930년대의 산림국 정책. Stephen J. Pyne in *Year of the Fires: The Story of the Great Fires of 1910* (New York: Viking, 2001), 263.

21 National Resources Planning Board 1934, Report on Planning and Public Works in Relation to Natural Resources and Including Land Use and Water Resources.

22 Gilbert White, *Human Adjustment to Floods; A Geographical Approach to the Flood Problem in the United States* (Chicago: University of Chicago Press, 1945).

23 내무장관 유달(Udall)이 임명한 야생동물 관리를 위한 자문위원회(Advisory Board on Wildlife Management). *Wildlife Management in the National Parks* (National Park Service: 1963).

24 경제학, 과학, 공학의 비교는 N. Gregory Mankiw, "The Macroeconomist as Scientist and Engineer," *Journal of Economic Perspectives* 20, no. 4 (2006), 29–46. Friedrich August von Hayek, "The Pretence of Knowledge: Prize Lecture to the Memory of Alfred Nobel," December 11, 1974 참조. 에드먼드 펠프스(Edmund Phelps)는 당시 인플레이션과 실업 사이의 관계에 대해서 밀턴 프리드먼과 같은 견해를 가지고 있었다.

25 민스키의 삶과 일에 대한 상세한 사항은 민스키 자신의 저술, 특히 *Stabilizing an Unstable Economy* (New Haven: Yale University Press, 1986)과 Dimitri Papadimitrou, *Essays in Memory of Hyman Minsky* (Palgrave Macmillan), Steven Fazzari's "Conversations with Minsky", Papadimitrou's "Minsky on Himself"; Papadimitrou, Randall Wray, "The Economic Contributions of Hyman Minsky: Varieties of Capitalism and Institutional Reform," in *Review of Political Economy* 10, no. 2 (1998), 13을 기반으로 했다.

26 Hyman Minsky, "Central Banking and Money Market Changes," *The Quarterly Journal of Economics* 71, no. 2(1957), 171-187.

27 팔켄스타인은 자신의 블로그 포스트 "Minsky a Keynesian Sock Puppet," September 14, 1999, http://falkenblog.blogspot.com/2009/09/minsky-keynesian-sockpuppet.html와 나와 한 인터뷰에서 민스키에 대해 회상했다.

28 Hyman Minsky, "Why 1987 Is Not 1929", http://digitalcommons.bard.edu/hm_archive /217/.

29 Paul Krugman, C. Fred Bergsten, Rudiger Dornbusch, Jacob A. Frenkel, Charles P. Kindleberger, "International Aspects of Financial Crises," *The Risk of Economic Crisis: Proceedings of a Conference by the National Bureau of Economic Research*, Martin Feldstein, ed. (Chicago: University of Chicago Press, 1991), 85-134, http://papers.nber. org/books/feld91-2.

CHAPTER 2

1 폴 볼커의 경력에 대한 설명은 주로 내가 2008년과 2013년 그와 진행한 두 번의 인터뷰와 이후의 접촉 그리고 볼커의 연설을 기반으로 한다. 그 외 여러 2차적 자료는 William L. Silber, *Volcker: The Triumph of Persistence* (New York: Bloomsbury, 2012), 연방예금보험공사(Federal Deposit Insurance Corporation)의 훌륭한 연구, History of the Eighties — Lessons for the Future, vol. 1, An Examination of the Banking Crises of the 1980s and Early 1990s, https://www.fdic.gov/bank/historical/history/을 참고했다.

2 Robert A. Eisenbeis, Paul M. Horvitz, "The Role of Forbearance and Its Costs in Handling Troubled and Failed Depository Institutions," *Reforming Financial Institutions and Markets in the United States*: Towards *Rebuilding a Safe and More Efficient System*, George G. Kaufman, ed. (Boston: Kluwer Academic Publishers, c. 1994).

3 이 용어는 이후 핌코(Pimco)에 몸담은 폴 맥컬리가 만들었다.

4 Alan Greenspan, "Remarks on Government-Sponsored Enterprises to the Conference on Housing, Mortgage Finance, and the Macroeconomy, Federal Reserve Bank of Atlanta, Atlanta, Georgia," May 19, 2005, http://www.federalreserve.gov/boarddocs/speeches/2005/20050519/.

5 기예르모 오리티즈(Guillermo Ortiz)의 말. John Bussey, "Mexico's Ortiz Sees Risk in Overregulating," *Wall Street Journal*에서 인용. http://blogs.wsj.com/economics/2008/01/26/mexicos-ortiz-sees-risk-in- overregulating/

6 Matthew J. Eichner, Donald L. Kohn, Michael G. Palumbo, "Financial Statistics for the United States and the Crisis: What Did They Get Right, What Did They Miss, and How Should They Change?," *Federal Reserve Board Working Paper*, April 15, 2010, http://www.federalreserve.gov/Pubs/FEDS/2010/201020/.

7 업계 내부자들이 서브프라임 거품과 붕괴를 통해 이익을 보았다는 아이디어는 Christopher L. Foote, Kristopher S. Gerardi, Paul S. Willen의 훌륭한 논문, "Why Did So Many People Make So Many Ex Post Bad Decisions? The Causes of the Foreclosure Crisis," *Federal Reserve Bank of Boston Public Policy Discussion Paper*, July 2012, http://www.bostonfed.org/economic/ppdp/2012/ppdp1202.pdf,에 의해 폭발적으로 증가한 많은 근거 없는 이야기들 중 하나이다.

8 앨런 그린스펀이 관련된 사건들은 주로 내가 그의 은퇴 후 진행한 인터뷰, 연설, 증언, 책, 나의 보도에 기반을 두고 있다.

9 식품과 에너지를 제외한 소비자물가지수에 근거한다.

10 James H. Stock, Mark W. Watson, "Has the Business Cycle Changed and Why?," *NBER Macroeconomics Annual 2002*, 17, Mark Gertler, Kenneth Rogoff, eds., http://www.nber.org/chapters/c11075.pdf. 이 용어는 이전부터 쓰였을 수도 있지만 이를 많은 사람에게 알린 것은 스톡과 왓슨이다.

11 기본적인 가치평가 모델은 할인율에 따라 미래의 현금 흐름을 할인해서 소득 흐름의 현재 가치를 계산하며 할인율은 금리와 지각된 리스크의 함수이다. 금리가 낮고 리스크가 낮으면 할인율이 떨어지고 따라서 미래 소득 흐름의 현재 가치가 높아진다.

12 Jonathan R. Laing, "Abby Says Relax: Here's Why Abby Joseph Cohen Sees This Amazing Bull Market Charging Ahead," *Barron's*, February 23, 1998.

13 E. S. Browning, "A Year After the Peak — Few Regrets: A Major Bull Looks Back," *Wall Street Journal*, March 5, 2001.

14 Alan Greenspan, "Remarks Before the Economic Club of New York, New York City," December 19, 2002, http://www.federalreserve.gov/boarddocs/speeches/2002/20021219.

15 Gilbert Burck, Sanford Parker, "The Coming Turn in Consumer Credit," *Fortune*, March 1956.

16 Karen E. Dynan, Douglas W. Elmendorf, Daniel E. Sichel, "Can Financial Innovation Help to Explain the Reduced Volatility of Economic Activity?," *Federal Reserve Finance and Economics Discussion Series*, 2005-54. 이 주제에 대한 다른 논문에는 Karen E. Dynan, Douglas W. Elmendorf, Daniel E. Sichel, "The Evolution of Household Income Volatility," Federal Reserve Finance and Economics Discussion Series, 2007?61; Karen E. Dynan, Donald L. Kohn, "The Rise in U.S. Household Indebtedness: Causes and Consequences," 2007-37이 있다.

17 캔자스시티 연방준비은행의 경제 심포지엄에서 발표된 "Housing and the Monetary Transmission Mechanism," Housing, Housing Finance, and Monetary Policy (2007): 393. http://www.kc.frb.org/Publicat/Sympos/2007/PDF/Mishkin_0415.pdf.

18 J. Bradford DeLong, "Confessions of a Financial Deregulator," *Project Syndicate*, June 30, 2011, http://www.project-syndicate.org/commentary/confessions-of-a-financial-deregulator.

19 Paul Volcker, "Remarks to the Stanford Institute for Economic Policy Research" (작가의 기록), February 11, 2005.

20 작가와의 인터뷰.

21 Alan Greenspan, "Reflections on Central Banking," Aug. 26, 2005, http://www.federalreserve.gov/Boarddocs/speeches/2005/20050826/default.htm.

22 버냉키의 위기 대비책에 대한 내용은 은퇴한 후 나와 한 인터뷰와 나의 논문 "Bernanke, in First Crisis, Rewrites Fed Playbook," *Wall Street Journal*, October 31, 2007을 기반으로 한다.

23 Stephen Golub, Ayse Kaya, Michael Reay, "What Were They Thinking? The Federal Reserve in the Run-up to the 2008 Financial Crisis," *Review of International Political Economy* (2014), http://www.swarthmore.edu/sites/default/files/assets/documents/user_profiles/sgolub1/RIPE%20published%20pdf.pdf.

CHAPTER 3

1 Andrea Shalal-Esa, "U.S. Company Recalls Spinach as E. coli Cases Grow," Reuters, September 15, 2006.

2 "Shoppers Change Their Buying Habits after Recall of Spinach due to E. coli

Contamination." *Associated Press Newswires*, September 16, 2006.

3 Malcolm Gladwell, "Some Fear Bad Precedent in Alar Alarm: Scientists Criticize Pulling of Apples Without Proof of Danger," *Washington Post*, April 19, 1989.

4 Richard W. Lane, Joseph F. Borzelleca, "Harming and Helping through Time: The History of Toxicology," *Principles and Methodology of Toxicology*, 5th ed., A. Wallace Hayes, ed. (CRC Press, 2007), 38.

5 데이비드 곰배스와 한 인터뷰.

6 Annys Shin, "Tomatoes Pulled After Salmonella Warning: Three Types Tied to Outbreak, FDA Says," W*ashington Post*, June 10, 2008.

7 Dan Flynn, "Tomato Growers Want Compensation for Losses in 2008 Outbreak," *Food Safety News*, August 2, 2013.

8 계산은 이렇게 이루어진다. 상금에 확률을 곱해 기댓값을 구한다. 앞면이 나올 확률이 50퍼센트이므로 이 경우 기댓값은 50퍼센트 × 1,000달러 = 500달러이다. 또 다른 접근법은 동전을 100번 던진다고 생각하는 것이다. 그렇게 한다면 앞면이 50번 나올 것이고 5만 달러를 받게 된다. 그렇다면 한 번 동전을 던질 때 500달러를 버는 셈이다.

9 트베르스키와 카너먼의 발견은 그들의 논문, "Advances in Prospect Theory: Cumulative Representation of Uncertainty," *Journal of Risk and Uncertainty* 5 (1992): 297–323과 "Prospect Theory: An Analysis of Decision under Risk," *Econometrica* 47, no. 2 (1979): 263–291, 그리고 대니얼 카너먼의 저서, *Thinking, Fast and Slow* (New York: Farrar, Straus and Giroux, 2011)를 기반으로 한다. 나는 그들의 사례 가운데 하나를 달러 가치를 나타내도록 변형시켰다. 원래의 논문은 통화를 명시하지 않는다.

10 기댓값은 상금에 확률을 곱한 것이다. 따라서 500달러가 든 봉투의 기댓값은 500달러 × 100퍼센트 = 500달러다. 동전 앞면이 나와서 1,000달러 상금을 받는 기댓값은 1,000달러 × 50퍼센트 = 500달러다. 따라서 이것은 공정한 게임이다. 위험회피적인 개인은 봉투에 든 500달러가 동전 앞면이 나와서 1,000달러를 받는 경우나 똑같은 만족감은 느껴야 한다. 하지만 사실 대부분의 사람들은 게임을 하지 않으려 한다. 사람들은 동전을 던지는 것보다 봉투를 받는 것을 선호한다. 그렇다면 봉투보다 동전 던지기를 선호하게 하려면 동전 던지기의 가치를 얼마로 만들어야 할까? 동전 앞면이 나올 때 2,000달러를 제공해야 한다. 즉 기댓값이 2,000달러 × 50퍼센트 = 1,000달러로 봉투의 기댓값보다 두 배 커야 한다.

11 Richard Thaler, "Toward a Positive Theory of Consumer Choice," *Journal of Economic Behavior and Organization* I (1980): 3960.

12 로웬스타인은 여러 인터뷰를 통해 나에게 자신의 연구를 설명했다. 이 실험은 Leaf Van Boven, George Loewenstein, Edward Welch, David Dunning, "The Illusion of Courage in Self–

Predictions: Mispredicting One's Own Behavior in Embarrassing Situations," *Journal of Behavioral Decision Making* 25(2012): 1–12에 언급되었다.

13 게리 고튼의 이야기는 내가 그와 한 일련의 인터뷰와 그의 광범위한 논문, 금융공황 유발 요인을 설득력 있게 설명한 그의 책, *Misunderstanding Financial Crises: Why We Don't See Them Coming* (New York: Oxford University Press, 2012)을 기반으로 하고 있다.

14 Gary B. Gorton, Stefan Lewellen, Andrew Metrick, "The Safe-Asset Share," *National Bureau of Economic Research Working Paper* 17777 (2012).

15 Lewis Ranieri, "The Origins of Securitization, Sources of Its Growth, and Its Future Potential," *A Primer on Securitization*, Leon Kendall, Michael J. Fishman, eds. (Cambridge, Mass.: MIT Press, 1996), 38.

16 AIG의 활동은 게리 고튼과 한 인터뷰, Financial Crisis Inquiry Commission report, supporting paper(New York: PublicAffairs, 2011), 2007년 12월 AIG 화상 회의 기록, 2009년 11월과 2014년 7월 자산 구제 프로그램에 대한 특별감사국 보고서를 기반으로 했다.

17 고튼은 그 결정이 내려진건 2005년이었으나 AIG는 2005년에 시작된 거래들을 마무리 짓는 일을 2006년까지 계속했다고 말한다.

18 이 논문은 캔자스시티 연방준비은행 경제 심포지엄에서 발표한 Gary Gorton, "The Panic of 2007," *Maintaining Stability in a Changing Financial System*, 2008이다. http://www.kc.frb.org/publicat/sympos/2008/Gorton.03.12.09.pdf.

19 Sun Young Park, "The Size of the Subprime Shock," Korea Advanced Institute of Science and Technology, 2012.

20 인터뷰.

21 상세한 내용은 자산 구제 프로그램에 대한 특별감사국 보고서, "Factors Affecting Efforts to Limit Payments to AIG Counterparties," November 17, 2009, 5 참조. http://www.sigtarp.gov/Audit%20Reports/Factors_Affecting_Efforts_to_Limit_Payments_to_AIG_Counterparties.pdf.

22 인터뷰와 Carrick Mollenkamp, Serena Ng, Liam Pleven, Randall Smith, "Behind AIG's Fall, Risk Models Failed to Pass Real-World Test," *Wall Street Journal*, November 3, 2008. http://wsj.com/articles/SB122538449722784635.

23 노무라 증권 인터내셔널(Nomura Securities International)의 루이스 알렉산더(Lewis Alexander)이 제시한 추정치다. 2013년 3월 18일 발행된 연구 보고, "Monetary Policy and Systemic Risk".

24 벤트 가족과 리저브프라이머리펀드에 대한 정보의 대부분은 공판 기록을 기반으로 했다. *Securities* and Exchange Commission v. Reserve Management Company, Inc., et al., United States District Court Southern District of New York, October 9–November 12, 2012. 추가적인 정보는 Financial Crisis Inquiry Commission report 참조.

25 규제기관은 1940년의 투자회사법 2a-7 조건을 충족시키는 머니마켓펀드의 경우 주식 가격을 1달러로 반올림하는 것을 허용한다.

26 Moody's Investors Service, "Sponsor Support Key to Money Market Funds," August 9, 2010.

27 Financial Crisis Inquiry Commission report, 357, Eleanor Laise, " 'Breaking the Buck' Was Close for Many," Wall Street Journal, August 10, 2010.

28 각각 퍼스트 리퍼블릭(First Republic), 뉴잉글랜드은행, M코프(MCorp)였다. Financial Crisis Inquiry Commission report, 36.

29 Financial Crisis Inquiry Commission report, 356.

30 James B. Stewart, Peter Eavis, "Revisiting the Lehman Brothers Bailout That Never Was," New York Times, September 29, 2014.

31 Tim Geithner, Stress Test: Reflections on Financial Crises (New York: Crown, 2014), 179–180.

32 뉴욕 연방준비은행의 수석 부총재 패트리샤 모서(Patricia Mosser)가 보낸 이메일. the Financial Crisis Inquiry Commission report, 331.

33 가이트너의 말에 따라.

34 Moody's, "Sponsor Support Key to Money Market Funds," August 9, 2010.

CHAPTER 4

1 "Despite NFL Crackdown, Dolphins' Crowder Says He'll Use Helmet to 'Knock 'em Out'," Associated Press Newswires, October 20, 2010.

2 Frederick O. Mueller, "Fatalities from Head and Cervical Spine Injuries Occurring in Tackle Football: 50 Years' Experience," Clinics in Sports Medicine 17, no. 1 (1998), 169–182.

3 William Machin, "The History of the NFL Helmet," Livestrong.com, October 30, 2013, http://www.livestrong.com/article/341058-the-history-of-the-nfl-helmet/.

4 Morton Sharnik, "A Rough Day for the Bear," Sports Illustrated, November 26, 1962.

5 Joseph S. Torg et al., "The National Football Head and Neck Injury Registry: Report and Conclusions, 1978," *Journal of American Medical Association* 241, no. 14 (1979): 1477–1479.

6 "Brain Injuries Take Life of Stars' Bill Masterton," (Saskatoon) *Star-Phoenix,* January 16, 1968.

7 하키 경기에서 부상과 헬멧의 역할에 대한 논의, N. Biasca, S. Wirth, and Y. Tegner, The Avoidability of Head and Neck Injuries in Ice Hockey: An Historical Review," *British Journal of Sports Medicine* 36, no. 6 (2002): 410–427; P. D. Reynen, W. G. Clancy, Jr., "Cervical Spine Injury, Hockey Helmets, and Face Masks," *American Journal of Sports Medicine* 22, no. 2 (1994): 167–170.

8 Lela Jone Stoner, Michael Keating, "Hockey Equipment: Safety or an Illusion?," in *Safety in Ice Hockey,* vol. 2, Cosmo R. Castaldi, Patrick J. Bishop, eds. (1993).

9 샘 펠츠먼의 삶과 그의 일에 대해서는 주로 인터뷰와 이후의 연락을 통해 정보를 얻었다.

10 Sam Peltzman, "An Evaluation of Consumer Protection Legislation: The 1962 Drug Amendments," *Journal of Political Economy* 81, no. 5 (1973): 1049–1091.

11 Sam Peltzman, "The Effects of Automobile Safety Regulation," *Journal of Political Economy* 83, no. 4 (1975): 677–726.

12 "The Health Effects of Mandatory Prescriptions," Sam Peltzman, *University of Chicago Center for the Study of the Economy and the State, Working Paper* #38, April 1986.

13 Gerald Wilde, "Does Risk Homeostasis Theory Have Implications for Road Safety? Debate: For," *British Medical Journal* 324 (2002): 1149–1152, http://www.ncbi.nlm.nih.gov/pmc/articles/PMC1123100/.

14 로버트슨의 삶과 일에 대한 정보는 인터뷰에 근거한다.

15 Leon Robertson, "A Critical Analysis of Peltzman's 'The Effects of Automobile Safety Regulation,' " *Journal of Economic Issues* 11, no. 3 (1977): 587–600.

16 Sam Peltzman, "A Reply," *Journal of Economic Issues* 11, no. 3 (1977): 672–678.

17 Leon S. Robertson, "Rejoinder to Peltzman," *Journal of Economic Issues* 11, no. 3 (1977): 679–683.

18 Leon Robertson, Barry Pless, "Does Risk Homeostasis Theory Have Implications for Road Safety? Debate: Against," *British Medical Journal* 324, no. 7346 (2002): 1149–1152.

19 Clifford Winston, Vikram Maheshri, Fred Mannering, "An Exploration of the Offset Hypothesis Using Disaggregate Data: The Case of Airbags and Antilock Brakes," *AEI-Brookings Joint Center for Regulatory Studies Working Paper* 06–10 (2006), http://www.brookings.edu/~/media/research/files/papers/2006/5/autosafety%20winston/05_autosafety_winston.pdf.

20 Alma Cohen, Liran Einav, "The Effects of Mandatory Seat Belt Laws on Driving Behavior and Traffic Fatalities," *Harvard Law School Discussion Paper* no. 341, 11/2001, http://www.law.harvard.edu/programs/olin_center/papers/pdf/341.pdf

21 브로셔의 원문은 다음에서 볼 수 있다. the Old Car Manual Project, http://www.oldcarbrochures.com/.

22 Aschenbrenner, K. M., Biehl, B.,Wurn, G. M., "Is Traffic Safety Improved Through Better Engineering? Investigation of Risk Compensation with the Example of Antilock Brake Systems," *Bergisch Glaadbach: Bundesanstalt fur Strassenwesen* (1988), Gerald J.S. Wilde, Target Risk 3: Risk Homeostasis in Everyday Life (Toronto: Digital Edition, 2014): 93–94. Leonard Evans, "Antilock Brake Systems and Different Types of Crashes in Traffic," General Motors Global R&D Operations Paper No. 98–S2–O–12, http://www-nrd.nhtsa.dot.gov/pdf/Esv/esv16/98S2O12.pdf.

23 Jim Haner, "Anti–lock Brakes Don't Cut Accidents," *Baltimore Sun,* April 24, 1994, http://articles.baltimoresun.com/1994–04–24/news/1994114029_1_brakes–taurus–collisions.

24 Evans, "Antilock Brake Systems."

25 애드리언 룬드와의 인터뷰. 룬드는 안티록 브레이크가 전자제어주행안전장치에 사용되고 있으며 이것이 사고를 감소시킨다고 말한다.

26 Sam Peltzman, "Regulation and the Natural Progress of Opulence," speech to the AEI–Brookings Joint Center for Regulatory Studies, September 2004.

27 John Adams, "Management of the Risks of Transport," *Handbook of Risk Theory: Epistemology, Decision Theory, Ethics,and Social Implications of Risk,* Sabine Roeser et al., eds. (Dordrecht and New York: Springer, 2012): 242.

28 Mayer Hillman, John Adams, John Whitelegg, *One False Move: A Study of Children's Independent Mobility* (London: Policy Studies Institute, 1990), http://www.john–adams.co.uk/wp–content/uploads/2013/06/OneFalseMove_Hillman_Adams.pdf.

29 존 애덤스와의 인터뷰.

30 운전자 교육이 사고에 미치는 영향에 미치는 영향에 대한 연구에는 Raymond Peck, "Do Driver Training Programs Reduce Crashes and Traffic Violations? A Critical Examination of the Literature," *IATSS Research* 34, no. 2 (2011): 63–71, J. S. Vernick, G. Li, S. Ogaitis, E. J. MacKenzie, S. P. Baker, A. C. Gielen, "Effects of High School Driver Education on Motor Vehicle Crashes, Violations, and Licensure," *American Journal of Preventive Medicine* (January 1999) 등이 있다.

31 Ron Christie, "The Effectiveness of Driver Training as a Road Safety Measure: A Review of the Literature," RCSC Services Pty. Ltd., November 2001.

32 Sumit Agarwal, Gene Amromin, Itzhak Ben-David, Souphala Chomsisengphet, Douglas Evanoff, "The Effectiveness of Mandatory Mortgage Counseling: Can One Dissuade Borrowers from Choosing Risky Mortgages?," *NBER Working Paper no. 19920* (February 2014), http://www.nber.org/papers/w19920.pdf.

33 Bertrand Frechede, Andrew McIntosh, "Numerical Reconstruction of Real-Life Concussive Football Impacts," *Medicine & Science in Sports & Exercise* 41, no. 2 (2009): 390–98.

CHAPTER 5

1 Keith Chen, "Could Your Language Affect Your Ability to Save Money?," TED Talks, June 2012, https://www.ted.com/talks/keith_chen_could_your_language_affect_your_ability_to_save_money?

2 Bild, October 27, 2010, http://www.bild.de/politik/wirtschaft/griechenland-krise/regierung-athen-sparen-verkauft-inseln-pleite-akropolis-11692338.html.3 Philip Coggan, Paper Promises (New York: PublicAffairs, 2012), 81에 인용.

3 "Who would be prepared": Quoted in Philip Coggan, *Paper Promises* (New York: PublicAffairs, 2012), 81.

4 John J. Madden, British Investment in the United States, 1860–1880(New York: Garland, 1985), 256.

5 상동, 240.

6 상동, 271, 각주 1.

7 상동, 277.

8 Michael D. Bordo, Hugh Rockoff, "The Gold Standard as a 'Good Housekeeping Seal of Approval,'" *NBER Working Paper* no. 5340, November 1995, http://www.nber.org/

papers/w5340.pdf.

9 Michael D. Bordo, Harold James, "The European Crisis in the Context of the History of Previous Financial Crises," *NBER Working Paper* no. 19112, June 2013, http://www.nber.org/papers/w19112.

10 J. Bradford DeLong, "Financial Crises in the 1890s and the 1990s: Must History Repeat?," *Brookings Papers on Economic Activity* 2:1999, 261, 263.

11 Milton Friedman, *Essays in Positive Economics* (Chicago: University of Chicago Press, 1953), 173.

12 Theodore von Laue, *Sergei Witte and the Industrialization of Russia* (New York: Columbia University Press, 1963), Bordo, James, "The European Crisis."에 인용.

13 Joan Sweeney, Richard James Sweeney, "Monetary Theory and the Great Capitol Hill Baby Sitting Co-op Crisis: Comment," *Journal of Money, Credit and Banking* 9, no. 1 (1977): 86–89.

14 Barry Eichengreen, *Hall of Mirrors: The Great Depression, the Great Recession, and the Uses — and Misuses — of History* (New York: Oxford University Press, 2015): 136.

15 Bordo, James, "The European Crisis."

16 M. Emerson, D. Gros, A. Italianer, J. Pisani–Ferry, H. Reichenbach, *One Market, One Money: An Evaluation of the Potential Benefits and Costs of Forming an Economic and Monetary Union* (New York: Oxford University Press, 1992): 207, http://ec.europa.eu/economy_finance/publications/publication7454_en.pdf.

17 George Soros, "Can Europe Work?," Foreign Affairs, September/October 1996.

18 Galina Hale, Maurice Obstfeld, "The Euro and the Geography of International Debt Flows," Federal Reserve Bank of San Francisco and University of California, Berkeley, working paper, December 26, 2014.

19 Ernst Welteke, "The Effect of the Euro on the German Economy? A View from the Deutsche Bundesbank, Speech to the German–British Chamber of Industry and Commerce in London, May 29, 2001, http://www.bis.org/review/r010530a.pdf.

20 Jesus Fernandez–Villaverde, Luis Garicano, Tano Santos in "Political Credit Cycles: The Case of the Euro Zone," *NBER Working Paper* no. 18899, March 2013가 그리스, 스페인, 아일랜드, 포르투갈의 개혁이 퇴보한 과정을 다룬다.

21 Charles Forelle, David Gauthiers–Villars, Brian Blackstone, David Enrich, "Europe on the Brink: As Ireland Flails, Europe Lurches Across the Rubicon," *Wall Street Journal*, December 28, 2010.

22 그렇지만 ECB는 개혁 프로그램의 조건(유럽 여러 국가와 타협한)을 충실히 지키는 정부의 채권만을 샀다. 이 프로그램은 ECB가 해당 정부들이 자금을 구할 수 있다는 것을 보장하는 수단이라기보다는 경제 성장을 촉진하는 수단으로 정부 채권을 산 2015년의 '양적 완화'와는 다르다.

23 Harriet Torry, "Germany Hits Back at U.S. Over Economic Criticism," *Dow Jones*, October 31, 2013.

24 IMF 총재, 미셸 캉드쉬(Michel Camdessus)는 2007년 12월 BusinessWeek와의 인터뷰에서 "The IMF Crisis," *Wall Street Journal,* April 15, 1998에서 인용된 자신의 경고를 회상했다.

25 Independent Evaluation Office, "The IMF and Recent Capital Account Crises: Indo nesia, Korea, Brazil" (Washington: International Monetary Fund, 2003): 48.

26 Ben Bernanke, "The Global Saving Glut and the U.S. Current Account Deficit," March 10, 2005, http://www.federalreserve.gov/boarddocs/speeches/2005/200503102/.

CHAPTER 6

1 Michael R. Bloomberg, "A Vote for a President to Lead on Climate Change," Bloomberg, November 1, 2012.

2 Thomas Kaplan, "Most New Yorkers Think Climate Change Caused Hurricane, Poll Finds," *New York Times*, December 4, 2012.

3 뉴욕시의 보고서는 샌디가 뉴욕에 상륙했을 때는 이미 허리케인 규모가 아니었다고 전하고 있다. 보고서는 기후변화가 샌디에게 영향을 주었을 것으로 예상되는 몇 가지 요인을 제시한다. 1900년 이래 해수면이 1피트 상승해서 폭풍 해일이 커졌고, 기후변화와 연관됐을 것으로 보이는 북대서양의 따뜻한 바다 온도가 힘을 더 키웠고, 북극의 얼음이 녹아 제트 기류와 샌디의 방향을 바꾸었다고 말이다. *A Stronger, More Resilient New York: Report of the NYC Special Initiative for Rebuilding and Resiliency*, City of New York, June 11, 2013, 12, 30.

4 니컬러스 코크의 연구와 그 결과는 인터뷰를 기반으로 한다. 1635년 허리케인에 대한 그의 연구 결과는 "America's First Natural Disaster — The Hurricane of 1635: Implications for Hurricane Damage in New England in the 21st Century," the Geological Society of America? Northeastern Section, March 25–27, 2002에 실려있다.

5 Norimitsu Onishi, "Queens Tried to Be a Resort but Sank in a Hurricane," *New York Times*, March 18, 1997, http://www.nytimes.com/1997/03/18/nyregion/queens–spit

–tried–to–be–a–resort–but–sank–in–a–hurricane.html.

6 Nicholas Coch, "The Unique Damage Potential of Northern Hurricanes," presentation to the Geological Society of America, October 22–25, 2006, https://gsa.confex.com/gsa/2006AM/ finalprogram/abstract_108209.htm.

7 슈퍼태풍 샌디에 대한 설명은 *A Stronger, More Resilient New York*, 11, 21을 기반으로 한다.

8 Roger A. Pielke, Jr., Christopher W. Landsea, "Normalized Hurricane Damages in the United States: 1925–95," *Weather and Forecasting 13* (September 1998): 6, https://www.asp.ucar.edu/colloquium/1998/pielke.pdf.

9 Roger A. Pielke, Jr., Christopher W. Landsea, "Normalized Hurricane Damages in the United States: 1925–95," *Weatherand Forecasting 13* (September 1998): 6, https://www.asp.ucar.edu/colloquium/1998/pielke.pdf.

10 Christopher W. Landsea, Neville Nicholls,William M. Gray, Lixion A. Avila, "Downward Trends in the Frequency of Intense Atlantic Hurricanes During the Past Five Decades," *Geophysical Research Letters* 23 (1996): 1697–1700. http://www.aoml.noaa.gov/hrd/Landsea/downward/.

11 피엘크의 일과 삶에 대한 상세한 사항은 그와의 인터뷰를 기반으로 한다.

12 "Counting the Cost of Calamities," *The Economist*, January 14, 2012, http://www.economist.com/node/21542755.

13 Ryan P. Crompton, K. John Mcaneney, Keping Chen, Roger A. Pielke, Jr., Katharine Haynes, "Influence of Location, Population, and Climate on Building Damage and Fatalities Due to Australian Bushfire: 1925–2009," *Weather, Climate and Society* 2 (October 2010): 305.

14 Al Gore, *Earth in the Balance: Forging a New Common Purpose* (London: Earthscan Publications, 1992), 274–275.

15 Roger Pielke, Jr., *The Climate Fix: What Scientists and Politicians Won't Tell You About Global Warming* (New York: Basic Books, 2010), 8. 피엘크는 이산화탄소 배출보다 농경이나 도시화와 같은 인간행동의 다른 측면들이 지구 온난화에 더 큰 영향을 줄 수도 있다고 주장한다.

16 Kerry Emanuel, "MIT Climate Scientist Responds on Disaster Costs and Climate Change," *Fivethirtyeight.com*, March 31, 2014, http://fivethirtyeight.com/features/mit–climate–scientist–responds–on–disaster–costs–and–climate–change/#fn-2.

17 Robert Mendelsohn, Kerry Emanuel, Shun Chonabayashi, Laura Bakkensen, "The Impact of Climate Change on Global Tropical Cyclone Damage," *Nature Climate Change*

2(2012): 205–209. http://www.nature.com/nclimate/journal/v2/n3/abs/ncli mate1357. html.

18 이 인용문은 *Life on the Mississippi* (Harper & Bros., 1917), 234와 *Mark Twain in Eruption: Hitherto Unpublished Pages about Men and Events*, Bernard DeVoto, ed. (New York: Harper, 1940)에 근거한다.

19 Jamie W. Moore, Dorothy P. Moore, *The Army Corps of Engineers and the Evolution of Federal Flood Plain Management Policy* (Boulder: University of Colorado, Institute of Behavioral Science, 1989), 2–6.

20 상동, 6.

21 Gilbert White, *Human Adjustment to Floods: A Geographical Approach to the Flood Problem in the United States* (Chicago: University of Chicago Press, 1945), 52.

22 Joel K. Bourne, Jr., "New Orleans," in *National Geographic*, August 2007. http://ngm. nationalgeographic.com/static-legacy/ngm/0708/feature1/text2.html.

23 Moore and Moore, *The Army Corps of Engineers*, 37.

24 Adam Goodman, " 'Our Bubble Has Burst': Levee Break Dampened Dreams in Che sterfield," *St. Louis Post-Dispatch*, August 8, 1993.

25 캐럴린 쿠스키의 삶에 대한 세부 사항은 인터뷰를 근거로 한다. 홍수에 대한 식견은 Karolyn Kousky, Howard Kunreuther, "Improving Flood Insurance and Flood-Risk Management: Insights from St. Louis, Missouri," *Natural Hazards Review*, November 2010, 162–172 를 기반으로 한다.

26 Yuriko Koike, "Japan's Recovery Bonds," *Project Syndicate*, March 28, 2011.

27 Norimitsu Onishi, "Seawalls Offered Little Protection against Tsunami's Crushing Waves," *New York Times*, March 13, 2011. http://www.nytimes.com/2011/03/14/wor ld/asia/14seawalls.html?pagewanted=all&_r=1&.

28 내가 피에트 디르커와 가진 인터뷰.

29 Maggie Koerth-Baker, "The Culture of Disaster," Ensia (Institute on the Environment at the University of Minnesota), July 12, 2013, http://ensia.com/voices/the-culture-of- disaster/.

30 나와 로버트 마이어의 인터뷰.

31 나와 레오 '치퍼' 맥더모트(Leo "Chipper" McDermott)의 인터뷰.

32 Natural Hazards, *Unnatural Disasters: The Economics of Effective Prevention* (Washington: World Bank, 2010), 171.

33 Wallace J. Nichols, *Blue Mind: The Surprising Science That Shows How Being Near, In, On, or Under Water Can Make You Happier, Healthier, More Connected, and Better at What You Do* (New York: Little, Brown & Company, 2014).

34 *Natural Hazards, Unnatural Disasters*, 171–172.

35 OECD, RMS, University of Southampton, "Ranking of the World's Cities Most Exposed to Coastal Flooding Today and in the Future," OECD, 2007, http://www.oecd.org/environment/cc/39729575.pdf.

36 Lewis Mumford, *The Culture of Cities* (Westport, Conn.: Greenwood, 1981): 14–15.

37 Robin Burgess, Olivier Deschenes, Dave Donaldson, Michael Greenstone, "The Unequal Effects of Weather and Climate Change: Evidence from Mortality in India," May 2014.

38 Abhijit V. Banerjee, Esther Duflo, *Poor Economics: A Radical Rethinking of the Way to Fight Poverty* (New York: PublicAffairs, 2011), 138.

39 Donald R. Davis, David E. Weinstein, "Bones, Bombs and Break Points: The Geography of Economic Activity," *American Economic Review* 92 no. 5 (2002): 1281, http://www.columbia.edu/~drd28/BBB.pdf.

40 Jeroen C. J. H. Aerts, W. J. Wouter Botzen, "Managing Exposure to Flooding in New York City," *Nature Climate Change* 2 (June 2012): 377.

41 세스 핀스크와의 인터뷰 그리고 그가 진두지휘했던 "A Stronger, More Resilient New York"를 기반으로 한다.

42 *A Stronger, More Resilient New York*, 49.

43 Robert Meyer, "When Ignorance Can Be Bliss: Miami and the Costs of Climate Change," *Risk Management Review*, Risk Management and Decision Processes Center, (2014): 6, http://opim.wharton.upenn.edu/risk/review/WhartonRiskCenter-newsletter_2014.pdf.

44 세스 핀스키와의 인터뷰.

CHAPTER 7

1 Antoine Bechara, Hanna Damasio, Daniel Tranel, Antonio R. Damasio, "Deciding Advantageously before Knowing the Advantageous Strategy," *Science* 275 (February 28, 1997): 1293–1295.

2 로웬스타인과의 인터뷰, 그리고 Baba Shiv, George Loewenstein, Antoine Bechara, Hanna

Damasio, Antonio R. Damasio, "Investment Behavior and the Negative Side of Emotion," *Psychological Science* 16, no. 6 (2005): 435–439.

3 과학자들은 감정을 통제하지 않는 대뇌의 일부에 손상을 입은 7명의 환자에게도 게임을 시켰다. 그들 역시 대뇌 손상 환자들에 비해 적은 돈을 땄다.

4 L. Busenitz, J. Barney, "Differences between Entrepreneurs and Managers in Large Organizations: Biases and Heuristics in Strategic Decision-making," *Journal of Business Venturing* 12, no. 1 (1997): 9–30, http://faculty-staff.ou.edu/B/Lowell.W.Busenitz-1/pdf_-pro/JBV_1997_Ents%20%20Heuristics.pdf.

5 에런 토넬의 삶과 연구에 대한 상세한 사항은 인터뷰를 기반으로 한다.

6 Aaron Tornell, Frank Westermann, .Lorenza Martinez, "Liberalization, Growth, and Financial Crises: Lessons from Mexico and the Developing World," *Brookings papers on Economic Activity* 2 (2003), http://www.brookings.edu/~/media/Projects/BPEA/Fall%20 2003/2003b_bpea_tornell.pdf

7 Romain Ranciere, Aaron Tornell, Frank Westermann, "Systemic Crises and Growth," *Quarterly Journal of Economics* 123, no. 1 (2008): 359–406.

8 Bernard Cohen, *The Nuclear Energy Option* (New York: Plenum Press, 1990), chap. 9, http://www.phyast.pitt.edu/~blc/book/chapter9.html.

9 내가 폴 슬로빅과 가진 인터뷰 그리고 그의 논문, "Perception of Risk," *Science* 236, no. 4799 (April 17, 1987): 280–285.

10 Peter Burgherr, Stefan Hirschberg, "Comparative Risk Assessment of Severe Accidents in the Energy Sector," *Energy Policy* (February 2014): S53.

11 Jason Gale, "Fukushima Radiation May Cause 1,300 Cancer Deaths, Study Finds," Bloomberg, July 17, 2012, http://www.bloomberg.com/news/2012-07-17/fukushima-radiation-may-cause-1-300-cancer-deaths-study-finds.html.

12 세계보건기구(World Health Organization), 국제원자력기구(International Atomic Energy Agency), UN 개발계획(UN Development Program)을 비롯한 UN 산하 8개 기관은 4,000명까지로 추정하고 있다. ("Chernobyl: The True Scale of the Accident," http://www.who.int/mediacentre/news/releases/2005/ pr38/en/과 Jim Green, "Chernobyl — How many died?," The Ecologist, http://www.theecologist.org/News/news_analysis/2370256/chernobyl_how_many_died.html. 참조)

13 Clean Air Task Force, "Death and Disease from Power Plants,"http://www.catf.us/fossil/problems/power_plants/; World Health Organization, "Ambient (Outdoor) Air Quality and

Health," March 2014, http://www.who.int/mediacentre/factsheets/fs313/en/; http://pubs.giss.nasa.gov/docs/2013/2013_Kharecha_Hansen_1.pdf의 자료

14 Edson R. Severnini, "Air Pollution, Power Grid, and Infant Health: Evidence from the Shutdown of TVA Nuclear Power Plants in the 1980s," Carnegie Mellon University (Heinz College) working paper, December 2014.

15 Pushker A. Kharecha, James E. Hansen, "Prevented Mortality and Greenhouse Gas Emissions from Historical and Projected Nuclear Power," *Environmental Science and Technology* 47 (March 15, 2013): 4889–4895, http://pubs.giss.nasa.gov/docs/2013/2013_Kharecha_Hansen_1.pdf, page 4891.

16 OECD Nuclear Energy Agency, "Comparing Nuclear Accident Risks with Those from Other Energy Sources"(2010): 39, http://www.oecd-nea.org/ndd/reports/2010/nea6862-comparing-risks.pdf.

17 Jonathan Stempel, "Lehman Urges Investors to Avoid Amazon.com Bonds," *Reuters News*, June 23, 2000.

18 팀 스트런지와의 인터뷰, 팀 스트런지 제공 자료.

CHAPTER 8

1 제니퍼 말런과의 인터뷰.

2 Jennifer R. Marlon, Patrick J. Bartlein, Daniel G. Gavin, et al., "Long-term Perspective on Wildfires in the Western USA," *Proceedings of the National Academy of Sciences* 109, no. 9 (2012): 3203, http://www.pnas.org/content/109/9/E535.

3 톰 스웻넘의 인터뷰.

4 Hal K. Rothman, *A Test of Adversity and Strength: Wildland Fire in the National Park System*, National Park Service, 101; 스티브 파인과의 인터뷰.

5 내무장관 유달(Udall)이 임명한 야생동물 관리를 위한 자문위원회(Advisory Board on Wildlife Management), *Wildlife Management in the National Parks*, National Park Service, 1963.

6 이 부분에 기술된 바비의 삶과 경험은 주로 내가 그와 한 전화 인터뷰와 대면 인터뷰를 기반으로 한다.

7 Rocky Barker, *Scorched Earth: How the Fires of Yellowstone Changed America* (Washington, D.C.: Island, 2005): 169–170.

8 Rothman, *A Test of Adversity*, 189.

9 Barker, *Scorched Earth*, 7.

10 Michael Winerip, "Lessons from the Yellowstone Fires of 1988," *New York Times*, September 2, 2013, http://www.nytimes.com/2013/09/02/booming/lessons-from-the-yellowstone-fires-of-1988.html?_r=0.

11 Rothman, *A Test of Adversity*, 198.

12 Kathleene Parker, "Fateful Convergence: Human Policies and Natural Changes Collided to Create Los Alamos 'Super Fire,' "*Albuquerque Journal*, May 9, 2010.

13 Bob Drogin, "Crews Try to Tame Los Alamos Fire Disaster: U.S. Imposes Ban on 'Prescribed Burn' Tactic That Led to Blaze," *Los Angeles Times*, May 13, 2000.

14 Barry T. Hill, "Fire Management: Lessons Learned from the Cerro Grande (Los Alamos) Fire," United States General Accounting Office, July 20, 2000, http://www.gao.gov/assets/110/108587.pdf.

15 Michael Janofsky, "U.S. Takes Blame In Los Alamos Fire, Which Still Burns," *New York Times*, May 19, 2000.

16 Winerip, "Lessons from the Yellowstone Fires."

17 Roy Weaver, Keith Easthouse, "Scapegoat," *Forest Magazine*, May/June 2001에 인용.

18 파인과의 인터뷰.

19 Sheila Olmstead, Carolyn Kousky, Roger Sedjo, "Wildland Fire Suppression and Land Development in the Wildland/Urban Interface," *U.S. Joint Fire Science Program Research Reports*, 2012.

20 Stuart B. Levy, *The Antibiotic Paradox: How the Misuse of Antibiotics Destroys Their Curative Powers*, 2nd ed. (Cambridge, MA: Perseus, 2002), 5.

21 Burnet, Gerald B. Pier, letter to *Scientific American*, October 2008에 인용.

22 Levy, *Antibiotic Paradox*, 16.

23 상동, 77.

24 상동, 11-12, 110.

25 상동, xi.

26 스튜어트 레비와의 인터뷰.

27 Levy, *Antibiotic paradox*, 291.

28 Susan Foster, Stephanie Boyd, Timothy Edgar, "Patient Behaviors and Beliefs Regarding Antibiotic Use," Alliance for the Prudent Use of Antibiotics, Boston, http://www.tufts.edu/med/apua/consumers/personal_home_5_2830478716.pdf.

29 Michael L. Barnett, Jerey A. Linder, "Antibiotic Prescribing for Adults with Sore Throat in the United States, 1997–2010," *JAMA Internal Medicine* 174, no. 1 (2014): 138–140.

30 Sharon A. Simpson, Fiona Wood, Christopher C. Butler, "General Practitioners' Perceptions of Antimicrobial Resistance: A Qualitative Study," *Journal of Antimicrobial Chemotherapy* 59(2007): 292–296.

31 브래드 스펠버그의 언급과 연구는 개인적인 인터뷰와 2014년 3월 12일의 워싱턴 의학기관 협회(Institute of Medicine Panel)에서 한 발언 그리고 그의 책 *Rising Plague: The Global Threat from Deadly Bacteria and Our Dwindling Arsenal to Fight Them* (Amherst, N.Y.: Prometheus, 2009)을 기반으로 한다.

32 Judd L. Walson, Bonnie Marshall, B. M. Pokhrel, K. K. Kafle, Stuart B. Levy, "Carriage of Antibiotic–Resistant Fecal Bacteria in Nepal eflects Proximity to Kathmandu," *Journal of Infectious Diseases* 184, no. 9 (2001): 1163–1169.

33 Kenneth H. Bacon, Ron Suskind, "Financial Casualty: U.S. Recession Claims Bank of New England as First Big Victim — Federal Regulators Take Over after Company Warned of Large Impending Loss — Depositors Rush to Get Funds," *Wall Street Journal*, January 7, 1991.

34 파월의 회상은 내가 그와 가진 인터뷰를 기반으로 한다.

35 History of the Eighties — Lessons for the Future, vol. 1, An Examination of the Banking Crises of the 1980s and Early 1990s, Federal Deposit Insurance Corporation, 635, https://www.fdic.gov/bank/historical/history/.

36 Anatole Kaletsky, *Capitalism 4.0: The Birth of a New Economy in the Aftermath of Crisis* (New York: PublicAffairs, 2010), 131.

CHAPTER 9

1 D. R. Jacques, "Society on the Basis of Mutual Life Insurance," *16 Hunt's Merchants' Magazine* (1849): 152, 153. Tom Baker, "On the Genealogy of Moral Hazard," Texas Law Review 75, no. 2 (1996): 247에 인용. https://www.law.upenn.edu/fac/thbaker/Tom–

Baker–On–the–Genealogy–of–Moral–Hazard.pdf.

2 https://www.youtube.com/watch?v=IkOGwdxcwaw에서 볼 수 있다.

3 David Rowell, Luke B. Connelly, "A Historical View of the Term 'Moral Hazard,'" *Ge neva Association Insurance Economics Newsletter*, January 2012, https://www. genevaassociation.org/media/178212/ga2012–ie65–rowellconnelly.pdf.

4 상동.

5 V. A. Zelizer, "The Price and Value of Children: The Case of Children's Insurance," *American Journal of Sociology* 86 (1981): 1042.

6 나의 인터뷰.

7 자동차 보험에 대해서는 Alma Cohen, Rajeev Dehejia, "The Effect of Automobile Insurance and Accident Liability Laws in Traffic Fatalities," *NBER Working Paper 9602*, April 2003, www.nber.org/papers/w9602.pdf 참조. 건강 보험에 대해서는 J. P. Newhouse, "Free for All? Lessons from the RAND Health Insurance Experiment," A RAND Study (Cambridge and London: Harvard University Press, 1993) 참조.

8 Howard Kunreuther, Nathan Novemsky, Daniel Kahneman, "Making Low Probabilities Useful," *Journal of Risk and Uncertainty* 23:2 (2001): 103–120.

9 Howard C. Kunreuther, Erwann O. Michel–Kerjan, "Overcoming Myopia," *Milken Institute Review* (October, 2010): 56.

10 "The Northridge, California Earthquake: A 10 — Year Retrospective," Risk Management Solutions, May 13, 2004.

11 Adam Entous, "California Enters New Era of Earthquake Insurance," Reuters, Nove mber 29, 1996.

12 Kenneth Froot, "Toward Financial Stabilty," in *The Irrational Economist: Making Decisions in a Dangerous World* (New York: PublicAffairs, 2010), 174.

13 Kenneth Froot, "The Market for Catastrophe Risk: A Clinical Examination," *NBER Working Paper* 8110, www.nber.org/papers/w8110, Froot, 7–8, figure 3, page 34.

14 "California Quake Authority Scraps Bond Proposal," *National Underwriter Property and Casualty — Risk and Benefits Management Ed.* November 25, 1996.

15 Froot, "The Market for Catastrophe Risk," 13.

16 "Chairman's Letter," Berkshire Hathaway Inc., February 28, 1997, http://www.berk shirehathaway.com/letters/1996.html.

17 Aaron Doyle, Richard Ericson, "Five Ironies of Insurance," *The Appeal of Insurance*, Geoffrey Wilson Clark, ed. (Toronto: University of Toronto Press, 2010), 226.

18 "Chairman's Letter, "Berkshire Hathaway, Inc., February 27, 1998, http://www.berkshirehathaway.com/letters/1997.html.

19 Carolyn Kousky, Roger Cooke, "Explaining the Failure to Insure Catastrophic Risks," *The Geneva Papers* 37(2012): 206–227.

20 Hayne E. Leland, Mark Rubinstein, "The Evolution of Portfolio Insurance," *Dynamic Hedging: A Guide to Portfolio Insurance*, Don Luskin, ed. (Hoboken, N.J.: Wiley, 1988).

21 Fischer Black, Myron Scholes, "The Pricing of Options and Corporate Liabilities," *Journal of Political Economy* 81, no. 3 (1973): 637–654.

22 Leland, Rubinstein, "The Evolution of Portfolio Insurance," 7.

23 Report of the Presidential Task Force on Market Mechanisms, Nicholas F. Brady, Chairman (Washington: U.S. Government Printing Office, 1988), http://archive.org/stream/reportofpresiden01unit/reportofpresiden01unit_djvu.txt.

24 상동, 36.

25 릴런드와 루빈스타인은 포트폴리오 보험이 1987년의 주식시장 급등도 주식시장 붕괴와 그 이후 주식시장 동향의 여러 중요한 측면들도 설명해주지 못한다고 주장한다. 그들은 시장 공황이 붕괴를 더 잘 설명해준다는 입장을 견지한다. Hayne Leland, Mark Rubinstein, "Comments on the Market Crash, Six Months After," *Journal of Economic Perspectives* 2, no. 3 (1988): 45–50 참조.

26 Gillian Tett, *Fool's Gold: The Inside Story of J.P. Morgan and How Wall Street Greed Corrupted Its Bold Dream and Created a Financial Catastrophe* (New York: Free Press, 2010), 47.

27 Nassim Nicholas Taleb, *Antifragile: Things That Gain from Disorder* (New York: Random House, 2012), 3.

28 인터뷰와 이메일 교환.

29 Esme E. Deprez, "New York Businesses Get H1N1 Vaccine," Bloomberg News, Nov. 2, 2009, http://www.businessweek.com/bwdaily/dnflash/content/nov2009/db2009112_606442.htm.

30 Kurt Eichenwald, "The Day the Nation's Cash Pipeline Almost Ran Dry," *New York Times*, October 2, 1988.

31 이는 전 골드만삭스 임원과의 인터뷰를 기반으로 한다.

32 The Goldman Sachs Group, Inc., Form 10–K Annual Report, December 31, 2013, 95–96.

33 ABX 지수를 만들고 사용하는 데 있어서 골드만의 서브프라임모기지 활동과 그 역할에 대한 기술은 상원 상임위원회 보고서, "Wall Street and the Financial Crisis: Anatomy of a Financial Collapse," 400–406; Senate Subcommittee report, page 9를 근거로 한다.

34 Senate Permanent Subcommittee on Investigations, "Wall Street and the Financial Crisis," 413.

35 Serena Ng, Carrick Mollenkamp, "Goldman Details Its Valuations with AIG," *Wall Street Journal*, August 1, 2010, http://www.wsj.com/news/articles/SB1000142405274870378 7904575403423902297954?mg=reno64–wsj.

36 낸시 월러스 교수와의 인터뷰, 그리고 그녀가 리처드 스탠턴과 같이 저술한 논문, "The Bear's Lair: Index Credit Default Swaps and the Subprime Mortgage Crisis," *Review of Financial Studies* 24, no. 10 (2011): 3250–3280을 기반으로 한다. http://facul ty.haas.berkeley.edu/stanton/papers/pdf/indices.pdf.

37 Goldman Sachs Group, "Overview of Goldman Sachs' Interaction with AIG and Goldman Sachs' Approach to Risk Management," http://www.goldmansachs.com/media–relations/in–the–news/archive/aig–summary.html.

38 "AIG External CDS Notional by Counterparty as of 9/15/08," document submitted by Goldman Sachs to Chuck Grassley, http://www.grassley.senate.gov/sites/default/files/about/upload/Attachment–1.pdf.

39 CFO 월터 노어(Walter K. Knorr)의 상원은행위원회 증언, 2001년 10월 24~25일 http://www.gpo.gov/fdsys/pkg/CHRG–107shrg83472/html/CHRG–107shrg83472.htm.

40 Warren Buffett, letter to shareholders of Berkshire Hathaway, February 28, 2002, http://www.berkshirehathaway.com/2001ar/2001letter.html.

41 Kip Viscusi, "The Hold Up Problem: Why It Is Urgent to Rethink the Economics of Disaster Protection," in *The Irrational Economist: Making Decisions in a Dangerous World* (New York: PublicAffairs, 2010), 147.

42 Social Security Administration, "Historical Background and Development of Social Security", http://www.ssa.gov/history/briefhistory3.html.

43 공식적으로는 국가보험개발프로그램(National Insurance Development Program)이라고 불린다. 리처드 힐먼(Richard J. Hillman)의 회계감사원(IGovernment Accountability Office) 증언, "Terrorism Insurance Alternative Programs for Protecting Insurance Consumers,"

October 24, 2001, http://www.gao.gov/assets/110/109046.pdf.

44 ProPublica, "Bailout Tracker," http://projects.propublica.org/bailout/.

45 에이미 핀켈스타인과의 인터뷰 그리고 Finkelstein, Sarah Taubman, Bill Wright, et al., "The Oregon Health Insurance Experiment: Evidence from the First Year," *Quarterly Journal of Economics* 127, no. 3 (2012): 1057–1106, Katherine Baicker, Sarah L. Taubman, Heidi L. Allen, et al., "The Oregon Experiment — Effects of Medicaid on Clinical Outcomes," *New England Journal of Medicine* 368 (2013): 1713–1722에 근거한다.

46 "The Insurance Effect: How the Possession of Gas Masks Reduces the Likelihood of a Missile Attack," Judgment and Decision Making 8, no. 2 (2013): 174–178.

CHAPTER 10

1 돈 아렌트와의 개인 인터뷰.

2 BA 009편의 전원 상실과 승객들의 경험은 Betty Tootell, *All Four Engines Have Failed* (London: Pan Books, 1985)를 기반으로 한다.

3 Thomas J. Casadevall, "Volcanic Hazards and Aviation Safety: Lessons of the Past Decade," *Flight Safety Digest*, May 1993, http://flightsafety.org/fsd/fsd_may93.pdf.

4 International Civil Aviation Organization, "Doc 9691 Manual on Volcanic Ash, Radioactive Material and Toxic Chemical Clouds, Second Edition," 1–3–19.

5 항공안전자문사(Air Safety Consultancy)의 에드 풀의 언급, Thomas Withington, "Clearing the Air: Reconsidering How to Respond to Ash Clouds," *Aerosafetyworld*, November 2010 인용.

6 "The Economic Impacts of Air Travel Restrictions Due to Volcanic Ash: A Report Prepared for Airbus," http://www.oxfordeconomics.com/my-oxford/projects/129051.

7 아놀드 바넷의 연구에 대한 논의는 그의 논문들과 보스턴에서 가진 직접 인터뷰, 전화 통화, 이메일을 기반으로 한다.

8 Arnold Barnett, "Flying? No Point in Trying to Beat the Odds," *Wall Street Journal*, September 9, 1998.

9 Arnold Barnett, "Moving Up," Aerosafetyworld, January 2014.

10 Nick A. Komons, "Bonfires to Beacons: Federal Civil Aviation Policy Under the Air Commerce Act, 1926–1938" (Washington: U.S. Department of Transportation, Federal

Aviation Administration, 1978), 25.

11 캐벗과 항공기 생산업자 협회(Manufacturer's Aircraft Association)의 말은 Komons, "Bonfires to Beacons," 28에 인용.

12 Mark Hansen, Carolyn McAndrews, Emily Berkeley, *History of Aviation Safety Oversight in the United States, Final Report* (Washington: U.S. Department of Transportation, Federal Aviation Administration), 1.

13 Chauncey Starr, "Social Benefit vs. Technological Risk: What Is Society Willing to Pay for Safety?" *Science* 165 (1969): 1232–1238.

14 Paul Slovic, "Perception of Risk," *Science*, new series vol. 236, no. 4799 (1987), 280–285

15 루카스 판 헤르벤과의 인터뷰.

16 Geoffrey Heal, Howard Kunreuther, "IDS Models of Airline Security," *Journal of Conflict Resolution* 49, no. 2 (2005): 201–217.

17 Karl E. Weick, Kathleen M. Sutcliffe, *Managing the Unexpected: Assuring High Performance in an Age of Complexity* (San Francisco: Jossey–Bass, 2001).

18 벌링턴의 HANAA 사고를 비롯한 항공안전보고시스템에 대한 내용은 캘리포니아 모펫필드의 본사 방문과 ASRS의 책임자 린다 코넬, 부즈앨런앤드해밀턴의 데이비드 비히너와 가진 인터뷰를 기반으로 한다. 그 외 Rex Hardy, *Callback: NASA's Aviation Safety Reporting System* (Washington: Smithsonian Institution Press, 1990)을 참조했다.

19 Callback, December 2013, http://asrs.arc.nasa.gov/docs/cb/cb_407.pdf.

20 Callback, September 2012, http://asrs.arc.nasa.gov/docs/cb/cb_392.pdf.

21 항공 사고 보고의 성공을 의료 부문에서 복제하는 데 따른 문제는 C. W. Johnson, "What Will We Do with the Data? Issues in the Reporting of Adverse Healthcare Events," Department of Computing Science, University of Glasgow, http://www.dcs.gla.ac.uk/~johnson/papers/qhc.pdf와 Richard I. Cook, David D. Woods, and Charlotte Miller in *A Tale of Two Stories: Contrasting Views of Patient Safety Report from a Workshop on Assembling the Scientific Basis for Progress on Patient Safety*, National Patient Safety Foundation at the AMA, 1998에 인용된 찰스 빌링스 박사의 언급을 근거로 한다.

22 Nancy Rose, "Fear of Flying: Economic Analysis of Airline Safety," *NBER Working Paper no.* 3784 (July 1991).

23 Arnold Barnett, John Menighetti, Matthew Prete, "The Market Response to the Sioux City DC–10 Crash," *Risk Analysis* 12, no. 1 (1992): 45–52.

24 Jinn–Tsai Wong, Wen–Chien Yeh, "Impact of Flight Accident on Passenger Traffic Volume of the Airlines in Taiwan," *Journal of the Eastern Asia Society for Transportation Studies* 5 (2003): 471–483.

25 Arnold Barnett, "North Atlantic Data Link Value Proposition," PowerPoint presentation.

26 U.S. House of Representatives Committee on Energy and Commerce Majority Staff, "Memorandum for Hearing on the GM Ignition Switch Recall: Why Did It Take So Long?," March 30, 2014, http://docs.house.gov/meetings/IF/IF02/ 20140401/ 102033/HHRG–113–IF02–20140401–SD002–U2.pdf.

27 David Friedman, Acting Administrator, National Highway Traffic Safety Administration, "Statement Before the U.S. House of Representatives Committee on Energy and Commerce Subcommittee on Oversight and Investigations," April 1, 2014, http://docs.house.gov/meetings /IF/IF02/20140401/102033/ HHRG–113–IF02–Wstate–FriedmanD–20140401.pdf.

28 Hansen, McAndrews, Berkeley, *History of Aviation Safety*, 4.

29 Alan Greenspan, 은행 감독, 규제, 위험에 대한 발언, 1996년 10월 5일 http://www.federalreserve.gov/boarddocs/speeches/1996/19961005.htm.

30 Robert Samek, "Tampa Airport Warned Pilot 4 Times about Fog," *St. Petersburg Times*, November 22, 1986.

31 Larry D'Oench, "Letter to the Editor," *Wall Street Journal*, Jan. 6, 2013.

32 상용 항공과 범용 항공의 비교는 10만 시간 비행을 근거로 한다. 상업용 항공과 자동차 사망률의 비교는 3년 평균 1억 마일 이동 사망률을 근거로 한다. 자료는 미국 운수부(U.S. Department of Transportation) 운수 통계를 바탕으로 한다.

33 기술의 역사는 William Langewiesche, *Fly by Wire* (New York: Picador, 2009)를 기반으로 한다.

34 에어프랑스 447편의 사고에 이른 사건의 세부 사항은 Bureau d'Enquetes et d'Analyses pour la securite de l'aviation Civile, "Final Report on the accident on 1st June 2009 to the Airbus A330–203 registered F–GZCP operated by Air France flight AF 447 Rio de Janeiro–Paris," 2012, 173을 기반으로 한다.

35 상동, 204.

36 상동, 180. "He [the pilot then flying the aircraft] may therefore have embraced the common belief that the aeroplane could not stall, and in this context a stall warning was inconsistent."

37 Andy Pasztor, "Air France Crash Report Likely to Alter Pilot Training," *Wall Street Journal*, July 28, 2011, http://online.wsj.com/news/articles/SB100014240531119048003045764 74234278567542.

38 U.S. House of Representatives Subcommittee on Aviation of the Committee on Transportation and Infrastructure, "Hearing on Child Safety Restraint Systems Require ment on Commercial Aircraft," August 1, 1996.

39 토머스 뉴먼과의 인터뷰, 그리고 뉴먼의 논문, "The Power of Stories over Statistics," *British Medical Journal* 327, no. 7429 (2003): 1424–1427, T. B. Newman, B. D. Johnston, D. C. Grossman, "Effects and Costs of Requiring Child–restraint Systems for Young Children Traveling on Commercial Airplanes," *Archives of Pediatric Adolescent Medicine* 157 (2003): 969–974.

40 http://rds.epi–ucsf.org/ticr/syllabus/courses/4/2012/11/29/Lecture/readings/ airplane%20seats%20editorial%20101303.pdf. David Bishai, "Hearts and Minds and Child Restraints on Airplanes," *Archives of Pediatric Adoleschent Medicine* 157 (2003): 953–954.

41 Ralph Nader, Wesley Smith, *Collision Course: The Truth about Airline Safety* (Blue Ridge Summit, Pa.: TAB, 1994).

42 Steven A. Morrison, Clifford Winston, "Delayed! U.S. Aviation Infrastructure Policy at a Crossroads," in *Aviation Infrastructure Performance: A Study in Comparative Political Economy*, Clifford Winston Gines de Rus, eds. (Washington: Brookings Institution, 2008): 7–35.

43 Mark G. Stewart, John Mueller, "Risk and Cost–Benefit Assessment of United States Aviation Security Measures," *Journal of Transportation Security* 1, no. 3 (2008): 143–159.

44 Gerd Gigerenzer, "Dread Risk, September 11, and Fatal Traffic Accidents," *Psychological Science* 15, no. 4 (2004): 286–287.

45 John S. Pistole, TSA Administrator, address to Homeland Security Policy Institute, George Washington University, May 28, 2013.

46 "TSA Chief, Facing Skeptical Lawmakers, Defends New Rule on Small Knives," *CQ News*, March 14, 2013.

1 래리 서머스와의 인터뷰.

2 Lawrence Summers, "Beware Moral Hazard Fundamentalists," *Financial Times*, September 23, 2007.

3 Tyler Atkinson, David Luttrell, Harvey Rosenblum, "How Bad Was It? The Costs and Consequences of the 2007–09 Financial Crisis," *Federal Reserve Bank of Dallas Staff Paper* no. 20, July 2013.

4 Robert D. Foss, John R. Feaganes, Eric A. Rodgman, "Initial Effects of Graduated Driver Licensing on 16–Year–Old Driver Crashes in North Carolina," *Journal of the American Medical Association* 286, no. 13 (2001): 1588–1592.

5 Marian Moser Jones, Ronald Bayer, "Paternalism and Its Discontents: Motorcycle Helmet Laws, Libertarian Values, and Public Health," *American Journal of Public Health* 97, no. 2 (2007): 208–217에서 인용.

6 Douglas J. Elliott, Greg Feldberg, Andreas Lehnert, "The History of Cyclical Macro prudential Policy in the United States," *Federal Reserve Finance and Economics Discussion Series Working Paper* 2013–29, May 15, 2013, http://www.federalreserve. gov/pubs/feds/2013/201329/201329pap.pdf.

7 Audubon Magazine에 인용된 스티븐 파인의 언급.

8 Matthew Pearcy, "After the Flood: A History of the 1928 Flood Control Act," Journal of the Illinois State Historical Society 95, no.2 (2002): 172–201.

9 "Flood Control in the Mississippi Valley Message from the President of the United States, Transmitting Letter from Dwight Davis, Secretary of War, with Favorable Recommendation of the Report of Maj. Gen. Edgar Jadwin," December 8, 1927.

10 이것은 홍수 전문가들이 흔히 사용하는 표현이다. Renée Jones–Bos, the Netherlands' Ambassador to the United States, in "As the Mississippi Floods, Follow the Dutch Model," *Washington Post*, May 26, 2011에서 인용.

11 Berrin Tanse, Banu Siziric, "Significance of Historical Hurricane Activity on Structural Damage Profile and Posthurricane Population Fluctuation in South Florida Urban Areas," *Natural Hazards Review* 12, no. 4 (2011): 196–201.

12 Richard B. McKenzie, "Professor Gordon Tullock: A Personal Remembrance," *Library of Economics and Liberty*, December 1, 2014.

13 Donald G. MacGregor, Paul Slovic, "Perceived Risk and Driving Behavior: Lessons for Improving Traffic Safety in Emerging Market Countries," in *Transportation, Traffic Safety and Health*, Hans von Holst, Åke Nygren, Åke E. Andersson, eds. (Berlin: Human Behavior, 1996).

14 The National Commission on the Deepwater Horizon Oil Spill and Offshore Drilling, "Final Report: Deep Water, the Gulf Oil Disaster and the Future of Offshore Drilling," January 11, 2011, 6, http://cybercemetery.unt.edu/archive/oilspill/20121211010250/http://www.oilspillcommission.gov/sites/default/files/documents/OSC_Section_I.pdf.

15 Stanley Reed, Alison Fitzgerald, *In Too Deep* (Hoboken, N.J.: Bloomberg Press, 2011): 18, 59, 76, 111, and 132.

16 작가 스티브 콜(Steve Coll)의 언급. Terrence Henry in "How Exxon Learned from Its Mistakes: A Conversation with Steve Coll," *State Impact: A Reporting Project of NPR Member Stations*, July 6, 2012 인용.

17 글렌 머리와의 인터뷰.

18 Elizabeth Souder, "ExxonMobil Touting Its Safety Program after BP Spill," *Dallas Morning News*, June 22, 2010.

19 Reed, Fitzgerald, *In Too Deep*, 128–129.

20 에드 클라크의 경력과 경험에 대한 자료는 주로 내가 클라크와 가진 인터뷰와 2014년 9월 16일 클라크의 연설을 기반으로 한다.

KI신서 5969

풀 프루프

1판 1쇄 인쇄 2017년 3월 29일
1판 1쇄 발행 2017년 4월 5일

지은이 그레그 입 **옮긴이** 이영래
펴낸이 김영곤 **펴낸곳** (주)북이십일 21세기북스

해외사업본부장 서정석
정보개발팀 이남경 김은찬 이현정
해외기획팀 박진희 임세은 채윤지
해외마케팅팀 나은경
편집 두리반
디자인 씨디자인

영업본부장 신우섭
출판영업팀 이경희 이은혜 권오권 홍태형
프로모션팀 김한성 최성환 김주희 김선영 정지은
제휴마케팅팀 류승은
홍보팀 이혜연 최수아 박혜림 백세희 김솔이 **제작팀** 이영민

출판등록 2000년 5월 6일 제406-2003-061호
주소 (우 10881) 경기도 파주시 회동길 201(문발동)
대표전화 031-955-2100 **팩스** 031-955-2151 **이메일** book21@book21.co.kr

(주)북이십일 경계를 허무는 콘텐츠 리더

21세기북스 채널에서 도서 정보와 다양한 영상자료, 이벤트를 만나세요!
북이십일과 함께하는 팟캐스트 '[북팟21] 이게 뭐라고'
페이스북 facebook.com/21cbooks 블로그 b.book21.com
인스타그램 instagram.com/21cbooks 홈페이지 www.book21.com

ⓒ 그레그 입, 2015

ISBN 978-89-509-5916-6 03320